新しい
建築法規
の手びき

2023年版

建築技術者試験研究会［編］

Commentary
on Architectural
Vocabulary

井上書院

序

　本書は，昭和46年（1971年）施行の建築基準法はじまって以来という大きな改正を契機に刊行されたものですが，初版以来たいへんご好評を得て，半世紀を超える長きにわたって改版を重ねることができました。ひとえに多くの読者の方々や，先輩，友人たちの励ましのおかげと感謝いたしております。

　建築は，人が使用するモノ（単体）としての安全性が要求されるとともに，元来，空（くう）であるべき空間を専用にするために，都市環境や土地利用に関する社会的な調整が必要とされるものです。その他建築生産に関わる問題などもあり，法律による規制が非常に複雑多岐にわたり，技術的あるいは法律的問題も含めて，非常に理解しにくいものといわれています。

　本書は，建築基準法をはじめとする建築関係法令の趣旨と内容を，解釈や取扱いなどの問題を含め，図や表などを活用することによって，できる限り，わかりやすくコンパクトにまとめることを心掛けました。初版のころと比較すると，建築基準法は大幅に複雑化し，多くの建築に関連する法令が公布されています。したがって，当時からすると3倍以上もの厚さになりましたが，これも時代の流れでしょうか。

　本書の特徴は，法の新しい内容に対応するために，年度版として改訂していることです。そのため，改正の多い建築基準法については，従来までの版では，序文で，主要な改正のあったことを記すようにしていましたが，平成18年の改訂版からは，建築基準法の主要な改正経過や関係法の制定，主な出来事などを年ごと

に，本書の巻末の表（付録１）にまとめることとしました。

　法令や行政では主に平成などの元号を使用していることから，本書でも元号を使用しております。一方，実務では西暦を使用することが増え，建築法規も元号が昭和，平成，令和と三代にわたることとなり，年数の経過等を計る便もあることから，要所ではできるだけ西暦も併記して時間の経過などが理解しやすいように配慮しました。

　この2023年版では，原則として同年１月１日現在施行されている規定までを本文で扱いましたが，それ以降の施行であっても「脱炭素社会の実現に資するための建築物のエネルギー消費性能の向上に関する法律等の一部を改正する法律」は建築基準法の大きな改正を含むため，その概要については巻末の付録２で，静岡県熱海市で起きた土石流災害を契機とした「宅地造成等規制法の一部を改正する法律」関係の概要（「建築確認の対象」を含む）については付録３でふれることとしました。

　引き続き本書をご利用いただければ幸いです。

　　　令和５年３月

　　　　　　　　　　　　　　　　　　著者一同

目　次

第1章　法令の基本と建築基準法の概要

1　法規の体系……………………………………………………………… 1
2　法令の形式……………………………………………………………… 2
3　公法と私法……………………………………………………………… 3
4　法令解釈………………………………………………………………… 3
5　法令用語………………………………………………………………… 5
6　建築基準法の目的とその構成………………………………………… 9
7　適用の除外……………………………………………………………… 9

第2章　用語の定義

1　建築物…………………………………………………………………… 15
2　特殊建築物……………………………………………………………… 16
3　建築設備………………………………………………………………… 16
4　居　室…………………………………………………………………… 17
5　主要構造部……………………………………………………………… 17
6　構造耐力上主要な部分………………………………………………… 17
7　延焼のおそれのある部分……………………………………………… 18
8　耐火構造………………………………………………………………… 20
9　準耐火構造……………………………………………………………… 20
10　防火構造………………………………………………………………… 21
11　不燃材料・準不燃材料・難燃材料…………………………………… 25
12　耐水材料………………………………………………………………… 25
13　防火設備・特定防火設備……………………………………………… 26
14　耐火建築物……………………………………………………………… 29
15　準耐火建築物…………………………………………………………… 30
16　建築，大規模の修繕，大規模の模様替……………………………… 33

17 設計・設計図書・プログラム……………………………… 34

18 建築主……………………………………………………… 34

19 設計者・工事監理者・工事施工者………………………… 34

20 特定行政庁………………………………………………… 35

21 敷　地……………………………………………………… 36

22 地　階……………………………………………………… 36

23 安全上・防火上又は衛生上重要である建築物の
　　部分……………………………………………………… 37

24 都市計画，都市計画区域，準都市計画区域等………… 38

25 地区計画等………………………………………………… 38

26 避難階……………………………………………………… 38

27 児童福祉施設等…………………………………………… 39

28 中央管理室………………………………………………… 40

29 空気調和設備・密閉式燃焼器具等……………………… 40

30 有効細長比・見付面積・層間変形角…………………… 40

31 防煙壁……………………………………………………… 41

32 学校等……………………………………………………… 41

33 基準時……………………………………………………… 41

34 その他……………………………………………………… 41

第3章　面積・高さ等の算定方法

1 敷地面積…………………………………………………… 43

2 建築面積…………………………………………………… 43

3 床面積……………………………………………………… 44

4 延べ面積…………………………………………………… 47

5 築造面積…………………………………………………… 50

6 建築物の高さ……………………………………………… 50

7 軒の高さ…………………………………………………… 53

8 階　数……………………………………………………… 53

9 地盤面……………………………………………………… 54

第4章　制度規定

1	建築主事等による確認制度	57
2	確認申請を要する建築物・工作物	58
3	計画通知	63
4	建築基準関係規定	64
5	確認申請書の添付図書	66
6	確認申請書の受理要件	67
7	確認期限	68
8	確認申請に伴う構造計算適合性判定	68
9	確認審査の一部省略	70
10	「バリアフリー法」による確認の特例	71
11	「耐震改修促進法」による確認等の特例	71
12	「密集法」による確認の特例	71
13	「長期優良住宅法」による確認の特例	71
14	「都市の低炭素化の促進に関する法律」による確認の特例	72
15	完了検査	72
16	中間検査	73
17	指定確認検査機関による確認，検査	73
18	検査済証交付前の建築物の使用制限	75
19	許可申請	77
20	確認・検査等の申請手数料	81
21	許可・確認に対する消防長等の同意等	81
22	建築工事届及び建築物除却届	81
23	確認の表示等	82
24	工事中の安全措置等に関する計画の届出	82
25	維持保全と定期報告・検査など	83
26	建築審査会	86
27	書類の閲覧	87
28	建築監視員	87
29	違反建築物に対する是正措置	88
30	単体規定の既存不適格建築物への是正措置	90
31	集団規定の既存不適格建築物への措置命令	91

32 違反者に対する罰則等……………………………… 91

33 不服申立て……………………………………………… 92

34 公開による意見の聴取………………………………… 94

第5章 建築物自体の技術基準 〈単体規定〉

5-1 一般構造及び建築設備

1 敷地の衛生と安全……………………………………… 96

2 大規模建築物の主要構造部…………………………… 96

3 居室の天井の高さ……………………………………… 97

4 居室の床の高さ及び防湿方法………………………… 98

5 階段各部の寸法等……………………………………… 99

6 居室の採光…………………………………………… 101

7 地階の居室…………………………………………… 107

8 居室等の換気………………………………………… 108

9 石綿等の物質の飛散又は発散に対する衛生上の
　 措置…………………………………………………… 113

10 長屋・共同住宅の界壁の遮音……………………… 117

11 便所・浄化槽………………………………………… 119

12 給排水等の配管設備………………………………… 121

13 冷却塔設備…………………………………………… 121

14 避雷設備……………………………………………… 122

15 建築物に設ける煙突………………………………… 123

16 昇降機設備…………………………………………… 124

5-2 構造強度

1 構造設計及び構造計算の原則……………………… 130

2 荷重及び外力………………………………………… 137

3 許容応力度…………………………………………… 139

4 材料強度……………………………………………… 141

5 構造部材の耐久等…………………………………… 141

6 木　造………………………………………………… 142

7 組積造………………………………………………… 150

8 補強コンクリートブロック造……………………… 151

　9　鉄骨造……………………………………………………… 153
　10　鉄筋コンクリート造…………………………………… 154
　11　鉄骨鉄筋コンクリート造……………………………… 158
　12　土砂災害特別警戒区域内における居室を有する
　　　建築物の構造方法………………………………………… 159

5-3　防火規定

　1　市街地の防火…………………………………………… 160
　2　大規模木造建築物等の外壁等………………………… 161
　3　耐火建築物等としなければならない特殊建築物…… 161
　4　防火壁等………………………………………………… 164
　5　防火区画………………………………………………… 166
　6　界壁・間仕切壁・隔壁等の防火措置………………… 174
　7　無窓の居室等の主要構造部…………………………… 175
　8　内装制限………………………………………………… 175

5-4　避難規定

　1　廊下の幅………………………………………………… 180
　2　直通階段の設置及び構造……………………………… 181
　3　各種非常口の構造等…………………………………… 191
　4　屋上広場等……………………………………………… 192
　5　排煙設備………………………………………………… 192
　6　非常用の照明装置……………………………………… 199
　7　非常用の進入口………………………………………… 200
　8　非常用の昇降機………………………………………… 203
　9　敷地内の避難通路……………………………………… 205
　10　地下街…………………………………………………… 207
　11　避難上の安全の検証…………………………………… 208

第6章　都市計画区域等における建築制限　〈集団規定〉

6-1　道路関係

　1　道路・道・通路………………………………………… 216
　2　道路の定義……………………………………………… 217

　3　建築敷地と道路との関係……………………………… 221

　4　道路内の建築制限……………………………………… 223

　5　私道の変更・廃止の制限……………………………… 225

　6　地区計画等と道路……………………………………… 225

　7　壁面線………………………………………………… 226

6-2　用途地域制

　1　用途地域の種類と目的………………………………… 228

　2　用途地域等内の建築制限……………………………… 230

　3　用途地域内の建築制限の特例………………………… 239

　4　既存不適格建築物の増改築…………………………… 241

　5　特別用途地区………………………………………… 242

　6　特定用途制限地域……………………………………… 242

　7　用途地域地区内の建築物の用途以外の建築制限
　　　の付加………………………………………………… 243

　8　卸売市場等の位置……………………………………… 243

6-3　容積率・建蔽率・外壁の位置等

　1　容積率制限…………………………………………… 244

　2　特例容積率適用地区内の容積率……………………… 257

　3　建蔽率制限…………………………………………… 258

　4　敷地面積の最低限度…………………………………… 262

　5　外壁の後退距離………………………………………… 263

6-4　高さ制限

　1　高さ制限の概要………………………………………… 264

　2　高さの限度…………………………………………… 267

　3　道路高さ制限………………………………………… 268

　4　隣地高さ制限………………………………………… 285

　5　北側高さ制限………………………………………… 290

　6　日影による中高層建築物の高さの制限……………… 294

　7　高度地区……………………………………………… 301

6-5　街づくり関連規定　〈規制から誘導へ〉

1　総合設計制度……………………………………………… 303
2　高層住居誘導地区………………………………………… 305
3　高度利用地区……………………………………………… 306
4　特定街区…………………………………………………… 307
5　都市再生特別地区………………………………………… 308
6　居住環境向上用途誘導地区……………………………… 308
7　特定用途誘導地区………………………………………… 309
8　特定防災街区整備地区…………………………………… 309
9　景観地区…………………………………………………… 311
10　地区計画等………………………………………………… 312

6-6　防火地域制

1　防火地域及び準防火地域内の建築物等………………… 326
2　防火地域及び準防火地域の共通規定…………………… 330

6-7　その他の集団規定

1　建築物又は敷地が，区域，地域又は地区の内外
　　にわたる場合の措置……………………………………… 332
2　都市計画区域及び準都市計画区域外における建
　　築物の制限………………………………………………… 334

第7章　建築基準法のその他の規定

1　被災市街地における建築制限…………………………… 337
2　簡易な構造の建築物に対する制限の緩和……………… 337
3　仮設建築物………………………………………………… 339
4　一の敷地とみなすこと等による制限の特例…………… 341
5　既存建築物に対する規定の適用と緩和………………… 348
6　既存の用途を変更して一時的に他の用途の建築
　　物として使用する場合の制限の緩和…………………… 357
7　工作物への準用…………………………………………… 359
8　工事現場の危害防止……………………………………… 363
9　型式適合認定制度等……………………………………… 365

　10　建築協定……………………………………………………… 368

第8章　建築士法

　1　総　　則………………………………………………………… 373
　2　建築士でなければできない設計・工事監理…………… 374
　3　試験と免許……………………………………………………… 375
　4　建築士の業務…………………………………………………… 380
　5　建築士事務所…………………………………………………… 383
　6　建築士事務所協会・建築士事務所協会連合会………… 387
　7　建築士審査会…………………………………………………… 388
　8　罰　　則………………………………………………………… 388

第9章　都市計画法

　1　都市計画法の目的……………………………………………… 389
　2　都市計画区域，準都市計画区域…………………………… 389
　3　都市計画の内容………………………………………………… 390
　4　都市計画の決定………………………………………………… 401
　5　開発行為等の規制……………………………………………… 403
　6　都市計画施設等の区域内における建築等の制限……… 409
　7　都市計画事業…………………………………………………… 409
　8　都市施設等整備協定…………………………………………… 412
　9　社会資本整備審議会・都市計画審議会及び開発
　　　審査会………………………………………………………… 412
　10　監督処分等……………………………………………………… 412

第10章　高齢者，障害者等の移動等の円滑化の促進に関
　　　　　する法律　〈バリアフリー法〉

　1　目的，基本理念………………………………………………… 413
　2　用語の定義……………………………………………………… 413
　3　基本方針等……………………………………………………… 416

4　建築物移動等円滑化基準及び建築物移動等円滑
　　化誘導基準……………………………………………… 417

5　特別特定建築物に対する基準適合義務等……………… 421

6　特定建築物に対する基準適合努力義務………………… 422

7　特定建築物の計画の認定………………………………… 422

8　改善命令，認定の取消し………………………………… 424

9　容積率制限の特例………………………………………… 424

10　協定建築物の建築等及び維持保全の計画の認定
　　等…………………………………………………………… 425

11　既存建築物に設ける車椅子対応エレベーターの
　　特例………………………………………………………… 425

12　移動等円滑化促進地区における移動等円滑化促
　　進方針……………………………………………………… 426

13　重点整備地区の移動等円滑化に係る事業の重点
　　的かつ一体的な実施……………………………………… 426

14　移動等円滑化経路協定…………………………………… 427

15　報告及び立入検査………………………………………… 428

第11章　その他の建築関係法規

11-1　建設業法……………………………………………… 430

11-2　建築物の耐震改修の促進に関する法律……… 438

11-3　宅地造成等規制法…………………………………… 450

11-4　消防法………………………………………………… 454

11-5　民　法………………………………………………… 462

11-6　特定用途関係法規
　(1)　学校教育法……………………………………………… 464
　(2)　医療法…………………………………………………… 464
　(3)　旅館業法………………………………………………… 464
　(4)　住宅宿泊事業法………………………………………… 465
　(5)　風俗営業等の規制及び業務の適正化等に関する
　　　法律……………………………………………………… 465
　(6)　興行場法………………………………………………… 465
　(7)　駐車場法………………………………………………… 466
　(8)　自転車の安全利用の促進及び自転車等の駐車対
　　　策の総合的推進に関する法律………………………… 466

(9) 薬事法……………………………………………… 466
(10) 労働基準法………………………………………… 466
(11) 労働安全衛生法…………………………………… 466
(12) 児童福祉法………………………………………… 467
(13) 老人福祉法………………………………………… 467
(14) 介護保険法………………………………………… 467
(15) 公衆浴場法………………………………………… 467
(16) 官公庁施設の建設等に関する法律……………… 467
(17) 文化財保護法……………………………………… 468
(18) 畜舎等の建築等及び利用の特例に関する法律……… 468

11-7　都市開発・整備等関係法規

(1) 土地区画整理法…………………………………… 469
(2) 都市再開発法……………………………………… 469
(3) 道路法……………………………………………… 469
(4) 密集市街地における防災街区の整備の促進に関
　　する法律…………………………………………… 470
(5) 地域における歴史的風致の維持及び向上に関す
　　る法律……………………………………………… 470
(6) 幹線道路の沿道の整備に関する法律…………… 471
(7) 急傾斜地の崩壊による災害の防止に関する法律……… 471
(8) 集落地域整備法…………………………………… 471
(9) 流通業務市街地の整備に関する法律…………… 472
(10) 港湾法……………………………………………… 472
(11) 景観法……………………………………………… 472
(12) 都市緑地法………………………………………… 473
(13) 古都における歴史的風土の保存に関する特別措
　　置法………………………………………………… 473
(14) 自然公園法………………………………………… 473
(15) 都市公園法………………………………………… 473
(16) 屋外広告物法……………………………………… 473
(17) 電波法……………………………………………… 474
(18) 都市再生特別措置法……………………………… 474
(19) 国家戦略特別区域法……………………………… 474

11-8　住宅関係法規

(1) 住生活基本法……………………………………… 476
(2) 公営住宅法………………………………………… 476
(3) 独立行政法人都市再生機構法…………………… 476
(4) 独立行政法人住宅金融支援機構法……………… 477
(5) 地方住宅供給公社法……………………………… 477
(6) 住宅地区改良法…………………………………… 477
(7) 住宅の品質確保の促進等に関する法律………… 477

(8) 特定住宅瑕疵担保責任の履行の確保等に関する
　　法律……………………………………………………………… 481
(9) 長期優良住宅の普及の促進に関する法律……………… 482
(10) 建物の区分所有等に関する法律………………………… 483
(11) マンションの管理の適正化の推進に関する法律……… 483
(12) マンションの建替え等の円滑化に関する法律………… 483
(13) 空家等対策の推進に関する特別措置法………………… 483

11-9　その他の関係法規

(1) 国土利用計画法…………………………………………… 485
(2) 建築物における衛生的環境の確保に関する法律……… 485
(3) 浄化槽法…………………………………………………… 485
(4) 廃棄物の処理及び清掃に関する法律…………………… 486
(5) エネルギーの使用の合理化等に関する法律………… 486
(6) 建築物のエネルギー消費性能の向上に関する法
　　律………………………………………………………………… 486
(7) 都市の低炭素化の促進に関する法律………………… 487
(8) 高圧ガス保安法…………………………………………… 488
(9) ガス事業法………………………………………………… 488
(10) 液化石油ガスの保安の確保及び取引の適正化に
　　関する法律…………………………………………………… 488
(11) 電気事業法………………………………………………… 488
(12) 水道法……………………………………………………… 488
(13) 下水道法…………………………………………………… 488
(14) 水質汚濁防止法…………………………………………… 489
(15) 特定都市河川浸水被害対策法…………………………… 489
(16) 土砂災害警戒区域等における土砂災害防止対策
　　の推進に関する法律……………………………………… 489
(17) 騒音規制法………………………………………………… 490
(18) 特定空港周辺航空機騒音対策特別措置法…………… 490
(19) 宅地建物取引業法………………………………………… 490
(20) 被災市街地復興特別措置法……………………………… 490
(21) 津波防災地域づくりに関する法律…………………… 490
(22) 特定非常災害の被害者の権利利益の保全等を図
　　るための特別措置に関する法律………………………… 491
(23) 建設工事に係る資材の再資源化等に関する法律……… 491

〔付録１〕建築基準法の主要な改正経過………………………… 493
〔付録２〕脱炭素社会の実現に資するための建築物のエ
　　　　　ネルギー消費性能の向上に関する法律等の
　　　　　一部を改正する法律の概要（建築基準法）……… 505

〔付録3〕　Ⅰ　宅地造成等規制法の一部を改正する法律
　　　　　　　　　の概要……………………………………………509
　　　　　　　Ⅱ　宅地造成等規制法の一部を改正する法律
　　　　　　　　　の施行に伴う関係政令の整備に関する政令
　　　　　　　　　（公布：令和4年12月23日政令第393号，
　　　　　　　　　施行：令和5年5月26日）における建築基
　　　　　　　　　準法施行令の改正の概要……………………511

　　索　引……………………………………………………512

【編集注】

(1)　本書第1章〜第7章における法令等の略称

　　建築基準法……………………………………………………法

　　建築基準法施行令……………………………………………令

　　建築基準法施行規則（国土交通大臣が定める）…………規則

　　建設省告示（建設大臣が定める）…………………………建告

　　国土交通省告示（国土交通大臣が定める）………………国交告

(2)　本書第8章〜第11章では，各章の法律（項目）ごとに該当
　　する「法律」「施行令」「施行規則」をそれぞれ「法」「令」
　　「規則」などと表記し，上記(1)の法令は「建基法」「建基令」
　　などと表記しました。

(3)　本書の正誤等に関する情報につきましては，弊社ホーム
　　ページにてご案内いたします。

　　　　　　　　（ホームページ：https://www.inoueshoin.co.jp/）

第1章

法令の基本と建築基準法の概要

1　法規の体系

　法治国家としての法規の種類は，憲法を頂点として形式的効力の段階によって，次のように体系づけられている。

【全国的に適用されるもの】官報で公布される。

- ・憲法──国の最高法規。日本国憲法の改正は，国会各議院の総議員の2/3以上の賛成で発議し，国民投票で過半数の賛成により承認して成立する。
- ・法律──国会の議決を経て制定される法。基本的事項を定める。
- ・政令──内閣の発する命令。主な技術的基準などを定める。
- ・省令──各省大臣の発する命令。手続きや技術的細目などを定める。
- ・告示──各省が広く一般に向けて行う通知。法の認定，解釈，処分などに関して公示される。

【地方自治関係法規】公報などで公布される。

- ・条例──地方公共団体（都道府県，市町村）がその議会の議決を経て制定する法。法令の範囲内で定められる。
- ・規則──地方公共団体の長が発する命令

【建築基準法関係の体系】

- ・法律──建築基準法（昭和25年法律第201号）
- ・政令──建築基準法施行令（昭和25年政令第338号）
- ・省令──建築基準法施行規則，建築基準法に基づく指定建築基準適合判定資格者検定機関等に関する省令
- ・告示──国土交通省告示
- ・条例──東京都建築安全条例，大阪府建築基準法施行条例，横浜市建築基準条例など
- ・規則──東京都建築基準法施行細則，大阪府建築基準法施行細則，横浜市建築基準法施行細則など（国の規

2

則があるときは，それと区別するために「細則」ということが多い。）

・告示——東京都告示など

〔注〕以上の他に所管事項を管轄する上級官庁が下級官庁に対して発する「訓令」「通達」，下級官庁の「照会」に対する上級官庁の「回答」などがあるが，これらについては，法律的には，下級官庁は拘束されるが，一般に対する法的な拘束力はないと解されている。

国土交通省の前身である建設省から出された通達などの本書での記号のうち，「住指」は住宅局建築指導課，「住街」は住宅局市街地建築課の略である。

なお，平成12年4月施行の地方分権法により，建築基準法上の「建築確認事務など」は，従来の国の事務を地方に委任する「機関委任事務」から，地方自治体独自の事務「自治事務」となり，それに伴い，自治事務に関する国の通達などは廃止された。その後の法改正や許認可に関する運用などについては，地方自治法245条の4，1項の規定に基づく「技術的助言」などとして，国土交通大臣や同省住宅局長，都道府県などから地方公共団体に通知されることがある。

2　法令の形式

一般に法令は縦書きで，題名（○○年・法令番号），目次，本則（章→節→条→項→号），附則，別表の順で構成される。節と条の間に「款(かん)」が入ることもある。各「条文」には，内容を示す見出しが付けられるものが多い。

1つの条の中で区切りを付ける必要がある場合は別行を起こし，項で分ける。「項」には頭に算用数字で項番号（2，3，4など）を付けるが，第1項には数字は付けず，第○条の下からすぐ書き出す。

条や項の中で，いくつかの事項を箇条書きにする場合は，漢数字（一，二，三など）の番号を付けて列記する。これを「号」という。号の中を分ける場合は，イ，ロ，ハなどで区分する。

項と号は，算用数字と漢数字で書き分けられるだけなので（特に第1項は数字もない），その読み方には十分注意する必要がある。

条と条の間，号と号の間などに新しい規定を追加する場合には，第○条の2，九の二（第九号の二と読む）などと枝番を付けることもある。ただし，項の場合は，第○項の2などの枝番

を付けることはない。

　附則には，一般に施行期日，経過措置，関連する他法令の改正などが定められ，条又は項で規定される。なお，附則等で施行期日が定められない場合，法律は公布の日から20日を経過した日から施行され（法の適用に関する通則法 2 条），告示等は公布の日から施行される。

3　公法と私法

　法には，大別すると公法と私法とがある。同じ法律であっても，公法と私法とでは，その規定の効果や権利・義務の関係，紛争の解決方法などが異なる。

① 　公法：国や地方公共団体と国民との間の権利・義務関係を定める法の総称で，憲法，行政法（地方自治法，建築基準法など，非常に多くの法律がある），刑法，訴訟法（民事と刑事がある）などである。法律違反があった場合には，国などの行政庁は，法の履行を強制したり罰則をかけたりすることができる。

② 　私法：国民と国民との間の権利・義務関係を定めた法の総称で，民法，商法，会社法などがある。私法上のトラブルについては，行政庁は介入せず，専ら裁判で争う。

　建築紛争の調整は，本来は私法の領域だが，近年，紛争のあっせんや調停については建築基準行政と並行して行うことが多い。こうした社会問題を解決するために，公法と私法の中間的な法として位置づけられると考えられる。

4　法令解釈

(1)　法令解釈の方法の基本

　法令解釈の方法は，主に次の 2 つに分けられる。

① 　文理解釈——内容よりも，文章に表された言葉に重点をおいて解釈する。

② 　論理解釈——文章そのものの表面に表れた言葉より，その意図する内容などに重きをおいて解釈する。

〔例〕建築基準法 2 条六号（延焼のおそれのある部分）

「隣地境界線，道路中心線又は同一敷地内の 2 以上の建築物

…（中略）…相互の外壁間の中心線から，1階にあっては
3 m以下，2階以上にあっては5 m以下の距離にある建築物
の部分をいう。」

この条文の解釈については，地階部分に関して，論理解釈
では，地階でも地上に見える部分（地階は天井高の1/3以上
が地盤面下にあるものだから，大部分が地上に出ている地階
もあり得る。）は，1階と同様に延焼のおそれのある部分と
することが考えられる。一方，文理解釈では，地階について
は法文でふれていないから延焼のおそれのある部分はないと
考える。

(2) 法令相互の矛盾を解決する方法

① 形式的効力の原理

法律，政令，省令，告示の順に，法規としての形式的な効
力は低くなるので，その間の矛盾は上位を優先させる。

② 後法優先の原理

法律相互の矛盾は，後からできた法律を優先する。

③ 特別法優先の原理

・一般法——広く一般に適用される法

・特別法——特定の地区，対象物などに限って適用する法

一般法，特別法の区別は絶対のものではなく，相互の関係
で一般法，特別法とされる。一般法と特別法との間に矛盾が
あれば，特別法を優先して考える。

〔例〕建築基準法63条の「防火地域又は準防火地域内にある建
築物で，外壁が耐火構造のものについては，その外壁を隣地
境界線に接して設けることができる。」という規定と，民法
234条の「建物ヲ築造スルニハ彊界線ヨリ五十センチメート
ル以上ノ距離ヲ存スルコトヲ要ス」（平成16年12月，表現を
「建物を築造するには，境界線から五十センチメートル以上
の距離を保たなければならない。」と改正。）という規定の両
者の矛盾をどう考えるかは，従来から論議のまとであった。
これについては，平成元年9月19日に最高裁が判決を出し，
特別法優先の考え方をとった。その概要は，法63条は，一般
法である民法234条の特別法であるとの観点から，「建築基準
法第65条（現第63条）所定の建築物に限り，その建築につい

ては民法第234条の規定の適用が排除される旨を定めたもの
と解するのが相当である」というものである。

5　法令用語

法文の解釈については，特に次の用語の使い分けを正確にす
る必要がある。

(1)　「以上，以下」と「超える（こえる），未満」

$$\left.\begin{array}{l}\text{以 上}\\\text{以 下}\end{array}\right\} \Rightarrow \begin{array}{l}\text{起算点を}\\\text{含む}\end{array} \left\{\begin{array}{l}100\,\text{m}^2\text{以上} \Rightarrow A\geqq100\,\text{m}^2\\100\,\text{m}^2\text{以下} \Rightarrow A\leqq100\,\text{m}^2\end{array}\right.$$

$$\left.\begin{array}{l}\text{超える}\\\text{未 満}\end{array}\right\} \Rightarrow \begin{array}{l}\text{起算点を}\\\text{含まない}\end{array} \left\{\begin{array}{l}100\,\text{m}^2\text{を超える} \Rightarrow A>100\,\text{m}^2\\100\,\text{m}^2\text{未満} \Rightarrow A<100\,\text{m}^2\end{array}\right.$$

〔例〕令136条の2，一号「防火地域内にある建築物で階数が
　3以上のもの若しくは延べ面積が100 m²を超えるもの又は
　……次のイ又はロのいずれかに掲げる基準」

この場合，階数が3の建築物はイ又はロの基準にしなけれ
ばならないが，2階建で延べ面積がちょうど100 m²の建築物
はイ又はロの基準にしなくてもよい。

一般に，数値で制限する場合，階数のように整数で表す数
値では「以上，以下」を用い，面積のように小数点以下の数
値のある場合は「超える」ものを制限，又は「以下とする」
を用いる。たとえば，「階数が2を超える建築物の禁止」で
はなく「階数が3以上の建築物の禁止」又は「階数は2以
下」とし，「100 m²以上を禁止」ではなく「100 m²を超える
ものを禁止」又は「100 m²以下」とする。100 m²以上を禁
止とすると，適法にするために99.99 m²とするような不自然
が生ずるからである。

(2)　「及び」と「並びに」

AもBもどちらもといったことを表す併合的接続詞で，一
般には「及び」が使われ，3つ以上のことばを接続する場合には，
初めの方は読点でつなぎ最後のことばを「及び」で結ぶ。いく
つかのことばのグループを連結する場合には，ことばとことば
の連結には「及び」が，ことばのグループとグループ（片方が
グループでない場合も含む。）の連結には「並びに」が使われる。
「A，B，C及びD並びにP及びQ」という具合である。

6

〔例〕法20条1項

「建築物は，自重，積載荷重，積雪荷重，風圧，土圧及び水圧並びに地震その他の震動及び衝撃に対して安全な……」

(3) 「又は」と「若しくは」

AかBかどちらかといったことを表す選択的接続詞で，単純な場合には「又は」が使われ，選択することばに段階があるときには，小さな選択には「若しくは」が，グループとグループ（片方がグループでない場合も含む。）の大きな選択には「又は」が使われる。「A，B若しくはC又はP若しくはQ」という具合である。

〔例〕令112条1項「……合計1,500 m²以内ごとに1時間準耐火基準に適合する準耐火構造の床若しくは壁又は特定防火設備で区画しなければならない。……」

この場合，準耐火構造は，「若しくは」で結ばれた，床と壁とにかかり，「又は」以降の特定防火設備にはかからない。これを箇条書きにすると，区画に用いることのできるものは，次のとおりとなる。

① 1時間準耐火基準に適合する準耐火構造の床

② 1時間準耐火基準に適合する準耐火構造の壁

③ 特定防火設備

〔注〕「又は」と「及び」の使い分けはむずかしい。A，Bの2つの条件があって，「A又はB」と「A及びB」の両方の意味を含めていう場合には，A「又は」Bということが多い。AとBの両方の条件を満足するときに限定するときは，A「かつ」Bという。

(4) 「その他」と「その他の」

① 「A，Bその他C」では，A，B，Cは対等の関係である。

② 「A，Bその他のC」では，AとBは例示であり，AとBはCに含まれる。

図1.1 「その他」と「その他の」の違い

〔例〕

①　法44条１項四号で，「公共用歩廊その他政令で定める建築物で……許可したもの」という場合，公共用歩廊は，その他以降と対等なので，政令に関係なく許可の対象建築物となり，政令（令145条２項，３項）には公共用歩廊以外のものが定められる。

②　法37条（指定建築材料）で，「木材，鋼材，コンクリートその他の建築材料として国土交通大臣が定めるもの……」という場合，木材，鋼材，コンクリートは「その他の建築材料」に含まれるので，木材，鋼材，コンクリートも国土交通大臣が定めてはじめて指定建築材料となる。

(5)　**この限りでない**

ただし書（条文の後段中，「ただし」ではじまる規定）の中で，一定の条件に合えば本文の制限を「適用しない」という意味で使われる。

(6)　**準用する**

ある規定を本来はその規定を適用する対象となっていない事項などに用語の読み替えなどをして適用する（「準じて適用する。」）という意味で使われる。

〔例〕法88条で「……工作物で政令で指定するもの……については，第３条，第６条……の規定を準用する。」は，建築物でない特定の工作物（擁壁等）について，一部の規定を建築物に準じて適用するという意味になる。

(7)　**「確認」，「許可」，「認可」，「認定」**

①　確認——公の機関（建築基準法では建築主事又は指定確認検査機関）が，法律関係の存否について（建築主事などの場合は建築基準関係規定に適合するかどうかを）認定する行為をいう。建築主事等の確認行為は，基準に適合するかどうかの客観的判断で，裁量の余地のない覊束行為と解されている（最高裁昭和60年７月16日判決等）。

〔例〕法６条「建築主は，第一号から第三号までに掲げる建築物を建築しようとする場合…（中略）…確認の申請書を提出して建築主事の確認を受け，確認済証の交付を受けなければならない。」

この条文に基づき，確認申請書を提出して建築主事の確認を受けるわけであるが，確認を受けたからといっても，その計画が，建築基準関係規定に適合していることを認められただけで，それによって建築行為を行い得るという地上権などの権利が生じるというものではない。

② 許可——法律上の一般的な禁止事項を，特定の場合に解除して，適法にする行為をいう。建築基準法では，特定行政庁が行う。裁量行為で条件を付すこともある。建築基準法では，許可に際して，条件を付すことができることが明確にされている（法92条の2）。

〔例〕法48条7項「準住居地域内においては，別表第2（と）項に掲げる建築物は，建築してはならない。ただし，特定行政庁が…（中略）…公益上やむを得ないと認めて許可した場合においては，この限りでない。」

たとえば，一般的に禁止されている準住居地域内の客席の床面積が200 m²以上の映画館などについて，特定の場合に制限を解除して認めるのが「許可」である。

③ 認可——法律上の行為が，公の機関の同意を得なければ有効に成立しないとき，その効力を完成させるために公の機関の与える同意をいう。

〔例〕法70条「前条の規定による建築協定を締結しようとする土地の所有者等は，…（中略）…を定めた建築協定書を作成し，その代表者によつて，これを特定行政庁に提出し，その認可を受けなければならない。」

認可を受けてはじめて建築基準法上の建築協定として有効になる（法75条）。

④ 認定——法律上の特例又は適用除外などを公の機関が認める行為で，一定の裁量を伴い，建築基準法では「国土交通大臣の認定を受けたもの（法23条）」，「特定行政庁が……安全上，防火上及び衛生上支障がないと認めるもの（法86条1項など）」などと規定している。「認定」の用語は規則で定める申請書等で用いられていることが多い。確認と許可の間で，法3条1項四号以外では，建築審査会などの同意は要件としていない。

6　建築基準法の目的とその構成

(1)　法の目的（法 1 条）

　建築基準法は，憲法29条 2 項の「財産権の内容は，公共の福祉に適合するやうに，法律でこれを定める」という規定に基づき定められた法律で，その目的を「この法律は，建築物の敷地，構造，設備及び用途に関する最低の基準を定めて，国民の生命，健康及び財産の保護を図り，もつて公共の福祉の増進に資することを目的とする。」（法 1 条）と規定している。このように，法の終極の目的は公共の福祉の増進にあるので，法の運営，解釈については，その趣旨によらなければならない。

(2)　法の構成

　建築基準法は，建築物の敷地，構造，建築設備等に関する最低基準を定めた法律である（法 1 条）が，この建築基準は，個々の建築物の安全や衛生，防火などの基準を定めた部分（いわゆる「単体規定＝building code」）と都市における建築物相互間のあり方を定めた部分（いわゆる「集団規定＝restrictions for grouping」）に区分できる。この単体規定と集団規定を総称して「実体規定」と呼ぶ。

　建築基準法は，これらの建築基準（実体規定）と，基準を運用するための制度規定で，構成されている（図1.2）。

7　適用の除外

　建築基準法令の実体的な規定は，既存も含めて全ての建築物に適用することが望ましい。しかし，こうすると法令改正により不適法になったり，文化財建築物で適合しないものが出たりして，酷に過ぎる場合も出てくる。そこで，一律にこの法令を適用することが適当でないものについて適用除外の規定を設けている。

(1)　文化財建築物に対する適用除外（法 3 条 1 項）

　次の①〜④の建築物には，全ての規定が適用されない。

①　文化財保護法の規定によって国宝，重要文化財，重要有形民俗文化財，特別史跡名勝天然記念物又は史跡名勝天然記念物として指定され，又は仮指定された建築物（国指定の重要文化財建造物——令和 4 年12月 1 日現在2,548件（5,336棟），

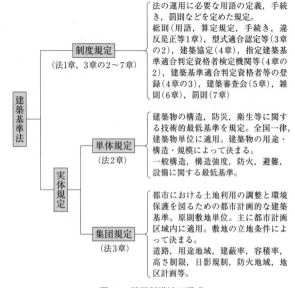

図1.2　建築基準法の構成

内国宝は229件（292棟））

② 旧重要美術品等の保存に関する法律の規定によって重要美
術品等として認定された建築物

③ 文化財保護法182条2項の条例又はその他の条例により，
現状変更の規制と保存のための措置が講じられている建築物
（保存建築物）で，特定行政庁が建築審査会の同意を得て指
定したもの

④ ①〜③の建築物であったものの原形を再現する建築物で，
特定行政庁が建築審査会の同意を得てその原形の再現がやむ
を得ないと認めたもの（これを「認定」という。）

(2) 既存不適格建築物などに対する適用除外（法3条2項）
この法令の規定の施行又は適用の際

① 現に存在する建築物又はその敷地

② 現に建築・修繕・模様替の工事中の建築物又はその敷地

③ 上記の建築物又は敷地の部分

で，これらの法令の規定に適合しなくなる部分については，原則としてこれらの規定は適用しない。いいかえれば，建築物を建築したとき又は建築し始めたときにはなかった規定や適用されなかった地域制限などが，その後の法改正や地域地区の変更などがあって，これらの新規定などに適合しなくなった場合に，その新規定については，従前どおり適用を除外することを定めたものである（法律不遡及の原則）。ただし，次の(3)に該当する場合には，この適用除外は認められない。

(3) **(2)の適用除外が認められない場合**（法3条3項）

次の①又は②の場合には，(2)の適用除外は認められない。すなわち，新たな法令の規定が適用される。

① 法令の改正又は新地域地区の施行の際，その規定・制限に相当する従前の規定・制限に違反していた建築物

② 工事の着手が，新法令・地域地区の適用又は施行後であるもの。ただし，工事が増築，改築，移転*，大規模の修繕・模様替であっても，軽微なものについては，ある程度の「既得権」を認めて緩和している（法86条の7，令137条〜137条の19，詳細は本書7章5参照）。（図1.3）

＊ 「移転」は平26改正で追加，平27.6施行。

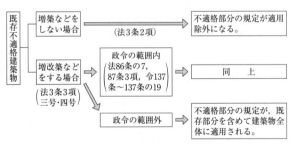

図1.3　既存不適格建築物

(4) **公共事業の施行等による敷地面積の減少についての前記(2)，(3)の準用**（法86条の9）

公共事業の施行等（たとえば，都市計画道路の拡幅工事など）により敷地面積が減少したときに，建築物の敷地面積に関

する規定（たとえば，建蔽率・容積率制限など）に適合しなくなる場合には，その建築物を，その規定に関する既存不適格建築物として，法3条2項及び同条3項（一号と二号を除く）の規定（前記の(2)と(3)（①を除く））を準用する。

(5) エキスパンションジョイントで接する既存建築物の部分

構造計算の規定（令81条1項〜3項）についての既存不適格建築物で，エキスパンションジョイント（EXP.J）により，増築又は改築を行う部分とは別の建築物の部分とみなされる既存部分（令36条の4）で，耐久性等関係規定（令36条1項本書表5.2.1＊9）に適合するなど一定の基準に適合する場合には，既存不適格建築物としての適用除外規定が継続して適用される（令137条の2，一号ロ(1)，本書7章5参照）。

(6) 簡易な構造の建築物（簡易建築物）（法84条の2）

柱と屋根だけで壁のない自動車車庫や屋根を帆布（シート）張としたスポーツの練習場などのいわゆる「簡易建築物」については，防火に関する一定の規定は適用されない（本書7章2参照）。

(7) 仮設建築物（法85条）

災害時の応急仮設建築物や工事現場の仮設事務所，仮設興行場，仮設店舗など一時的に必要となる仮設の建築物については，実体規定などを大幅に緩和している（詳細は本書7章3参照）。

(8) 用途変更による一時的使用の建築物（法87条の3）

既存建築物の用途を変更して，災害救助用建築物や公益的建築物，興行場，博覧会建築物，店舗など一時的に他の用途の建築物として使用する場合について，仮設建築物の場合（法85条）と同様に，実体規定などを大幅に緩和している（本書7章6参照）。

(9) 景観重要建造物（法85条の2）

景観法19条1項の規定により指定された景観重要建造物のうち，良好な景観の保全のためその位置又は構造をその状態において保存すべき建築物について，市町村は，国土交通大臣の承認を得て，条例で，建築基準法の一部の規定を緩和することができる（本書11-7章(11)参照）。

⑽　**伝統的建造物群保存地区内**（法85条の3）

　文化財保護法143条の規定により定められた伝統的建造物群保存地区内では，市町村は，建築物の現状変更の規制及び保存のための措置を確保するため必要なときは，国土交通大臣の承認を得て，条例で，建築基準法の一部の規定を緩和することができる（本書11-6章⒄参照）。

第2章

用語の定義

　建築基準法は技術法規の一種であり専門用語が多い。また一般的な用語であっても一定の限定した意味で用いられることも多い。そこで用語の意義を明確にして条文を正しく理解することができるよう用語の定義が定められている。基本的な用語の定義は，法2条と令1条にまとめられているが，その他特殊な例として，各条文の中にかっこ書などで用語の定義が定められているものもある（本章26，27の〔注〕及び34参照）。

1　建築物（法2条一号）

　土地に定着する工作物のうち，次のいずれかに当たるものを建築基準法上の建築物と定義している。

① 　柱又は壁に屋根の付いたもの（通常の建物）及び「これに類する構造のもの」（「　」内は，1層2段の自走式駐車場などでこれに当たるものがある。）

〔注〕岸壁等に係留して定常的に定着させる船舶や土地上に長期間設置する車両・コンテナなどで，ホテル，店舗などの建築物の用途に供するもの，パワーコンディショナー（太陽電池発電設備で発電された直流を交流に変換する設備），蓄電池収納専用コンテナを複数積み重ねるものも建築物になる（昭45住指発1194回答，昭62住指発419回答，平元住指発5，同239，平9住指発170，平16国住指2174，平24国住指4253，平25国住指4846）。

② 　①に付属する門又は塀（建物のない更地にある単独の門や塀は建築物ではない。）

③ 　観覧のための工作物（野球場や競技場のスタンドなどで，階段状の客席などがあれば屋根がなくても建築物になる。）

④ 　地下又は高架の工作物内に設ける事務所，店舗，興行場，倉庫など（いわゆる地下街や高架鉄道内の店舗など。本体の地下・高架工作物自体は，一般には建築物ではない。）（本書5-4章10参照）

〔注〕一般の建築物の地下室は，④ではなく，①の建築物の一部になる。

⑤　①～④に設けられる建築設備（配管設備，昇降機など）

【例外として建築物に含めないもの】

①　鉄道及び軌道の線路敷地内の運転保安に関する施設（信号所，転てつ所，踏切番小屋など運転保安に関するものに限定されるので，駅舎，待合所，荷扱所などは，建築物になる。）

②　跨線橋，プラットホームの上家（駅舎のうち，改札口より内部の通路などは一般に建築物ではないが，駅の事務室や固定して区画された店舗などは建築物になる。）

③　貯蔵槽など（飼料やセメントのサイロ，ガスタンク，コンテナ型データセンタ（平23国住指4933），蓄電池収納専用コンテナ（平25国住指4846），水素スタンド設置の圧縮機等の収納専用コンテナ（平27国住指1445），小規模な倉庫（平27国住指4544）など）

2　特殊建築物（法2条二号）

　学校，体育館，病院，劇場，観覧場，集会場，展示場，百貨店，市場，ダンスホール，遊技場，公衆浴場，旅館，共同住宅，寄宿舎，下宿，工場，倉庫，自動車車庫，危険物の貯蔵場，と畜場，火葬場，汚物処理場，その他これらに類する用途に供する建築物の総称である。主に防災面からみて特殊な用途の建築物であり，戸建住宅や一般の事務所などは特殊建築物ではないとされている。なお，条文の目的により，これらの特殊建築物の範囲が異なる（本書5-3章3参照）。

　〔注〕2戸建などの小規模な長屋は戸建住宅と同様でもよいが，戸数の多い「重層長屋」などは，その安全性を考慮すると共同住宅と同様に特殊建築物に含まれると考えるのが相当と思われる。長屋を特殊建築物として法40条や41条などに基づく条例の対象としている例（千葉，神奈川など）もある。

3　建築設備（法2条三号）

　建築物に設ける電気，ガス，給排水，換気，暖冷房，消火，排煙若しくは汚物処理の設備又は，煙突，昇降機，避雷針をいう。建築設備は建築物の定義に含まれる（本書本章1⑤）。

　〔例〕屋上に突出する煙突，屋上に設置するキュービクルやパ

ワーコンディショナー（発電設備や太陽発電の直流を交流に
変換する設備）など

【建築設備に含めないもの】

　公衆浴場などの独立煙突は工作物であるが，建築設備には含
まれない（本書7章7参照）。

4　居　室（法2条四号）

　居住，執務，作業，集会，娯楽その他これらに類する目的の
ために継続的に使用する室をいう。継続的といっても，同一人
である必要はない。居住環境や防災に関する規定は，居室部分
を対象に規定している場合が多い（天井高，床高，採光，換気，
階段・廊下の寸法，直通階段までの歩行距離など）。室の用途
によって，居室に含まれるかどうか明確に区別しにくい場合も
あるが，表2.1に一般的な区分を示す。

表2.1　居室と非居室の例

居室の例	居間，寝室，台所，食堂，書斎，応接間，事務室，売り場，会議室，作業室，病室，診察室，宿泊室，観覧席，調理室，教室，客室，控室など
非居室の例	玄関，廊下，階段室，便所，洗面室，浴室，脱衣室，倉庫，納戸，無人機械室，更衣室，湯沸室，自動車車庫，リネン室など

〔注〕浴室・脱衣室は，住宅の場合は居室とみる必要はないが，公衆浴場や
温泉の共同浴場のように人が入れかわり継続して使用するものは居室と
みる。倉庫や機械室でも，人が常駐している部分は居室とみなされる場
合がある。

5　主要構造部（法2条五号）

　主として防火上の見地から定めた建築物の主要な部分をいい，
次の表2.2に示すとおりであるが，構造耐力上主要な部分（令
1条三号）とは異なる。

6　構造耐力上主要な部分（令1条三号）

　基礎，基礎杭，壁，柱，小屋組，土台，斜材（筋かい，方づ
え，火打材など），床版，屋根版，横架材（梁，桁など）で，
建築物の自重，積載荷重，積雪荷重，風圧，土圧，水圧，地震
の震動，衝撃などを支える建築物の部分。

表2.2　主要構造部

主要構造部	除外部分（構造上重要でない下記の部分）	
壁	間仕切壁	その他これらに類する建築物の部分
柱	間柱，付け柱	
床	揚げ床，最下階の床，回り舞台の床	
梁	小梁	
屋　根	ひさし	
階　段	局部的な小階段，屋外階段	

7　延焼のおそれのある部分（法2条六号）

主として木造建築物の火災性状を考慮した火災時の延焼想定範囲から定めたもので，3つの基準線（防火境界線）から一定の距離以内にある建築物の部分をいう。

① 隣地境界線
② 道路中心線 ——から—— 1階では3m以内，2階以上は5m以内にある建築物の部分をいう。
③ 同一敷地内建築物相互の外壁間の中心線

（2以上の建築物の延べ面積の合計が500 m²以内は一の建築物とみなして外壁間の中心線は考慮しない。）

【例外部分】

① 防火上有効な公園，広場，川等の空地・水面，耐火構造の壁などに面する部分
② 建築物の外壁面と隣地境界線等（上記①～③の線）との角度により，その建築物の周囲で発生する通常火災時の火熱により燃焼するおそれのないものとして国土交通大臣が定める部分（令2国交告197）

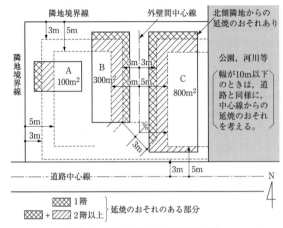

図2.1 延焼のおそれのある部分の例

・A＋B＝400 m^2＜500 m^2 ⇨ A と B は一の建築物とみて，
その間の防火境界線は引かない。

・公園側境界線からの延焼のおそれは，考えなくてよい。

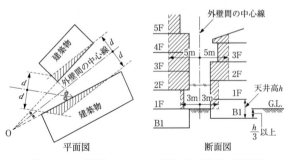

平面図

d：1階では3m，2階以上では5m
（令2国交告197により，dの緩
和も可能）
▨：延焼のおそれのある部分

断面図

地階の地上部分は，論理解釈
による（本書1章4(1)参照）。

図2.2 外壁の中心線からの延焼のおそれのある部分の例

8 耐火構造（法2条七号，令107条，平12建告1399）

耐火構造は，主要構造部等について耐火性能に関する技術的基準に適合する鉄筋コンクリート造，鉄骨鉄筋コンクリート造などの構造方法である。

耐火性能とは，通常火災が終了するまでの間，建築物の倒壊・延焼を防止するために建築物の部分に必要な性能をいい，技術的基準は令107条で規定され，建築物の階及び部分により，次の①〜③が定められている。この性能を有する構造は，国土交通大臣が定める（平12建告1399）か同大臣が認定する。

① 通常火災による火熱が一定時間加えられた場合に，構造耐力上支障のある変形，溶融，破壊などの損傷を生じないこと（非損傷性）→主要構造部の全て

② 通常火災による火熱が一定時間加えられた場合に，加熱面以外の面（屋内に限る）の温度が可燃物燃焼温度以上に上昇しないこと（遮熱性）→壁と床

③ 屋内の通常火災による火熱が一定時間加えられた場合に，屋外に火炎を出す原因となる亀裂などの損傷を生じないこと（遮炎性）→外壁と屋根

最上階から数えた階数別耐火時間を，図2.3に示す。地階は「階数」に算入しない部分（本書3章8参照）も含む。

一般に，鋼材ではコンクリートなどの耐火被覆を要するが，床からの高さが4m以上で天井のない（又は準不燃材料で造られた天井がある）鉄骨造の小屋組及び鉄造の階段（平12建告1399）は，耐火被覆がなくても鋼材だけで耐火構造となる。天窓は屋根の耐火性能が必要である。

【耐火構造の使途の例】
　　耐火建築物──主要構造部など
　　防火区画───面積区画・竪穴区画の壁・床など

9 準耐火構造（法2条七号の二，令107条の2，112条2項）

準耐火構造は，建築物の各部分の構造のうち準耐火性能に関する技術的基準に適合する構造で，通常の準耐火構造（45分準耐火）と，より耐火構造に近い準耐火構造（1時間準耐火）とがある。

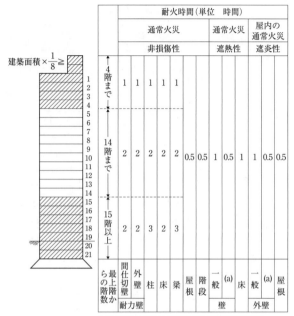

（a）：延焼のおそれのある部分以外の非耐力壁

図2.3　耐火性能（耐火時間）

　準耐火性能とは，通常火災による延焼を抑制するために建築物の各部分に必要な性能で，建築物の部分ごとに，通常火災に対する非損傷性・遮熱性，屋内の通常火災に対する遮炎性から耐火性能時間として定められている（表2.3，令107条の2，112条2項）。具体的な構造は，国土交通大臣が定める構造方法（平12建告1358，1380）又は同大臣の認定による。耐火構造の性能（本書本章8参照）は準耐火性能にも当然適合するので，「準耐火構造とする」の表現（法2条九号の三等）には，当然「耐火構造」も含まれることになる。

10　防火構造（法2条八号，令108条）

　防火構造は，外壁・軒裏について防火性能に関する技術的基準に適合する鉄網モルタル塗，しっくい塗などの構造である。

表2.3　準耐火構造の性能基準

(令107条の2，令112条2項)

火災の種類 性能要件	建築物の部分		耐火性能時間[*1]
通常火災 非損傷性	壁	間仕切壁（耐力壁に限る）	45分間（1時間）
		外壁（耐力壁に限る）	45分間（1時間）
	柱		45分間（1時間）
	床		45分間（1時間）
	梁		45分間（1時間）
	屋根（軒裏を除く）		30分間（30分間）
	階段		30分間（30分間）
通常火災 遮熱性	壁	一般	45分間（1時間）
		(a)以外の非耐力壁	30分間（30分間）
	軒裏	(a)[*2]	45分間（1時間）
		(a)以外の部分	30分間（1時間）
	床		45分間（1時間）
屋内の通常火災 遮炎性	外壁	一般	45分間（1時間）
		(a)以外の非耐力壁	30分間（30分間）
	屋根		30分間（30分間）

(a)：延焼のおそれのある部分

[*1]　（　）内は，令112条2項による1時間準耐火基準の準耐火構造の性能
として定められているもので，一般に「1時間準耐火構造」という（令
112条2項，令元国交告195）。

　　　これに対し，（　）以外の耐火時間は，法2条七号の二・令107条の2
によるもので，単に「準耐火構造」又は「45分準耐火構造」という（平
12建告1358）。耐火構造は，性能上準耐火構造でもある。

[*2]　外壁によって小屋裏又は天井裏と防火上有効に遮られているものを除く。

防火性能とは，建築物の周囲において発生する通常火災による
延焼を抑制するため外壁・軒裏に必要な性能をいい，技術的基
準は令108条で規定され，耐力壁である外壁には30分間の非損
傷性，一般の外壁及び軒裏には30分間の遮熱性が必要となる。
この性能を有する構造は国土交通大臣が定める（平12建告1359）
か同大臣が認定する（表2.4参照）。

表2.4　防火構造（平12建告1359）

外壁			
①準耐火構造			
	②間柱及び下地が木材の構造		a．屋内側—グラスウール（厚さ50 mm以上，かさ比重0.01以上）又はロックウール（かさ比重0.024以上）を充填した上にせっこうボード（厚さ12 mm以上）張　屋外側—鉄網軽量モルタル塗（厚さ15 mm以上，モルタルに含まれる有機物の量が重量の8％以下） b．屋内側—グラスウール（厚さ50 mm以上，かさ比重0.01以上）又はロックウール（かさ比重0.03以上）を充填した上にせっこうボード（厚さ9 mm以上）張　屋外側—窯業系サイディング（厚さ15 mm以上，中空部を有する場合，厚さ18 mm以上かつ中空部を除く厚さ7 mm以上）
	③間柱及び下地が木材又は鉄材の構造*1		② b.の構造（屋内側—防火被覆の取合いの部分，目地の部分などの取合い等の部分を，裏面に当て木を設ける等，内部への炎の侵入を防止できる構造，屋外側—防火被覆の取合い等の部分の裏面に厚さ12 mm以上の合板，構造用パネル，パーティクルボード，硬質木片セメント板等を設け，又は取合い等の部分を相じゃくり）
	④間柱及び下地が不燃材料の構造	屋内側	a．せっこうボード（厚さ12 mm以上）の上にせっこうボード（厚さ9 mm以上）又は難燃合板張 b．せっこうボード（厚さ9 mm以上）又は難燃合板の上にせっこうボード（厚さ12 mm以上）張 c．せっこうラスボード（厚さ7 mm以上）の上にせっこうプラスター塗（厚さ8 mm以上） d．強化せっこうボード*2 2枚以上（厚さ合計42 mm以上）張 e．強化せっこうボード*2 2枚以上（厚さ合計36 mm以上）張の上に繊維強化セメント板（厚さ8 mm以上，けい酸カルシウム板に限る。）張 f．強化せっこうボード*2の上に軽量気泡コンクリートパネル（厚さ50 mm以上）張 g．スラグせっこう系セメント板（厚さ8 mm以上）の上にせっこうボード（厚さ12 mm以上）張 h．せっこうボード（厚さ9.5 mm以上）張 i．グラスウール又はロックウール（厚さ75 mm以上）を充填した上に合板，構造用パネル，パーティクルボード又は木材（厚さ4 mm以上）張
		屋外側	j．上記d．又はe.の上に金属板，軽量気泡コンクリートパネル又は窯業系サイディング張か，モルタル又はしっくい塗 k．上記f. l．硬質木片セメント板（厚さ18 mm以上）張 m．鉄網モルタル塗（厚さ15 mm以上） n．木毛セメント板又はせっこうボードの上にモルタル又はしっくい塗（塗厚さ10 mm以上） o．木毛セメント板の上にモルタル又はしっくい塗で，その上に金属板張 p．モルタルの上にタイル張（合計厚さ25 mm以上）

			q．セメント板又は瓦の上にモルタル塗（合計厚さ25 mm以上）
			r．せっこうボード（厚さ12 mm以上）の上に金属板張
			s．ロックウール保温板（厚さ25 mm以上）の上に金属板張
⑤間柱又は下地が不燃材料以外の構造*4			a．土蔵造
			b．土塗真壁造（塗厚さ40 mm以上）*3
	屋内側*4		c．上記④a.～i.のいずれか
			d．軽量気泡コンクリートパネル（厚さ35 mm以上）
			e．土塗壁*5（塗厚さ30 mm以上）
	屋外側*4		f．上記④d.又はe.の上に金属板，軽量気泡コンクリートパネル又は窯業系サイディング張か，モルタル又はしっくい塗
			g．上記④f.
			h．鉄網軽量モルタル塗（厚さ20 mm以上，モルタルに含まれる有機物の量が重量の8％以下）
			i．上記⑤d.
			j．硬質木片セメント板（厚さ12 mm以上）の上に鉄網軽量モルタル塗（厚さ10 mm以上，モルタルに含まれる有機物の量が重量の8％以下）
			k．鉄網モルタル又は木ずりしっくい塗（厚さ20 mm以上）
			l．木毛セメント板又はせっこうボードの上にモルタル又はしっくい塗（塗厚さ15 mm以上）
			m．土塗壁（塗厚さ20 mm以上，下見板を張ったものを含む。）
			n．下見板*5（厚さ12 mm以上，屋内側が厚さ30 mm以上の土塗壁に限る。）
			o．硬質木片セメント（厚さ12 mm以上）張
			p．上記②b.の屋外側
			q．上記④p.～s.のいずれか
軒裏*6			a．準耐火構造
			b．土蔵造
			c．上記④p.～s.又は⑤k.～m.のいずれか

*1　間柱及び下地を木材のみで造ったものを除く。

*2　せっこうの含有率95％以上，ガラス繊維の含有率0.4％以上，ひる石の含有率2.5％以上

*3　裏返塗りをしないものは，間柱の屋外側の部分と土壁とのちりが15 mm以下のもの又は間柱の屋外側の部分に木材（厚さ15 mm以上）を張ったものに限る。

*4　真壁造の場合の柱及び梁を除く。

*5　⑤e.及び⑤n.の構造を組み合わせた場合は，土塗壁と間柱及び桁との取合いの部分を，取合い部分にちりじゃくりを設けるなど内部への炎の侵入を防止できる構造とする。

*6　外壁によって小屋裏又は天井裏と防火上有効に遮られているものを除く。

*7　石綿含有建材は，平成16年10月から原則禁止となった。

2

11 不燃材料・準不燃材料・難燃材料 ——防火材料——

不燃材料，準不燃材料及び難燃材料を総称して，一般に「防火材料」という。内装制限を受ける壁や天井の仕上材料などに使用される。不燃性能に関する技術的基準に適合するとして国土交通大臣が定めたもの又は同大臣が認定したものが該当する。

不燃性能とは，通常火災による火熱に対し，一定時間，①燃焼せず，②防火上有害な変形・溶融・亀裂等の損傷を生じず，③避難上有害な煙・ガスを発生しない要件を満たすものをいう（法2条九号，令108条の2）。

(1) 不燃材料（法2条九号，令108条の2，平12建告1400）

通常火災による火熱に対して加熱開始後20分間，上記①②③（外部仕上用は①②）の不燃性能を満たす建築材料。

〔例〕コンクリート，れんが，瓦，鉄鋼，アルミニウム，ガラス，モルタル，しっくい，ロックウール，せっこうボード（厚さ12 mm 以上，ボード用厚紙0.6 mm 以下）など

(2) 準不燃材料（令1条五号，平12建告1401）

通常火災による火熱に対して加熱開始後10分間，上記①②③（外部仕上用は①②）の不燃性能を満たす建築材料。不燃材料を含む。

〔例〕(1)の〔例〕の他，せっこうボード（厚さ9 mm 以上，ボード用厚紙0.6 mm 以下），木毛セメント板（厚さ15 mm 以上）など

(3) 難燃材料（令1条六号，平12建告1402）

通常火災による火熱に対して加熱開始後5分間，上記①②③（外部仕上用は①②）の不燃性能を満たす建築材料。不燃材料及び準不燃材料を含む。

〔例〕(1)・(2)の〔例〕の他，難燃合板（厚さ5.5 mm 以上），せっこうボード（厚さ7 mm 以上，ボード用厚紙0.5 mm 以下）など

12 耐水材料（令1条四号）

コンクリート，れんが，石，アスファルト，陶磁器，ガラスなどの耐水性のある材料をいう。コンクリートブロックのように透水性のあるものでも，材料自体が水によって容易に破壊し

たり腐食したりしなければ耐水材料になる。

13 防火設備・特定防火設備 （法2条九号の二ロ等）

　防火設備は，防火戸，ドレンチャーなどの火炎を遮る設備で，その構造が遮炎性能に関して政令で定める技術的基準に適合するもので，国土交通大臣が定めた構造方法を用いるもの（平12建告1360）又は同大臣の認定を受けたものをいう。**遮炎性能**とは，通常火災を有効に遮るために防火設備に必要とされる性能をいう（法2条九号の二ロ，27条1項，令109条，109条の2，110条の3）。

　防火設備の設置箇所により性能要件は異なり，一定時間加熱面以外の面に火炎を出さないことが要求される（表2.5）。防火設備の中で，1時間の遮炎性能を有するものを**特定防火設備**という（令112条1項，表2.5の防火区画）。平成10年改正前の甲種防火戸は，おおむねこれに該当する。

【防火設備の閉鎖機構】 （令112条19項，昭48建告2563）

　防火設備の設置箇所により，次の①～④等の機構を有するものとして国土交通大臣が定めたもの又は同大臣の認定を受けたものが必要となる（本書5-3章5(5)参照）。

① 　常時閉鎖式：面積が3㎡以内の常時閉鎖状態を保持する構造で，直接手で開くことができ，かつ，自動的に閉鎖するもの。

② 　閉鎖又は作動する際，その防火設備等の周囲の通行人などの安全を確保できるもの。

③ 　熱感知器連動：一定の温度で閉鎖又は作動するもの。普通は約70度でヒューズが溶解し，閉鎖機構が働く。

④ 　煙感知器連動：火災時の煙で閉鎖又は作動するもの。

表2.5　防火設備の設置箇所と性能（例）

防火設備設置場所	性能	時間	規定条文等
防火区画（一定の面積）	遮炎性能	1時間	令112条1項〜5項等，平12建告1369
界壁*1・防火上主要な間仕切壁*2・隔壁*3の配管・風道等の貫通部分		45分間	令114条5項，平12建告1377
耐火建築物・準耐火建築物の延焼のおそれのある外壁の開口部，防火区画（竪穴等）		20分間	法2条九号の二ロ，令109条の2，令112条11項等，平12建告1360
法27条1項の特殊建築物の令110条の2に規定する延焼するおそれがある外壁の開口部		*4 20分間	法27条1項，令110条の2，令110条の3，平27国交告255
防火地域又は準防火地域内の建築物の増築・改築における外壁の開口部	*5	*4 20分間	令137条の10，四号，令元国交告196

*1　長屋又は共同住宅の各戸の界壁（令114条1項）。
*2　学校，病院，病室付き診療所，児童福祉施設等，ホテル，旅館，下宿，寄宿舎又はマーケットに設置する防火上主要な間仕切壁（令114条2項）。
*3　建築面積>300 m² である建築物の木造小屋組の小屋裏に，桁行間隔12 m以内ごとに設ける隔壁等（令114条3項，4項）。
*4　屋内に面するものに限る。
*5　建築物の周囲において発生する通常の火災による火熱が加えられた場合に，加熱開始後20分間当該加熱面以外の面（屋内に面するものに限る）に火炎を出さないもの（20分間防火設備）。

表2.6　防火設備の仕様（平12建告1360, 1369）

防火設備の種類／材料	特定防火設備（平12建告1369）	防火設備（平12建告1360）
鉄材又は鋼材	鉄材又は鋼材の厚さ1.5 mm以上	鉄材又は鋼材の厚さ0.8 mm以上（網入りガラス（同ガラスを用いた複層ガラスを含む）を用いたものを含む）
	骨組が鉄材又は鋼材で両面に各厚さ0.5 mm以上の鉄板又は鋼板張	―

鉄筋コンクリート製 鉄骨コンクリート製	厚さ3.5 cm 以上のもの	○
枠材の種類　鉄材又は鋼材	—	・はめごろし戸（網入りガラスは全ての開閉形式可） ・網入りガラス，所定の耐熱強化ガラス，耐熱結晶化ガラス又は複層ガラス
アルミニウム合金材	—	・はめごろし戸 ・所定の網入りガラス，耐熱結晶化ガラス又は複層ガラス
屋外側－アルミニウム合金材 屋内側－アルミニウム合金材又は樹脂（無可塑ポリ塩化ビニル）	—	
樹脂（無可塑ポリ塩化ビニル）	—	・はめごろし戸 ・所定の複層ガラス
木材（見付け寸法40 mm 以上，見込み寸法70 mm 以上，気乾比重0.45以上）	—	・はめごろし戸 ・所定の複層ガラス
骨組木製 （防火塗料を塗布したもの）	×	屋外面―亜鉛鉄板 屋内面―木毛セメント板（厚さ1.2 cm 以上）又は，せっこうボード（厚さ0.9 cm 以上）張，開口部0.5 m² 以内は網入ガラス製も可
土　蔵　造	厚さ15 cm 以上のもの	○
小面積開口部	換気孔（≦0.01 m²）に設ける鉄板，モルタル等の防火覆い，地面からの高さ1 m 以下の換気孔に設ける金網（網目≦2 mm）	防火塗料を塗布した木材及び網入ガラス製（≦0.5 m²）

2

14 耐火建築物（法2条九号の二，令108条の3）

　延焼のおそれのある外壁の開口部に防火設備を有し，主要構造部が次の(1)又は(2)のいずれかに該当する建築物をいう。

(1)　耐火構造

(2)　屋内の火災による火熱に対し火災終了時まで耐え，外壁については建築物の周囲の通常火災による火熱に対し火災終了時まで耐える性能を有するものとして令108条の3に定める技術的基準*に適合するもの

　　*　耐火設計法（耐火性能検証法，防火区画検証法等）によるものと国土交通大臣の認定を受けたものとがある。

【耐火建築物とする規定の例】

①　特殊建築物で法27条2項に該当するもの

②　防火地域，準防火地域内の建築物で一定規模以上のもの（法61条）など

【耐火性能検証法】（令108条の3，2項，平12告示1433）

　主要構造部の耐火に関する性能を検証する方法で，耐火建築物の主要構造部を耐火構造とみなす場合などに，次のことを検証する。

・主要構造部の屋内火災保有耐火時間（屋内で予測される火災による火熱に耐えられる加熱時間）が，室ごとの屋内の火災継続時間以上であること

・外壁の屋外火災保有耐火時間（建築物の周囲で発生する通常の火災時の火熱に耐えられる加熱時間）が，1時間（延焼のおそれのある部分以外では30分間）以上であること

【防火区画検証法】（令108条の3，5項，平12告示1433）

　主要構造部を耐火性能検証法によった建築物の開口部に設けられる防火設備の火災時における遮炎に関する性能を検証する方法で，次のことを検証する。

・各開口部の保有遮炎時間（屋内で予測される火災により加熱面以外の面に火炎を出さずに耐えられる加熱時間）が，室ごとの火災の継続時間以上であること

【耐火建築物等】（法53条3項一号イ，令135条の20）

　耐火建築物又はこれと同等以上の**延焼防止性能***を有するものとして令135条の20，1項で定める建築物で，延焼のおそれ

のある外壁の開口部に防火設備を有し，主要構造部等が次に該当する建築物をいう。

・壁，柱，床その他の建築物の部分及び上記の防火設備が令136条の２，一号ロに定める基準に適合すること

・法61条に規定する国土交通大臣が定める構造方法を用いるもの（令元国交告194）又は同大臣の認定を受けたものであること

> ＊ 延焼防止性能：通常の火災による周囲への延焼を防止するために壁，柱，床その他の建築物の部分及び防火戸その他の令109条１項で定める防火設備に必要とされる性能。

【耐火建築物等とする規定の例】

① 防火地域，準防火地域内の建築物で一定規模以上のもの（法61条）

② 特定建築物地区整備計画又は防災街区整備地区整備計画の区域内にある建築物の構造（法67条１項，令136条の２の５，１項十三号）

15 準耐火建築物（法２条九号の三，令109条の３）

次のいずれかに該当する建築物で耐火建築物でないものをいう（表2.7～2.9）。なお，いずれも外壁の開口部で延焼のおそれのある部分に法２条九号の二ロの防火設備を設けることが条件となる。

耐火性能上はおおむね，耐火建築物 ＞ 法27条１項に規定する建築物 ＞ 準耐火建築物，となる。

(1) 準耐火構造の準耐火建築物（法２条九号の三イ）

主要構造部を準耐火構造などとした建築物で，層間変形角（令82条の２，本章30(3)参照）の限度も定めている（表2.7）。

表2.7 準耐火構造の準耐火建築物（イ準耐）

主要構造部 （壁，柱，床，梁，屋根，階段）	準耐火構造
地上部分の層間変形角	1/150以内（原則） （令109条の２の２）

(2) 外壁耐火の準耐火建築物（令109条の3，一号）

外壁を耐火構造とした建築物で，屋根の構造が法22条1項の構造であるほか，屋根の延焼のおそれのある部分の構造が，屋内の通常火災の火熱に対し20分間の遮炎性を有するものとして国土交通大臣が定めたもの（平12建告1367）又は同大臣の認定を受けたものが該当する（表2.8，図2.4の①，ロ準耐(一)）。

(3) 不燃構造の準耐火建築物（令109条の3，二号）

柱・梁を不燃材料（鉄骨造など）などとした準耐火建築物である（表2.9，図2.4の②，ロ準耐(二)）。

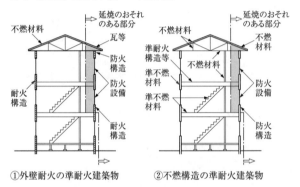

①外壁耐火の準耐火建築物　　②不燃構造の準耐火建築物

図2.4　準耐火建築物の例

【準耐火建築物とする規定の例】

・特殊建築物で法27条3項，法別表第1(に)欄に該当するもの

・防火地域又は準防火地域内の建築物で一定規模以上のもの（法61条）

〔注〕表2.7～2.9はいずれも準耐火建築物であるが，その種別により防火区画すべき床面積が異なる（令112条）。また，自動車車庫などで準耐火建築物とする場合は，表2.8（外壁耐火の準耐火建築物）とすることはできない（法27条3項）。

【準耐火建築物等】（法53条3項一号ロ，令135条の20）

準耐火建築物又はこれと同等以上の延焼防止性能を有するものとして令135条の20，2項で定める建築物である。延焼のおそれのある外壁の開口部に防火設備を有し，主要構造部等が次に該当する建築物をいう。

・壁，柱，床その他の建築物の部分及び上記の防火設備が令

表2.8　外壁耐火の準耐火建築物（ロ準耐㈠）

外　壁		耐火構造
屋根	一　般	①不燃材料で造るか，又は葺く ②準耐火構造（屋外面は準不燃材料） ③耐火構造*1の屋外面に断熱材*2及び防水材*3を張ったもの
	延焼のおそれのある部分	①準耐火構造 ②瓦又は厚さ4mm以上のスレート波板・スレートボードで葺いたもの*4 ③木毛セメント板の上に金属板を葺いたもの*4 ④金属板で葺いたもの*5

*1　屋外面は準不燃材料で，かつ，勾配が30度以内のものに限る。
*2　ポリエチレンフォーム，ポリスチレンフォーム，硬質ポリウレタンフォーム等の材料を用いたもので，厚さの合計が50mm以下のものに限る。
*3　アスファルト防水工法，改質アスファルトシート防水工法，塩化ビニル樹脂系シート防水工法，ゴム系シート防水工法又は塗膜防水工法を用いたものに限る。
*4　野地板以下及びたるきが準不燃材料又は軒裏が防火構造の場合に限る。
*5　金属板に接するたるき（たるきがない場合はもや）が不燃材料の場合に限る。

表2.9　不燃構造の準耐火建築物（ロ準耐㈡）

柱，梁		不燃材料
外壁（延焼のおそれのある部分）		防火構造
壁（主要構造部である壁一般）		準不燃材料
床	一　般	準不燃材料
	3階以上の階（又は，その直下の天井）	準耐火構造，平12建告1368又は大臣認定のもの
屋　根		①不燃材料で造るか，又は葺く ②準耐火構造（屋外面は準不燃材料） ③耐火構造*1の屋外面に断熱材*2及び防水材*3を張ったもの
階　段		準不燃材料

*1　屋外面は準不燃材料で，かつ，勾配が30度以内のものに限る。
*2　ポリエチレンフォーム，ポリスチレンフォーム，硬質ポリウレタンフォーム等の材料を用いたもので，厚さの合計が50mm以下のものに限る。
*3　アスファルト防水工法，改質アスファルトシート防水工法，塩化ビニル樹脂系シート防水工法，ゴム系シート防水工法又は塗膜防水工法を用いたものに限る。

136条の2，二号ロに定める基準に適合すること
・法61条に規定する国土交通大臣が定める構造方法を用いるも

の（令元国交告194）又は同大臣の認定を受けたものであること

【準耐火建築物等とする規定の例】

① 防火地域，準防火地域内の建築物で一定規模のもの（法61条）

② 特定建築物地区整備計画又は防災街区整備地区整備計画の区域内にある建築物の構造（法67条1項，令136条の2の5，1項十三号）

16　建築，大規模の修繕，大規模の模様替

(1)　建　築（法2条十三号）

建築物を新築，増築，改築又は移転することをいう。

「建築」という言葉は，一般には建築物という名詞としても使われるが，建築基準法では「建築する。新築する。」のように，動詞として使われることが多い。

- ・新築 ┐
- ・増築 ┘ ── 既存建築物のある敷地内に別棟で建築する場合，棟としては「新築」であるが，敷地単位でみると，「増築」になる。この使い分けは，既存不適格建築物の緩和規定（令137条の7）などでは特に重要になる。

- ・改築 ── 建築物の全部又は一部を除却し，又はこれらの部分を災害などで失った後，引き続いて従前の用途，構造，規模と著しく異ならないものに建て替えることをいう。この場合，材料の新旧は問わない。

- ・移転 ── 建築物を移動することをいう。平成27年6月施行の改正前は，同一敷地内で建築物を移動することをいい，別敷地へ移す場合は，新築又は増築とされていた。

(2)　大規模の修繕（法2条十四号）

主要構造部の一種以上について行う過半の修繕をいう。二種以上にわたっても，そのいずれもが過半に達しなければ大規模の修繕とはいわない。

(3) **大規模の模様替**（法2条十五号）

　主要構造部の一種以上について行う過半の模様替をいう。二種以上の主要構造部の模様替は，修繕と同様。

17　設計・設計図書・プログラム

(1) **設　計**（法2条十号，建築士法2条6項）

　その者の責任において設計図書を作成することをいう。

(2) **設計図書**（法2条十二号，建築士法2条6項）

　建築物，その敷地又は法88条1項から3項に規定する指定工作物に関する工事用の図面及び仕様書をいう（現寸図の類を除く）。

〔例〕配置図，平面図，立面図，断面図，矩計図，各種伏図，構造図，仕上表，建具表，設備図，仕様書，その他

(3) **プログラム**（法2条三十四号）

　電子計算機に対する指令で，一の結果を得ることができるように組み合わされたものをいう。

18　建築主（法2条十六号）

　建築物に関する工事の請負契約の注文者又は請負契約によらないで自らその工事をする者をいう。建築主は，設計者・工事監理者の選定（法5条の6），確認申請（法6条）・完了検査申請（法7条）・中間検査申請（法7条の3）・仮使用認定申請（法7条の6）・建築工事届（法15条）などを行う。工作物では**築造主**，建築設備では**設置者**という。

19　設計者・工事監理者・工事施工者

(1) **設計者**（法2条十七号）

　その者の責任において設計図書を作成した者をいう。

(2) **工事監理者**（法2条十一号）

　その者の責任において工事を設計図書と照合し，設計図書のとおりに実施されているかいないかを確認する者をいう。

　工事監理の定義は建築士法2条8項による。建築主が提出する工事完了申請書の一部に，確認を行った事項・設計図書との照合結果などを記入する（法7条，規則4条）。

〔注〕工事管理者（建設業法でいう主任技術者又は監理技術者）と
　　いう施工の技術上の管理をつかさどる者とは異なる。

⑶　**工事施工者**（法2条十八号）

　建築物，工作物などに関する工事の請負人，又は請負契約に
よらないで自らこれらの工事をする者をいう。

20　**特定行政庁**（法2条三十五号）

　建築主事*を置く市町村（東京都の特別区を含む。）の区域
ではその市区町村長をいい，その他の市町村の区域では都道府
県知事をいう。一般用語としては，首長に限らず団体（都道府
県や市区町村）をいうこともある。

　*　建築主事：本書4章1参照

　建築主事が建築物の規模などに応じて確認事務の一部を行っ
ている市区町村では，所管する建築物の範囲に限って特定行政
庁となり，その他の建築物については都道府県知事が特定行政
庁となる。法律上は知事や市長など行政庁の長であるが，便宜
的に都道府県や市などの行政庁を指して特定行政庁ということ
もある。令和4年4月1日現在の特定行政庁の種類と数は次の
とおりである。

・都道府県 ──────────────── 47
・政令指定市（法4条1項・人口25万人以上の市）──── 88
・一般市（法4条2項・都道府県との協議による市）── 149
・特別区（法97条の3・東京都の23区）──────── 23
・限定特定行政庁（法97条の2・都道府県との協議により，
　　一定の建築物等の確認事務等のみを限定して行う。）── 144
　　（内，町は，北海道13，埼玉2，計15で，残り129は市）
　　　　　　　　　　　　　　　　　　　　合計　451

【特定行政庁の権限等】

　特定行政庁は，技術的判断のみでなく，環境上，交通上，衛
生上などの判断や裁量を必要とする各種の許可，認可，指定，
認定，任命など極めて広い権限を有する。その主なものは次の
とおりである。

①　建築監視員の任命（法9条の2）
②　法による指定（法3条，12条，22条，42条，46条，52条，

53条，56条，68条の 7，84条，85条等），認定（法 3 条，43条，
55条，86条等），認可（法70条），許可（法43条，44条，48条，
52条，59条の 2 等）など

③　違反建築物等に対する是正措置（法 9 条〜11条等）

④　指定確認検査機関の事務所への職員の立ち入り，検査（法
77条の31）

21　敷　地（令 1 条一号）

　一の建築物又は用途上不可分の関係にある 2 以上の建築物の
ある一団の土地をいう。所有権などに関係なく，用途上可分で
あれば別敷地とし，道路や川などで区分されている場合も別敷
地となる。

　学校や工場，病院などのように，敷地全体の用途（上位用
途）がある場合，その敷地内の「校舎・体育館・倉庫」「作業
場・事務所・倉庫」「診療棟・病棟・車庫」などは，それぞれ
用途上不可分（一体）であるとみなして一敷地となる。

　複数の建築物のある敷地が一敷地である場合，建蔽率や高さ
制限などでは設計の自由度が増し計画上有利となるが，不適格
用途（作業場等）の面積制限や複合日影による日影規制などで
は制限が強化されて不利になることもある。共同住宅と寄宿舎
などを単に連絡通路だけで結んだものは用途上可分であり別敷
地とすべきという裁決例もある。「用途上不可分」かどうか
「一団の土地」かどうかは，集団規定の適用に大きな差が出て
くるので，問題になることがある。

〔例外〕「一の敷地とみなすこと等による制限の特例」として
　　　認定を受けた場合には，用途上可分であっても特例対象規
　　　定について，全体を一敷地とみなすことができる（法86条，
　　　本書 7 章 4 参照）。

22　地　階（令 1 条二号）

　床が地盤面下にある階で，床面から地盤面までの高さがその
階の天井の高さの1/3以上のものをいう（図2.5）。

　なお，容積率緩和の対象となる住宅等の地階の条件は，上記
によるほか，その天井が地盤面からの高さ 1 m 以下にあるも

のに限られる（法52条3項，本書6-3章1参照）。

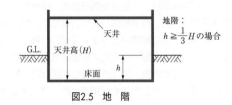

図2.5 地 階

23 安全上・防火上又は衛生上重要である建築物の部分（法37条，令144条の3）

① 建築物の基礎，主要構造部

② 構造耐力上主要な部分で基礎及び主要構造部以外のもの

③ 耐火構造，準耐火構造又は防火構造の構造部分で主要構造部以外のもの

④ 防火戸，防火ダンパー，ドレンチャーなど

⑤ 建築物の内装・外装部分で，安全上，防火上重要なもの

⑥ 主要構造部以外の間仕切壁，揚げ床，最下階の床，小梁，ひさし，屋外階段，バルコニーなど

⑦ 建築設備

【①～⑦の制限】

　基礎，主要構造部など，上記①～⑦の部分に使用する建築材料（鉄鋼，コンクリートなど）の品質は，国土交通大臣の指定する日本産業規格（JIS）若しくは日本農林規格（JAS）に適合するもの又は同大臣の認定を受けたものとする。

24 都市計画，都市計画区域，準都市計画区域，13種類の用途地域，特別用途地区，特定用途制限地域，特例容積率適用地区，高層住居誘導地区，高度地区，高度利用地区，特定街区，都市再生特別地区，居住環境向上用途誘導地区，特定用途誘導地区，防火地域，準防火地域，特定防災街区整備地区，景観地区，地区計画，地区整備計画，防災街区整備地区計画，特定建築物地区整備計画，防災街区整備地区整備計画，歴史的風致維持向上地区計画，沿道地区計画，集落地区計画など（法２条十九号〜三十二号）

　これらの用語は，それぞれ都市計画法，密集市街地における防災街区の整備の促進に関する法律，幹線道路の沿道の整備に関する法律，集落地域整備法などの各法による用語の定義を引用している。

25　地区計画等（法２条三十三号）

　地区計画等とは，①地区計画，②密集市街地における防災街区の設備の促進に関する法律の規定による防災街区整備地区計画，③地域における歴史的風致の維持及び向上に関する法律の規定による歴史的風致維持向上地区計画，④沿道整備法の規定による沿道地区計画，⑤集落地域整備法の規定による集落地区計画をいう（都市計画法４条９項，同法12条の４，１項）。

26　避難階（令13条一号）

　直接地上へ通ずる出入口のある階をいい，通常の建築物では１階が避難階となる。しかし，崖地などでは２階や地階が避難階になる場合もある（図2.6）。敷地に高低差がある場合には，

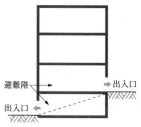

図2.6　避難階

一の建築物でも避難階が複数階に及ぶことがある。

【避難階に関係する規定の例】

　避難階段は避難階まで直通するものでなければならない（令123条）。その他，主に防火・避難規定の中で使われる。

〔注〕この「避難階」の用語は，建築基準法令として初出の位置（令13条）で，かっこ書により意味の説明をした後，「以下同じ。」として，一種の用語の定義としたものである。このような形式で用語の定義をしたものには，「建築基準関係規定」（法6条，本書4章4），「耐久性等関係規定」（令36条1項，本書5－2章，表5.2.1＊9），「特定避難時間」（令110条，本書5－3章3），1時間準耐火基準（令112条，本書5－3章3），「特定防火設備」（令112条，本書本章13），「道」（令20条2項一号，本書6－1章1），「特定天井」（令39条3項，本書5－2章5(3)②），「強化天井」（令112条4項一号，本書5－3章5(1)）などがある。

27　児童福祉施設等（令19条1項）

　次の用途に供する建築物の総称をいう。

　児童福祉施設＊（幼保連携型認定こども園を除く），助産所，身体障害者社会参加支援施設（補装具製作施設及び視聴覚障害者情報提供施設を除く），保護施設（医療保護施設を除く），婦人保護施設，老人福祉施設，有料老人ホーム，母子保健施設，障害者支援施設，地域活動支援センター，福祉ホーム，障害福祉サービス事業（生活介護，自立訓練，就労移行支援又は就労継続支援を行う事業に限る）の用に供する施設。

＊　児童福祉施設：母子生活支援施設，保育所，児童厚生施設など（児童福祉法7条，本書11－6章⑫参照）。

【「児童福祉施設等」の使用例】

　令110条の4，112条，114条，115条の3，121条，137条の18，137条の19，147条の2

〔注〕この用語は，条文の中で一定の説明をした後，かっこ書で「（以下，「○○○」という。）」という形式で用語の定義をしたものである。この形式の用語には，「建築基準法令の規定」（法6条，本書4章4），「特定構造計算基準」「特定増改築構造計算基準」（法6条の3，本書4章8），「建築主事等」（法7条，本書4章15），「容積率」（法52条），「建蔽率」（法53条），「外壁の後退距離」（法54条），「避難施設等」（令13条，本書4章18），「中央管理室」（令20条の2二号），「耐火性能関係規定」（令108条の3，3項），「防火区画等関係規定」（同条4項），「エレベー

ター」「小荷物専用昇降機」(令129条の3),「道路高さ制限」(令135条の6),「北側高さ制限」(令135条の8) などがある。

28 中央管理室 (令20条の2二号)

建築物の避難階又はその直上階若しくは直下階に設けられる管理事務所,守衛所その他常時その建築物を管理する者が勤務する場所をいい,その建築物内 (又は一団地内の他の建築物内) の機械換気設備,空調設備,排煙設備,非常用エレベーターなどの制御及び作動状態の監視などを行う。いわゆる「防災センター」と呼ばれる室で,非常用エレベーターの設置が義務づけられている建築物又は1,000 m²を超える地下街には,中央管理室の設置が義務づけられている。

29 空気調和設備・密閉式燃焼器具等

(1) **空気調和設備** (令20条の2一号ロ)

空気を浄化し,その温度,湿度及び流量を調節して供給 (排出を含む。) することができる換気設備の一種。換気設備には,①自然換気設備,②機械換気設備,③中央管理方式の空気調和設備の3種類がある。

(2) **密閉式燃焼器具等** (令20条の3,1項一号)

火を使用する設備又は器具で直接屋外から空気を取り入れ,かつ,廃ガスその他の生成物を直接屋外に排出する構造を有するもの,その他室内の空気を汚染するおそれがないものをいう。換気設備の規定による。

30 有効細長比・見付面積・層間変形角

(1) **有効細長比** (令43条6項)

断面の最小二次率半径に対する座屈長さの比 (座屈長さ/断面の最小二次率半径) をいう。

木 造 ———————— 主要な柱…150以下 (令43条6項)

鉄骨造 ——┌—— 柱…………200以下 (令65条)
　　　　　└—— 柱以外……250以下 (令65条)

(2) **見付面積** (令46条4項)

張り間方向又は桁行方向の鉛直投影面積 (すなわち,立面図

の面積）をいう。木造の軸組計算規定中にある。

(3)　層間変形角（令82条の2）

　地震力によって各階に生ずる水平方向の層間変位の当該各階の高さに対する割合をいう。

31　防煙壁（令126条の2）

　間仕切壁，天井から50cm以上下方に突出した垂れ壁その他これらと同等以上に煙の流動を防げる効力のあるもので，不燃材料で造り又は覆われたもの。排煙設備の規定中にある（本書5-4章5，図5.4.9参照）。

32　学校等（令126条の2，1項二号）

　排煙設備，非常用の照明装置及び内装制限の規定の中で，学校，体育館，ボーリング場，スキー場，スケート場，水泳場又はスポーツの練習場をいう。

33　基準時（令137条）

　法3条2項の規定により，一定の条文の規定が適用されない既存建築物（又は工事中の建築物）について，引き続きそれらの規定の適用を受けない期間の始期をいう。いわゆる「既存不適格建築物」となったときであり，令8章の「既存建築物に対する制限の緩和等」の規定で使われる（本書7章5参照）。

34　その他

　以上の用語のほか，一般規定の条文の中でその意義を説明している用語として，敷地等と道路との関係規定の「袋路状道路」（法43条3項五号，本書6-1章3），特定防災街区整備地区内の制限規定の「間口率」（法67条6項，本書6-5章8(4)），工事現場の危害防止規定の「建築工事等」（令136条の2の20，本書7章8），簡易な構造の建築物の指定の「開放的簡易建築物」（令136条の9，本書7章2）などがある。

第3章

面積・高さ等の算定方法

3

　建築物の敷地面積，建築面積，延べ面積，床面積，高さ，軒・天井・床の高さ及び階数並びに工作物の築造面積の算定方法は，法92条の規定に基づき，政令（2条，21条，22条）に定められている。

1　敷地面積（令2条1項一号）

　敷地（令1条一号）の水平投影面積による。

【敷地面積から除外される部分】

　法42条2項，3項又は5項の規定により道路とみなされる部分（特定行政庁が指定する幅員4m未満の道路の中心線から2m後退した線までの部分など）は，敷地面積に算入しない（図3.1）。

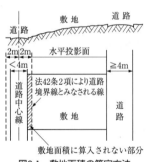

図3.1　敷地面積の算定方法

2　建築面積（令2条1項二号）

　建築物の外壁又は柱の中心線で囲まれた部分の水平投影面積による。ただし，それらの中心線から1m以上突き出た軒，ひさし，はね出し縁などの部分は，その先端から水平距離1m後退した線から建築物側を算入する。また，地階で地盤面上1m以下にある部分は算入しない（図3.2）。

基本的には建築物が土地を覆っている面積であるが，地面と一体になった雨がかり部分は除く趣旨である。平成5年の改正により，国土交通大臣が高い開放性を有すると認めたもの*の先端から1m以内の部分も，ひさしと同様に除かれる。

〔建築面積÷敷地面積〕を建蔽率という（本書6-3章3参照）。

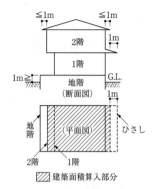

図3.2　建築面積の算定例

* 高い開放性を有すると認めて指定する構造(平5建告1437)
  ① 外壁のない連続部分≧4m
  ② 柱間隔≧2m
  ③ 天井高≧2.1m
  ④ 地上階数＝1

【建築面積に算入しない部分】

・地階で，地盤面上1m以下にある部分

・ひさし，ポーチの屋根などの開放性の高い建築物の部分（上記*印）などの先端から1m以内の部分

〔注〕この「開放性の高い部分」で先端から1mまで算入しない部分には，柱を含み外壁面以外の屋外に開放された2方ないし3方から各々1mずつ除くことができるとの取扱いもあるようだ（日本建築行政会議編集「建築確認のための基準総則・集団規定の適用事例」等）。

3　床面積（令2条1項三号）

建築物の各階又はその一部で，壁その他の区画の中心線で囲まれた部分の水平投影面積による。2階の床面積とか居室の床面積というように使われる。容積率制限などの算定基礎ともなるので，実務上重要である。吹きさらし廊下，屋外階段など具体的な部分の床面積の算定方法については，次の内容の旧建設省通達がある。この内容は，おおむね現在に引き継がれている。

【床面積の算定方法について】（昭61.4.30. 住指発115）

　原則として，壁，扉，シャッター，手すり，柱などの区画の中心線で囲まれた部分の水平投影面積による。ピロティ，ポーチなどで壁，扉，柱などを有しない部分は，居住，執務，作業，集会，娯楽，物品の保管・格納その他の屋内的用途に供する部分かどうかで判断する。具体例として，次のものが示されている。

（　）内は，通達の解説又は地方の取扱いを示す。

① ピロティ：十分に外気に開放され，かつ，屋内的用途に供しない部分は，算入しない（「十分に外気に開放されている」とは，ピロティ部分が，道路や空地と一体となり，常時人の通行が可能な状態にあることをいう）。

② ポーチ：原則不算入。屋内的用途部分は算入する。

③ 公共用歩廊，傘型又は壁のない門型の建築物：ピロティに準ずる。

④ 吹きさらしの廊下：外気に有効に開放されている部分の高さが，1.1 m以上，かつ，天井高の1/2以上の廊下は，先端から幅2mまでの部分不算入（幅＞2mの場合は2mを超える部分を算入する。「外気に有効に開放されている部分」とは，一般に，隣地境界線から1m（東京，大阪等では50 cm）以上，敷地内の他の建築物又は当該建築物の他の部分から2m以上離れている部分をいう。また，住戸の出入口前に設ける一定の風防スクリーン等は，開放とみなす。）（図3.3参照）。

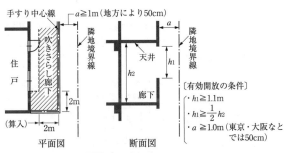

図3.3　吹きさらしの廊下の例

⑤　バルコニー，ベランダ：吹きさらしの廊下に準ずる。

⑥　屋外階段：外気に有効に開放されている部分について，長さが階段の周長の1/2以上，高さが1.1 m以上，かつ，階段の天井高さの1/2以上である場合は，不算入（有効開放の解釈は④に準ずる。図3.4）。

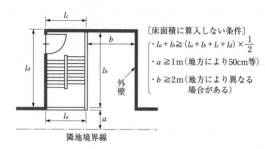

〔床面積に算入しない条件〕
・$l_a + l_b \geqq (l_a + l_b + l_c + l_d) \times \dfrac{1}{2}$
・$a \geqq 1\,\mathrm{m}$（地方により50cm等）
・$b \geqq 2\,\mathrm{m}$（地方により異なる場合がある）

図3.4　屋外階段の例

⑦　エレベーターシャフト：原則として各階で算入。ただし，着床できない階であることが明らかな階は不算入。

⑧　パイプシャフト等：各階において算入する。

⑨　給水又は貯水タンクを設置する地下ピット：タンクの周囲に保守点検専用の空間のみを有するものは不算入（最下階の床下で，保守点検用スペースは幅0.6〜1.5 m。外置のポンプ等がないものに限る。外置ポンプがあるとポンプ室と同様とみなして算入するが，水中ポンプのみなら床面積に算入しなくてよい。）

⑩　出窓：室内側下端が床面上30 cm以上，外壁面からの出が50 cm未満，かつ，室内側からみた見付面積の1/2以上が窓であるものは不算入（図3.5）。

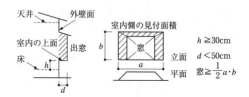

$h \geqq 30\,\mathrm{cm}$
$d < 50\,\mathrm{cm}$
窓 $\geqq \dfrac{1}{2} a \cdot b$

図3.5　出窓の例

⑪　機械式駐車場：屋内の2段式駐車施設など。

通常の床面積と（15 m² ×台数）のうち大きい方

⑫　機械式駐輪場：

通常の床面積と（1.2 m² ×台数）のうち大きい方

〔注〕地階などの通常の床上に2段式等の機械式駐車施設を設ける場合は，床と認識できる通常の床面積に可動式駐車駐輪台数に応じた床面積（自動車1台当たり15 m²（2.5×6），自転車1台当たり1.2 m²（0.6×2.0））を加えた面積をその階の床面積とする（日本建築行政会議編集「基準総則等の適用事例」等）。

⑬　体育館等のギャラリー等：原則算入。保守点検等一時的な使用目的部分（幅1 m程度以下）は不算入。

4　延べ面積（令2条1項四号，同条3項）

建築物の各階の床面積の合計による。したがって，床面積に算入しない部分は延べ面積にも算入しない。なお，階数（令2条1項八号）に算入しない屋上階や地階の部分でも延べ面積には算入する。

【容積率制限における延べ面積算定の特例】

①　延べ面積算定において，次のイ～ヘの地区・区域内における建築物の容積率の最低限度に係る部分を除き，自動車車庫，駐輪場など，自動車や自転車の停留又は駐車のための施設（誘導車路，操車場及び乗降場を含む。）は，敷地内建築物の各階の床面積合計（車庫等の部分を含む。）の1/5を限度として，算入しない。

イ．高度利用地区内（法59条1項，本書6-5章3参照）

ロ．都市再生特別地区内（法60条の2，1項，本書6-5章5参照）

ハ．容積適正配分型地区計画区域内の地区整備計画又は沿道地区整備計画が定められている区域内（法68条の5二号イ，本書6-5章10参照）

ニ．容積適正配分型防災街区整備地区計画区域内の特定建築物地区整備計画が定められている区域内（法68条の5の2二号イ，本書6-5章10参照）

ホ．高度利用・都市機能更新型地区計画区域内の地区整備計

　　画又は沿道地区整備計画が定められている区域内（法68条
　　の５の３一号ロ，本書6-5章10参照）
　へ．用途別容積型地区計画区域内の地区整備計画，特定建築
　　物地区整備計画，防災街区整備地区整備計画又は沿道地区
　　整備計画が定められている区域内（法68条の５の４一号ロ，
　　本書6-5章10参照）
② 　地階*（天井が地盤面上１m以下のものに限る。）の住宅
　部分の床面積は，その建築物全体の住宅部分の床面積の1/3
　を限度として，高層住居誘導地区を除く一般的な容積制限
　（法52条），特例容積率適用地区内の容積率の特例（法57条の
　２，57条の３），高度利用地区（法59条），総合設計制度（法
　59条の２），特定街区（法60条），都市再生特別地区（法60条
　の２），一部を除く地区計画関係（法68条の３～68条の８），
　都市計画区域及び準都市計画区域外（法68条の９），一の敷
　地とみなすこと等による制限の特例における特定行政庁の許
　可・許可の取消し（法86条３項，４項，86条の２，２項，３項，
　86条の５，３項）及び一団地の住宅施設（法86条の６）の容
　積率算定の際の延べ面積には算入しない（法52条３項）。なお，
　平成27年６月施行の改正により，老人ホーム，福祉ホームそ
　の他これらに類するものについても，上記住宅と同様の緩和
　が適用される。
　　＊　地階：令１条二号（本書２章22参照）
③ 　エレベーターの昇降路の部分又は共同住宅の共用の廊下若
　しくは階段部分の床面積は，②と同じ容積率算定の際の延べ
　面積には算入しない。なお，平成30年９月施行の改正により，
　老人ホーム，福祉ホームその他これらに類するものについて
　も，上記共同住宅の共用の廊下等と同様の緩和が適用される
　（法52条６項，上記②と③は本書6-3章１参照）。
④ 　①の場合と同様，次の部分の床面積は，敷地内建築物の各
　階の床面積の合計に，次の割合を乗じて得た面積を限度とし
　て，法52条１項の延べ面積の限度には算入しない。
　・防災用の備蓄倉庫部分………　1/50
　・蓄電池設置部分………………　1/50
　・自家発電設備設置部分………　1/100

　・貯水槽設置部分……………… 1/100

　・宅配ボックス設置部分……… 1/100

　なお，都市再生特別措置法19条の19による都市再生安全確保施設としての備蓄倉庫等の部分又は津波防災地域づくり法15条による防災上有効な備蓄倉庫等の部分で，交通上，安全上，防火上及び衛生上支障がないものとして特定行政庁の認定を受けたものは，その範囲内で，法52条１項等の容積率算定の基準となる延べ面積に算入しない。

　一般的な延べ面積と容積率対象の延べ面積の算定方法をまとめると，次のとおりである。

【延べ面積の算定例 (1)】 (図3.6)

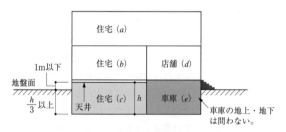

図3.6　延べ面積の算定例 (1)

〔一般の場合（単体規定等）〕　$S_0 = a + b + c + d + e$

〔容積率算定の場合（法52条等）〕

①　地階の住宅 (c) の容積率不算入の限度

　　　$c \leq (a + b + c)/3$

②　車庫 (e) の容積率不算入の限度　$e \leq S_0/5$

③　延べ面積 (S) の限度（表3.1）

表3.1　容積率算定上の延べ面積 (S)

地階住宅の条件＼車庫の条件	$c \leq \dfrac{a+b+c}{3}$	$c > \dfrac{a+b+c}{3}$
$e \leq \dfrac{S_0}{5}$	$S = S_0 - (c + e)$	$S = S_0 - \left(\dfrac{a+b+c}{3} + e\right)$
$e > \dfrac{S_0}{5}$	$S = S_0 - \left(c + \dfrac{S_0}{5}\right)$	$S = S_0 - \left(\dfrac{a+b+c}{3} + \dfrac{S_0}{5}\right)$

50

【延べ面積の算定例 (2)】（表3.2）

図3.6で $a〜c$ が住宅以外の場合。

表3.2　延べ面積の算定例 (2)　　　　（単位：m²)

	駐車場等以外の床面積 (S_0-e)	駐車場等の床面積 (e)	延べ面積（一般）(S_0)	延べ面積（容積率）(S)
(一)	1,000	0	1,000	1,000
(二)	1,000	150	1,150	1,000
(三)	1,000[*1]	250[*1]	1,250	1,000
(四)	1,000	500	1,500	1,200[*2]

* 1　1/5以内の計算には，駐車場等を含めた面積の1/5をとるので，駐車場等以外の部分の1/4に相当する場合に，ちょうど全体の1/5となる。
* 2　1,500×4/5＝1,200

5　築造面積（令2条1項五号）

工作物の水平投影面積による。工作物は，機械の水平投影部分や土間コンクリートを打った部分などが築造面積に該当する。なお，機械式駐車装置を用いる自動車車庫の築造面積は，駐車できる台数1台につき15 m²の割合で計算した値とする（昭50建告644）。つまり，20台駐車できるゴンドラ式駐車装置の築造面積は15 m²×20＝300 m²となる。

6　建築物の高さ（令2条1項六号）

【高さを測る起点】

建築物の高さは，原則として地盤面（令2条2項）から測る。ただし，道路高さ制限（法56条1項一号，令130条の12，令135条の6，1項1号）の場合に限り，敷地の接する前面道路の路面の中心から測る（令2条1項六号イ。図3.7の h_1）。

【高さを測る建築物の上端（屋上部分の扱い）】

① 一般の場合（道路高さ制限など）（令2条1項六号ロ）

屋上に突出した階段室，昇降機塔，装飾塔，物見塔，屋窓（ドーマー）など[*1]用途上屋上突出がやむを得ない部分（以下「塔屋」と略す。）で，その水平投影面積[*2]の合計が建築面積の1/8以内であり，かつ，その部分の高さが12 mまで（一部の規定は，5 mまで。表3.3）は，高さに算入しない（図

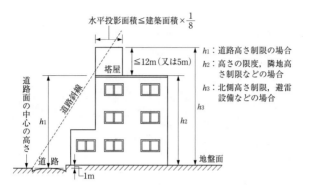

図3.7 建築物の高さ

3.7の h_2）[3]。

- [1] 屋上に設置される太陽光発電設備等のうち，当該設備を建築物の高さに算入しても当該建築物が建築基準関係規定に適合するものは，通常の建築物の部分として扱い，高さに算入する。
- [2] 塔屋の水平投影面積は，建築面積の算定方法により算定する（令2条4項）。
- [3] 塔屋の高さ12 m（又は5 m）は屋上スラブ面から測るのが一般的。塔屋の高さ>12 m（又は5 m）の場合は，塔屋の全てを高さに算入するのが適当と思われるが，塔屋の上端から下方へ12 m（又は5 m）まで算入しない解釈もある（日本建築行政会議の取扱いなど）。

② 避雷設備（法33条），北側高さ制限（法56条1項三号），特例容積率適用地区内の北側高さ制限（法57条の4），高度地区内の北側高さ制限（法58条・内容は都市計画による），居住環境向上用途誘導地区内の北側高さ制限（法60条の2の2・内容は都市計画による）又は特定用途誘導地区内の北側高さ制限（法60条の3・内容は都市計画による）の場合（令2条1項六号ロ）

　建築物の塔屋部分や高架水槽なども含めて高さに算入する。すなわち，屋上の塔屋の上端までの高さによる（図3.7の h_3）。

③ 棟飾，防火壁の屋上突出部その他これらに類する屋上突出物（令2条1項六号ハ）

　高さに算入しない（鬼瓦や煙突，避雷針，屋上のパイプの

手すりの一部などが該当する。RC造のパラペットやパーキ
ングタワーなどは高さに算入する)。

表3.3に，条文ごとによる高さの算定方法を示す。

表3.3　高さの算定方法

条　文	制　限　内　容		高さを測る起点	塔屋などの除外限度[*2]
法55条 1，2項	第一種・第二種低層住居専用地域又は田園住居地域内の高さの限度		地盤面	5 m
法56条 1項一号	道路高さ制限		前面道路の路面の中心	12 m
法56条 1項二号	隣地高さ制限		地盤面	12 m
法56条 1項三号	北側高さ制限		地盤面	0
法56条の2 法別表第4	日影規制[*1]		地盤面	5 m
法57条の4 1項	特例容積率適用地区	北側の隣地等との関係の制限	地盤面	0
		その他	地盤面	12 m
法58条	高度地区	北側の隣地等との関係の制限	地盤面	0
		その他	地盤面	12 m
法60条の2の2 3項	居住環境向上用途誘導地区	北側の隣地等との関係の制限	地盤面	0
		その他	地盤面	12 m
法60条の3 2項	特定用途誘導地区	北側の隣地等との関係の制限	地盤面	0
		その他	地盤面	12 m
法33条	避雷針設置義務		地盤面	0
そ　の　他　の　規　定			地盤面	12 m

[*1]　日影規制の対象建築物となる高さ（10 m）を超えているかどうかの算定法についての規定であり，日影規制そのものには，5 m以下の塔屋も対象になる。

[*2]　階段室，昇降機塔などで建築面積の1/8以内のものに限る。

7　軒の高さ（令2条1項七号）

地盤面（道路高さ制限を緩和する建築物の部分の場合は，前面道路の路面の中心・令130条の12一号イ）から，小屋組又はこれに代わる横架材を支持する壁，敷桁又は柱の上端まで（陸屋根で日影規制の対象建築物を決めるとき（法56条の2，別表第4，本書6−4章6）は，一般に屋上床上端まで）の高さによる（図3.8）。

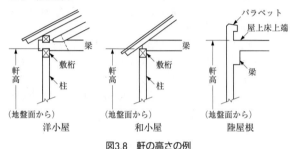

| 洋小屋 | 和小屋 | 陸屋根 |

図3.8　軒の高さの例

8　階　数（令2条1項八号）

同一断面における地階の数と地上階の数の合計をいう。ただし，屋上部分（昇降機塔，装飾塔，物見塔など）又は地階の倉庫，機械室などの部分で，これらの水平投影面積の合計が，それぞれ建築面積の1/8以下のものは，階数に算入しない（図3.9）。

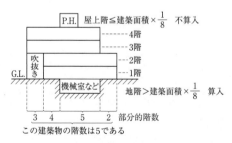

図3.9　階数の算定例

54

1）吹抜きのある建築物や傾斜地に建つ建築物などで部分的に階
数が異なるときは，そのうち最大のものが，その建築物の階数
となる。
2）屋上階や地階の階数に算入されない部分も，床面積（したがっ
て，延べ面積）には算入される。
3）屋上部分の水平投影面積は，建築面積の算定方法により算定
する（令２条４項）。

9　地盤面（令２条２項）

　本書本章「２　建築面積（令２条１項二号）」，「６　建築物の
高さ（同項六号）」及び「７　軒の高さ（同項七号）」の地盤面
とは，建築物が周囲の地面と接する位置の平均の高さをいう。
高低差が３ｍを超えるときは，３ｍ以内ごとの平均の高さをと
る（図3.10）。地階の算定などの際の「地盤面」については，
特に算定方法の規定がないので，それぞれの規定の趣旨を考慮
して設定することとなろう。

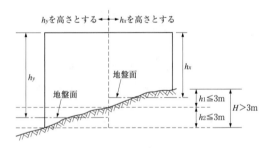

図3.10　地盤面のとり方

1）３ｍ以内ごとに区切る取り方は条文上は任意であるが，建築
物の平面や形状に沿って領域を分けるとよい。分けにくいときは，
最低点から上方へ３ｍずつとって最後に端数を残し，各部分ご
とに平均をとる方法もある（日本建築行政会議の取扱いなど）。
たとえば，図3.10の$H=5$ｍのとき，$h_2=3$ｍ，$h_1=2$ｍとする。
2）平均の高さといっても，斜面の勾配が一定でないときは必ず
しも高低差の1/2にはならない。その場合には，建築物の４周
の立面図をつなげた展開図で建築物が地面と接する最も低い点
を通る水平面を基準とし，その面より上で地中にある部分の外
壁面の面積をとって全ての面を合計し，それを建築物の外周長
さで割った値だけ基準面より上がった高さを地盤面にとること
が考えられる。

3）容積率制限に関して住宅等の地階部分を算定する場合の地盤
面の算定方法は，原則は上記と同様であるが（法52条4項），地
方公共団体の条例でこれと異なる方法を定めることがある（同
条5項，本書6-3章1(2)参照）。

4）地盤面は，建築物があってはじめて定められるが，建築物が
ない更地の場合には，敷地地盤の平均を平均地表面ということ
がある（令135条の3，135条の12）。

5）日影規制の測定面を定める際の「**平均地盤面**」は，高さ3m
以内ごとにはとらず，敷地内の建築物全体の地盤面の平均をと
る（したがって，敷地の平均地盤面は，敷地全体で1つである）
（法56条の2・別表第4，本書6-4章6）。

3

第4章

制度規定

　建築基準法では，法で定める建築基準（実体規定）が都市や建築物に正しく反映されるよう，建築計画の段階から着工，完了，維持管理に至るまで，各種の手続きや違反があったときの処理方法，処分に関する救済規定など，法を運用するために必要な規定（「制度規定」）を定めている。

4

1　建築主事等による確認制度（法6条，6条の2）

　建築主は，建築物の着工に先立って，その計画内容を建築主事あてに申請（確認申請）し，その計画が建築基準関係規定（本書本章4参照）に適合するものであることの確認を受けなければならない。確認は，法18条の3により国土交通大臣が定める「確認審査等に関する指針（平19国交告835）」[*1]に従って行われる。

　建築主事とは，建築基準適合判定資格者[*2]の登録を受けた都道府県や市区町村[*3]の職員のうちから，知事，市区町村長が命じた者で，建築物や工作物の確認及びこれに伴う検査などを行う一種の行政機関である（法4条）。

　*1　確認審査等に関する指針（平19国交告835）
　　　確認の審査のほか，後述の構造計算適合性判定，中間検査及び完了検査の場合も，この指針に従って行わなければならない。平成22年に確認審査手続きの円滑化・迅速化のために改正され（平22国交告244号，同年6月施行），その後も更なる円滑化，合理化のために度々改正されている（平23国交告434，平25国交告779，平27国交告177，平27国交告188，平28国交告1439）。
　*2　建築基準適合判定資格者（法5条〜5条の3，77条の58〜77条の65，令2条の3〜8条の3，規則10条の7〜10条の15の2）
　　　建築確認・検査が，平成11年から指定確認検査機関（本書本章17参照）でもできるようになり，旧建築主事検定に代わり，建築基準適合判定資格者検定という制度ができた。この検定に合格し，登録を受けた者でなければ，建築主事としてあるいは民間の確認検査員としての業務を行うことができない。

　　この検定の受検資格は，一級建築士試験合格者で，かつ，2
　　年以上の建築行政などの実務経験者に限られる。
＊3　区は，東京都の特別区を指す（法97条の3）。

　確認の権限を行政庁の建築主事としたのは，主に技術的基準
に適合するかどうかの裁量を伴わない判断であって特別の権利
を与えるものでもないため，形式的に知事や市長名でするより
合理的であるという趣旨からであった。また，許認可（法律行
為的行政行為）でなく，確認（準法律行為的行政行為）とした
のは，技術基準への適合性を確認するもので建築基準法以外の
他の法令にある建築基準も審査の対象とするためといわれてい
る。このような趣旨もあって，平成11年からは民間の指定確認
検査機関でも建築確認・検査を行うことができることとなった
（法6条の2等，本書本章17参照）。

2　確認申請を要する建築物・工作物

　工事に着手する前に建築主事の確認を要する建築行為等は，
次の表4.1のとおりである。確認を受けた㈠〜㈢の建築物の内
容を変更して建築する場合も，確認を受けることが必要である
（次の〔確認申請を要しない場合〕⑦を除く）。

表4.1　確認申請を要する建築物・建築設備・工作物

適用区域	用途・構造		規　模	条　文	工事種別等
全国適用	㈠	特殊建築物*2	その用途の床面積＞200 m²	法6条1項一号	新築，増築，改築，移転，大規模の修繕・模様替，用途変更*3（増築してこれらの規模になる場合も含む）
	㈡	木　造	階数≧3，延べ面積＞500 m² 高さ＞13 m，又は軒高＞9 m	法6条1項二号	
	㈢	木造以外	階数≧2，又は延べ面積＞200 m²	法6条1項三号	
都市計画区域内など*1	㈣		㈠〜㈢以外の全ての建築物	法6条1項四号	建　築

全国適用	(一)〜(三)に設ける建築設備	エレベーター エスカレーター 小荷物専用昇降機*4 特定行政庁が定期報告を必要として指定する建築設備*5	法87条の4 令146条	設 置
	工作物	(イ) 煙突, 高さ>6m (ロ) 柱, 高さ>15m (ハ) 広告塔など, 高さ>4m (ニ) 高架水槽, サイロなど, 　　　高さ>8m (ホ) 擁壁, 高さ>2m (ヘ) 観光用エレベーターなど (ト) 高架の遊戯施設 (チ) 回転する遊戯施設 (リ) 製造・貯蔵施設など	法88条 令138条	築造 増築してこれらの規模になる場合も含む

4

* 1　都市計画区域若しくは準都市計画区域（いずれも知事が指定する区域を除く）若しくは準景観地区（市町村長が指定する区域を除く）内，又は都道府県知事が指定する区域内

* 2　法別表第1(い)欄(1)項〜(6)項の用途の特殊建築物で，次にあげるもの（令115条の3で定める類似用途を含む。）
　(1)項　劇場，映画館，演芸場，観覧場，公会堂，集会場
　(2)項　病院，診療所（病室のあるもの），ホテル，旅館，下宿，共同住宅，寄宿舎，児童福祉施設等（幼保連携型認定こども園を含む。）
　(3)項　学校，体育館，博物館，美術館，図書館，ボーリング場，スキー場，スケート場，水泳場，スポーツの練習場
　(4)項　百貨店，マーケット，展示場，キャバレー，カフェー，ナイトクラブ，バー，ダンスホール，遊技場，公衆浴場，待合，料理店，飲食店，物品販売店
　(5)項　倉庫
　(6)項　自動車車庫，自動車修理工場，映画スタジオ，テレビスタジオ

* 3　用途変更して，＊2の用途で200m²を超えるものになる場合に限る（法87条1項）。変更後の用途が特殊建築物であって，変更前の用途ではない。類似用途相互間の用途変更で確認不要の場合がある（次の〔確認申請を要しない場合〕⑥）。

* 4　人が危害を受けるおそれのある事故が発生するおそれの少ない小荷物専用昇降機（平28国交告239）を除く。

* 5　屎尿浄化槽及び合併処理浄化槽は除く（令146条1項三号）。

〔注〕指定確認検査機関による確認については，本書本章17参照。

【確認申請を要しない場合】

① 　表4.1に該当しない場合

② 　防火地域及び準防火地域外における増築，改築，移転で，その部分の床面積が10m²以内の場合（法6条2項）

③　災害があった場合の応急仮設建築物，工事現場に設ける仮設事務所，用途変更による一時的使用の建築物など（法85条2項，法87条の3，2項，本書7章3，6参照）

④　国，都道府県，建築主事を置く市や特別区などが建築する場合（法18条・計画通知が必要）

⑤　宅地造成等規制法の宅地造成の許可，都市計画法の開発許可，特定都市河川浸水被害対策法の特定開発行為の許可又は津波防災地域づくりに関する法律の特定開発行為の許可を要する擁壁（法88条4項）

⑥　類似用途相互間の用途変更（令137条の18，本書7章5(7)1）参照）

⑦　確認を受けた建築物の内容を変更して，法6条1項一号～三号の建築物を建築する場合は，原則として確認申請が必要であるが，省令で定められる軽微な変更で，変更後も建築物の計画が建築基準関係規定に適合することが明らかなものについては不要である（規則3条の2，表4.2）。

　　なお，当初の確認申請図書において，建築計画上施工上，発生する可能性の高い変更事項や建築主等の意向により見込まれる変更事項を含む計画内容をあらかじめ検討したうえ，その「あらかじめの検討内容」を含む計画について建築確認を受けた場合は，その計画の範囲内で施工する限り，改めて計画変更の確認を受ける必要はない。ただし，実施した内容はその後の中間検査申請時などに報告する（平19国住指1332及び「計画変更の円滑化のためのガイドライン（平19.12.(財)建築行政情報センター）」）。

⑧　既存建築物の耐震改修工事で，耐震改修促進法17条により所管行政庁が計画の認定をした場合は，その内容が大規模な模様替の工事などで建築確認を要する場合であっても，改めて建築主事の確認は不要（同法17条10項，本書11-2章4(2)⑤参照）。

⑨　バリアフリー法，密集法，長期優良住宅法又は都市の低炭素化の促進に関する法律の規定により，一定の認定を受けた建築物は，法6条1項又は法18条3項の規定による確認済証の交付があったものとみなされるので，改めて建築主事の確

表4.2　確認を要しない軽微な建築計画の変更

(法6条1項，規則3条の2)

変更の内容	A：確認不要とされる条件等 B：確認不要とみなされない場合	備　考
① 道路幅員の変更・接道長さの変更	A：都市計画区域内*1では イ)幅員が大きくなる場合 ロ)変更後の敷地の接道長さが2m*2以上の場合 B：敷地境界線が変更される場合	都市計画区域内*1では，高さ制限，接道などの規定の再審査が必要のためと考えられる
② 敷地面積の増加・敷地境界線の変更	B：敷地境界線の変更により変更前の敷地の一部が除かれる場合	敷地境界の外側への変更に限られる
③ 高さの減少	B：高さの最低限度の指定区域内	
④ 階数の減少		
⑤ 建築面積の減少	B：都市計画区域内*1では，外壁が隣地境界線等*3から後退しない場合 建築面積の最低限度の指定区域内	
⑥ 床面積の合計の減少	B：都市計画区域内*1では， イ)変更により延べ面積が増加するもの ロ)容積率の最低限度の指定区域内	駐車場などの延べ面積不算入の場合に，床面積の合計が減少しても延べ面積が増加することがあり得る
⑦ 用途変更	A：令137条の18の類似用途間の変更	劇場，映画館，演芸場相互の変更など
⑧ 構造耐力上主要な部分である基礎杭，間柱，床版，屋根版又は小梁類の位置の変更	A：変更する部材と当該部材に接する部材以外に応力度の変更がない場合で，これらの部材が令82条の構造計算で確かめられる安全性を有するものに限る	

⑨	構造耐力上主要な部分である部材の材料又は構造の変更	A：下記⑫にあたる場合は，⑫による。 B：変更後の建築材料が変更前の建築材料と異なる変更，強度又は耐力が減少する変更	
⑩	構造耐力上主要な部分以外の部分で，屋根ふき材，内・外装材（天井を除く），帳壁等の部分，広告塔，装飾塔等の屋外に取り付ける部分，壁，手すり又は手すり壁の材料・構造の変更，又は位置の変更	A：下記⑫にあたる場合は，⑫による。 B：間仕切壁では，主要構造部又は防火上主要なものの変更	
⑪	構造耐力上主要な部分以外の部分の天井の材料・構造の変更又は位置の変更	A：下記⑫にあたる場合は，⑫による。 B：特定天井では，建築材料の変更又は強度・耐力が減少する変更 　特定天井以外の天井では，特定天井とする変更	
⑫	材料，防火設備又は構造の変更	A：不燃材料・準不燃材料・難燃材料を同等以上の材料とする変更 　耐火構造・準耐火構造・防火構造・その他の構造を同等以上の構造とする変更 　特定防火設備を他の特定防火設備とする変更 　防火設備を特定防火設備又は同等以上の防火設備とする変更 　ホルムアルデヒド発散建築材料を同等以上の建築材料とする変更	変更前より，防火性能等について，グレードが低くならない変更である。

⑬	井戸の位置の変更	B：くみ取便所の便槽との距離が短くなる変更	
⑭	開口部の位置及び大きさの変更	B： イ）令5章2節の避難規定の適用を受ける建築物についてのa）及びb）の変更 　a）直通階段又は屋外の出口までの歩行距離が長くなる変更 　b）避難階段，特別避難階段の開口部の変更 ロ）非常用の進入口の間隔，幅，高さ，床面からの高さ等が規定に適合しなくなる変更	
⑮	建築設備の材料，位置又は能力の変更	B：性能が低下する材料の変更，能力が減少する変更	
⑯	上記以外の建築設備，工作物の変更	規則3条の2，2項〜4項による。	

＊1　都市計画区域及び準都市計画区域外の，法68条の9により集団規定が適用される下記の区域と準都市計画区域を含む。
　　①では，同条に基づく条例により，接道関係が定められた区域
　　⑤では，同条に基づく条例により，日影規制が定められた区域
　　⑥では，同条により，知事が条例で制限を定めた区域
＊2　条例に，接道の規定があるときは，その長さ。
＊3　隣地境界線又は同一敷地内の他の建築物若しくは当該建築物の他の部分。
＊4　耐火建築物，準耐火建築物又は防火地域若しくは準防火地域内にある建築物。

認を得る必要はない（本書本章10〜14参照）。

⑩　畜舎等の建築等及び利用の特例に関する法律の規定により，一定の認定を受けた畜舎等は，建築基準法令の規定が適用されないので，改めて建築主事の確認を得る必要はない（本書11-6章⑱参照）。

3　計画通知（法18条）

国，都道府県，建築主事を置く市町村や特別区などが建築主

や築造主である建築物や工作物については，確認申請ではなく，その計画を建築主事に通知して確認済証を受けるが，構造計算適合性判定を要する場合は都道府県知事（又は一定の要件を備えた建築主事）の適合性判定を受けて建築主事に通知し，確認済証を受けることとなる。なお，手数料などは，確認申請の場合と同様である。

4　建築基準関係規定（法6条1項，令9条）

　建築主事等が確認の審査をする場合に，審査すべき法令の範囲は，従来は，おおむね建設省通達（昭61.3.28）によっていたが，平成10年の改正により（11年5月施行）「建築基準関係規定に適合するものであることについて」審査することとなった。建築基準関係規定は，建築基準法令の規定（建築基準法，同施行令，同施行規則等のほか，建築基準法に基づく条例及びその命令を含む。）と，建築基準法令以外の法令の規定（令9条）とをあわせていう（図4.1）。

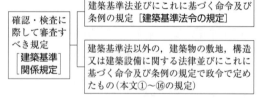

図4.1　建築基準関係規定

〔建築基準法令の規定以外の建築基準関係規定〕

①　消防法9条（火の使用に関する市町村条例への委任），9条の2（住宅用防災機器の設置），15条（映写室の構造設備），17条（消防用設備等の設置維持）（本書11-4章1(8)，(9)，2(3)参照）

②　屋外広告物法3条～5条（広告物の表示及び広告物を掲出する物件の設置の禁止又は制限に係る部分に限る。）（広告物制限についての都道府県条例への委任）（本書11-7章(16)参照）

③　港湾法40条1項（臨港地区の分区内における建築規制・同法50条の5，2項の読み替え適用を含む）（本書11-7章(10)参

照)

④　高圧ガス保安法24条（家庭用設備の設置）（本書11-9章(8)参照)

⑤　ガス事業法162条（消費機器の基準適合義務）（本書11-9章(9)参照)

⑥　駐車場法20条（駐車施設の設置・都市再生特別措置法19条の14, 62条の12, 107条及び低炭素化法20条の読み替え適用を含む）（本書11-6章(7)参照)

⑦　水道法16条（給水装置の構造及び材質）（本書11-9章⑫参照)

⑧　下水道法10条1項（排水設備の設置）・3項（同政令事項），25条の2（排水設備の技術基準の特例），30条1項（都市下水路に接続する特定排水施設の構造）（本書11-9章⑬参照)

⑨　宅地造成等規制法8条1項（宅地造成工事の許可），12条1項（変更の許可等）（本書11-3章2参照)

⑩　流通業務市街地の整備に関する法律5条1項（流通業務地区内の規制）（本書11-7章(9)参照)

⑪　液化石油ガスの保安の確保及び取引の適正化に関する法律38条の2（供給設備又は消費設備の基準適合義務）（本書11-9章⑽参照)

⑫　都市計画法29条1項，2項（開発許可），35条の2，1項（変更の許可），41条2項（建蔽率等の基準・35条の2の準用を含む），42条（開発区域内の建築制限），43条1項（市街化調整区域内の建築制限），53条1項（都市計画施設等の区域内の建築規制・都市再生特別措置法36条の4の読み替え適用を含む），53条2項により準用する52条の2，2項（国が行う行為）（本書9章5, 6参照)

⑬　特定空港周辺航空機騒音対策特別措置法5条1項～3項（航空機騒音障害防止地区等の建築制限等・同条5項準用を含む）（本書11-9章⑱参照)

⑭　自転車の安全利用の促進及び自転車等の駐車対策の総合的推進に関する法律5条4項（商業地域内等における自転車駐輪場の設置に関する条例）（本書11-6章(8)参照)

⑮　浄化槽法3条の2，1項（浄化槽による屎尿処理等）（本

66

書11-9章(3)参照)

⑯ 特定都市河川浸水被害対策法10条（排水設備の技術上の基準に関する特例）（本書11-9章⒂参照）

以上①～⑯の規定は，令9条により，建築基準関係規定となるが，次の⑰～⑲の規定も，それぞれの法律に建築基準法6条の「建築基準関係規定」とみなす規定がある。

⑰ 高齢者，障害者等の移動等の円滑化の促進に関する法律14条1項～3項（特別特定建築物の建築等における基準適合義務等）（同条4項，本書10章5参照）

⑱ 都市緑地法35条（緑化率），36条（一の敷地とみなすこと等による緑化率規制の特例），39条1項（地区計画等の区域内における緑化率規制）（同法41条，本書11-7章⑫参照）

⑲ 建築物のエネルギー消費性能の向上に関する法律11条（特定建築物の建築主の基準適合義務）（本書11-9章(6)参照）

また，電気事業法39条1項及び56条1項による電気設備に関する技術基準を定める省令（電気設備技術基準）は，令9条には規定されていないが，法32条（電気設備）に規定する「法律又はこれに基く命令の規定で電気工作物に係る建築物の安全及び防火に関するもの」に該当するとされるので（平11.建住指発202号通達），実質的には建築確認の対象になる。

5　確認申請書の添付図書（規則1条の3）

確認申請書は，原則として，正本1通（図書には，設計者の氏名の記載が必要）と副本1通に次の図書及び書類を添付する。

① 所定の事項を明示した表4.3の図書
② 建築計画概要書
③ 委任状（代理者による申請の場合）
④ 構造計算によって建築物の安全性を確かめた旨の証明書（建築士により構造計算で安全性を確かめた場合）（本書8章4建築士の業務を参照）
⑤ 構造計算適合性判定（法6条の3）が必要な建築物（本書本章8参照）については，確認申請書に申請済，未申請等のチェックをし，都道府県知事又は指定構造計算適合性判定機関から適合判定通知書を受けた後，その適合判定通知書を

表4.3 確認申請書の添付図書

建築物の用途・規模など			添付図書の種類
*1 ①	木　造	階数≦2，かつ，延べ面積≦500 m²	付近見取図，配置図，各階平面図，その他*2
	非木造	階数1，かつ，延べ面積≦200 m²	
②	木造（①の木造以外）		付近見取図，配置図，各階平面図，床面積求積図，立面図（2面以上），断面図（2面以上），地盤面算定表，基礎伏図，各階床伏図，小屋伏図，構造詳細図，その他*2
	非木造（①の非木造以外）		

〔注〕上記の図書のほか，昇降機や建築設備を有する建築物には，それらの図面，計算書などを添付する。

＊1　建築士の設計によるものに限る。

＊2　法の適用条文ごとに，必要な図書と記載すべき事項が具体的に定められている。

（建築主事あてには，法6条4項の期間（6項により延長した場合はその延長後の期間）の末日の3日前までに），建築主事等に提出する。

6 確認申請書の受理要件 （法6条3項，6条の2，1項）

建築主（通常は，建築主からの委任を受けた建築士）から提出された確認申請書は，次のいずれかに該当する場合には受理されない。

① 建築物の規模に応じた設計者の資格（一級建築士，二級建築士又は木造建築士，建築士法3条1項，3条の2，1項，3条の3，1項，3条の2，3項に基づく条例）に違反するとき（本書8章参照）

② 構造設計一級建築士の関与（設計又は法適合確認）が必要な建築物（建築士法20条の2，1項）について，構造設計一級建築士の関与がないとき

③ 設備設計一級建築士の関与（設計又は法適合確認）が必要な建築物（建築士法20条の3，1項）について，設備設計一級建築士の関与がないとき

その他，地方公共団体の条例などで定められた確認申請手数料が納入されない場合にも受理されない。

7 **確認期限**（法6条4項，6項，7項，87条の4，88条，93条）

　建築主からの確認申請を受理した建築主事は，受理した日から表4.4の日数以内に審査を行い，建築基準関係規定に適合することを確認した場合は，消防長等の同意等（本書本章21参照）を得たうえで，確認済証を申請者に交付する。次節の構造計算適合性判定が必要な建築物については，申請者からその適合判定通知書又はその写しの提出を受け，確認申請書と整合した後，確認する。建築基準関係規定に適合しないことを認めたとき，又は申請書の記載内容だけでは適合するかどうか決定できないような場合には，建築主事は，その旨及びその理由を記載した通知書を申請者に交付する。

　指定確認検査機関の場合は，申請者と各機関との契約によるので，法令上の確認期限の制限はない（法6条の2）。

表4.4　確認と消防関係同意の期限

	確認期限
法6条1項一号・二号・三号の建築物 昇降機などの工作物 製造施設などの工作物	35日 （7日）
法6条1項四号の建築物 一般の工作物，建築設備	7日 （3日）

〔注〕（　）内は消防関係同意期限で，それぞれ，35日又は7日のうちに含まれる。工作物については，消防関係同意は不要（本書本章21参照）。

8 **確認申請に伴う構造計算適合性判定**（法6条の3，18条の2）

　建築主は，建築物の確認申請において，高さが60m以下で表4.5に該当する建築物の計画については，法20条1項二号イ又は同項三号イの基準（「特定構造計算基準」という。），又は法3条2項により法20条の適用を受けない既存不適格建築物の増改築に伴う基準（「特定増改築構造計算基準」という。）に適合する旨の都道府県知事（知事が指定構造計算適合性判定機関を指定した場合は同機関。以下同じ。）の判定（構造計算適合性判定）を受けなければならない。判定を求められた知事は，

原則として14日以内に結果を記載した通知書（適合判定通知書）を交付する。この期間内に通知書を交付できない合理的な理由があるときは，35日の範囲内で期間を延長できる。

表4.5　構造計算適合性判定が必要な建築物

建築物の種別		建築物の規模
*1 ①	木造	高さ＞13 m 又は軒の高さ＞9 m
	S造	地上階数≧4，高さ＞13 m 又は軒の高さ＞9 m
	組積造，補強CB造	地上階数≧4
	RC造，SRC造， RC造＋SRC造	高さ＞20 m
	木造，組積造，補強CB造又はS造の併用構造，これらの構造とRC造又はSRC造の併用構造	地上階数≧4，高さ＞13 m 又は軒の高さ＞9 m
	H19国交告593号に該当するもの	
*2 ① 以外	木造	階数≧3 又は延べ面積＞500 m²
	非木造	階数≧2 又は延べ面積＞200 m²
	主要構造部（床，屋根，階段を除く）を石造，れんが造，CB造，無筋コンクリート造等としたもの	高さ＞13 m 又は軒の高さ＞9 m

＊1　国土交通大臣が定めた方法又は同大臣の認定プログラムによって確かめられる安全性に関する部分に限る。
＊2　国土交通大臣の認定プログラムによって確かめられる安全性に関する部分に限る。
＊　**構造計算適合性判定**：法20条1項二号イ又は三号イの構造計算が，同項二号イの国土交通大臣が定めた方法若しくは同大臣の認定プログラム，又は同項三号イの同大臣の認定プログラムにより適正に行われたものであるかどうかの判定をいう。

　適合判定通知書を受けた建築主（申請者）は，その通知書（又はその写し）と判定に使用した図書を確認申請書を提出した建築主事又は指定確認検査機関に提出し，建築主事等は，確認申請書の添付図書と判定に使用した図書との整合性を確認のうえ，確認済証を交付することになる。（図4.2）
　この点，平成27年6月1日の改正法施行以前は，確認申請書

の審査のなかで，建築主事（又は指定確認検査機関）が，知事（又は指定構造計算適合性判定機関）に構造計算適合性判定を求め，その適合性判定を受けて確認処分をした。したがって確認処分には構造計算適合性判定も含まれたため，仮に構造計算適合性判定の適法性が争われる場合も，建築主事（又は指定確認検査機関）の確認処分の適法性が直接争われることとなっていた。

これに対して，この改正では，申請書受付の段階から確認申請と構造計算適合性判定申請が別々の機関に並行して行われ，建築確認処分の前に，構造計算適合性判定処分が行われるため，この二つの処分がそれぞれ審査請求等の対象となる。

したがって，この新制度は，確認に関する審査時間の短縮になる一方，審査の途中で計画の内容を変更したり修正したりする場合には，確認申請と構造計算適合性判定申請の内容を常に調整し一致させることが重要になろう。

なお，知事が**指定構造計算適合性判定機関**を指定した場合には，知事はその指定範囲の構造計算適合性判定を行わず，同機関が構造計算適合性判定を行うのは改正前と同様である。

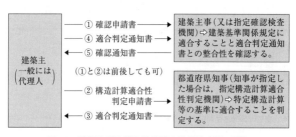

図4.2 確認申請と構造計算適合性判定申請の流れ

9 確認審査の一部省略（法6条の4）

建築士に建築確認の一部を委任して行政事務の簡素合理化を図るため，次の①〜③の建築物について，一部の規定は，建築主事等の確認審査の対象から除外される（令10条，平19国交告1119）。

① 認定型式*に適合する建築材料を用いる建築物

② 認定型式に適合する建築物の部分を有する建築物

③ 建築士の設計した法6条1項四号の建築物

　＊ 法68条の10，1項の認定を受けた型式（本書7章9参照）

10 「バリアフリー法」による確認の特例

　高齢者，障害者等の移動等の円滑化の促進に関する法律（バリアフリー法）17条1項による認定申請書に確認申請書を併合して提出し，建築主事の適合通知を受けて認定された特定建築物については，その認定をもって法6条1項による確認済証が交付されたものとみなされる（本書10章7参照）。

11 「耐震改修促進法」による確認等の特例

　確認申請や計画通知を要する建築物の耐震改修の計画について，建築物の耐震改修の促進に関する法律17条10項により計画の認定を受けた建築物は，建築確認又は適合通知があったものとみなされる。この場合，所管行政庁は建築主事にその旨を通知する。なお，前記バリアフリー法の場合と異なり，耐震改修の認定申請に確認申請書等を添付する必要はない（本書11-2章参照）。

12 「密集法」による確認の特例

　防災再開発促進地区の区域内において，密集市街地における防災街区の整備の促進に関する法律4条及び5条により，「建替計画」の認定を受けた建築物は，建築確認又は適合通知があったものとみなされる。この場合，消防同意と図書の閲覧は確認と同様に行われ，認定後は，所管行政庁から建築主事に通知される（本書11-7章(4)参照）。

13 「長期優良住宅法」による確認の特例

　長期優良住宅の普及の促進に関する法律6条1項～3項による長期優良住宅建築等計画の認定申請に併せて確認申請書を提出し，所管行政庁が建築主事から建築基準関係規定に適合する旨の通知を受けて認定した場合には，その認定を受けた建築計画は，法6条1項による確認済証が交付されたものとみなされ

る（本書11-8章(9)参照）。

14 「都市の低炭素化の促進に関する法律」による確認の特例

　同法53条1項による低炭素建築物新築等計画の認定申請に併せて確認申請書を提出し，所管行政庁が建築主事から建築基準関係規定に適合する旨の通知を受けて認定した場合には，その認定を受けた建築計画は，法6条1項による確認済証が交付されたものとみなされる（本書11-9章(7)参照）。

15 完了検査（法7条，7条の2，規則4条）

　建築主は，法6条1項（確認申請を要する場合）の工事を完了したときは，建築主事の検査を申請しなければならない。この申請は，確認を受けた建築主事以外の建築主事の検査を受ける場合は確認に要した図書と書類を添付して，完了した日から4日以内に建築主事に到達するようにしなければならない。ただし，申請をしなかったことについて，やむを得ない事情（災害などの事由）があるときは除かれる。

　建築主事が完了検査の申請を受理した場合には，建築主事等（建築主事又はその委任を受けた，その市町村又は都道府県の職員）は，受理した日から7日以内に，建築基準関係規定に適合しているかどうかを検査しなければならない。検査の結果，適合していることを認めた場合は，建築主事等は検査済証を交付しなければならない。

　指定確認検査機関の完了検査を受けたものは建築主事の完了検査を受けたものとみなされる（法7条の2，本書本章17(3)参照）。

　法6条1項一号の特殊建築物に用途変更する場合には，法6条等の確認申請のほか，法7条1項（完了検査）の規定が準用される。この場合，完了検査申請書ではなく工事完了届を建築主事に届け出，としている（法87条）。法7条1項を準用し，検査申請書ではなく工事完了届と改正されたのは，指定確認検査機関へ検査を開放した平成10年であり，それ以前は建築主事等が完了検査を行い検査済証の交付をしていたことや用途変更に伴い間仕切り変更や内装・設備工事を行うことも想定される

ことから，用途変更後の実態を確かめるためにも，改正以前の
手続きを勘案した対応が望まれる。

16 中間検査（法7条の3，令11条，規則4条の8）

建築主は，特定工程（次の①，②）を含む建築工事をする場
合には，その特定工程を終えて，原則として（災害などの事由
がある場合は除外）4日以内に，建築主事に検査の申請をしな
ければならない。

① 階数≧3の共同住宅の2階の床及びこれを支持する梁に鉄
筋を配置する工事の工程（法7条の3，1項一号，令11条）

② 特定行政庁が，区域，期間又は建築物の構造，用途若しく
は規模を限って指定する工程（法7条の3，1項二号）

検査申請を受けた場合には，建築主事等は，4日以内に建築
基準関係規定に適合するかどうかを検査し，適合するときは，
中間検査合格証を交付しなければならない。特定工程後の工事
（上記①では2階の床及びこれを支持する梁の鉄筋をコンク
リート等で覆う工事，上記②では特定行政庁が指定する工事）
は，中間検査合格証の交付を受けた後でなければ施工すること
ができない。

指定確認検査機関により交付された中間検査合格証は建築主
事により交付されたものとみなされる（法7条の4，4項，本
書本章17(4)参照）。

なお，中間検査が行われ，適合することが認められた場合に
は，その部分及びその敷地については完了検査が不要となる
（法7条の3，7項）。

17 指定確認検査機関による確認，検査

(1) **指定確認検査機関**（法6条の2，7条の2，7条の4，77
条の18～77条の35，建築基準法に基づく指定資格検定機関等
に関する省令14条～31条の2）

建築主事が行う，建築確認，完了検査及び中間検査に代えて，
次の分類による国土交通大臣又は都道府県知事が指定した者
（指定確認検査機関）の確認，検査等を受けることができる。
いわゆる民間建築主事といわれるものである。

74

　　（2以上の都道府県の区域で

　　　　確認等の業務を行う者）……国土交通大臣が指定

　（一の都道府県の区域で

　　　　確認等の業務を行う者）……都道府県知事が指定

　指定確認検査機関は，業務区域を定めて申請するが，業務の内容等によって，確認検査員（建築基準適合判定資格者で，指定確認検査機関にあって確認及び検査を行う者）が一定数以上必要である。

(2)　**指定確認検査機関による確認**（法6条の2）

　建築主は，建築主事の確認に代えて，指定確認検査機関の確認を受けることができる。知事又は指定構造計算適合性判定機関による構造計算適合性判定は，建築主事の場合と同様である。指定確認検査機関による確認済証は，建築主事による確認済証とみなされ，建築主事の確認済証は不要となる。建築基準関係規定に適合しないことを認めたとき，又は申請書の記載内容だけでは適合するかどうか決定できないときに申請者に交付する通知書も建築主事の場合と同様である。この通知書又は確認済証を指定確認検査機関が交付したときは，確認審査報告書を作成し，所定の書類を添えて特定行政庁に提出する。特定行政庁は，この報告書の提出を受けた際，建築基準関係規定に適合しないと認めたときは，その旨を建築主及び指定確認検査機関に通知し，確認済証は無効となる。

(3)　**指定確認検査機関による完了検査**（法7条の2）

　指定確認検査機関が，完了検査を工事完了の日から4日以内に引き受けた場合には，建築主事による完了検査は不要となる。指定確認検査機関は，工事完了の日又は検査の引き受けをした日のいずれか遅い日から7日以内に検査を行い，建築物等が建築基準関係規定に適合していると認めたときは，建築主に検査済証を交付する。これは，建築主事による検査済証とみなされる。

　指定確認検査機関は，完了検査を引き受けた場合，引受けを証する書面を建築主に交付し，引き受けた旨を建築主事に通知する。また，完了検査後，完了検査報告書を作成し，所定の書類を添えて，特定行政庁に提出する。

⑷ 指定確認検査機関による中間検査（法7条の4）

指定確認検査機関が特定工程に対する中間検査を，工事終了の日から4日以内に引き受けた場合には，建築主事による中間検査は不要となる。指定確認検査機関は，中間検査において，建築物等が建築基準関係規定に適合していると認めたときは，建築主に中間検査合格証を交付する。これは，建築主事による中間検査合格証とみなされる。

指定確認検査機関は，中間検査を引き受けた場合，引受けを証する書面を建築主に交付し，引き受けた旨を建築主事に通知する。また，中間検査後，中間検査報告書を作成し，所定の書類を添えて，特定行政庁に提出する。

建築主事及び指定確認検査機関による確認・検査の流れを，図4.3に示す。

〔注〕建築主が，確認又は検査を指定確認検査機関に依頼する場合は，一種の契約であり，建築主事に対する場合のような申請ではないが，法定様式（第2号様式等）でも建築主事又は指定確認検査機関あての「申請書」としている。

18 検査済証交付前の建築物の使用制限（法7条の6，令13条，13条の2）

次の場合，建築主は，原則として検査済証の交付を受けた後でなければ，建築物を使用し，又は使用させてはならない。

① 法6条1項一号～三号の建築物を新築する場合
② 法6条1項一号～三号の建築物（共同住宅以外の住宅及び居室を有しない建築物を除く。）の増築，改築，移転，大規模の修繕又は大規模の模様替の工事で，避難施設等*に関する工事を含む場合

＊ 避難施設等：法35条等，本書5-4章参照

【検査済証交付前に使用してよい場合】

前述の①又は②に該当する場合でも，次の①～③に該当するときは，検査済証の交付前でも，建築物を使用できる。

① 特定行政庁が，安全上，防火上及び避難上支障がないと認めた（＝認定した）とき。
② 建築主事又は指定確認検査機関が，安全上，防火上及び避難上支障がないものとして国土交通大臣が定める基準（「仮

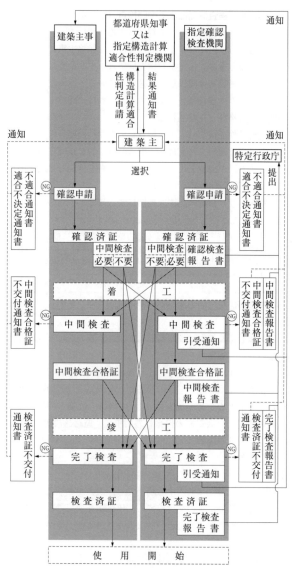

図4.3　建築主事及び指定確認検査機関による確認・検査の流れ

使用認定基準」　ⅰ. 仮使用部分と工事部分とが防火上有効に区画，　ⅱ. 仮使用部分が建築基準関係規定に適合，　ⅲ. 仮使用部分とそれ以外の部分の経路が重複しないなど，平27国交告247）に適合していることを認めたとき。なお，同機関が仮使用認定をしたときは仮使用認定報告書を特定行政庁に提出，特定行政庁が認定基準に適合しないと認めて同機関に通知したときは認定の効力を失う。

③　工事完了検査申請の受理後（指定確認検査機関が完了検査の引受けを行ったときは，その工事が完了した日又は引受日のいずれか遅い日の後），7 日を経過したとき（特に手続きはないが，その後特定行政庁が検査又は調査をして使用禁止等を指示，命令することはありうる。）

19　許可申請

　建築基準法で原則的に禁止されている事項を，法の趣旨を害さないものとして例外的に認める許可は，特定行政庁が行う。建築基準法上の許可の種類は，表4.6に示すとおりである。

表4.6　許可申請の条項

条　・　項	内　　容	建築審査会の同意
法43条 2 項二号	接道長さの緩和	要
法44条 1 項二，四号	道路上の建築物	要
法47条	壁面線を越える歩廊，柱など	要
法48条 1 ～14項	用途地域等制限の緩和	要[*1]
法51条	卸売市場，汚物処理場，ごみ焼却場などの位置	不要[*2]
法52条10，11項	計画道路又は壁面線がある場合の容積制限の特例	要
法52条14項	容積制限超過（機械室の比率等）	要
法53条 4 項	隣地境界線からの壁面線指定・地区計画等の条例による壁面の位置の制限がある場合の建蔽率制限超過	要

法53条5項	前面道路境界からの壁面線指定がある場合の建蔽率制限超過	要
法53条6項三号	建蔽率の適用除外	要
法53条の2，1項三，四号	敷地面積の最低限度の緩和	要
法55条3項	第一種低層住居専用地域等内の高さの限度超過	要
法56条の2，1項	日影規制時間の超過	要
法57条の4，1項	特例容積率適用地区の高さの限度超過	要
法59条1項三号	高度利用地区内の公益上必要な建築物など	要
法59条4項	高度利用地区内の道路斜線制限超過	要
法59条の2，1項	総合設計制度による容積率，高さの限度，道路等高さ制限超過	要
法60条の2，1項三号	都市再生特別地区内の公益上必要な建築物	要
法60条の2の2，1項二号，3項	居住環境向上用途誘導地区内における建築物の建蔽率の最高限度，高さの最高限度の緩和	要
法60条の3，1項三号，2項	特定用途誘導地区内の容積率の最低限度，建築面積の最低限度，高さの最高限度の緩和	要
法67条3項，5項，9項各二号	特定防災街区整備地区内の敷地面積の最低限度，壁面の位置，防災都市計画施設に係る間口率の最低限度及び高さの最低限度，建築物の防火上有効な構造	要
法68条1～3項各二号	景観地区内の高さの限度，壁面の位置，敷地面積の最低限度の緩和	要
法68条の3，4項	再開発等促進区又は沿道再開発等促進区内の道路等高さ制限超過	要
法68条の5の3，2項	高度利用地区型地区計画区域内の道路斜線制限超過	要
法68条の7，5項	予定道路を法52条の道路とみなす	要
法85条3項，4項，6項	仮設建築物	不要

法85条5項，7項	仮設建築物（被災者の需要に不足する応急仮設建築物，国際的な規模の競技会場等）	要*3
法86条3，4項	一棟又は複数の建築物のある一定の一団地を特例対象規定について一敷地とみなし，併せて建築物の高さ又は容積率限度の超過	要
法86条の2，2項	法86条1項又は2項による一定規模以上の公告認定対象区域内に建築する認定建築物以外の建築物の高さ又は容積率限度の超過	要
法86条の2，3項	法86条3項又は4項による公告許可対象区域内における一敷地内許可建築物以外の建築物の建築	要
法87条の3，3項，4項，6項	用途変更による一時的使用の建築物	不要
法87条の3，5項，7項	用途変更による一時的使用の建築物（被災者の需要に不足する災害救助用建築物・公益的建築物，国際的な規模の競技会場等）	要*4

＊1　利害関係者の出頭を求めて公開による意見の聴取も行う。なお，許可済建築物の増築等で建築審査会の同意と公開による意見の聴取を要しない場合や，日常生活に必要な一定の建築物で建築審査会の同意を要しない場合がある（下記）。

＊2　都道府県都市計画審議会又は市町村都市計画審議会の議を経る。

＊3　官公署，病院・診療所，学校，児童福祉施設等，応急仮設住宅などの公益上特に必要な応急仮設建築物は除く（規則10条の15の8）。

＊4　＊3と同じ用途の災害救助用建築物・公益的建築物は除く（規則10条の15の8）。

【建築審査会の同意等】

　許可申請は，建築主や築造主が，確認申請の前に行う。特定行政庁は，許可をする場合には，法51条（都市施設），法85条3項〜7項（仮設建築物，5項・7項は一部のみ），法87条の3，3項〜7項（用途変更による一時的使用の建築物，5項・7項は一部のみ）の場合を除き，建築審査会（法78条〜83条，本書本章26参照）の同意を得なければならない。許可が裁量行為であり，また，技術基準だけでなく周囲の状況など一般的な条件も関係し，その結果が周囲の環境等に影響することなどから，

許可権限者を建築主事ではなく特定行政庁とし，裁量の行過ぎを防ぐために第三者機関である建築審査会の同意を要件としたものである。

都市施設の位置の許可については，原則が都市計画決定であることから，建築審査会の同意の代わりに都道府県都市計画審議会又は市町村都市計画審議会の議を経ることとしている。

仮設建築物又は用途変更による一時的使用の建築物は短期間の使用なので，一部を除き，建築審査会の同意等を不要とし，特定行政庁の判断のみに任せられている。

【公開による意見の聴取】

用途地域等制限の特例許可（法48条各項ただし書）については，周辺住民等に対する影響が大きいことから，新築又は一定の増改築等の場合には，利害関係者の出頭を求めて公開による意見の聴取を行うことも義務づけている（同条15項）。

【建築審査会の同意等を要しない許可】

次の①に該当する場合は公開による意見の聴取と建築審査会の同意が不要，②に該当する場合は建築審査会の同意が不要である。

① 既に用途地域制限の許可を受けた建築物等について，不適合部分が増加しない一定の増改築等を行う場合（法48条16項一号，令130条1項）

② 日常生活に必要な一定の建築物で，騒音又は振動の発生その他の事象による住居の環境の悪化を防止するために必要な一定の措置が講じられているものの建築について，法48条1項〜7項の規定のただし書の許可をする場合（法48条16項二号，令130条2項）

【許可の条件】

確認には条件（附款）を付けることはできないが，許可には条件を付けることができる（法92条の2）。建築物又は建築物の敷地を交通上，安全上，防火上又は衛生上支障がないものとするための条件その他必要な条件に限られる。この場合において，その条件は，当該許可を受けた者に不当な義務を課するものであってはならない，とされている。また，この許可の条件に違反した建築物に対して，特定行政庁は，違反是正のための

必要な措置をとることができることも明文化されている（法9条）。

20　確認・検査等の申請手数料

確認，中間検査及び完了検査の各申請手数料は，建築主事あてのものは地方公共団体が規則等で定め，指定確認検査機関あてのものは各機関において定める。法18条による計画通知や許可・認可・認定などの場合も規則等で定める。

21　許可・確認に対する消防長等の同意等（法93条）

火災予防及び環境衛生を所管する行政機関と建築行政との連携を図るための規定である。

① 特定行政庁が許可し，又は建築主事若しくは指定確認検査機関が確認をする場合は，所轄の消防長*又は消防署長の同意を要する。消防長等は，その計画が防火規定に反しない限り同意する（同意の期限は，表4.4参照）。

　＊ 消防長は消防本部の長をいう（消防組織法12条）。

　防火地域及び準防火地域以外の区域内の専用住宅（非住宅部分の床面積が50 m²以下で，かつ，延べ面積の1/2以下の併用住宅を含む。）の確認並びに全ての建築物の計画通知については，消防同意は不要だが，その場合でも建築主事等は消防長等に通知する。

② 建築主事等は，屎尿浄化槽又は建築物における衛生的な環境の確保に関する法律（＝ビル管理法）の適用を受ける特定建築物*の確認申請等を受けたときは，その旨を保健所長に通知する。通知を受けた保健所長は，建築主事等に対して意見を述べることができる。

　＊ 特定建築物：本書11-9章(2)参照

22　建築工事届及び建築物除却届（法15条，規則8条）

建築動態統計をとるための手続きである。

(1)　建築工事届

確認申請の際に，建築主が建築主事を経由して知事に届け出る。

(2) **建築物除却届**

除却工事の施工者が建築主事を経由して知事に届け出る。建築工事届と同時のときは，建築工事届の後半に除却届の欄がある。

〔注〕1）(1), (2)いずれの場合も，床面積10 m²以内は不要。工作物は不要。

2）建築工事届又は建築物除却届を受けた知事は，建築統計を作り国土交通大臣に送付する。結果は，国土交通省のHPなどで公表される。

3）建築工事届と確認申請は別の規定なので，仮に10 m²以内で工事届が不要でも，確認申請が必要な場合がある（準防火地域内など）。また，都市計画区域及び準都市計画区域外で確認申請が不要な場合でも工事届が必要なこともある（法6条1項）。

4）指定確認検査機関に確認申請をする場合でも，工事届と除却届は，建築主事を経由して行うとされているが，実務では同機関が仲介することもあるようである。

5）耐震改修促進法による耐震改修又は密集法による建替計画の認定を行う場合の工事届と除却届は，それぞれの認定の所管行政庁が，都道府県知事の場合は知事に対して行い，市町村長の場合は市町村長を経由して行う。

23 確認の表示等 （法89条）

工事施工者は，建築工事現場に設計図書を常に備え，かつ，見やすい場所に確認済の表示をしなければならない。

表示は，縦25 cm以上，横35 cm以上の大きさで，確認年月日番号，確認済証交付者，建築主又は築造主氏名，設計者氏名，工事監理者氏名，工事施工者氏名及び工事現場管理者氏名，建築確認に係るその他の事項を明記する（規則11条）。

24 工事中の安全措置等に関する計画の届出 （法90条の3，令147条の2，規則11条の2）

百貨店，病院，劇場，映画館，旅館，飲食店，地下工作物内の建築物などで一定規模を超えるもの（表4.7参照）の新築工事又は，これらの建築物の避難施設等に関する工事の施工中に建築物を使用しようとする場合には，建築主は，施工中の安全上，防火上，避難上の措置に関する「安全上の措置等に関する計画届」を作成して，あらかじめ，特定行政庁に届け出なければならない。

表4.7　安全上の措置等に関する計画届の対象

対象となる用途		対象となる階	対象規模
(一)	物品販売店（百貨店，マーケットなど），展示場	3階以上の階又は地階	$A>1,500\,\mathrm{m}^2$
(二)	病院，病室のある診療所，児童福祉施設等	5階以上の階	$A>1,500\,\mathrm{m}^2$
(三)	劇場，映画館，演芸場，観覧場，公会堂，集会場，ホテル，旅館，キャバレー，カフェー，ナイトクラブ，バー，ダンスホール，遊技場，公衆浴場，待合，料理店，飲食店又は(一)，(二)の用途	5階以上の階又は地階	$A>2,000\,\mathrm{m}^2$
(四)	地下工作物内の建築物	全て	居室$>1,500\,\mathrm{m}^2$

A：その用途に供する部分の床面積の合計。

25　維持保全と定期報告・検査など

(1)　建築物等の維持保全（法8条）

　建築物の所有者，管理者又は占有者は，その建築物の敷地，構造及び建築設備を常時適法な状態に維持するように努めなければならない。

　次の建築物（国，都道府県又は建築主事を置く市町村が所有，又は管理する建築物を除く）の所有者又は管理者は，必要に応じ，建築物の維持保全に関する準則又は計画の作成等の措置を講じなければならない。

① 特殊建築物で安全上，防火上又は衛生上特に重要であるものとして令13条の3，1項で定めるもの

② ①以外の特殊建築物その他令13条の3，2項で定める建築物で，特定行政庁が指定するもの

　国土交通大臣は，上記①又は②に必要な指針を定めることができる（建築物について昭60建告606，遊戯施設について令4国交告412）。

⑵ **特殊建築物等の定期報告**（法12条 1 項，3 項，88条 1 項，3 項，令16条，規則 5 条，6 条，6 条の 2 の 2 ）

① 特定建築物

　建築物等の良好な維持管理を図るための規定で，法 6 条 1 項一号の特殊建築物で安全上，防火上又は衛生上特に重要なものとして政令（令16条 1 項）で定めるものは全て（表4.8），それ以外の法 6 条 1 項一号の特殊建築物と階数 5 以上で延べ面積が1,000m²超える建築物（これらを合わせて「特定建築物」という。）のうち特定行政庁が指定したものが定期報告の対象建築物となる。なお，国等の建築物は別途定期点検が義務づけられるので除外される。

　対象建築物の所有者（所有者と管理者が異なるときは管理者。この項において同じ。）は，規則 5 条の定めにより，定期に，建築物調査員（一級建築士，二級建築士又は建築物調査員資格者証の交付を受けている者）にその建築物の敷地と構造の損傷，腐食その他の劣化の状況等の調査などをさせ，

表4.8　政令指定の定期報告対象建築物（全国一律）（令16条）

特殊建築物の用途		要　件
①	劇場，映画館，演芸場	・地階又は 3 階以上が当該用途 ・客席≧200 m² ・主階（客席）が 1 階以外
②	観覧場（屋外観覧場を除く），公会堂，集会場	・地階又は 3 階以上が当該用途 ・客席≧200 m²
③	病院，病室のある診療所，ホテル，旅館，下宿，共同住宅，寄宿舎，児童福祉施設等	・地階又は 3 階以上が当該用途 ・当該用途部分≧200 m²
④	学校，体育館，博物館，美術館，図書館，ボーリング場，スキー場，スケート場，水泳場，スポーツの練習場	・3 階以上が当該用途 ・当該用途部分≧2,000 m²
⑤	百貨店，マーケット，展示場，キャバレー，カフェー，ナイトクラブ，バー，ダンスホール，遊技場，公衆浴場，料理店，飲食店，物品販売業を営む店舗	・地階又は 3 階以上が当該用途 ・客席≧200 m² ・当該用途部分≧200 m²

＊　要件は，いずれかに該当する場合に対象となる。

その結果を定期（おおむね 6 月～ 3 年の間で特定行政庁が定める時期）に特定行政庁に報告しなければならない。

定期報告は，公益法人を経由して行う場合が多い。

〔注〕定期報告の対象建築物は，従来，政令で定める建築物等のうちから特定行政庁が指定するものに限定していたため，地方により指定や報告が一定でなく，維持管理等が不十分な建築物等で事故などが見られるようになった。そこで，平成26年の改正（28年 6 月施行）により，政令で定める安全上，防火上又は衛生上特に重要な建築物等については全国一律に定期報告の対象とし（表4.8），それ以外のものは特定行政庁が地域の実情に応じて定めることとして既存建築物等の安全等を図ることとなった。

② 特定建築設備等

特定建築設備等（昇降機及び特定建築物の昇降機以外の建築設備等）で，政令で定めるもの（令16条 3 項，表4.9），及びそれ以外の特定建築設備等で特定行政庁が指定するものの所有者（所有者と管理者が異なる場合は管理者）は，定期（おおむね 6 月～ 1 年の間で特定行政庁が定める時期）に，建築設備等検査員（一級建築士，二級建築士又は建築設備等検査員資格者証の交付を受けている者）に検査をさせて，その結果を特定行政庁に（一般には公益法人を経由して）報告する。なお，昇降機以外に建築設備の政令指定はない。

特定建築物は「調査」，特定建築設備等は「検査」である。

表4.9　政令指定の特定建築設備等（令16条 3 項，告示）

対　　象		除　外
昇降機	・エレベーター ・エスカレーター ・小荷物専用昇降機（フロアタイプ）	・住戸内のみを昇降 ・工場等の専用エレベーター（労安法）
防火設備	・政令指定特定建築物（表4.8）の防火設備 ・病院，入院施設のある診療所又は就寝用福祉施設（≧200 m²）の防火設備	・常時閉鎖式のもの ・防火ダンパー ・外壁開口部の防火設備
工作物	・観光用エレベーター，エスカレーター ・コースター等の高架の遊戯施設 ・観覧車等の原動機で回転する遊戯施設	

⑶ **国などの建築物等の定期点検**（法12条2項，4項）

　国，都道府県及び建築主事を置く市町村と特別区の建築物や
建築設備等については，定期報告は必要ない（法12条1項，3項，
97条の3）が，その管理者である国の機関の長等は，定期報告
の場合と同様，一級建築士などに建築物等の損傷や腐食など劣
化の状況の点検をさせなければならない。

⑷ **工事の報告と立ち入り検査等**（法12条5項～7項）

　特定行政庁，建築主事又は建築監視員は，建築物又は敷地の
所有者，管理者，占有者，建築主，設計者，材料等の製造者，
工事監理者，工事施工者，建築物に関する調査をした者，指定
確認検査機関，指定構造計算適合性判定機関に対して，工事の
計画や施工の状況，建築物に関する調査の状況などの報告を求
め，書類その他の物件の提出を求めることができる（建築監視
員は法9条10項の施行に必要な限度）。また，建築主事，市町
村・都道府県の職員は，工事現場に立ち入り，検査や質問など
をすることもできるが，住居に立ち入る場合は，居住者の承諾
を要する。

⑸ **建築物の台帳の整備等**（法12条8項，9項，規則6条の3）

　特定行政庁は，確認・許可等の処分及び上記⑵の定期報告に
係る建築物の敷地，構造，建築設備又は用途に関する台帳を整
備し，保存しなければならない。

26　**建築審査会**（法78条～83条）

　建築基準法に基づく行政庁の業務が正しく執行されるように
設けられた委員会制度であり，特定行政庁の許可等に対する同
意，審査請求に対する裁決などを行う。特定行政庁の付属機関
として，都道府県及び建築主事を置く市町村（特別区を含む）
に置かれる。

⑴ **建築審査会の職務及び権限**

①　建築基準法による同意

　イ．許可に際して ⇨ 表4.6参照

　ロ．認定に際して ⇨ 法3条1項四号

　ハ．指定に際して ⇨ 法3条1項三号，42条6項，46条1項，
　　　　　　　　　　 68条の7，2項

② 特定行政庁，建築主事，建築監視員，都道府県知事，指定
確認検査機関又は指定構造計算適合性判定機関の処分又は不
作為に対する審査請求（不服申立て）についての裁決（法94
条，本書本章33(1)参照）

③ 特定行政庁の諮問に応じての重要事項の調査審議

④ 建築基準法の施行に関する事項についての関係行政機関に
対する建議

(2) **組　織**

① 委員の数——5人以上

② 委員の任命——法律，経済，建築，都市計画，公衆衛生又
は行政に関しすぐれた経験と知識を有し，公正な判断のでき
る者のうちから，市区町村長又は都道府県知事が任命する。
会長と会長職務代理（いずれも委員の互選）が置かれる。

③ 委員の除斥——委員は，自己又は3親等以内の親族の利害
に関する同意・裁決の議事には参加できない。

④ その他，組織・議事・任期等の事項は条例で定められる。

27 **書類の閲覧**（法93条の2，規則11条の3）

特定行政庁は，閲覧の請求があった場合には，建築確認・検
査・報告等に関する建築計画概要書，築造計画概要書，定期調
査報告概要書，定期検査報告概要書，処分等概要書，既存不適
格建築物を2以上の工事に分けて増築等を行う場合の全体計画
概要書，指定道路図及び指定道路調書（これらの内容を記録し
ているファイル・磁気ディスク等を含む。指定道路図・指定道
路調書については，本書6-1章2(4)参照）を閲覧させなけれ
ばならない。この規定は，周辺住民等に，建築計画の概要につ
いて知る機会を設けたもので，閲覧場所・時間・閲覧の制限等
については，特定行政庁の規則で定められる。なお，確認申請
書及び添付図書は原則として非公開であり，情報公開条例等に
より公開を求めた場合でも，公開されるものは限定される。

28 **建築監視員**（法9条の2，令14条）

違反建築に対して特定行政庁の権限の一部を行使できる機関
で，特定行政庁が，次のいずれかに該当する者の中から任命す

る。

① 　3年以上の建築行政経験者

② 　建築士で1年以上の建築行政経験者

③ 　建築士で，国土交通大臣が，①，②と同等以上の建築行政
　に関する知識，能力を有すると認めた者

　建築監視員は，現場の巡回監視を行い，違反建築物について
緊急の必要があると認めたときには，その場で使用禁止や使用
制限を命じたり（法9条7項），工事の施工の停止や作業の停
止を命ずることができる（同条10項）。すなわち，現場を現状
のまま凍結する命令のみで，除却・移転・改築などの命令（同
条1項）はできない。

29　違反建築物に対する是正措置（法9条）

(1)　一般的な命令──本命令──（法9条1項〜6項）

　特定行政庁は，建築基準法令の規定（建築基準関係規定全て
ではない）若しくは許可の条件に違反した建築物等の建築主・
工事請負人などに対して，違反を是正するために必要な措置を
命ずることができる。この命令を出すかどうかは，特定行政庁
の裁量・判断による。

　この命令をする場合，特定行政庁はあらかじめその内容と事
由並びに意見書の提出先と提出期限を命じようとする者に通知
し，通知を受けた者は，3日以内に意見書の提出に代えて公開
による意見の聴取を請求できる。この請求があったときは，特
定行政庁は，意見の聴取の期日と場所を意見の聴取の日の2日
前までに通知・公告した後，公開による意見の聴取を行う。こ
れは，命令の内容が建築主の財産権等に重大な影響があるので，
行き過ぎがないよう慎重を期しているためである。なお，期間

```
┌──────────┐
│ 特定行政庁 │
└──────────┘
    │      ┌ 工事施工の停止
    │  命令 ┤ 除却，移転，改築，増築，修繕，模様替，
    │      └ 使用禁止，使用制限，その他必要な措置
    ↓
┌────────────────────────┐
│ 建築主，工事請負人，現場管理者， │
│ 所有者，管理者，占有者 │
└────────────────────────┘
```

の算定は民法140条〜142条を類推適用し，到達の日の翌日から算定する。

(2) 緊急を要する場合の使用制限と工事停止命令（法9条7項，10項，9条の2）

法9条1項の本命令を行うと手続きに時間がかかり違反是正措置が手遅れになる場合があるので，違反が明らかで緊急を要するような場合には，現場を現状のまま凍結し，その間に是正措置を円滑に行えるようにしたもの。

特定行政庁又は建築監視員は，事前通知等の手続きをすることなく，仮に使用禁止又は使用制限の命令をすることができる（仮命令又は7項命令）。この命令を受けた者は，3日以内に，公開による意見の聴取を請求できる。意見の聴取は，請求の日から5日以内に行われる（8項）。

特定行政庁又は建築監視員は，違反が明らかな工事中の建築物で緊急の必要があり，事前通知等の手続きがとれない場合には，建築主，工事請負人，現場管理者（これらの者が現場にいないときは，工事に従事する者）に対して，工事施工の停止を命ずることができる（緊急命令又は10項命令）。

(3) 命令と行政手続法との関係（法9条15項）

行政手続法は，処分（申請に対する処分と不利益処分），行政指導及び届出の手続きに関する一般法として制定されたが，違反建築物に対する命令については，不利益処分を定めた同法第3章（12条〜31条）の規定のうち，12条（処分の基準を定め，これを公にする努力義務）と14条（不利益処分には理由を提示する）のみが適用され，その他は建築基準法の規定による。

(4) 命令の相手方が不明の場合の略式の代執行（法9条11項）

特定行政庁に過失がなくて相手方に通知することができず，かつ，違反を放置すると著しく公益に反すると認められる場合には，特定行政庁は，自らの負担でその措置を行うことができる。

(5) 行政代執行（法9条12項）

1項による除却，移転などの是正命令を履行しないとき，履行しても十分でないとき，又は期限までに完了する見込みがないときには，特定行政庁は，行政代執行法の定めるところによ

り，除却などの義務者に代わって是正措置を行うことができる。
この場合，行政代執行法2条にいう「その不履行を放置すること
が著しく公益に反する」かどうかの判断をあらためてする必
要はなく，したがって，この規定は，行政代執行法の特則を定
めたものといわれる。

(6) **標識の設置など**（法9条13項，14項）

　特定行政庁又は建築監視員が工事停止命令や是正命令（1項
命令又は10項命令）をした場合には，現場に標識を設置するな
ど，その旨を公示する。第三者に違反処理中の建築物であるこ
とを知らせて，知らずに売買することなどを防止するもの。た
だし，使用制限等の仮命令（7項）は標識設置の対象にならな
い。

30　単体規定の既存不適格建築物への是正措置（法9条の4，法10条）

　特定行政庁は，単体規定（法2章，本書5章）に関する既存
不適格建築物（法3条2項）でも，損傷，腐食などの劣化によ
り，そのまま放置すれば保安上危険又は衛生上有害となるおそ
れがあると認める場合には，所有者，管理者又は占有者に対し，
修繕，防腐措置，維持保全に関し必要な指導及び助言をするこ
とができる。

　また，特定行政庁は，上記の既存不適格建築物のうち，一定
の用途と規模のもの（法別表1(い)欄の特殊建築物でその用途が
200m²を超え，又は事務所などで階数5以上，かつ，延べ面積
が1,000m²を超えるもの）で，損傷，腐食などの劣化が進み，
そのまま放置すると著しく保安上危険又は衛生上有害となるお
それがあると認める場合には，所有者などに対し，相当の猶予
期限を付けて，除却など必要な措置をとることを勧告すること
ができる。所有者などが正当な理由なく勧告に従わない場合で，
特に是正が必要と認めるときは，特定行政庁は，相当の猶予期
限を付けて，その措置をとることを命ずることができる。

　これらの措置命令については，違反建築物に対する手続きの
規定（前記(1)〜(6)）が準用される。

　なお，耐震規定に関する「既存耐震不適格建築物」について

は，「耐震改修促進法」に規定されている（本書11-2章参照）。

31　集団規定の既存不適格建築物への措置命令（法11条）

　特定行政庁は，集団規定（法3条，本書6章）に関する既存不適格建築物（法3条2項）で，公益上著しく支障があると認める場合には，その建築物の所在地の市町村の議会の同意を得て，建築物の所有者などに対して相当の猶予期限をつけて，除却，移転，修繕，使用制限などを命ずることができる。

　この場合，その建築物の所在地の市町村は，その命令に基づく措置によって通常生ずる損害を時価によって補償しなければならない。この是正措置は，都市計画上の観点からであって，必ずしも所有者等の責任ではないからである。

4

32　違反者に対する罰則等（法9条の3，98条～106条）
(1)　罰則の対象者
① 確認を要する建築物を確認を受けずに工事した場合
　　⇨建築主，工事施工者
② 設計上の違反があった場合
　　⇨設計者（ただし，設計図なしで工事をした場合は，工事施工者）——設計上の違反が建築主の故意による場合は，建築主もあわせて対象となる。
③ 申請書，届出書，報告書などを提出しなかった場合
　　⇨申請，届出などの提出義務者
(2)　罰則の内容
① 違反建築物に関する法9条1項の本命令又は同条10項前段の緊急の場合の工事停止命令に違反した者（単なる従業者は除く），構造耐力等の規定の違反設計者，認定と異なる建築材料等により実体違反が生じた場合の当該材料等の引き渡し者，設計図書を用いないで施工した工事施工者などに対し
　　⇨3年以下の懲役又は300万円以下の罰金
② 確認手続き規定の違反者，完了検査・中間検査の申請をしなかった者，違反建築に関する工事の作業停止命令に違反した作業従事者，建築物に関する調査状況の報告指示に違反した者，書類等の提出の求めに違反した者，指定資格検定機関

の秘密保持義務違反，指定確認検査機関の秘密保持義務違反・業務停止命令違反をした者，指定資格検定機関・指定構造計算適合性判定機関・指定認定機関の業務停止命令に違反した役職員（資格検定委員，構造計算適合性判定委員，認定員，評価員を含む）などに対し

⇨１年以下の懲役又は100万円以下の罰金

③　その他

⇨違反の内容，程度に応じ，50万円以下の罰金又は30万円以下の過料

④　法人の代表者，法人又は人の代理人，使用人等が，人命に関するような一定の規定についての①の是正命令に違反した場合

⇨その法人に対して，１億円以下の罰金

⑤　違反建築物に責任をもつ設計者，工事監理者，工事の請負人（下請人を含む），若しくは違反建築物の取引をした宅地建物取引業者又は命令に係る浄化槽の製造業者に対する措置（法９条の３）

⇨特定行政庁は，是正命令や工事停止命令をした場合，その命令に係る設計者などを監督行政庁（国土交通大臣又は知事）に通知し，通知を受けた知事等は，それぞれ建築士法，建設業法，浄化槽法，宅地建物取引業法により，免許又は許可の取消し，業務の停止処分などをすることができる。

33　不服申立て（法94条，95条）

　建築基準法に基づく行政庁の処分又は不作為に対する国民の不服申立ての制度について定めているが，ここで定めのない内容は，一般法である行政不服審査法による。

(1)　審査請求と裁決（法94条）

　特定行政庁，建築主事若しくは建築監視員，都道府県知事，指定確認検査機関又は指定構造計算適合性判定機関の処分又はこれに係る不作為（法令に基づく申請に対して何らの処分をもしないこと――行政不服審査法３条）について不服のある者は，建築審査会（本書本章26参照）に対して審査請求をすることが

できる。不作為についての審査請求は，建築審査会に代えて，不作為庁が，特定行政庁，建築主事，建築監視員又は都道府県知事の場合は市町村長又は都道府県知事に，指定確認検査機関又は指定構造計算適合性判定機関の場合はその機関に対してすることもできる。

　建築審査会は，あらかじめ審査請求人，特定行政庁，建築主事などの関係人（又はその代理人）の出頭を求めて，公開による口頭審査を行い，審査請求受理の日から，原則として 1 月以内に裁決を行うことになっている。手続き等は，行政不服審査法の規定による。現実には，審査請求書に対する処分庁の弁明書，それに対する請求人の反論書等のやりとりの後，口頭審査を行い，その後裁決となるので，1 月以内に裁決されるのは極めてまれである。

　裁決には，次のようなものがある。

① 認容（容認）——処分の取消しなど，請求の趣旨を認めるもの

② 却下——適法要件を欠く訴えとして，いわゆる門前払いとするもの ⇨ 訴えの利益がない場合又は期間徒過の場合（処分の取消しの訴えは，原則として処分のあることを知った日の翌日から起算して 3 月以内，かつ，処分の日の翌日から起算して 1 年以内でなければできない。行政不服審査法18条）などで，内容（本案）を審理せずに不適法な訴えとして退けるもの（同法45条 1 項）

③ 棄却——本案審理の結果，訴えを行う行為自体は適法であるが，審査請求を認容すべき理由（実体的な理由）がないとして請求を排斥するもの（同法45条 2 項）

(2)　再審査請求（法95条）

　(1)の裁決に不服がある者は，裁決があったことを知った日の翌日から起算して 1 月以内（行政不服審査法62条）に，国土交通大臣に対して再審査請求ができる。ただし，裁決は関係行政庁を拘束するので処分庁は再審査請求はできないと解されるが，参加人としての建築主・設計者などは再審査請求をすることができると解される（同法52条 1 項）。

34 公開による意見の聴取

　行政機関がある種の行政行為をするに当たって，その行為が必要か，妥当かなどを判断するため，行為の相手方や利害関係人等の意見を聞くために行う手続きを「意見の聴取」という。一般法である行政手続法では「聴聞」という。

　建築基準法の規定に基づく公開による意見の聴取には，次のようなものがある。

① 用途地域等の許可に関する公開による意見の聴取（法48条15項（法88条2項により準用する場合を含む），本書本章19参照）

　・許可申請→公開による意見の聴取→建築審査会の同意→特定行政庁の許可

　・建築基準法上の許可で公開による意見の聴取が義務づけられるのは法48条のみである。

② 是正命令に関する公開による意見の聴取（法9条4項（同条8項，10条4項，45条2項，88条1項，2項，3項，90条3項，90条の2，2項により準用する場合を含む））

　・命令の事前措置通知又は仮の命令を受けた者からの請求に基づき特定行政庁が行う（請求があった場合にのみ行う）。

　・命じられる者の請求→公開による意見の聴取→命令（又は命令の取消）

③ 壁面線等の指定に関する公開による意見の聴取（法46条1項（法68条の7，3項により準用する場合を含む））

　・壁面線又は予定道路の指定に先立ち特定行政庁が行う。

　・特定行政庁の計画→公開による意見の聴取→建築審査会の同意→特定行政庁の指定

④ 建築協定の認可に関する公開による意見の聴取（法72条1項（法74条2項，76条の3，4項により準用する場合を含む））

　・建築協定書の送付に先立ち市区町村長が行う。

　・建築協定の認可申請→公告・縦覧→公開による意見の聴取→特定行政庁の認可

第5章

建築物自体の技術基準
〈単体規定〉

　本章の規定は，法第2章中に個々の建築物ごとの安全上，防火上及び衛生上必要な最低限度の技術的基準を定めたもので，建築物の用途，構造及び規模に応じた基準である。したがって，地域や区域などの立地条件は直接は関係なく，個々の建築物ごとに，原則として全国一律に適用される。

　この章の規定（単体規定）は，その予想しない特殊の構造方法や建築材料を用いる建築物で，国土交通大臣がその構造方法や建築材料がこれらの規定に適合するものと同等以上の効力があると認める場合には，適用しない（法38条）。この大臣特認の規定は，法制定時から長く存在したが，平成10年公布（平成12年施行）の性能規定化に伴い一旦廃止された。しかし，未だに存続するわかりやすい仕様規定などに新技術を円滑に対応させるため，平成26年（2014年）の改正（平成27年施行）で再度制定されたものである。

表5.1.1　単体規定の概要

規定の分類	主　な　規　定
一般構造及び設備規定	敷地の衛生・安全，大規模建築物の基準，居室の天井高・床高・採光・換気，階段，遮音，便所，給排水などの設備，昇降機など
構造強度規定	構造設計・計算の原則，構造部材，荷重・外力，許容応力度，材料強度，木造・RC造・鉄骨造などの基本
防火規定	大規模木造建築物の外壁など，防火壁・防火床，防火区画，防火界壁・間仕切壁，特殊建築物の耐火，内装制限など
避難規定	廊下の幅，直通階段・避難階段の設置及び構造，各種非常口の構造など，排煙設備，非常用の照明装置・進入口，非常用エレベーター，敷地内の避難通路など

5-1

一般構造及び建築設備

1　敷地の衛生と安全（法19条）

(1)　敷地の地盤高（1項）

　建築敷地は道路面より高く，建築物の地盤面はこれに接する周囲の土地より高くする。ただし，敷地内の排水に支障がなく，又は建築物の用途上防湿の必要がない場合は，この限りでない。

(2)　地盤の改良等（2項）

　湿潤な土地，出水のおそれの多い土地又はごみなどで埋め立てた土地に建築する場合には，盛土や地盤改良など，衛生上又は安全上必要な措置を講ずる。

(3)　敷地の排水設備（3項）

　建築敷地には，雨水や汚水を敷地外に排出し又は処理するための下水管，ためます，汚水処理槽などを設ける。

(4)　崖付近の危険防止（4項）

　建築物が崖崩れなどによる被害を受けるおそれのある場合には，擁壁の設置など安全上適当な措置を講ずる。なお，崖の安全性については，地方公共団体の条例や宅地造成等規制法などに規定がある。

2　大規模建築物の主要構造部（法21条）

　①地階を除く階数≧4，②高さ>16 m，③法別表第1(い)欄(5)項又は(6)項の特殊建築物で高さ>13 m のいずれかに該当する建築物で，主要構造部の壁，柱又は梁のうち自重又は積載荷重を支える部分の全部又は一部に木材，プラスチック等の可燃材料を用いたものは，令109条の5の基準に適合する建築物としなければならない。主要構造部が可燃材料の大規模建築物で火災が発生し，倒壊に至った場合，大量の輻射熱，火の粉が発生することで，周囲に重大な危害をもたらすことになることを防止するための規定である。ただし，その周囲に延焼防止上有効な空地（建築物の各部分の高さと同じ長さの水平距離で囲ま

れた範囲以上の空地）を有する建築物は除かれている。

　原則として，主要構造部を耐火構造等としなければならなかったが，令和元年（2019年）6月施行の改正により，通常火災時間が経過するまでの間，建築物の倒壊・延焼を防止する性能とすることで，構造部材である木材をそのまま見せる「あらわし」が実現できることとなった。

【延べ面積が3,000 m²を超える木造建築物（法21条2項）】

　延べ面積>3,000 m²の建築物で，主要構造部の壁，柱又は梁のうち自重又は積載荷重を支える部分の全部又は一部に木材，プラスチック等の可燃材料を用いたものは，主要構造部が耐火構造の建築物又は耐火設計法等による建築物としなければならない。

　原則として，主要構造部を耐火構造等としなければならなかったが，平成27年（2015年）6月施行の改正により，令109条の7の基準に適合する壁などで3,000 m²以内ごとに有効に区画した場合には，1時間準耐火構造の木造とすることができることとなった。

3　居室の天井の高さ（法36条）

　居室では，衛生上の観点から一定の気積を保てるよう天井の高さが制限される。

(1) 天井の高さの限度（令21条1項）

① 一般の居室 ⇨ 2.1 m以上
② 居室以外の室及び廊下など ⇨ 制限はない

(2) 天井の高さの算定方法（令21条2項）

　床面から天井面までの高さによるが，下がり天井や梁の突出などのため，室の部分によって天井高が異なる場合は，その平均の高さを算定する。すなわち，室の体積を床面積で割ったものが天井高になる。図5.1.1の場合，断面が一様であれば断面積を室幅で割れ

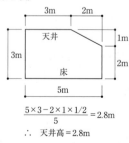

$$\frac{5 \times 3 - 2 \times 1 \times 1/2}{5} = 2.8\text{m}$$

∴ 天井高=2.8m

図5.1.1　天井高の測り方

ばよい。

4 居室の床の高さ及び防湿方法 （法36条，令22条）

居室の衛生のため，最下階の床が木造の場合には，地面から床の上面までの高さ（床の高さ）を制限している。

【最下階の居室の床が木造の場合】（図5.1.2〜5.1.4）

① 居室の床の高さ ⇨ 直下の地面から床上面まで，45 cm 以上とする（地盤面からではない）。

② 床下換気孔 ⇨ おのおのの面積が300 cm² 以上の床下換気孔を壁の長さ5 m 以内ごとに設け，これにねずみの侵入を防ぐ設備をする。布基礎の耐震性の向上や施工のしやすさなどの観点から，基礎と土台の間にゴム系等のパッキング材を用いる工法（いわゆる「ねこ土台」）が多いが，この場合も換気孔の大きさと間隔は規定どおりとる必要がある（図5.1.4）。

〔緩和〕

床下をコンクリートで覆うなど防湿上有効な処理をすれば，①と②によらなくてもよい。

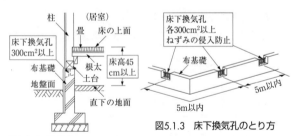

(注) 床下の地面がコンクリート，たたきなどの場合は，床高の制限はない。

図5.1.2 居室の床の高さ・床下の換気孔

図5.1.3 床下換気孔のとり方

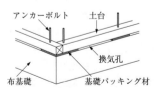

図5.1.4 基礎パッキング材使用の床下換気孔

5　階段各部の寸法等

　階段の蹴上げ及び踏面の寸法など，日常使用する階段の安全のために必要な基準が，法36条に基づく令2章（一般構造）のなかで以下のように定められている。なお，災害時における避難施設としての直通階段の基準などは，令5章（令120条以降）に定められている（本書5-4章参照）。

(1)　階段各部の寸法（令23条）

　階段と踊場の幅，蹴上げと踏面の寸法は，建築物の用途と各階の床面積に応じて表5.1.2のように定められている。

表5.1.2　階段各部の寸法

	階段の種別	階段の幅踊場	蹴上げ	踏　面
①	小学校の児童用*1*2	140 cm 以上	16 cm 以下	26 cm 以上
②	中*3・高等・中等教育学校の生徒用，物品販売店で1,500 m² を超えるもの*4・劇場・映画館・演芸場・観覧場・公会堂・集会場の客用	140 cm 以上	18 cm 以下	26 cm 以上
③	地上階：直上階の居室＞200 m²地　階：その階の居室＞100 m²	120 cm 以上	20 cm 以下	24 cm 以上
④	住宅（共同住宅の共用階段は除く）	75 cm 以上	23 cm 以下	15 cm 以上
⑤	①～④以外のもの	75 cm 以上	22 cm 以下	21 cm 以上
⑥	昇降機機械室用（令129条の9）	制限なし	23 cm 以下	15 cm 以上

＊1　義務教育学校の前期課程を含む。
＊2　小学校の児童用階段は，両側に手すりを設け，踏面の表面を粗面又は滑りにくい材料で仕上げた場合には，蹴上げの寸法を18 cm 以下にできる。幅と踏面は表のとおり（平26国交告709）。
＊3　義務教育学校の後期課程を含む。
＊4　1,500 m² を超える物品販売業を営む店舗の階段の幅の合計は令124条に規定がある（本書5-4章2(8)参照）。
〔注〕1）蹴上げと踏面の寸法は，それぞれ垂直と水平に投影した長さによる（図5.1.5）。
　　　2）回り階段の踏面は，狭い方の端から30 cm のところで測る（図5.1.6）。

　　3）屋外階段の幅は，令120条（直通階段の設置）又は令121条（2以上の直通階段の設置）により義務づけられている階段については90 cm以上，その他の階段については60 cm以上とすることができる。たとえば，映画館の階段の幅は屋内では140 cm以上必要であるが，屋外では90 cmでもよい。また，2階の居室の床面積合計が200 m²以下の2階建共同住宅では，階段の幅は，屋内，屋外を問わず，75 cm以上あればよい（なお，令23条1項ただし書の「……とすることができる。」とは，緩和規定であり，強化規定ではない。したがって，屋内で75 cmでよいものは，屋外でも75 cmあればよい）。

(2) 階段及び踊場の幅の算定（令23条3項）

　階段及び踊場の幅は，一般的には内のりで算定するが，次の①，②については，幅10 cmを限度として，それを除外して幅を算定する（図5.1.7）。

① 手すり

② 階段の昇降を安全に行うための設備（階段昇降機等）で高さが50 cm以下のもの

(3) 踊場の位置及び踏幅（令24条）

① 踊場は，表5.1.2の①と②については高さ3 m以内ごとに，その他については高さ4 m以内ごとに設ける。

② 直階段の踊場で①により設けるものの踏幅は，階段の幅に関係なく，1.2 m以上とする（図5.1.8）。

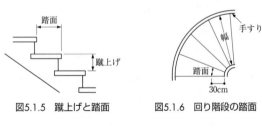

図5.1.5　蹴上げと踏面　　　　図5.1.6　回り階段の踏面

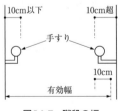
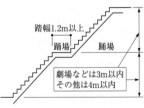

図5.1.7　階段の幅　　　　　　図5.1.8　直階段の踊場

(4)　手すりの設置（令25条）

① 　高さが1mを超える階段には必ず手すりを設置する。

② 　高さが1mを超える階段及びその踊場の両側（手すりが設置された側を除く。）には，側壁などを設ける。また，吹抜き部分などの落下防止用手すりは，令126条（安全上必要な高さ1.1m以上など。本書5-4章4）を参照。

③ 　高さが1mを超える階段で，幅が3mを超える場合は，中間に手すりを設ける。ただし，蹴上げが15cm以下で，かつ，踏面が30cm以上の場合は，中間の手すりは設けなくてもよい。

〔注〕階段の手すりは，その端部（特に階段を下りきったところ）に一定長さ（段鼻から45cm以上が望ましい）の水平部分を設けることが，転倒防止のために有効である（「高齢者，障害者等の円滑な移動等に配慮した建築設計標準」平成24年，国土交通省）。

(5)　階段に代わる傾斜路（スロープ）（令26条）

① 　傾斜路の勾配は，1/8（＝12.5%≒7°）以下とする。

〔注〕指定道路の基準（令144条の4）による道路の縦断勾配は，原則12%（＝1/8.3）以下であり，また，車椅子使用者にも利用しやすい勾配は，一般に1/12（＝8.3%≒4.7°）以下である。

② 　傾斜路の表面は，粗面又はすべりにくい材料で仕上げる。

〔注〕スロープに限らず床面をすべりにくい仕上げとすることは，建築計画上，極めて重要である。特に，避難経路や手すり沿いの床面仕上げには注意したい。

③ 　上記(1)～(4)の規定（幅，踊場，手すりなど）は，傾斜路にも適用される（ただし，蹴上げと踏面を除く）。

(6)　特殊な用途の専用階段（令27条）

　物見塔の専用階段など一般に使用しない特殊な用途の階段には，(1)～(4)の規定は適用しない。

6　居室の採光

　居住のための居室，学校の教室，病院の病室などには，自然採光を確保するため，一定の大きさの窓などをとることが定められている（法28条1項）。貸事務所や店舗などには，必ずしも採光のための窓などをとらなくてもよいが，その場合には，非常用の照明装置を設けるなど，防災上の弱点を補うことにな

る（令126条の4など）。

(1) 採光を必要とする居室の種類と開口部の大きさ（法28条1項，令19条）

　採光が必要な居室と，採光に有効な開口部面積の居室の床面積に対する割合は，表5.1.3のとおりである。

　ふすま，障子など，常時開放できるもので仕切られた2室は，1室とみなして表5.1.3を適用できる。

表5.1.3　採光が必要な居室と開口部の大きさ

	採光が必要な居室の種類	採光有効面積 / 居室の床面積
①	幼稚園，小・中・義務教育・高等・中等教育学校，幼保連携型認定こども園の教室	$\frac{1}{5}$ 以上 *5
②	保育所，幼保連携型認定こども園の保育室	
③	住宅の居住のための居室 *1	$\frac{1}{7}$ 以上 *5
④	病院・診療所の病室	
⑤	寄宿舎の寝室，下宿の宿泊室	
⑥	児童福祉施設等 *2 の寝室（入所者使用室）	
⑦	児童福祉施設等（保育所を除く）の居室 *3	
⑧	学校（①以外のもの）の教室	$\frac{1}{10}$ 以上
⑨	病院・診療所・児童福祉施設等の居室 *4	

*1　住宅（共同住宅の住戸を含む。）の居室の開口部の割合のみは，法28条1項中に直接定められており，その他は令19条による。
　　住宅でも「居住のための居室」以外の室（趣味室やピアノ練習室など）は除かれる。
*2　児童福祉施設等は，本書2章27参照。
*3　入所者又は通所者への保育，訓練，日常生活に必要な便宜の供与等の目的使用室に限る。
*4　入院患者又は入所者の談話，娯楽等の目的使用室に限る。
*5　国土交通大臣の定める基準に従い，照明設備の設置や有効な採光方法の確保などの措置を講じたものについては，下記のように1/5〜1/10の間で，国土交通大臣が定める割合以上とすることができる（昭55建告1800）。

【学校・保育所の採光の緩和】（昭55建告1800）

① 幼稚園の教室，幼保連携型認定こども園の教室・保育室，保育所の保育室

床面で200ルクス以上の照明設備を設置した教室・保育室	⇨	$\dfrac{有効採光面積}{当該室の床面積} \geq \dfrac{1}{7}$

② 小・中・義務教育・高等・中等教育学校の教室

| 床面上50 cm の水平面照度が200ルクス以上の照明設備を設置した教室・保育室 | ⇨ | $\dfrac{\text{床面から50 cm 以上の窓などの有効採光面積}}{\text{当該室の床面積}} \geqq \dfrac{1}{7}$ |

③ 小・中・義務教育・高等・中等教育学校の音楽室，視聴覚教室

| ①の照明設備を設け，令20条の2による換気設備を設けた室 | ⇨ | $\dfrac{\text{有効採光面積}}{\text{当該室の床面積}} \geqq \dfrac{1}{10}$ |

【採光に有効な開口部を設けなくてもよい居室】

① 表5.1.3の居室以外の居室（店舗，事務室など）

② 地階又は地下工作物（地下街）内に設ける居室

③ ②に類する居室

④ 温湿度調整を必要とする作業を行う作業室（各種の試験室，手術室，新生児室など）

⑤ 用途上やむを得ない居室

(2) 採光に有効な開口部面積の算定方法（令20条）

採光に有効な開口部面積（A）は，次式によって算定する。

$$(A)＝〔開口部の面積〕×〔採光補正係数〕$$

ただし，国土交通大臣が別に算定方法を定めた建築物の開口部（平15国交告303）については，その算定方法によることができる。

【採光補正係数算定式】

採光補正係数は，表5.1.4の式によって計算した算定値に，隣地境界線等までの距離，対面するものが道路であるか否か等により補正を加える。表5.1.4の式において，

d：開口部の直上にある建築物の各部分から隣地境界線*（又は同一敷地内の他の建築物）までの水平距離

h：開口部の直上にある建築物の各部分から開口部の中心までの垂直距離

であり，d/h の割合を採光関係比率という。開口部の直上にある建築物の部分が複数ある場合の表5.1.4の式における採光関係比率は，最小値を使用する（図5.1.9の窓①において，d_1/h_1

$<d_2/h_2$ の場合, d_1/h_1 を使用する)。

＊　道, 公園, 広場, 川等に開口部が面する場合は, 次のイ又は
　　ロの位置にある線とする。法86条の一団地認定・連担建築物設
　　計制度の公告対象区域内の建築物については, 個々の敷地境界
　　線ではなく, 団地全体を一敷地とみなす。
　　イ) 道に面する場合は, 道の反対側の境界線 (道の反対側にさ
　　　　らに公園等がある場合は, 当該公園等に面するものとする)。
　　ロ) 公園, 広場, 川等に面する場合は, これらの幅の1/2だけ
　　　　隣地境界線の外側の線 (公園等の反対側にさらに道がある場
　　　　合は, 当該道に面するものとする)。

表5.1.4　採光補正係数算定式

住居系地域	工業系地域	商業系地域 用途無指定区域
$6 \times \dfrac{d}{h} - 1.4$	$8 \times \dfrac{d}{h} - 1$	$10 \times \dfrac{d}{h} - 1$

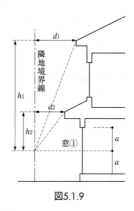

図5.1.9

【前式 (表5.1.4) の算定値に補正を加える場合】
① 　前式の算定値が3を超える場合は, 採光補正係数＝3
② 　次の場合は, 採光補正係数＝1
　　イ. 開口部が道に面する場合で, 前式の算定値が1未満とな
　　　　る場合
　　ロ. 開口部が道に面しない場合で, 前式の算定値が1未満と
　　　　なり, 住居系地域で $d \geqq 7$ m, 工業系地域で $d \geqq 5$ m, 商
　　　　業系地域・用途無指定区域で $d \geqq 4$ m の場合

③　前式の算定値が負数の場合は，採光補正係数＝0

④　天窓の場合は，（前式の算定値×3）の算定値に対し上記①，②，③を適用。

⑤　開口部の外側に幅90 cm 以上の縁側等がある場合は，（前式の算定値×0.7）の算定値に対し上記①，②，③を適用。

【有効な開口部面積の算定例】

　住居系地域内にある隣地境界線に面した，図5.1.10のような断面の建築物の開口部について，採光に有効な開口部面積を算定する。窓は全て，幅2 m，高さ1.4 m とする。

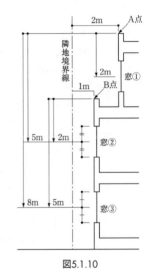

図5.1.10

〔採光関係比率の算定〕

　窓①：2/2＝1

　窓②：A 点，2/5＝0.4

　　　　B 点，1/2＝0.5

　窓③：A 点，2/8＝0.25

　　　　B 点，1/5＝0.2

　・窓②は A 点，窓③は B 点による。

〔採光補正係数の算定〕

　窓①：$6×2/2-1.4=4.6→3$

　窓②：$6×2/5-1.4=1$

　窓③：$6×1/5-1.4=-0.2→0$

〔採光に有効な開口部面積の算定〕

　窓①：$(2×1.4)×3=8.4$（m²）

　窓②：$(2×1.4)×1=2.8$（m²）

　窓③：$(2×1.4)×0=0$（m²）

【国土交通大臣が別に定めた開口部】（平15国交告303）

①　特定行政庁が地域の状況を考慮して規則で指定する区域内の建築物の居室（長屋・共同住宅は，同一住戸内の居室に限る）の開口部ごとの面積に，規則の数値を乗じて得た面積を

合計して算定する。

② 2以上の居室（特定行政庁の規則に適合するもの）の開口部ごとの面積に，それぞれ令20条1項の採光補正係数（①の居室は，①の数値）を乗じて得た面積を合計して算定した面積の2以上の居室の床面積の合計に対する割合が，法28条1項に定める割合以上である場合は，各居室の採光に有効な部分の面積は，各居室の床面積に対する割合以上のものとみなす（令111条1項一号又は令116条の2，1項一号に規定する採光に有効な部分の面積を計算する場合は除く）。

＊ ①，②は，平成30年改正により新設。

③ 近隣商業地域又は商業地域内の同一住宅内の居室で，外壁の開口部を有する居室と区画する壁に設けられた開口部（図5.1.11の開口部 A）が次式を満たす場合，当該開口部の面積を採光に有効な開口面積とする。

$W_a \geq S_a/7$，かつ，$W_b \times k \geq (S_a + S_b)/7$

W_a：開口部Aの開口面積（m²）

W_b：開口部Bの開口面積（m²）

S_a：A室の床面積（m²）

S_b：B室の床面積（m²）

k：開口部Bの採光補正係数

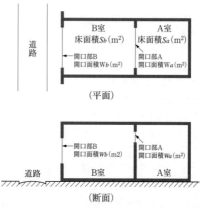

図5.1.11 国土交通大臣が別に定めた開口部

7　地階の居室（法29条）

　住宅の居室，学校の教室，病院の病室又は寄宿舎の寝室で地階に設けるものは，壁及び床の防湿の措置等についての衛生上必要な技術的基準（令22条の2）に適合するものとしなければならない。

【令22条の2の技術的基準】

① 居室の湿気排出に関する基準（一号）

　　居室は，次のイ〜ハのいずれかとする。

　イ．国土交通大臣の定めるところ（平12建告1430，図5.1.12）により，からぼり（ドライエリア）その他の空地に面する開口部が設けられていること

　ロ．令20条の2の換気設備が設けられていること

　ハ．居室内の湿気を調整する設備が設けられていること

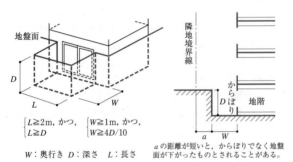

$$\begin{cases} L \geqq 2m, \ かつ, \\ L \geqq D \end{cases} \quad \begin{cases} W \geqq 1m, \ かつ, \\ W \geqq 4D/10 \end{cases}$$

W：奥行き　D：深さ　L：長さ

aの距離が短いと，からぼりでなく地盤面が下がったものとされることがある。

図5.1.12　住宅のからぼりの条件

② 居室内への水の浸透を防止するための基準（二号）

　　直接土に接する外壁，床，屋根（外壁等と略す。）の構造は，次のイ〜ニのいずれかとする。

　イ．外壁等を，国土交通大臣の定めるところ（平12建告1430）により，直接土に接する部分に，水の浸透を防止するための防水層を設けること

　ロ．屋根はイにより，外壁，床の直接土に接する部分は，耐水材料で造り，かつ，直接土に接する部分と居室に面する部分との間に居室内への水の浸透を防止するための空隙*を設けること

ハ．外壁等のうち，常水面以上の部分を，耐水材料で造り，
　かつ，材料の接合部及びコンクリートの打継ぎ部分に防水
　措置を講じていること

ニ．外壁等が直接土に接する部分から居室内に水が浸透しな
　いことについて，国土交通大臣の認定を受けたものである
　こと

＊　空隙に浸透した水を有効に排出するための設備を設けたもの
　に限る。

8　居室等の換気

(1)　一般居室の換気（法28条2項，4項，令20条の2）

　居室には，原則として，換気のための窓などを設け，その換
気に有効な部分の面積は，居室床面積の1/20以上としなけれ
ばならない。この場合の有効な部分とは，直接外気に開放でき
る部分をいい，隣地境界までの距離の条件は法律上，特にない。
引違いの場合は全体の約1/2が有効であり，はめ殺し戸は無効
である。ふすまなどで常時開放できる2室を1室として考える
のは採光と同じ（(2),(3)も同様）である。

【換気に有効な開口部がなくてもよい場合】

　次にあげる①〜③のうち，いずれかの換気設備又は空気調和
設備を設ければ換気のための窓などを設けなくてよい。

① 自然換気設備（令20条の2，一号イ）

　自然換気設備の一般基準（令129条の2の5，1項，本書
本節の(4)①参照）によるほか，次の構造による。

イ．排気筒の有効断面積は，次式による。

$$A_v \geq \frac{A_f}{250\sqrt{h}}$$

A_v：有効断面積（m²）

A_f：居室の床面積（m²）

　ただし，換気に有効な窓などがある場合には，その面積
をaとすると，$A_f =$（居室床面積）$-20a$

h：給気口の中心から排気筒の頂部の外気に開放された部
　分の中心までの高さ（m）

　ただし，A_vが0.00785 m²以下のときは，0.00785 m²と
する（昭45建告1826）。

【有効断面積の計算例】

居室床面積20 m^2，$h = 4$ m の場合

a. 開口部がない場合

$$A_v = \frac{20}{250\sqrt{4}} = 0.04 \ (\text{m}^2)$$

b. 0.9 m^2 の有効開口部がある場合

$$A_v = \frac{20 - 0.9 \times 20}{250\sqrt{4}} = 0.004 \ \Rightarrow \ 0.00785 \text{ m}^2 とする。$$

c. 1 m^2 以上の有効開口部がある場合

1/20以上であるので，換気設備を設けなくてよい。

ロ．給気口，排気口の有効断面積は，イ．の数値以上とする。

ハ．その他　昭45建告1826第 1 による（排気筒の断面は，短辺の長辺に対する割合が 1/2 以上であることほか）。

② 機械換気設備（中央管理方式の空気調和設備を除く。令20条の 2，一号ロ）

機械換気設備の一般基準（令129条の 2 の 5，2 項，本書本節の(4)②参照）によるほか，次の構造による。

イ．有効換気量は，次式による。

$$V \geq \frac{20 A_f}{N} \ (\text{m}^3/\text{h})$$

A_f：居室の床面積（m^2）。有効開口部による控除は①イ．と同じ。

N：1 人当たりの占有面積（m^2）。ただし，10を超えるときは10とする。

この式によると，換気に有効な開口部のない室では 1 人当たり20 m^3 以上の有効換気が必要となる。

【有効換気量の計算例】

100 m^2 の居室で，有効開口部がなく50人収容とすると，

$$V \geq \frac{20 \times 100}{2} = 1,000 \ \left(A_f = 100 \text{ m}^2, \ N = \frac{100}{50} = 2 \text{ m}^2 \right)$$

すなわち，毎時1,000 m^3 以上の有効換気量が要求される。

ロ．1 つの設備で，2 以上の居室の換気を行うときは，有効換気量は，おのおのの必要な量の合計以上とする。

ハ．その他　昭45建告1826第 2 による（給気機又は排気機について，換気経路の全圧力損失を考慮して計算した給気・

　排気能力を有するなど)。

③　中央管理方式の空気調和設備 (令20条の2,一号ハ)

　　一般基準 (令129条の2の5,3項,本書本節の(4)③参照)によるほか,衛生上有効な換気を確保することができるものとして国土交通大臣が定めた構造方法とする。

④　①〜③の換気設備以外の設備 (令20条の2,一号ニ)

　　炭酸ガスの濃度を1,000 ppm 以下,一酸化炭素の濃度を10 ppm 以下に保つ換気ができるなどの基準に適合するものとして,国土交通大臣の認定を受けたものとする。

(2)　**劇場等の居室の換気設備** (法28条3項,4項,令20条の2)

　劇場,映画館,演芸場,観覧場,公会堂又は集会場の居室には,換気上有効な開口部の有無にかかわらず,換気設備を設けなければならない。これらの室は,開口部があっても,通常の使用状態においては閉じられていることが多いので,機械による強制換気を行うものである。したがって,これらの室に設ける換気設備は,中央管理方式の空調設備,機械換気設備又は国土交通大臣が認定した設備でなければならず,自然換気設備とすることはできない。この空調設備又は機械換気設備は,換気設備の一般基準 (令129条の2の5,本書本節の(4)参照) によるほか,有効換気量は,次式による。

$$V \geq \frac{20A_f}{N} \ (\mathrm{m^3/h})$$

A_f：居室の床面積 (有効開口部による控除はない) (m²)

N：1人当たりの占有面積 (m²)。ただし,3を超えるときは3とする。

(3)　**調理室・浴室等の換気** (法28条3項,4項,令20条の3)

①　換気設備を設けるべき調理室等

　　調理室,浴室,その他の室で,かまど,こんろなど火を使用する設備や器具を設けた室には,換気設備を設けなければならない。ただし,次の表5.1.5に該当する室には,換気設備を設けなくてもよい。

②　火を使用する設備を設けた室に設ける換気設備の構造

　イ．換気設備の構造は,酸素の含有率をおおむね20.5%以上に保つ換気ができるものとして国土交通大臣の認定を受けたものか,又は,次の基準に適合するもの。

表5.1.5 火気使用室で換気設備を設けなくてもよいもの

	調　理　室	調理室以外の火を使用する室
汚染のおそれのない場合	密閉式燃焼器具等[*1]だけを設けた室（令20条の3，1項一号）	
小規模の場合	次の全ての条件を満足する室（令20条の3，1項二号） ・100 m² 以内の住宅又は住戸に設けた調理室であること ・発熱量の合計[*2]が12 kW 以下であること ・調理室の床面積の1/10以上で，かつ0.8 m² 以上の有効開口面積のある窓などを設けていること	次の全ての条件を満足する室（令20条の3，1項三号） ・発熱量の合計[*2]が，6 kW 以下であること ・換気上有効な開口部を設けていること

[*1] 火を使用する設備や器具で，一般に FF 式と呼ばれるもののように直接屋外から空気を取り入れて，廃ガスを直接屋外に排出する構造であるなど，室内空気の汚染のおそれのないもの。

[*2] 密閉式燃焼器具等又は煙突を設けた器具の発熱量は除く。

a．給気口の位置など：天井高の 1/2 以下（ただし，煙突や換気扇を設けた場合は適当な位置）

b．排気口の位置など：天井又は天井から80 cm 以内の高さの位置（煙突や排気フードを設けた場合は適当な位置）に設け，次のいずれかとする。
・換気扇を設けて直接外気に開放する。
・換気扇を設けて排気筒に直結する。
・排気上有効な立上りのある排気筒に直結する。

c．煙突の設置：風呂釜又は発熱量12 kW を超える火を使用する設備を設けた室には，原則として風呂釜などに接続して煙突を設ける。

d．排気口・排気筒の頂部：頂部が直接外気に開放されている場合には，外気の流れで排気が妨げられない構造とする。

e．給気口・給気筒・排気口・排気筒・煙突の有効断面積，

　　　　有効換気量は昭45建告1826参照。

　ロ．給気口は，器具等の燃焼を妨げないように設置する。

　ハ．排気口，排気筒及び煙突の構造は，廃ガスを逆流させな
　　　いなどの国土交通大臣が定めた構造方法（昭45建告1826）
　　　のものとする。

　ニ．排気フードを有する排気筒を設ける場合は，排気フード
　　　を不燃材料で造る。

(4)　換気設備の一般基準（令129条の2の5）

　前項までの(1)～(3)は，法28条2項ただし書又は同条3項によ
り設けなければならない場合の基準であるが，任意に設ける換
気設備にも適用されるのが，本条の基準である。ただし，火を
使用する室の換気設備には本条の規定は適用されない。

①　自然換気設備

　給気口，排気口の位置などについて，表5.1.6のような基
準が定められている。

表5.1.6　自然換気設備の基準

	位　置	構　造　等	措　置
給気口	天井の1/2以下	常時外気に開放する	給気口 排気口 排気筒の頂部 雨水，ねずみ，虫，ほこりなどを防ぐ措置をする
排気口	給気口より高い位置	常時開放し排気筒に直結する	
排気筒		排気上有効な立上り部分を有し，外気の流れによって排気が妨げられない構造とする。直接外気に開放する頂部及び排気口以外に開口部を設けない	

②　機械換気設備

　　給気機＋排気機（第一種換気設備）
　　給気機＋排気口（第二種換気設備）｜の3方式のうち
　　給気口＋排気機（第三種換気設備）｜いずれかとする。

　イ．給気口・排気口の位置・構造は室内の人が通常活動する
　　　空間の空気の分布を均等にし，局部的な空気の流れ（ドラ
　　　フト）を生じないこと。

ロ．給気機の外気取り入れ口，外気に開放された給気口・排気口には，雨水，ねずみ，虫，ほこりなどを防ぐ設備をする。

ハ．外気に開放された給気口又は排気口に換気扇を設ける場合，外気の流れにより能力が落ちない構造とする。

ニ．風道（ダクト）は空気を汚染しない材料とする。

③　中央管理方式の空気調和設備

②にあげた換気設備の基準によるほか，おおむね表5.1.7にあげる基準に適合するように空気を浄化し，温湿度を調整する性能を有するようにしなければならない（昭45建告1832）。

なお，表5.1.7の空気環境基準は，建築物における衛生的環境の確保に関する法律（略称「ビル管理法」，本書11-9章(2)参照）施行令2条の基準と同じである。

表5.1.7　空調設備による空気環境

浮遊粉じん量	0.15 mg/空気 1 m³ 以下
CO（一酸化炭素）の含有率	10/1,000,000（0.001% = 10 ppm）以下
CO₂（炭酸ガス）の含有率	1,000/1,000,000（0.1% = 1,000 ppm）以下
温　度	17℃ 以上28℃ 以下（居室の温度は外気より著しく（約7℃）低くしない）
相対湿度	40%以上70%以下
気　流	0.5 m/sec 以下

9　石綿等の物質の飛散又は発散に対する衛生上の措置（法28条の2）

著しく衛生上有害な物質である石綿に関する規制（平成18年新設，18年10月1日施行）及び居室内の空気汚染を防止するための措置（いわゆる「シックハウス対策」平成14年新設，15年7月1日施行）が定められている。

(1)　石綿に関する規制（法28条の2，一号，二号，令20条の4）

①　建築材料に石綿を添加しない。

②　石綿をあらかじめ添加した建築材料を用いない。ただし，石綿を飛散又は発散させるおそれがないものとして国土交通

大臣が定めたもの（平18国交告1172）又は同大臣の認定を受けたものについては，使用できる。

(2) シックハウス対策における規制対象物質（令20条の5）

クロルピリホス[*1]及びホルムアルデヒド[*2]が規制対象となる。

> ＊1　クロルピリホス：主にしろあり駆除剤として木造住宅の床組などに使用されてきた。
> ＊2　ホルムアルデヒド：メチルアルコールを酸化させた刺激臭のある気体で強い殺菌・防腐作用があり，防腐剤などとして建築材料に広く用いられてきた。この水溶液をホルマリンという。

(3) クロルピリホスに関する規制（令20条の6）

居室を有する建築物のクロルピリホスに関する建築材料は次による。

① 建築材料にクロルピリホスを添加しない。

② クロルピリホスをあらかじめ添加した建築材料を使用しない。ただし，添加から長期間経過していること等により，クロルピリホスを発散させるおそれがないものとして国土交通大臣が定める建築材料（平14国交告1112）[*1]については，使用できる。

> ＊1　クロルピリホスをあらかじめ添加した建築材料のうち，建築物に用いられた状態で添加後5年以上経過しているもの。

(4) ホルムアルデヒドに関する規制（令20条の7）

① 内装仕上げの制限

ホルムアルデヒドを発散させる建築材料は，夏季におけるその発散量に応じて表5.1.8のように分類され，居室[*1]の内装[*2]仕上げ材料が制限される。ただし，建築物に使用して5年以上経過したもの及び令20条の8，1項一号ハの基準に適合する中央管理方式の空気調和設備を設ける場合は除く。

> ＊1　居室及び常時開放された開口部を通じてこれと相互に通気が確保される廊下等を含む（令20条の7〜20条の9において同じ）。
> ＊2　壁，床及び天井（天井がない場合は屋根）並びにこれらの開口部に設ける戸などの建具の室内に面する部分（回り縁，窓台等を除く。）をいう（令20条の7において同じ）。

表5.1.8 ホルムアルデヒド発散建築材料の分類

夏季におけるホルムアルデヒド発散量 Q （mg/m²h）	国土交通大臣が告示で定める建築材料		国土交通大臣の認定を受けた建築材料	内装仕上げの制限
	政令で定める名称	JIS，JASの規格		
$0.12 < Q$	第一種ホルムアルデヒド発散建築材料（平14国交告1113）	無等級	——	使用禁止
$0.02 < Q \leq 0.12$	第二種ホルムアルデヒド発散建築材料（平14国交告1114）	F ☆☆	令20条の7，2項	面積制限
$0.005 < Q \leq 0.02$	第三種ホルムアルデヒド発散建築材料（平14国交告1115）	F ☆☆☆	令20条の7，3項	
$Q \leq 0.005$	なし	F ☆☆☆☆	令20条の7，4項	制限なし

【第二種・第三種ホルムアルデヒド発散建築材料の使用量制限】（令20条の7，1項二号）

居室の内装仕上げに第二種・第三種ホルムアルデヒド発散建築材料を使用するときは，次式を満たさなければならない。

$$N_2 S_2 + N_3 S_3 \leq A$$

S_2：第二種ホルムアルデヒド発散建築材料の内装仕上げ面積（m²）

S_3：第三種ホルムアルデヒド発散建築材料の内装仕上げ面積（m²）

N_2，N_3：表5.1.9の数値

A：居室の床面積（m²）

② 換気設備の義務づけ（令20条の8，1項一号・二号，平15国交告274）

居室*には，原則として，次のイ〜ハのいずれかの換気設備を設ける。なお，31 m超の建築物，各構えの合計が1,000m²超の地下街に設ける機械換気設備又は中央管理方式の空

気調和設備にあっては，その制御と作動状態の監視を中央管理室で行えるものとする。

＊　居室：前記①の＊1参照

イ．有効換気量が必要有効換気量以上である機械換気設備で，令129条の2の5，2項の規定に適合し，国土交通大臣が定めた構造方法を用いるもの

$$V \geq V_r = nAh$$

V：有効換気量（m³/時）

V_r：必要有効換気量（m³/時）

n：表5.1.9の「住宅等の居室」では0.5，その他の居室では0.3

A：居室の床面積（m²）

h：居室の天井高さ（m）

ロ．空気を浄化して供給する機械換気設備で，令129条の2の5，2項の規定に適合し，ホルムアルデヒドを所定量浄化できるものとして，国土交通大臣が定めた構造方法を用いるもの又は同大臣の認定を受けたもの

ハ．中央管理方式の空気調和設備で，令129条の2の5，3項の規定に適合し，国土交通大臣が定めた構造方法を用いる構造又は同大臣の認定を受けた構造

表5.1.9　第二種・第三種ホルムアルデヒド発散建築材料の内装仕上げ面積に乗ずる数値

居室の種類	住宅等の居室＊1		左記以外の居室		
換気回数n＊2	$n \geq 0.7$＊3	$0.7 > n$	$n \geq 0.7$＊3	$0.7 > n \geq 0.5$＊3	$0.5 > n$
N_2	1.2	2.8	0.88	1.4	3.0
N_3	0.2	0.5	0.15	0.25	0.5

＊1　住宅の居室，下宿の宿泊室，寄宿舎の寝室，家具等の物品販売店の売場（常時開放された開口部により，これらと相互に通気が確保される廊下等の部分を含む。）をいう。

＊2　換気回数nは，次式により計算した数値をいう。
$n = V/Ah$（n：1時間当たりの換気回数，V：機械換気設備の有効換気量（m³/h），A：居室の床面積（m²），h：居室の天井高さ（m））

＊3　表の数値に相当する換気が確保されるものとして，国土交通大臣が定めた構造方法（平15国交告273）を用いるか又は同大臣の認定を受けた居室を含む。

【換気設備の設置免除】（令20条の8，2項）

　　国土交通大臣が定めた構造方法（平15国交告273）を用いる居室又は同大臣の認定を受けた居室については，換気設備の設置が免除される。

⑸　**ホルムアルデヒドに関する基準の特例**（令20条の9）

　　前項⑷の規制は，1年を通じて，居室内の人が通常活動する空間のホルムアルデヒドの量を空気1 m³につきおおむね0.1 mg以下に保つことができるものとして，国土交通大臣の認定を受けた居室については，適用されない。

10　長屋・共同住宅の界壁の遮音（法30条，令22条の3）

　　長屋，共同住宅の各戸の界壁は，小屋裏又は天井裏に達せさせ，その構造は，隣接する住戸からの日常生活に伴い生ずる音を衛生上支障がないように低減するために界壁に必要とされる性能に関して政令の技術的基準に適合するもので，国土交通大臣が定めた構造方法を用いるもの又は同大臣の認定を受けたものとする。

【界壁に必要な技術的基準】

　　音の各振動数に対する透過損失が表5.1.10の数値以上。

表5.1.10　界壁に必要な技術的基準

振 動 数（単位：ヘルツ）	125	500	2,000
透過損失（単位：デシベル）	25	40	50

【参考】

　〔振動数〕　音の高さを表す数値（周波数ともいう）

　　　単位　　ヘルツ（Hz）：1秒間の振動数

　　　標準音：低音128 Hz，中音512 Hz，高音2,048 Hz

　　　可聴音：20〜18,000 Hz 位

　　　人の話し声：100〜800 Hz 位

　〔透過損失〕　遮音の程度を表す数値

$$透過損失（T.L.）= 10 \log \frac{1}{\tau} \quad （dB）$$

$$\left(\tau = 透過率 = \frac{透過音のエネルギー}{投射音のエネルギー} \right)$$

単位　デシベル(dB)：音の強さの単位

普通の会話：35～65 dB

【国土交通大臣が定める構造方法】(昭45建告1827)

① 下地等を有しない界壁の構造方法（表5.1.11）

表5.1.11　下地等を有しない界壁の構造方法

RC造，SRC造，SC造	厚さ≧10 cm
CB造，れんが造，石造	(肉厚＋仕上厚)≧10 cm
土蔵造	厚さ≧15 cm
気泡コンクリート（厚さ≧10 cm）	両面に，厚さ≧1.5 cmのモルタル，プラスター，しっくい塗
軽量コンクリートブロック（肉厚≧5 cm）	
木片セメント板（厚さ≧8 cm，かさ比重≧0.6）	
鉄筋コンクリート製パネル（厚さ≧4 cm，質量≧110 kg/m²）	両面に質量≧5 kg/m²の木製パネル
土塗真壁造（厚さ≧7 cm）	真壁の四周に空隙のないものに限る

② 下地等を有する界壁の構造方法（表5.1.12）

表5.1.12　下地等を有する界壁の構造方法

下地等*などを堅固な構造とし，下地等の両面を次の①～④のいずれかに該当する仕上げとした大壁造（厚さ≧13 cm）	
①	鉄網モルタル塗又は木ずりしっくい塗，塗厚≧2 cm
②	木毛セメント板張又は石膏ボード張の上に，モルタル又はしっくい塗，塗厚≧1.5 cm
③	モルタル塗の上にタイル張り，厚さ合計≧2.5 cm
④	セメント板張の上に，モルタル塗，厚さ合計≧2.5 cm
界壁(仕上材含まず)厚さ≧10 cmで，内部にグラスウール(かさ比重≧0.02)又はロックウール(かさ比重≧0.04)厚さ≧2.5 cmを張り，界壁両面を次の⑤又は⑥に該当する仕上材で覆ったもの	
⑤	石膏ボード張(厚さ≧1.2 cm)，岩綿保温板張(厚さ≧2.5 cm)又は木毛セメント板張(厚さ≧1.8 cm)の上に，亜鉛鉄板(厚さ≧0.09 cm)を張ったもの
⑥	石膏ボード(厚さ≧1.2 cm)を2枚以上張ったもの

*　下地等：間柱及び胴縁その他の下地をいう。

11　便所・浄化槽

　公共下水道や終末処理場の整備状況により，水洗便所にしなければならない区域（下水道法2条八号の処理区域）と，放流する場合に屎尿浄化槽を設けなければならない区域（同法2条六号の終末処理場をもつ公共下水道以外に放流する場合）とがある（法31条）。

(1)　便所の採光及び換気（令28条）

　くみ取便所──必ず外気に接する窓を設ける。

　水 洗 便 所──原則は外気に接する窓を設けるが，照明と換気設備を設ければ緩和される。

(2)　くみ取便所の構造（令29条）

　次の基準に適合するものとして国土交通大臣が定めた構造方法（平12建告1386）を用いるもの又は同大臣の認定を受けたものとする。

① 屎尿に接する部分から漏水しないこと

② 屎尿の臭気（構造上やむを得ないもの等を除く。）が，建築物の他の部分（便所の床下を除く。）又は屋外に漏れないこと

③ 便槽に，雨水，土砂等が流入しないこと

(3)　都市計画区域又は準都市計画区域内の特殊建築物等の便所（令30条）

　上記(2)①～③の基準と次の基準に適合するものとして国土交通大臣が定めた構造方法（平12建告1386）を用いるもの又は同大臣の認定を受けたものとする。

① 便器及び小便器から便槽までの汚水管が，汚水を浸透させないこと

② 水洗便所以外の大便所は，窓などの開口部からはえが入らないこと

(4)　改良便槽（令31条）

　屎尿を肥料として用いる場合，病原菌を死滅させてから用いるという目的で考案され活用されたもので，くみ取便所の禁止区域等でも使用していたが，近年の化学肥料の進歩や屎尿浄化槽の普及によりほとんど使われなくなっている。

⑸　水洗便所の屎尿浄化槽（法31条2項，令32条）

　屎
し
尿浄化槽の構造は，汚物処理性能に関して政令の技術的基準に適合するもので，国土交通大臣が定めた構造方法（昭55建告1292）を用いるもの又は同大臣の認定を受けたものとする。汚物処理性能とは，汚物を衛生上支障がないように処理するために屎尿浄化槽に必要とされる性能をいう。

　政令では，屎尿浄化槽及び合併処理浄化槽の処理性能について特定行政庁が定める区域等及び処理対象人員*に応じた生物化学的酸素要求量（＝BOD）除去率の最小限と浄化槽からの放流水のBODの最大限（令32条1項一号）及び放流水に含まれる大腸菌群数（1 cm³につき，3,000個以下，同項二号），地下浸透方式による場合の汚染処理性能基準（同条2項）などを定めている。

　　＊　屎尿浄化槽の処理対象人員の算定方法－昭44建告3184（JIS A 3302）

⑹　漏水検査（令33条）

　改良便槽並びに屎尿浄化槽及び合併処理浄化槽は，満水して24時間以上漏水しないことを確かめなければならない。

⑺　便所と井戸との距離（令34条）

　くみ取便所の便槽と井戸との距離は，原則として5 m以上離さなければならない。ただし，地盤面下3 m以上埋設した閉鎖式井戸で，その導水管が不浸透質で造られている場合，又はその導水管に内径25 cm以下の外管があって導水管と外管が共に不浸透質で造られている場合には1.8 mまでの範囲で緩和される。

⑻　合併処理浄化槽の構造（令35条）

　排出汚物を終末処理場を有する公共下水道以外に放流する合併処理浄化槽の構造は，汚物処理性能に関する技術的基準に適合するもので，国土交通大臣が定めた構造方法（昭55建告1292）を用いるもの又は同大臣の認定を受けたものとする。

12　給排水等の配管設備（法36条，令129条の2の4）

① 給排水等の配管設備の構造（令129条の2の4，1項，平12建告1412，平12建告1422）

建築物に設ける給排水などの配管設備は，腐食防止措置を講ずること，エレベーターシャフト内に設けないこと，防火区画を貫通する場合の構造などについて規定されている。なお，昇降路内の設置制限については，地震時にも籠の昇降や出入口戸の開閉などの昇降機の機能や配管設備の機能に支障が生じないものとして国土交通大臣が定めたもの（平17国交告570，光ファイバーケーブルなど）や同大臣の認定を受けたものは設置できる。

② 飲料水の配管設備の構造（令129条の2の4，2項，平12建告1390，昭50建告1597）

建築物に設ける飲料水の配管設備は，他の配管設備と連結させないこと，ほこり等の有害なものが入らない構造とすること，金属性のものはさび止めの措置を講ずることなどについて規定されている。

③ 排水のための配管設備の構造（令129条の2の4，3項，昭50建告1597）

建築物に設ける排水のための配管設備の構造は，排水トラップ・通気管等を設置すること，公共下水道・都市下水路等に連結することなどについて規定されている。

【ガス配管設備の基準】（令129条の2の4，1項八号，昭56建告1099）

3階以上の階を共同住宅の用途に供する建築物の住戸に設けるガスの配管設備については，ガス栓を，ガス器具に接続する金属管，強化ガスホースなどとねじ接合ができ，かつ，過流出安全弁などを設けることなどについて定めている。

13　冷却塔設備（令129条の2の6，昭40建告3411）

地上階数が11以上である建築物の屋上に設ける冷房用の冷却塔設備は，次のいずれかとする。

① 主要部分を不燃材料で造るか，防火上支障がないものとして国土交通大臣が定めた構造方法のものとする。

② 冷却塔の構造に応じ，建築物の他の部分までの距離を国土
交通大臣が定める距離以上とする。

③ 冷却塔設備の内部が燃焼した場合に建築物の他の部分の温
度を260℃以上に上昇させないものとして国土交通大臣の認
定を受けたものとする。

14 **避雷設備**（法33条，令129条の14，令129条の15，平12建告
1425）

高さが20 m を超える建築物及び工作物には避雷設備を設け，
建築物等の高さが20 m を超える部分を雷撃から保護するよう
にしなければならない。

避雷設備の構造方法は，JIS A 4201（建築物等の雷保護）-
2003に規定する外部雷保護システム（受雷部の配置には，保護
角法，回転球体法及びメッシュ法がある。）に適合する構造
（図5.1.13）とするか，国土交通大臣の認定を受けたものとし，
避雷設備の雨水等により腐食のおそれのある部分は，腐食しに
くい材料を用いるか，腐食防止措置を講ずる。

表5.1.13　**保護レベルに応じた受雷部の配置**

保護レベル	回転球体法 R(m)	保護角法 h(m)					メッシュ法幅 L(m)
		20	30	45	60	60超過	
		α(°)	α(°)	α(°)	α(°)	α(°)	
I	20	25	＊	＊	＊	＊	5
II	30	35	25	＊	＊	＊	10
III	45	45	35	25	＊	＊	15
IV	60	55	45	35	25	＊	20

〔注〕 1 ＊：回転球体法及びメッシュ法だけを適用する。

2 R：回転球体法の球体半径

3 h：地表面から受雷部の上端までの高さ。ただし，陸屋根の部分は，
hを陸屋根から受雷部の上端までの高さとすることができる。

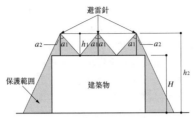

H : 建築物の高さ
h₁ : 屋根から受雷部までの高さ
　（表5.1.13の〔注〕3ただし書き）
h₂ : 地表面から受雷部までの高さ
a₁ : h₁に応じた保護角
a₂ : h₂に応じた保護角

図5.1.13　保護角法

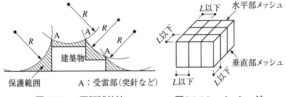

図5.1.14　回転球体法　　　　**図5.1.15　メッシュ法**

15　建築物に設ける煙突（令115条）

ここでいう煙突は，建築設備として建築物に設ける煙突であり，独立煙突で高さ 6 m を超えるものは工作物となる（令138条 1 項一号，本書 7 章 7(1)）。

① 屋上突出部分は，屋根面から垂直に60 cm 以上とする。

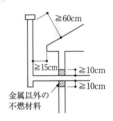

図5.1.16　煙突の例

② 高さは，その先端から水平距離 1 m 以内に軒があるときは，その軒から60 cm 以上高くする。

③ 煙突の周囲にある建築物の部分を煙突内の廃ガス等の生成物の熱により燃焼させないとして国土交通大臣の認定を受けたものか，次の基準によるものとする。

　a．小屋裏等にある部分は，煙突の上又は周囲にたまるほこ

　　りを煙突内の廃ガス等の熱により燃焼させないものとして
　　同大臣が定めた構造方法を用いる。
　　b．煙突は，木材などの可燃材料から15 cm 以上離す。ただ
　　　し，厚さ10 cm 以上の金属以外の不燃材料で造るか，覆う
　　　部分その他同大臣が定めた構造方法を用いる部分はよい。
④　廃ガスなどの温度が低いことなどによる①～③の緩和につ
　　いては，昭56建告1098による。
⑤　壁付暖房の煙突は次による。
　　a．屋内にあるれんが造・石造等の煙突は，内部に陶管の煙
　　　道を差し込むか，セメントモルタルを塗る。
　　b．煙道の屈曲が120°以内の場合は屈曲部に掃除口を設ける。
⑥　腐食又は腐朽のおそれのある部分は，防腐のための措置な
　　どを講ずる。
⑦　ボイラーの煙突の燃料消費量，煙道接続口の中心から頂部
　　までの高さの基準等については昭56建告1112による。

16　昇降機設備（令129条の3〜129条の13）

　建築物に設けるエレベーター，エスカレーター，小荷物専用
昇降機に関する規定であるが，**小荷物専用昇降機**は，物を運搬
する昇降機で，籠の水平投影面積が1 m^2 以下で，かつ，天井
の高さが1.2 m 以下のものをいう。

　特殊な構造又は使用形態の昇降機で国土交通大臣が定めた構
造方法（平12建告1413）を用いるもの（令129条の3，2項各
号）及び乗用エレベーター・寝台用エレベーター以外のエレ
ベーターで昇降路，制御器又は安全装置について安全上支障の
ない構造方法（平25国交告1050〜1052）を用いるもの（令129
条の11）については，一部の規定の適用が除外される。

　なお，高さが31 m を超える建築物に設ける非常用エレベー
ター（法34条2項）は，避難規定の一種なので，本書5-4章
8でまとめる。

(1)　エレベーターの構造上主要な部分（令129条の4）

　エレベーターの籠及び主要な支持部分（籠を支え，又は吊る
構造上主要な部分）の構造は，防腐のための措置等を講じ，地
震などの震動に対する構造耐力上の安全性を構造計算によって

確かめる（平25国交告1047）ほか，地震などで滑節構造の接合部や滑車を通る索が外れないように定めた構造方法（平20国交告1494・平21国交告541・同621・平20国交告1498・平21国交告622）や地震などで釣合おもりが外れないように定めた構造方法（平25国交告1048）に適合するものとし（同条3項），次のいずれかとする。

① 摩損及び疲労破壊を考慮して国土交通大臣が定めた構造方法を用いるもの

② 籠を主索で吊るエレベーター，油圧エレベーター等については，**エレベーター強度検証法**＊により，一定の基準に適合することについて確かめられたもの

> ＊ エレベーター強度検証法：エレベーターの設置時及び使用時の籠及び主要な支持部分の強度を検証する方法をいい，令129条の4，2項に規定されている。

③ 摩損又は疲労破壊を考慮して行う国土交通大臣の認定を受けたもの。

(2) **エレベーターの荷重**（令129条の5）

エレベーターの各部の固定荷重は，実況に応じて計算し，籠の積載荷重は，実況に応じて定める。ただし，積載荷重は，籠の種類に応じた下限値が定められている。

(3) **エレベーターの籠の構造**（令129条の6）

① 構造上軽微な部分を除き，原則として，難燃材料で造り，又は覆う。

② 籠内の人や物が，釣合おもり，昇降路の壁など籠外の物に触れない構造の壁・囲い及び出入口の戸を設置（平20国交告1455）。

③ 天井に救出口を設ける。

④ 籠内に，用途，積載量，最大定員（65 kg/人）などを表示。

(4) **エレベーターの昇降路の構造**（令129条の7）

① 昇降路外の人や物が，籠・釣合おもりに触れない構造の壁・囲い及び出入口の戸を設置（平20国交告1454）。

② 構造上軽微な部分を除き，昇降路の壁・囲い及び出入口の戸は，原則として，難燃材料で造り，又は覆う。

③ 出入口の戸には，籠がその位置にないときに，昇降路外の

　人や物が昇降路内に落下しないよう定めた基準（平20国交告1447）に適合する施錠装置を設ける。

④　出入口の床先と籠の床先との水平距離は4 cm以下。

⑤　乗用エレベーター・寝台用エレベーターの籠の床先と昇降路壁との水平距離は12.5 cm以下。

⑥　昇降路内には，次のものを除き，突出物を設けない。

　a．レールブラケット又は横架材で，地震時に索がふれても，籠の昇降や籠の出入口の戸の開閉などに支障がないよう金網等が設置され，平20国交告1495の基準に適合するもの

　b．令129条の2の4，1項三号ただし書の配管設備（光ファイバーケーブルなど）で，地震時にも昇降路の機能や配管設備の機能に支障が生じない構造方法（平17国交告570）によるか又は国土交通大臣が認定したもの（本書本章12①参照）

　c．係合装置などエレベーターの構造上昇降路内に設けることがやむを得ないもので，地震時に主索，電線などの機能に支障がないよう必要な措置が講じられたもの

(5)　エレベーターの駆動装置及び制御器（令129条の8）

　エレベーターの駆動装置と制御器は，地震などの振動により転倒・移動しないように設置する（平21国交告703）。

　制御器の構造は，荷重の変動で籠の停止位置が著しく移動せず，全ての出入口の戸が閉じた後，籠を昇降させ，点検を安全に行うに必要な制御ができるよう定めた基準（平12建告1429）に適合し，又は国土交通大臣の認定を受けたものとする。

(6)　エレベーターの機械室（令129条の9）

①　床面積は，原則として昇降路の水平投影面積の2倍以上。

②　床面から天井又は梁下までの垂直距離は，定格速度に応じて表5.1.14の寸法による。

③　換気上有効な開口部又は換気設備を設ける。

④　出入口は，幅70 cm以上，高さ1.8 m以上とし，施錠装置を設けた鋼製戸を設ける。

⑤　機械室に通ずる階段は，蹴上げ23 cm以下，踏面15 cm以上とし，両側に壁のないときは，手すりを設ける。

表5.1.14　機械室の天井高

定格速度 V（m/min）	垂直距離（m）
$V \leqq 60$	2.0以上
$60 < V \leqq 150$	2.2　〃
$150 < V \leqq 210$	2.5　〃
$210 < V$	2.8　〃

(7)　**エレベーターの安全装置**（令129条の10）

①　一定の基準*に適合する制動装置として，国土交通大臣が定めた構造方法（平12建告1423）か，同大臣の認定を受けた構造の制動装置を設ける。

＊　制動装置は，籠が昇降路の頂部又は底部に衝突するおそれがある場合に，自動的・段階的に作動して安全に籠を制止できるものであり，かつ，保守点検者が昇降路の頂部と籠の間に挟まれないように自動的に籠を制止できる構造とする。

②　エレベーターの駆動装置や制御器に故障が生じ，停止位置が著しく移動したり，全ての出入口の戸が閉じる前に籠が昇降したときに，自動的に籠を制止する装置を設ける（平20国交告1536第2）。

③　地震等の加速度（平20国交告1536第1）を検知して，自動的に籠を昇降路の出入口の戸の位置に停止させ，籠と昇降路の各出入口の戸を開くことができる安全装置を設置する。

④　非常時に，籠内から籠外に連絡する装置を設ける。

⑤　乗用エレベーター又は寝台用エレベーターには次の安全装置を設置する。
　a．積載荷重の1.1倍を超えた荷重が作用した場合に，警報を発し，戸の閉鎖を制止する装置
　b．停電時の照明装置（床面1ルクス以上）

(8)　**エスカレーターの構造**（令129条の12）

①　一般構造（令129条の12，1項）
　a．人・物が挟まれない構造等（平12建告1417）とする。
　b．勾配30°以下。
　c．踏段の両側に手すりを設け，手すりが踏段と同一方向に同一速度で連動するようにする。

　　d．踏段の幅は1.1 m以下，踏段の端から手すりの上端中心
　　　部までの水平距離は25 cm以下とする。
　　e．踏段の定格速度は50 m以下（勾配に応じ国土交通大臣
　　　が定める（平12建告1417））とする。
　　f．地震などで外れないように定めた構造方法（平25国交告
　　　1046）又は国土交通大臣の認定を受けたものとする。
②　構造上主要な部分（令129条の12，2項）
　　エスカレーターの踏段及び主要な支持部分（踏段を支え，
　又は吊る構造上主要な部分）の構造は，一定の基準（腐食又
　は腐朽のおそれのある部分は，防腐のための措置などを講ず
　るなど）に適合するものとし，次のいずれかとする。
　　a．摩損及び疲労破壊を考慮して国土交通大臣が定めた構造
　　　方法を用いるもの
　　b．踏段をくさりで吊るエスカレーター，国土交通大臣が定
　　　めるエスカレーター（平12建告1418）は，**エスカレーター
　　　強度検証法**＊により，一定の基準に適合することについて
　　　確かめられたもの

　　　＊　エスカレーター強度検証法：エスカレーターの設置時及び使
　　　　用時の踏段及び主要な支持部分の強度を検証する方法をいう。

　　c．摩損又は疲労破壊を考慮して行う国土交通大臣の認定を
　　　受けたもの
③　荷重（令129条の12，2項，3項）
　　エスカレーターの各部の固定荷重は，実況に応じて計算し，
　踏段の積載荷重は，次式による。

$$P \geqq 2,600A$$

　　　P：エスカレーターの積載荷重（N）
　　　A：踏段面の水平投影面積（m²）
④　安全装置（令129条の12，4項，5項）
　　一定の基準＊に適合する制動装置として，国土交通大臣が
　定めた構造方法（平12建告1424）か，同大臣の認定を受けた
　構造の制動装置並びに昇降口に踏段の昇降を停止させる装置
　を設ける。

　　＊　制動装置は，動力が切れた場合や駆動装置に故障が生じた場合，
　　　人や物が挟まれるなど人が危害を受けたり物が損傷するおそれ

がある場合に，自動的に作動し，安全に踏段を制止させる構造
のものとする。

(9) 小荷物専用昇降機の構造（令129条の13）

　物品の運搬のみを行い人の同乗を禁止する昇降機（古くは
「ダムウェーター」といったが，差別用語として今は使用しな
い）で，水平投影面積が1 m²以内，かつ，天井高が1.2 m 以下
のものの構造は次のとおりとする。

① 　昇降路外の人や物が，籠・釣合おもりに触れない構造の
　　壁・囲い及び戸（平20国交告1446）を設ける。
② 　昇降路の壁・囲い及び戸は，原則として難燃材料で造り，
　　又は覆う。
③ 　昇降路の全ての戸が閉じた後，籠を昇降させるものとする。
④ 　昇降路の戸は，原則として，籠がその位置にない場合，か
　　ぎがなければ外から開かない装置を設ける。

5-2

構造強度

　建築物を荷重や外力に対して構造耐力上安全なものとすることは，建築物の基本的な要件の1つである。構造強度に関する規定は，構造設計・計算に関する規定（令81条〜99条）と各種構造の技術的基準に関する規定（令37条〜80条の3）に大別できる。なお，昇降機関係は，本書5-1章16参照。

1　構造設計及び構造計算の原則

(1)　構造設計の原則（法20条，令36条の3）

① 　建築物全体が，自重，積載荷重，積雪荷重，風圧，土圧及び水圧並びに地震その他の震動及び衝撃に対して，安全な構造にするため，構造方法に関して政令（令36条〜80条の3）で定める技術的基準に適合させ，かつ，一定規模以上の建築物*は，政令（令81条〜99条）で定める構造計算により安全を確かめなければならない。

> 　*　構造計算を要する建築物
> 　　1）木造建築物（法6条1項二号に該当するもの）：
> 　　　　階数≧3，延べ面積＞500 m²，高さ＞13 m 又は軒高＞9 m
> 　　2）S造,RC造など木造以外の建築物（法6条1項三号に該当するもの）：階数≧2又は延べ面積＞200 m²
> 　　3）壁，柱又は梁が，石造，れんが造，CB造などの建築物：高さ＞13 m 又は，軒高＞9 m

② 　建築物の構造耐力上主要な部分は，水平力に耐えるように釣合い良く配置し，使用上の支障となる変形又は振動が生じないような剛性（かたさ）と瞬間的破壊が生じないような靭性（ねばり）をもたせる。

③ 　「靭性」の考え方は，昭和45年に超高層時代の到来を迎えて導入され，昭和56年（1981年）施行の法改正により保有水平耐力などを含む新耐震設計法として整備された。その後，平成10年（1998年）に規制緩和や性能規定化の一貫として限界耐力計算などが導入されたが，平成17年にいわゆる耐震偽

装事件が社会問題となり，これを契機に構造計算の基準と審
査方法（構造計算適合性判定など）を厳格にする改正が行わ
れた（平成19年6月20日施行，本書4章8参照）。

(2) **構造方法に関する技術的基準**（法20条，令36条，36条の2，81条）

建築物は，その構造と規模の区分に応じて定められた構造計
算の基準及び構造方法に関する仕様基準によって安全を確認す
る（法20条，令36条，81条，表5.2.1）。

高さが60mを超える建築物（いわゆる超高層建築物，表
5.2.1(1)）については，令81条1項に定める基準及び耐久性等
関係規定に適合させるとともに，国土交通大臣の認定を受ける。

また，超高層建築物以外の大規模建築物（同表の(2)）又は中
規模建築物（同表の(3)）については，その規模に応じて，次の
ルート1，2，3，又は限界耐力計算のいずれかの構造計算，又
は大臣が定める基準に従った構造計算（平19国交告592），及び
一定の構造方法に関する仕様基準によって，それぞれ安全性を
確かめる（令81条）。

これらの構造基準の概要は，表5.2.1のとおりである。

構造計算を要する高さ60m以下の建築物のうち，限界耐力
計算によらないものは，まず「一次設計」としての「許容応力
度計算」を行い（いわゆる「ルート1」），次に建築物の規模に
応じて「二次設計」としての「許容応力度等計算」（いわゆる
「ルート2」）又は「保有水平耐力計算」（いわゆる「ルート3」）
を行う（表5.2.1）。

$$\boxed{一次設計}\left\{\begin{array}{c}許容量力度\\計算\end{array}\right\} \Rightarrow \boxed{二次設計}\left\{\begin{array}{l}層間変形角計算\\剛性率・偏心率の計算\\保有水平耐力の計算\end{array}\right\}$$

〔**エキスパンションジョイントによる別建築物の扱い**〕

法20条1項の構造計算基準（令81条1項～3項等）は，形態
上一の建築物であっても，その2以上の部分がエキスパンショ
ンジョイント（EXP.J伸縮継手）などの相互に応力を伝えな
い構造方法のみで接している場合には，その各部分は，それぞ
れ別の建築物とみなして適用する（法20条2項，令36条の4）。

表5.2.1　構造基準
〔建築物の区分に応じた構造計算のルート等〕

建築物の区分	構造計算の方法	構造方法 (仕様規定)
(1)〔**超高層建築物**〕*1 (法20条1項一号) 高さ>60mの建築物	〔**特別な検証法**〕 時刻歴応答解析等*3	耐久性等関係規定*9
(2)〔**大規模建築物**〕 (法20条1項二号) 高さ≦60mの建築物 で, ・木造⇨高さ>13m, 又は, 軒高>9m ・S造⇨地上階数≧4 ・RC造, SRC造, その 他令36条の2で定め る建築物*2 　⇨高さ>20m	○高さ>31mの場合 〔**二次設計**〕 保有水平耐力計算*4 (いわゆる**ルート3**) 又は, 限界耐力計算*5	令36条2項一号で定 める仕様規定*10 耐久性等関係規定*9
	○高さ≦31mの場合 〔**二次設計**〕 許容応力度等計算*6 (いわゆる**ルート2**)	構造に関する全ての 原則規定及び仕様規 定(令3章1節(36 条)〜7節の2(80 条の3))
(3)〔**中規模建築物**〕 (法20条1項三号) 上記(1), (2)以外で, ・木造⇨階数≧3 又は, 延べ面積>500m² ・木造以外⇨階数≧2 又は, 延べ面積>200m²	〔**一次設計**〕 許容応力度計算*7 及び 屋根葺き材等の計算 *8 (いわゆる**ルート1**)	構造に関する全ての 原則規定及び仕様規 定(令3章1節〜7 節の2)
(4)〔**小規模建築物**〕 (法20条1項四号) ・上記(1)〜(3)以外	構造計算不要	構造に関する全ての 原則規定及び仕様規 定(令3章1節〜7 節の2)

〔注〕(2)〜(3)は, いずれも上位の計算(ルート)によってもよい(たとえば,
(3)の中規模建築物について, (2)の限界耐力計算を行うなど)。
*1　**超高層建築物**:一般に, 高さ>60mの建築物をいう(平成19年6月
　　の改正法施行前の旧令36条3項に定義されていたが, 現行規定では, 令
　　81条1項四号に基づく平12建告1461に規定)。
*2　令36条の2による大規模建築物(従前の「特定建築物」に相当する)
　　a.組積造, 補強コンクリートブロック造:地上階数≧4
　　b.鉄骨造:地上階数≦3で, 高さ>13m, 又は, 軒高>9m
　　c.鉄筋コンクリート造と鉄骨鉄筋コンクリート造の併用:高さ>20m
　　d.木造, 組積造, 補強コンクリートブロック造又は鉄骨造の併用:地
　　　上階数≧4, 又は, 高さ>13m若しくは軒高>9m
　　e.その他大臣指定の建築物(平19国交告593)

＊3 **時刻歴応答解析等**：法20条1項一号及び令81条1項の構造計算
　①荷重と外力により建築物の各部分に連続的に生ずる力と変形を把握。
　②その力と変形が建築物の各部分の耐力と変形限度を超えないことを確認。
　③屋根ふき材，外装材及び屋外に面する帳壁が，風圧や地震その他の振動及び衝撃に対し安全であることを確認。
　④その他，大臣が定める基準（平12建告1461）により安全を確認する。

＊4 **保有水平耐力計算**：「許容応力度計算（令82条各号）＋層間変形角の計算（令82条の2）＋保有水平耐力の計算（令82条の3）＋屋根ふき材等の計算（令82条の4）」により安全を確認する計算をいう（令82条）。（以下，＊4～＊8の各計算については，本（節）(3)～(8)参照）

＊5 **限界耐力計算**：令81条2項一号ロ及び82条の5による計算

＊6 **許容応力度等計算**：「許容応力度計算（令82条各号）＋層間変形角の計算（令82条の2）＋剛性率・偏心率の計算（令82条の6，二号，三号）＋屋根ふき材等の計算（令82条の4）」による計算をいう（令81条2項二号イ及び82条の6）。

＊7 **許容応力度計算**：令82条各号による計算

＊8 **屋根ふき材等の計算**：令82条の4による計算

＊9 **耐久性等関係規定**：構造に関する原則規定及び仕様規定（令36条～80条の3）のうち，構造計算では代替できないような，構造に関する原則や品質，耐久性，施工性及び防火・耐火性について定めた次の規定をいう（令36条1項）。
　①令36条（構造方法に関する技術的基準）
　②令36条の2（地上階数4以上の鉄骨造に準ずる建築物）
　③令36条の3（構造設計の原則）
　④令37条（構造部材の耐久）
　⑤令38条（基礎）1項，5項，6項
　⑥令39条（屋根ふき材等の緊結）1項，4項
　⑦令41条（木材）
　⑧令49条（木造外壁内部等の防腐措置等）
　⑨令70条（鉄骨造の柱の防火被覆）
　⑩令72条（コンクリートの材料）（79条の4，80条の準用規定を含む）
　⑪令74条（コンクリートの強度）（　〃　）
　⑫令75条（コンクリートの養生）（　〃　）
　⑬令76条（型枠及び支柱の除去）（　〃　）
　⑭令79条（鉄筋のかぶり厚さ）（79条の4の準用規定を含む）
　⑮令79条の3（鉄骨のかぶり厚さ）
　⑯令80条の2（構造方法に関する補則）（大臣が指定する基準に限る）

＊10 **令36条2項一号で定める仕様規定**：構造に関する原則規定及び仕様規定（令36条～80条の3）のうち，次の規定を除く規定。
　・適用が除外される規定：令67条1項（各号に係る措置は適用），68条4項，73条，77条（二号～六号），77条の2，2項，78条（PC部材の接合部を除く），78条の2，1項三号，及び80条の2（技術基準の指定部分のみ）

【一次設計】

(3) 許容応力度計算（令82条）

　頻度の高い中小地震（震度5，地表の水平加速度80～100ガル位）に対し建築物に被害がほとんど生じないことが目標。

イ．法定の荷重及び外力（令83条〜88条）によって構造耐力
　上主要な部分に生ずる力を計算する。
ロ．表5.2.2の組合せによる各力の合計（令82条二号）により，
　主要部分の断面に生ずる長期及び短期の各応力度を計算す
　る。

表5.2.2　各力の組合せ

	長期の力	短期の力（積雪時，暴風時，地震時）
一般区域	$G+P$	$G+P+S,\ G+P+W,\ G+P+K$
多雪区域	（常時）$G+P$ （積雪時） $G+P+0.7S$	$G+P+S,$ $G+P+W,\ G+P+0.35S+W,$ $G+P+0.35S+K$

〔注〕G：固定荷重，P：積載荷重，S：積雪荷重，W：風圧力，K：地震力，
　の各荷重又は外力による力

ハ．ロで計算した応力度が，法定の許容応力度（令89条〜94
　条）を超えないことを確かめる。
ニ．国土交通大臣の定める場合は，構造部材の変形又は振動
　によって建築物に使用上の支障が起こらないことを同大臣
　の定める方法で確かめる（平12建告1459）。

【二次設計】

　関東大地震級のまれにしか起こらない大地震（震度6以上，
地表の水平加速度300〜400ガル）に対し，重大な損傷がなく崩
壊しないことを目標に，建築物の高さに応じ，その地上部分に
ついて，次の(4)〜(7)により計算する。

(4)　**層間変形角の計算**（令82条の2）

　大規模建築物（表5.2.1の(2)の建築物）の構造計算については，
「地震力（令88条1項）により各階に生ずる水平方向の層間変
位*の当該各階の高さに対する割合（層間変形角）」が，1/200
以内（主要部分の変形により建築物の部分に著しい損傷が生ず
るおそれのない場合には1/120以内）であることを確かめる
（図5.2.1）。

　層間変形角の検討は，地震時の変形による非構造部材，配管
などの損傷を防止することなどを目的とする。

　*　地震力によって各階に生ずる水平方向の層間変位は，国土交
　　通大臣が定める方法（平19国交告594第3）により計算する。

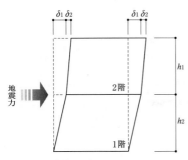

2階の層間変形角 θ_2

$$\theta_2 = \frac{\delta_2}{h_2} \leq \frac{1}{200}$$

1階の層間変形角 θ_1

$$\theta_1 = \frac{\delta_1}{h_1} \leq \frac{1}{200}$$

δ_i : i 階の層間変位（cm）
h_i : i 階の階高（cm）

（注）$\delta_i = Q_i / K_{Hi}$
　　　Q_i : i 階に生じる水平力（kN）
　　　K_{Hi} : i 階の水平剛性（kN/cm）

図5.2.1　層間変形角

(5)　剛性率・偏心率の計算（令82条の 6, 二号イ及びロ）

大規模建築物で高さが31 m以下のものの構造計算では, まず, その地上部分について, 各階の剛性率が, それぞれ 6/10以上であることを確かめる。

剛性率は, その階の建築物全体に対する剛さの割合で, 他の階とくらべ特に柔らかい階（ピロティなど）への変形, 損傷の集中等を防ぐための検討である。

$$R_s = \frac{rs}{\bar{r}s} \geq \frac{6}{10}$$

$$\begin{cases} R_s : \text{各階の剛性率} \\ rs : \text{各階の層間変形角の逆数}（= h/\delta） \\ \bar{r}s : \text{当該建築物についての } rs \text{ の相加平均} \\ \quad \left(\bar{r}s = \frac{rs_1 + rs_2 + \cdots\cdots + rs_n}{n} \right) \end{cases}$$

また, 地上部分の各階の偏心率が, それぞれ15/100以下であることを確かめる。

偏心率は, その階のねじれやすさを示す割合で, 壁・柱などの配置が悪く, 剛心と重心が大きくずれているような場合に, 壁などの少ない側の部分に大きな損傷が生じることを防ぐための検討である。剛性率と偏心率については, 建築物の構造方法に応じて国土交通大臣が定める構造計算（昭55建告1791）を行う。

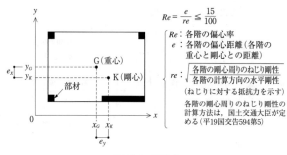

図5.2.2　偏心率

(6)　**保有水平耐力計算**（令82条〜82条の4）

　高さが31 m を超え60 m 以下の建築物の構造計算にあたっては，上記(3)の許容応力度計算と(4)の層間変形角の計算を行った後，地上部分の各階の水平力に対する限界の耐力（Qu：保有水平耐力*）が崩壊するまでに耐えるべき地震時のせん断力（Qun：必要保有水平耐力）以上であることを確かめる。保有水平耐力計算では，下記の Fes において各階の剛性率及び偏心率に応じた数値（Fs 及び Fe）を考慮するなど，地震力に対する限界を直接検討することとしているので，(5)の剛性率及び偏心率の直接の検討は適用除外とされている。

　　＊　保有水平耐力の計算方法（平19国交告594第4）

　　　$Qun = Ds \cdot Fes \cdot Qud$

$\left\{\begin{array}{l}\end{array}\right.$ Qun：各階の必要保有水平耐力（kN）

Ds　：各階の構造特性係数。構造耐力上主要な部分の構造方法に応じた減衰性及び各階の靱性を考慮して大臣が定める数値（昭55建告1792第1〜第6）

Fes　：各階の形状特性係数。各階の剛性率及び偏心率に応じて大臣が定める方法により算出した数値（昭和55建告1792第7）

Qud：地震力により各階に生ずる水平力（kN）

(7)　**屋根ふき材等の構造計算**（令82条の4）

　屋根ふき材，外装材及び屋外に面する帳壁は，国土交通大臣が定める基準（平12建告1458）に従った構造計算により風圧に対して安全であることを確かめる。

(8)　**限界耐力計算**（令82条の5）

　平成12年の改正で導入された検証法で，最大級の荷重・外力により建築物全体が崩壊・倒壊しないことと，中程度の荷重・外力により構造耐力上主要な部分が損傷しないことなどを検証する。この計算による場合，下記の①〜⑤について検討する。(4)の層間変形角の計算，(5)の剛性率・偏心率の計算，(6)の保有水平耐力計算及び(7)の屋根ふき材等の構造計算はしなくてよいが，仕様規定のうち耐久性等関係規定は適用される（表5.2.1）。

① 　地震時以外における許容応力度計算（令82条一号〜三号）による検討

② 　極めてまれに発生する積雪又は暴風に対する検討

③ 　地震力に対する損傷限界耐力と層間変位の検討

④ 　極めて大きな地震力に対する保有水平耐力（安全限界耐力）の検討

⑤ 　その他，使用上の支障，外装材等の検討

2　荷重及び外力

(1)　**固定荷重**（令84条）

　固定荷重は，建築物自身の壁体，その他の構造体，仕上げなどの荷重のことで，各部材を1つ1つ積算して荷重を計算せずに令84条の表で代用してもよい。

(2)　**積載荷重**（令85条）

　建築物の実情に応じて計算するのが原則であるが，一般的な用途の室については，表5.2.3によってよい。

〔例〕　5階建事務所の1階の柱の計算用の積載荷重は，

　表5.2.3と表5.2.4により屋上1,300 N/m²，事務室1,800 N/m²×4(階)，支える床の数5で低減係数0.8であるから，

　　　〔1,300＋(1,800×4)〕×0.8＝6,800（N/m²）

(3)　**積雪荷重**（令86条，平12建告1455）

　　（積雪荷重）＝（積雪単位荷重）×（屋根の水平投影面積）

　　　　　　　　　×（その地方における垂直積雪量）

　積雪単位荷重は，積雪量1cmごとに20 N/m²以上とする。

　積雪量は，その地方の垂直積雪量による。ただし，屋根勾配の角度によって低減することができる。また，雪おろしを行う

表5.2.3　積載荷重

室の種類 対象	床の計算 (N/m²)	大梁, 柱, 基礎の計算 (N/m²)	地震力の計算 (N/m²)
① 住宅の居室, 病室等	1,800	1,300	600
② 事務室	2,900	1,800	800
③ 教室	2,300	2,100	1,100
④ 店舗の売場	2,900	2,400	1,300
⑤ 劇場 映画館 集会場等　固定席	2,900	2,600	1,600
自由席	3,500	3,200	2,100
⑥ 自動車車庫	5,400	3,900	2,000
⑦ 廊下, 玄関, 階段 (③~⑤に連絡)	3,500	3,200	2,100
⑧ 屋上, バルコニー (学校, 百貨店)	1,800 (2,900)	1,300 (2,400)	600 (1,300)
⑨ 倉庫業倉庫	実況による (ただし 3,900以上)	実況による	実況による

〔注〕柱又は基礎の垂直荷重による圧縮力を計算する場合には, 支える床の数に応じて, 表5.2.4の係数をかけて荷重を減じてもよい。ただし, ⑤の劇場, 映画館, 集会場などは低減できない。

表5.2.4　柱, 基礎の垂直荷重の低減係数

支える床の数	2	3	4	5	6	7	8	9以上
低減係数	0.95	0.9	0.85	0.8	0.75	0.7	0.65	0.6

慣習のある地方では, 1mを超える積雪量を1mまで減らして計算してよいが, その場合には, その状況（減らした数値など）を見やすい場所に表示しておかなければならない。

(4) **風圧力**（令87条, 平12建告1454）

　　（風圧力）＝（速度圧）×（風力係数）

　風力係数は風洞試験によるか, 又は建築物の形状に応じて国土交通大臣が定める数値による。

　　速度圧 $q = 0.6EV_0^2$

q：速度圧（N/m²）

E：屋根の高さ, 周辺の建築物等の状況に応じて国土

$$\begin{cases} & \text{交通大臣が定める方法で算出した数値} \\ V_o: & \text{過去の台風に基づく風害の程度等に応じて} 30\,\text{m/} \\ & \text{s} \sim 46\,\text{m/s} \text{までの範囲で国土交通大臣が定める風} \\ & \text{速 (m/s)} \end{cases}$$

(5) **地震力** （令88条，昭55建告1793）

（地上部分の地震力）＝（地震層せん断力係数）×（当該部分
の固定荷重＋積載荷重*）

* 多雪区域では，さらに積雪荷重を加える。

地震層せん断力係数 $Ci = Z \cdot Rt \cdot Ai \cdot C_0$

$$\begin{cases} Z: & \text{地震地域係数 (1.0〜0.7)} \\ Rt: & \text{振動特性係数} \\ Ai: & i \text{層の層せん断力係数の分布を示す係数} \\ C_0: & \text{標準せん断力係数 (通常0.2以上，特定行政庁が} \\ & \text{規則で指定した著しい軟弱地盤区域内の木造で} \\ & \text{大断面木造 (令46条2項一号イ〜ハ) 以外のも} \\ & \text{のは0.3以上，31m を超える建築物の必要保有水} \\ & \text{平耐力の計算では，1.0以上)} \end{cases}$$

原則として，地下部分の地震力は次による。

（地下部分の地震力）＝（水平震度）×（当該部分の固定荷重
＋積載荷重）

水平震度 $k \geqq 0.1\left(1 - \dfrac{H}{40}\right)Z$

$$\begin{cases} H: & \text{地下部分の各部分の地盤面からの深さ (20m を} \\ & \text{超えるときは20) (m)} \\ Z: & \text{地震地域係数} \end{cases}$$

3 許容応力度

各材料の設計上許容される応力度の限度として，圧縮，引張
り，曲げ，せん断の長期・短期に生ずる力に対して定められて
いる。特殊な許容応力度については，平13国交告1024による。

(1) **木 材** （令89条，平12建告1452）

木材の繊維方向の許容応力度は，原則として，同条1項の表
の数値による。積雪時の構造計算では，長期の応力度は同表の
数値の1.3倍，短期の応力度は同表の数値の0.8倍の数値とする。

(2) **鋼材等**（令90条，平12建告1451）

　鋼材等の許容応力度は，同条の表1又は表2の数値による。

(3) **コンクリート**（令91条，平12建告1450）

　コンクリートの許容応力度は，原則として，同条1項の表の数値によるが，異形鉄筋を用いた付着について国土交通大臣が別に定めた場合は，その数値でもよい。

(4) **溶 接**（令92条，平12建告2464）

　溶接継目ののど断面に対する許容応力度は，同条の表の数値による。

(5) **高力ボルト接合**（令92条の2，平12建告2466）

　高力ボルト摩擦接合部の高力ボルトの軸断面に対する許容せん断応力度は，同条1項の表の数値によるが，高力ボルトが引張力とせん断力とを同時に受けるときの高力ボルト摩擦接合部の軸断面に対する応力度は，同条2項の計算による。

(6) **地盤及び基礎杭**（令93条）

　地盤の許容応力度及び基礎杭の許容支持力は，次の方法のいずれかにより地盤調査を行って定めるが，地盤の許容応力度については，地盤の種類に応じて，それぞれ表5.2.5の数値によってもよい。

【地盤調査の方法】（平13国交告1113）

①ボーリング調査　②標準貫入試験　③静的貫入試験

④ベーン試験　⑤土質試験　⑥物理探査　⑦平板載荷試験

⑧載荷試験　⑨杭打ち試験　⑩引抜き試験

表5.2.5　地盤の許容応力度（令93条）（単位：kN/m²）

地　　　　盤	長　期	短　期
岩　　　　盤	1,000	
固 結 し た 砂	500	
土　丹　盤	300	
密 実 な 礫 層	300	
密 実 な 砂 質 地 盤	200	長期の2倍
砂 質 地 盤	50	
堅い粘土質地盤	100	
粘 土 質 地 盤	20	
堅 い ロ ー ム 層	100	
ロ ー ム 層	50	

(7) **構造耐力上主要な部分の材料の許容応力度**（令94条）

　長期及び短期の許容応力度は，材料の種類及び品質に応じ，国土交通大臣が定める数値（平12建告2466，平13国交告1024，1113，1540）による。

4　材料強度

　保有水平耐力を計算するために，計算上の最大応力度としての材料強度が定められている（令95条～99条）。特殊な材料強度については，平13国交告1024による。

5　**構造部材の耐久等**（令3章2節）

(1) **構造部材の耐久**（令37条）

　構造耐力上主要な部分で，腐食，腐朽又は摩損のおそれのあるものには，腐食しにくい材料や防腐などの措置をした材料を使用する。

(2) **基　礎**（令38条）

① 　基礎は，建築物に作用する荷重及び外力を安全に地盤に伝え，地盤の沈下又は変形に対して安全なものとする。

② 　1つの建築物には，原則として，異なる構造方法による基礎を併用しない（不同沈下の原因となる）。

③ 　高さ13m又は延べ面積3,000 m^2 を超える建築物で，荷重が最下階の床面積1 m^2 につき100 kN を超えるものの基礎の底部又は杭の先端は，良好な地盤に達せさせる（支持杭）。摩擦杭は，原則として使用しない。

④ 　木杭は，常水面下に使用する（木造平家建用は除く）。

(3) **屋根ふき材・特定天井など**（令39条）

① 　屋根ふき材，内装材，外装材，帳壁などの部分及び広告塔，装飾塔などの屋外に取り付けるものは，風圧，地震などの震動や衝撃によって脱落しないようにする。これらの取付方法，構造計算の方法，層間変位の許容量などの基準が定められている（昭46建告109）。

② 　特定天井（脱落によって重大な危害を生ずるおそれがあるとされる吊り天井をいい，天井高＞6m，水平投影面積＞200 m^2，かつ，天井面構成部材等の質量＞2 kg/m^2 のもの）

の構造は，天井面構成部材等の質量を20 kg/m²以下とする
など，国土交通大臣が定める構造耐力上安全なものとするか
（平25国告771），又は国土交通大臣の認定を受けたものとし，
腐食など劣化のおそれのあるものには劣化しにくい材料やさ
び止めなどの劣化防止措置をした材料を使用する。東日本大
震災（平成23年（2011年））による事故等を教訓に定められた。
　①と②の規定は，耐久性等関係規定に含まれる（令36条）。

6　木　造（令3章3節）

　木造建築物又は木造と他の構造との併用建築物の木造部分に
関する構造基準であるが，茶室，あずまや，10 m²以内の物置
などには適用しない（令40条）。

(1)　土台及び基礎（令42条）

①　構造耐力上主要な最下階の柱の下部には，原則として，土
　台を設ける。

【土台を設けなくてよい場合】（法42条1項ただし書）

　イ．柱を基礎に緊結した場合

　ロ．平家建で足固めを使用した場合（特定行政庁が規則で指
　　定する軟弱地盤区域内＊（昭62建告1897に指定基準が定め
　　られている。）のものを除く。）

　　　＊　令88条による著しく地盤が軟弱な区域とは別に指定。

　ハ．柱と基礎とをだぼ継ぎ等の国土交通大臣が定める構造方
　　法により接合し，かつ，その柱に構造耐力上支障のある引
　　張応力が生じないことを同大臣が定める方法により確かめ
　　られた場合（平28国交告690）

②　土台は，①の軟弱地盤区域外における50 m²以内の平家建
　の場合を除き，基礎に緊結する。

(2)　柱の小径（令43条，平12建告1349）

①　柱の小径（d）は，主要な横架材間の垂直距離（h）に表5.2.6
　の割合を乗じた寸法以上とする（図5.2.3）。ただし，国土交
　通大臣の定める構造計算の基準（平12国交告1349）により安
　全性を確かめた場合は除く。

②　3階建の1階の柱の小径は，①以上で，かつ，13.5 cm以
　上とする。ただし，柱と土台又は基礎，及び柱と梁・桁等と

表5.2.6　柱の小径の最小限度（各方向に対する d/h）

建築物＼柱＼階	柱の間隔10 m 以上又は特殊建築物＊1の柱		左欄以外の一般の柱	
	最上階又は平家建	その他の階＊2	最上階又は平家建	その他の階＊2
金属板葺きなどの軽い屋根の建築物	$\frac{1}{30}$	$\frac{1}{25}$	$\frac{1}{33}$	$\frac{1}{30}$
日本瓦葺きなどの重い屋根の建築物	$\frac{1}{25}$	$\frac{1}{22}$	$\frac{1}{30}$	$\frac{1}{28}$
土蔵造など，壁が特に重い建築物	$\frac{1}{22}$	$\frac{1}{20}$	$\frac{1}{25}$	$\frac{1}{22}$

＊1　特殊建築物：学校，保育所，劇場，映画館，演芸場，観覧場，公会堂，
　　　集会場，10 m² を超える物品販売店，公衆浴場
＊2　その他の階：2階建の1階，3階建の1階と2階

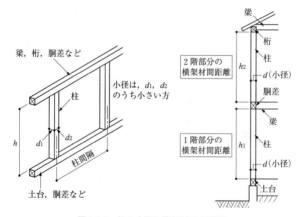

図5.2.3　柱の小径と横架材間の距離

をボルト締等で緊結し，かつ，国土交通大臣の定める構造計
算で安全を確かめた場合は，13.5 cm 未満にできる。
③　柱の断面積の1/3以上を欠き取る場合は，補強する。
④　階数2以上の場合，隅柱又はこれに準ずる柱は，原則とし
て「通し柱」とする。ただし，接合部を通し柱と同等以上の
耐力となるよう補強すれば「管柱」でもよい。

⑤　構造耐力上主要な柱の有効細長比（断面の最小二次率半径に対する座屈長さの比）は，150以下とする。

(3) 梁等の横架材（令44条）

梁，桁などの横架材の中央部附近の下側に耐力上支障のある欠込みをしてはならない。補強等による緩和はない。

(4) 筋かい（令45条）

筋かいは，柱と柱の間に対角線状に入れる斜材で，地震や風による軸組の変形を防ぐためにもっとも有効な部材である。

①　引張力を負担する筋かい ⇨ 1.5 cm× 9 cm 以上の木材，又は径 9 mm 以上の鉄筋を使用する。

②　圧縮力を負担する筋かい ⇨ 3 cm× 9 cm 以上の木材を使用する。

③　筋かいの端部は，柱と梁などとの仕口に接近して，ボルト，かすがい，釘などの金物で緊結する。

④　筋かいには，たすき掛けで補強した場合を除き，欠込みをしない。引張りと圧縮の筋かいの仕口の違いに注意する。

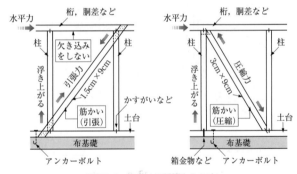

図5.2.4　筋かいの種類と入れ方

(5) 構造耐力上必要な軸組等 —壁量計算—（令46条）

①　木造建築物は，全ての方向の水平力に対して安全なように，各階の張り間方向及び桁行方向に，それぞれ壁又は筋かいを入れた軸組を釣合いよく配置する（1項）。

ただし，次の一又は二の建築物については，この限りでない（2項）。

　一．大断面木造建築物

　　イ．主要な柱・横架材の品質 ⇨ 日本農林規格（JAS）の
　　　　構造用大断面集成材等とする（昭62建告1898）。

　　ロ．柱の脚部 ⇨ RC 造の基礎等に緊結させる。

　　ハ．構造計算 ⇨ 原則として，許容応力度計算，層間変形
　　　　角及び偏心率の計算により安全を確かめる（昭62建告
　　　　1899）。

　二．方づえ（接着する柱が添木などで補強されているものに
　　　限る。），控柱又は控壁があって構造耐力上支障のないもの

②　原則として，床組及び小屋梁組には木板等を国土交通大臣
　が定める基準（平28国交告691）により打ち付け，小屋組に
　は振れ止めを設ける（3 項）。

③　階数が 2 以上又は延べ面積が50 m² を超える木造建築物で
　は，①による各階の張り間方向及び桁行方向の「水平力に対
　して有効な軸組の長さ」の合計を，それぞれの方向における
　地震力（耐震）及び風圧力（耐風）に対して，次の【地震力
　に対する検討】の項の計算式（Ⓐ式及びⒷ式）により検討し，
　いずれの式にも適合する長さの軸組を国土交通大臣の定める
　基準（平12建告1352，後述の【平12建告1352による軸組の配
　置の検証】参照）に従って釣合いよく配置する（4 項）。なお，
　前記①の一又は二の建築物は，この計算の必要はない。

〔有効な軸組の長さ〕

　　軸組は，筋かいの入れ方など·そ·の·構造によって強さが異な
　るので，実際の軸組の長さに，軸組の種類に応じて定めた表
　5.2.7（4 項の表 1）の倍率を乗じて得た長さをもって「水
　平力に対して有効な軸組長さ」とする。

　　（軸組の有効長）＝（軸組の実長）×（表5.2.7の倍率）

　すなわち，

　　（軸組の実長）＝（軸組の有効長）／（表5.2.7の倍率）

表5.2.7　軸組の種類による倍率（令46条4項の表1）

軸 組 の 種 類[1]	倍 率[2]
ⓐ　土塗壁，木ずりなど片面打の壁	0.5
ⓑ　木ずりなど両面打の壁	1
ⓒ　1.5 cm×9 cm 以上の木材（又はφ9 mm 以上の鉄筋）の筋かい入り軸組	1　（2）
ⓓ　3 cm×9 cm 以上の木材の筋かい入り軸組	1.5（3）
ⓔ　4.5 cm×9 cm 以上の木材の筋かい入り軸組	2　（4）
ⓕ　9 cm×9 cm 以上の木材の筋かい入り軸組	3　（5）[3]
ⓖ　ⓐ又はⓑの壁と，ⓒ〜ⓕの筋かいを併用	各々の合計[3]

[1]　合板梁，壁などについては，昭56建告1100参照。
[2]　（　）内の倍率は，筋かいをたすき掛けに入れた場合。
[3]　ⓕの筋かいのたすき掛けの倍率5は，ⓐ又はⓑと合計できない。

〔例〕長さ2mの軸組で，木ず
りを両面に打ちつけ，かつ，
3 cm×9 cm の筋かいを一方向
に入れたものの倍率は，表5.2.7
から1+1.5＝2.5なので，軸組
の有効長さは2×2.5＝5（m）
となり，実長2mの軸組が，
水平力に対しては5mの長さ
があるものとみなして，次の
「地震力」と「風圧力」に対す
る検討を行えばよい（図5.2.5）。

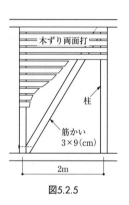

図5.2.5

【地震力に対する検討】

地震力に対しては，張り間方向と桁行方向は同じである。

$$\left\{\boxed{\begin{array}{c}軸組の\\実\ 長\end{array}}\times\boxed{\begin{array}{c}表5.2.7\\の倍率\end{array}}\right\}の合計 \geq \boxed{\begin{array}{c}その階の\\床面積^*\end{array}}\times\boxed{\begin{array}{c}表5.2.8\\の数値\end{array}}\ \cdots Ⓐ$$

＊　その階又は上の階の小屋裏，天井裏などに物置などを設ける
場合は，次の面積（a）をその階の床面積に加える。〔階の床面積
に加える物置等の面積（平12建告1351）〕

$$a = \frac{h}{2.1}A$$

a：階の床面積に加える面積（m²）

h：小屋裏物置等の内法高さの平均（物置等が複数あるときは，

その最大の高さ）（m）

A：物置等の水平投影面積（m²）（その階の床面積の 1/8 以下
　　の場合は 0 としてよい）

表5.2.8　床面積に乗ずる数値（単位：m/m²）

屋根などの構造 ＼ 地上階数	平家建	2階建		3階建		
		1階	2階	1階	2階	3階
土蔵造又は瓦葺きなどの重い屋根	0.15	0.33	0.21	0.50	0.39	0.24
金属板葺きなどの軽い屋根	0.11	0.29	0.15	0.46	0.34	0.18

〔注〕特定行政庁指定の軟弱地盤区域（令88条）では表の数値の1.5倍。

【風圧力に対する検討】

　風圧力に対しては，張り間方向と桁行方向では見付面積が異なるので，各方向ごとに検討する必要がある。

$$\left\{\boxed{\begin{array}{c}軸組の\\実\ 長\end{array}}\times\boxed{\begin{array}{c}表5.2.7\\の倍率\end{array}}\right\}の合計\geqq\boxed{\begin{array}{c}床上\\1.35\,m\ 以上\\の見付面積\end{array}}\times\boxed{\begin{array}{c}表5.2.9\\の数値\end{array}}\quad\cdots\text{Ⓑ}$$

表5.2.9　見付面積に乗ずる数値（単位：m/m²）

一　般　の　区　域	0.50
特定行政庁が指定した強風区域	0.5〜0.75の範囲内で特定行政庁が定めた数値

　各階の張り間方向と桁行方向のそれぞれについて，Ⓐ式の地震力に対して必要な軸組の実長とⒷ式の風圧力に対して必要な軸組の実長を比較し，数値の大きな方がその方向に必要な軸組の長さとなる。

〔例〕図5.2.6の平家建の建築物で，屋根を日本瓦葺きとして，張り間方向に必要な軸組長さ（l）を求める。

【地震力・風圧力両方に対する検討】

・耐震上は，床面積 $a\cdot b$（m²），表5.2.8の数値は

　0.15（m/m²）なので，

$$\therefore\ k_1l_1+k_2l_2+k_3l_3\geqq0.15\,ab\ \cdots\cdots\text{①}$$

・耐風上は，床上1.35 m 以上の見付面積 S（m²），表5.2.9の数値は0.5（m/m²）なので，

$$\therefore\ k_1l_1+k_2l_2+k_3l_3\geqq0.5\,S\ \cdots\cdots\cdots\text{②}$$

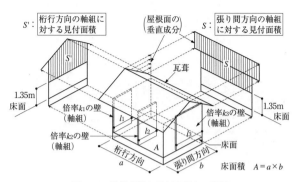

図5.2.6　軸組(壁)と見付面積との関係

　2階建の建築物の見付面積のとり方は，図5.2.7のとおりで各方向の各階ごとに床上1.35 m以上の立面図の面積を上階部分も含めて算定すればよい。

　①と②のうち，数値の大きな方により，軸組の必要長さが決まる。一般に，細長い平面の建築物では，張り間方向の軸組は風圧力で決まり，桁行方向の軸組長さは地震力で決まることが多い。

　これらの検討により求められた軸組（必要壁量）が張り間方向と桁行方向に釣合いよく配置されることを確認するために，次のいずれかの方法で検証する（平12建告1352）。

　a．国土交通大臣が定める方法（平12建告1352）により側端

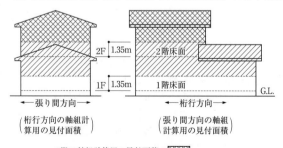

図5.2.7　2階建の場合の見付面積のとり方

部分における軸組の配置を検証する。

　b．偏心率を求め（令82条の6，二号ロ），その数値が0.3以下であることを検証する（同告示ただし書）。

【平12建告1352による軸組の配置の検証】

① 張り間方向，桁行方向の各々について，全長を四分割し，その両端の1/4の部分（側端部分）のそれぞれの方向で存在する壁（有効軸組長さ）と必要な壁量を計算する。

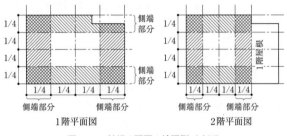

図5.2.8 軸組の配置の検証例（略図）

② 各側端部分のそれぞれについて，存在壁量÷必要壁量（＝壁量充足率）を計算する。

③ それぞれの壁量充足率が1を超える場合は，建築物全体の壁量が釣合いよく配置されているとみなされ，以後の検討は必要ない。

④ 壁量充足率が1以下の側端部分があるときは，平面図でみて張り間方向では上端と下端，桁行方向では左端と右端のうち，それぞれ小さい方の充足率を大きい方の充足率で割る（壁率比）。

⑤ 壁率比が0.5以上であれば，一定のバランスが保たれているとみなされるので，検証は終了する。

(6) 主要な継手・仕口（令47条）

　構造耐力上主要な部分の継手，仕口は，ボルト締，かすがい打，込み栓打などで緊結する（平12建告1460）。また，ボルト締の場合には，有効な座金を用いる。

　梁丈が大きい場合や柱と鉄骨梁が剛に接合している場合など，柱に耐力上支障ある局部応力が生ずるおそれのあるときは，柱を添木などにより補強する。

(7) **学校の木造の校舎**（令48条，昭和62建告1899）

壁，柱及び横架材が木造の校舎は，次のいずれかによる。

① 外壁には，9 cm角以上の筋かいを使用。桁行12 m以内ごとに9 cm角以上の筋かい使用の通し壁の間仕切壁等を設置。桁行方向2 m以内ごとに柱，梁，小屋組を配置。主要な柱は，原則として13.5 cm角以上（2階建の1階で柱間4 m以上では，13.5 cm角以上2本合わせ又は15 cm角以上）使用などとする。

② 令46条2項一号イ～ハ（大断面木造建築物の基準）に適合するもの（(5)①一）

③ JIS A 3301-1993（木造校舎の構造設計標準）に適合するもの（平12建告1453）

(8) **外壁などの防腐措置**（令49条）

木造外壁で鉄網モルタル塗など腐りやすい部分の下地には，防水紙などを使用する。

地面から1 m以内にある，柱，筋かい，土台などは有効な防腐措置をし，必要に応じてしろありなどの虫による害を防ぐようにする。

7 **組積造**（令3章4節）――れんが造，石造など――

(1) **施　工**（令52条）

・組積材は，あらかじめ充分水洗いする。

・目地モルタル $\begin{cases} \text{セメント：砂} = 1:3 \\ \text{セメント：石灰：砂} = 1:2:5 \end{cases}$ 以上の強度

・芋目地をさけて組積する。

(2) **壁の長さ**（令54条）

対隣壁間の中心距離は，10 m以下とする。

(3) **壁の厚さ**（令55条）

壁の厚さは，原則として，表5.2.10の数値以上で，かつ，壁の高さ×1/15以上とする。

表5.2.10　壁の厚さ（仕上げ材を除く）

	壁長5 m以下	壁長5 mを超える
2階建以上	30 cm	40 cm
平　家　建	20 cm	30 cm

⑷ **臥　梁**（令56条）

　壁頂に RC 造又は鉄骨造の臥梁を設ける（RC 造の屋根版があるときなどは緩和される）。

⑸ **開口部**（令57条）

・幅の総和 ⇨ 壁の長さの 1/2 以下（対隣壁間について）

　　　　　 ⇨ 壁の長さの 1/3 以下（その階全体について）

・幅 1 m を超える開口部 ⇨ 上部に RC 造のまぐさを設ける。

⑹ **補強を要する組積造**（令59条の 2 ）

　高さ＞13 m 又は軒高＞9 m の建築物を，鉄筋，鉄骨又は鉄筋コンクリートで補強する（平12建告1354）。

⑺ **塀**（令61条）

・高さ ⇨ 1.2 m 以下

・壁の厚さ ⇨ 壁頂までの高さの 1/10 以上

・控壁 ⇨ 長さ 4 m 以内ごとに木造以外の控壁をとる。

・基礎 ⇨ 根入れ深さを20 cm 以上とする。

8　補強コンクリートブロック造（令 3 章 4 節の 2 ）

　コンクリートブロックを鉄筋で補強した構造で，小規模建築物（高さ 4 m 以下，かつ，延べ面積20 m^{2}以下）には，次の⑶目地及び空胴部と⑷帳壁の規定のみ適用する。

⑴ **耐力壁**（令62条の 4 ）

・耐力壁で囲まれた面積 ⇨ 60 m^{2}以下

・壁の長さ ⇨ 0.15 m ×（床面積）以上　桁行，張り間両方向

・壁の厚さ ⇨ 15 cm 以上，かつ，壁に直角方向の水平力に対する支点間の距離の 1/50 以上（図5.2.9）

・配筋 ⇨ 径 9 mm 以上@80 cm 以下

　　　　 端部，隅角部──径12 mm 以上

　　　　 末端にフックをつけるが，耐力壁の端部以外の部

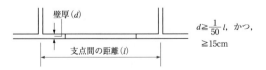

$$d \geqq \frac{1}{50} l, \ \text{かつ,} \ \geqq 15\text{cm}$$

図5.2.9　支点間の距離と壁厚との関係

　　　　　　　　分における異形鉄筋の末端にはつけなくてよい。

　　・継手 ⇨ 25d 以上
　　・定着 ⇨ 25d 以上（一般），縦筋はフックをつけ40d 以上
　　　　　　（基礎梁，臥梁）

(2)　**臥　梁**（令62条の5）
　　・耐力壁の壁頂に RC 造の臥梁（がりょう）を設ける。
　　　（平家建で RC 造の屋根版がある場合は緩和される）
　　・有効幅20 cm 以上，かつ，支点間距離の 1/20以上
　　・あばら筋（スターラップ）の間隔30 cm 以下（令78条）

(3)　**目地及び空胴部**（令62条の6）
　　・目地塗面全部にモルタルが行きわたるように組積する。
　　・鉄筋を入れた空洞部　　｝モルタル，又は
　　・縦目地に接する空洞部　｝コンクリートで埋める。
　　・縦筋の継手は溶接の場合など以外は空胴部に設けない。

(4)　**帳　壁**（令62条の7）
　　補強コンクリートブロック造の帳壁は，木造・組積造以外の
　構造耐力上主要な部分に，鉄筋で緊結する。

(5)　**塀**（令62条の8）
　　補強コンクリートブロック造の塀は，次の基準によるか，国土
　交通大臣が定める構造計算（平12建告1355）によるものとする。
　　・高さ ⇨ 2.2 m 以下

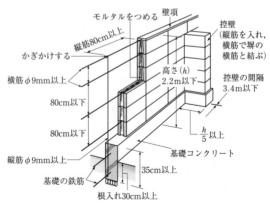

図5.2.10　ブロック塀の構造

- ・厚さ ⇨ 15 cm 以上（高さ 2 m 以下のときは10 cm 以上）
- ・鉄筋 ⇨ 径 9 mm 以上@80 cm 以下（縦，横）

    壁頂，基礎————径 9 mm 以上 横筋

    壁の端部，隅角部——径 9 mm 以上 縦筋

- ・控壁 ⇨ 壁の長さ3.4 m 以下ごとに設ける。

    径 9 mm 以上の鉄筋を入れる。

    基礎面で壁の高さの 1/5 以上突き出す。

- ・フック ⇨ 原則として，鉄筋にはフックをつける。
- ・基礎 ⇨ 丈35 cm 以上，根入れ深さ30 cm 以上

9　鉄骨造（令3章5節）

　鉄骨造（鋼構造）は，強度が大きく，大規模・高層建築物にも適するが，局部的応力の影響を受けやすく，耐久力や耐火性に欠けるため，以下のような基準が定められている。

(1)　材　料（令64条）

　鉄骨造建築物の構造耐力上主要な部分の材料は，炭素鋼，若しくはステンレス鋼（＝鋼材）又は鋳鉄とする。

　鋳鉄は，圧縮，接触応力以外が存在する部分（すなわち，引張り・曲げ・せん断応力等がある部分）には使わない。

(2)　圧縮材の有効細長比（令65条）

　座屈による破壊を防止するため，圧縮材の有効細長比（座屈長さ / 断面の最小二次率半径）は，次のとおりとする。

- ・柱 ⇨ 200以下　　・柱以外 ⇨ 250以下

表5.2.11　座屈長さ

座屈長さ	l	$0.5\,l$	$0.7\,l$	$2\,l$
支持状態	両端ピン	両端固定	ピン・固定	自由・固定

(3)　柱の脚部（令66条）

　基礎にアンカーボルト等の構造方法で緊結する（平12建告1456，滑節構造は例外）。

⑷　**接　合**（令67条）

　構造耐力上主要な部分の鋼材の接合は，ボルトが緩まないよう，ボルトをコンクリートで埋め込む，ナット部分を溶接，ナットを二重に使用，又はこれらと同等以上の戻り止めの措置をしたボルト接合とする。

　軒の高さ＞9 m，張り間＞13 m 又は延べ面積＞3,000 m²の建築物で，炭素鋼又はステンレス鋼の場合は次による。

①　接合される鋼材が炭素鋼の場合 ⇨ 高力ボルト接合，溶接接合若しくはリベット接合（構造耐力上主要な部分の継手・仕口の場合は，添板リベット接合）又は国土交通大臣の認定による接合方法

②　接合される鋼材がステンレス鋼の場合 ⇨ 高力ボルト接合若しくは溶接接合又は同大臣の認定による接合方法

　その他，継手と仕口の構造は，同大臣が定めた構造方法（平12建告1464）又は同大臣の認定を受けたものとする。

⑸　**高力ボルト・ボルト・リベット**（令68条）

　・高力ボルト・ボルト・リベットの中心距離 ⇨ 2.5 d 以上

　　　　　　　　　　　　　　　　（d：高力ボルトなどの径）

原則として，孔の径は次の基準による。

　・高力ボルトの場合 ⇨ 高力ボルト孔の径≦d＋2 mm

　　　（ただし，d≧27 mmで支障ないときは，径≦d＋3 mm）

　・ボルトの場合 ⇨ ボルト孔の径≦d＋1 mm

　　　（ただし，d≧20 mmで支障ないときは，径≦d＋1.5 mm）

⑹　**斜材などの配置**（令69条）

　軸組，床組，小屋梁組には，鉄筋・鉄骨の斜材又は RC 造の壁・床版などを釣合いよく配置する（昭62建告1899）。

⑺　**柱の防火被覆**（令70条，平12建告1356）

　3 階建以上の場合に，1 つの柱が火熱で耐力が低下して建築物全体が倒壊のおそれがあるときは，防火被覆をする（鋼材の強度は，500℃ では常温の約 1/2，600℃ では約 1/3 に低下する）。

10　**鉄筋コンクリート造**（令 3 章 6 節）――RC 造――

　鉄筋コンクリート造は，鉄筋（強度は大きいが，座屈しやす

く，また，火熱に弱く，錆びやすい）とコンクリート（圧縮に強く，耐火性があり，アルカリ性で防錆力がある一方，引張りと曲げ強度がきわめて弱い）とが一体となってお互いを補い合う構造なので，その強度と一体性の保持のための基準が設けられている。

〔緩和〕

高さ4m以下で延べ面積30 m²以下の建築物及び高さ3m以下の塀には，令72条，75条及び79条のみ適用。

(1) **コンクリートの材料**（令72条）

・骨材，水及び混和材料——鉄筋を錆びさせ，又はコンクリートの凝結・硬化を妨げる酸，塩，有機物，泥土を含まないこと。

・骨材——鉄筋相互間，鉄筋と型枠間を容易に通る大きさで，粒度・粒形が適切，かつ，コンクリートに必要な強度・耐久性・耐火性が得られるものとする。

(2) **鉄筋の継手・定着**（令73条，平12建告1463，平23国交告432）

原則として次の基準によるが，上記告示によってもよい。

・末端——かぎ状に折り曲げて（フックを設けて）コンクリートから抜け出さないようにする。

（異形鉄筋の場合，柱・梁の出隅部分及び煙突にはフックが必要だが，その他の部分はフックを省略できる。）

・継手長さ——$\begin{cases} 引張力が最小の部分 \ 25\,d\,以上 \ （30\,d\,以上） \\ その他の部分 \qquad 40\,d\,以上 \ （50\,d\,以上） \end{cases}$

・定着長さ——はりの引張り鉄筋が柱に定着する部分の長さ（溶接する場合以外）40 d 以上（50 d 以上）

　　　　いずれも，（　）内は軽量骨材使用のとき

　　　　d：主筋等の径

　　　　　（径が異なるときは細い方の径）

継手長さ	継手長さ
丸　鋼	異形鉄筋

図5.2.11　鉄筋の継手長さ

⑶　**コンクリートの強度**（令74条，昭56建告1102）

四週圧縮強度12 N/mm² 以上（軽量骨材使用は 9 N/mm² 以上）

設計基準強度（設計に際し採用する圧縮強度）との関係で国土交通大臣が定める基準に適合すること。

⑷　**コンクリートの養生**（令75条）

コンクリート打込み中及び打込み後 5 日間は，コンクリートの温度が 2℃を下らないよう，また，乾燥，震動などによりコンクリートの凝結・硬化が妨げられないよう養生する。ただし，凝結・硬化促進措置を行ったときは除く。

⑸　**型枠・支柱の除去**（令76条，昭46建告110）

型枠，支柱は自重などによって変形，ひび割れなどのおそれのない強度になるまで取りはずしてはならない。

⑹　**柱の構造**（令77条，昭56建告1106，平23国交告433）

原則として，次の基準による。

・主筋 ⇨ 4 本以上とし，帯筋と緊結する。

・主筋の断面積の和 ⇨ コンクリートの断面積の0.8%以上

・帯筋（フープ）⇨ 径 6 mm 以上

・帯筋の間隔 ⇨ 15 cm 以下（柱に接する壁，梁から，上方又は下方へ柱の小径の 2 倍以内の部分では 10 cm 以下），かつ，細い主筋径の15倍以下

・帯筋比（帯筋断面積の和 / コンクリート断面積）

⇨ 0.2%以上

・柱の小径 ⇨ 支点間距離の 1/15以上

⑺　**床　版**（令77条の 2）

原則として，次の基準による。

・厚さ ⇨ 8 cm 以上，かつ，

1/40×（短辺方向の有効張り間）以上

・引張鉄筋 ⇨ 短辺@20 cm 以下 ｝かつ，
　　　　　　　長辺@30 cm 以下 ｝ 3×床版の厚さ以下

⑻　**梁**（令78条）

原則として，次の基準による。

・主要な梁 ⇨ 複筋梁とする。

・あばら筋（スターラップ）

⇨・（梁丈）×3/4 以下（図5.2.12）

・壁構造の臥梁では，30 cm 以下

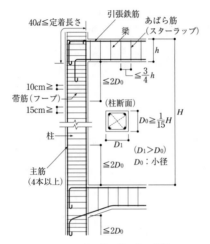

図5.2.12　RC 造の柱と梁の構造

(9)　**耐力壁**（令78条の２）

原則として，次の基準による。

・厚さ ⇨ 12 cm 以上

・配筋 ⇨ 径9 mm 以上の鉄筋を縦横に，@30 cm 以下（ダブル配筋は@45 cm 以下），平家建は@35 cm 以下（ダブル配筋は@50 cm 以下），開口部周囲に径12 mm 以上の補強筋を配置

・壁式構造の耐力壁

⇨ 上記のほか，長さ45 cm 以上，端部及び隅角部に径12 mm 以上の鉄筋を縦に配置，壁ばりに緊結

(10)　**鉄筋のかぶり厚さ**（令79条，平13国交告1372）

原則として，次の基準による（プレキャストコンクリートなど，水，空気，酸又は塩による鉄筋の腐食を防止し，かつ，鉄筋とコンクリートとを有効に付着させることにより，この基準と同等以上の耐久性及び強度を有するとして，国土交通大臣が

定めた構造方法を用いる部材と同大臣の認定を受けた部材には
適用しない）。

表5.2.12　鉄筋に対するコンクリートのかぶり厚さ

耐力壁以外の壁，床		2cm以上（4cm以上）
耐力壁，柱，梁		3cm以上（4cm以上）
基礎	布基礎の立上り部分	4cm以上
	その他の部分	6cm以上 （捨てコンクリート部分を除く。）
煙突（工作物・令139条）		5cm以上

（　）内は，直接土に接する場合の寸法。

11　鉄骨鉄筋コンクリート造（令79条の2～79条の4）

　鉄骨に対するコンクリートのかぶり厚さを5cm以上とする
ほかは，鉄骨造，鉄筋コンクリート造の主要な規定を準用する。
ただし，鋼材の圧縮材の有効細長比の規定（令65条），鉄骨造

表5.2.13　鉄骨鉄筋コンクリート造への準用規定

鉄骨造 （本書本章9）	①材料（令64条） ②柱の脚部（令66条） ③接合（令67条） ④高力ボルト，ボルト及びリベット（令68条） ⑤斜材，壁等の配置（令69条）
鉄筋コンクリート造 （本書本章10）	①コンクリートの材料（令72条） 　（「鉄筋相互間及び鉄筋とせき板」は「鉄骨 　及び鉄筋の間並びにこれらとせき板」と読 　み替える。） ②鉄筋の継手及び定着（令73条） ③コンクリートの強度（令74条） ④コンクリートの養生（令75条） ⑤型枠・支柱の除去（令76条） ⑥柱の構造（帯筋比の最低限度は除く。） 　（令77条） 　（「主筋」は「鉄骨及び主筋」と読み替える。） ⑦床版の構造（令77条の2） ⑧梁の構造（令78条） ⑨耐力壁（令78条の2） ⑩鉄筋のかぶり厚さ（令79条） 　（鉄骨のかぶり厚さは5cm以上とする。）

の柱の防火被覆の規定（令70条）及び柱の帯筋比0.2％以上の規定（令77条四号）は適用しない。

　鉄骨鉄筋コンクリート造に対して準用される鉄骨造と鉄筋コンクリート造の規定は，表5.2.13のとおりである。

12　土砂災害特別警戒区域内における居室を有する建築物の構造方法（令80条の3）

　土砂災害警戒区域等における土砂災害防止対策の推進に関する法律9条1項の土砂災害特別警戒区域内では，居室を有する建築物の外壁及び構造耐力上主要な部分の構造は，土砂災害の発生原因となる自然現象（河道閉塞（そく）による湛（たん）水を除く。）により想定される衝撃が作用した場合に破壊しないものとして国土交通大臣が定めた構造方法（平13国交告383）を用いるものとしなければならない。ただし，門又は塀が想定される衝撃を遮るように設けられている場合は除く（本書11-9章(16)参照）。

5-3

防火規定

火災から人命と財産を守るために，室内での延焼を抑え（内装制限），他の室などに拡大することを抑え（防火区画），さらに建築物自体が火災により倒壊しないようにし（耐火建築物），隣家からの延焼を防ぐ（外壁の防火）など，火災の各段階に備えた防火に関する性能[*1]を定めている。

この章では，防火に関する規定のうち，法第2章に定める防火規定（主に「単体規定」）についてまとめ[*2]，都市の防火対策としての防火地域制については本書第6章でまとめる。

　*1　平成12年（2000年）6月施行の性能規定化に伴い，防火関係の性能は主に次の要件で示されている。
　　①　通常の火災時：一般的に発生が想定される火災で，屋内で発生するものと，建築物の周囲で発生するもの，市街地におけるものがある。
　　②　非損傷性：構造耐力上支障のある損傷を生じないこと。
　　③　遮熱性：加熱面以外の面が，その面に接する可燃物の燃焼温度以上に上昇しないこと。
　　④　遮炎性：屋外に火炎を出すおそれのある損傷を生じないこと。
　*2　防火に関する用語の定義は，本書第2章参照。

1　市街地の防火 ——法22条の指定区域内における制限——

防火地域及び準防火地域以外の市街地（都市計画区域の内外を問わない）で，集団的な防火をめざす区域として，特定行政庁が指定する区域（「法22条の指定区域」又は「屋根不燃区域」ともいう。）内の建築物には，次の(1)～(3)の防火に関する規定が適用される。なお，建築物が法22条の指定区域の内外にわたるときは，法22条の区域内にあるものとみなす（法24条）。

(1)　屋根の不燃化（法22条）

法22条の指定区域内の建築物の屋根は，通常の火災時の火の粉による火災の発生を防止するため，次のいずれかとする。

①　建築物の構造・用途の区分に応じて政令（令109条の8）[*1]の技術的基準に適合し，かつ，国土交通大臣が定める構造方

法*² を用いるもの

＊1　屋根の性能は，通常の火災時の火の粉により，防火上有害な発炎をせず，かつ，屋内に達する防火上有害な溶融，亀裂などの損傷を生じないものとする（令109条の 8）。→原則，準不燃材料，不燃性物品の倉庫等（平28国交告693）で，屋根以外が準不燃材料の場合は，難燃材料でも可。

＊2　平12建告1361。大臣の定める構造方法を一般に「適合仕様」という。なお，茶室，あずまやなど，又は10 m² 以内の物置などの延焼のおそれのある部分以外は制限ない。

② 　国土交通大臣の認定を受けたもの

(2)　木造建築物の外壁（法23条）

　法22条の指定区域内の木造建築物等（自重又は積載荷重を支える部分が可燃材料）の外壁の延焼のおそれのある部分は，準防火性能（20分間の非損傷性と遮熱性・令109条の 9）を有する土塗壁程度の構造（平12建告1362）とする。

2　大規模木造建築物等の外壁等（法25条）

　延べ面積（同一敷地内の 2 以上の建築物は，その合計）が1,000 m² を超える木造建築物等は，外壁等を次のようにする。

　外壁及び軒裏の延焼のおそれのある部分 ⇨ 防火構造

　屋根 ⇨ 法22条 1 項の構造

3　耐火建築物等としなければならない特殊建築物（法27条，別表第 1，令110条〜110条の 5，115条の 3，115条の 4，116条）

　特殊建築物は，その用途，使用階，床面積の規模などに応じて，耐火建築物又は準耐火建築物などとしなければならない（表5.3.1）。性能規定化による規制緩和を含む平成26年（2014年）改正（平成27年 6 月施行）で，耐火建築物などに加えて特定の避難時間に倒壊を防止できる建築物（法27条 1 項に規定する特殊建築物）の基準なども加えられた。

　法別表第 1(1)項〜(6)項（表5.3.1の(1)〜(6)）の特殊建築物の分類は，他の規定（内装制限，直通階段，排煙設備など）に引用されることが多いので重要である。なお，防火地域又は準防火地域内では，建築物の用途に限らず，一定規模以上のものは，耐火建築物又は準耐火建築物などとしなければならないので，あわせて検討する必要がある（本書6−6章参照）。

表5.3.1　耐火建築物等としなければならない特殊建築物

（法別表第1）

法別表第1	(い) 欄	(ろ) 欄	(は) 欄	(に) 欄
下記(1)～(4)項の特殊建築物で, (ろ)又は(は)欄に該当するもの ⇨「法27条1項に規定する特殊建築物（令110条～110条の3）」とする（法27条1項）				準耐火建築物以上とする（法27条3項）
項	特殊建築物の用途*¹	(い)欄の用途に供する階	(い)欄の用途に供する部分の床面積の合計	(い)欄の用途に供する部分の床面積の合計
(1)	劇場 映画館 演芸場	主階が1階以外*²又は3階以上の階	・客席が 200 m² 以上 ・屋外観覧席 1,000 m² 以上	──
	観覧場, 公会堂, 集会場	3階以上の階*³		
(2)	病院*⁴, 病室のある診療所, ホテル, 旅館, 下宿, 共同住宅, 寄宿舎, 児童福祉施設等*⁵	3階以上の階*⁶	2階（病院と診療所は2階に病室あり）が, 300 m² 以上	──
(3)	学校*⁷, 体育館, 博物館, 美術館, 図書館, ボーリング場, スキー場, スケート場, 水泳場, スポーツの練習場	3階以上の階*³	2,000 m² 以上	──
(4)	百貨店,マーケット*⁸, 展示場, キャバレー, カフェー, ナイトクラブ, バー, ダンスホール, 遊技場*⁹, 公衆浴場, 待合, 料理店, 飲食店, 物品販売店（>10 m²）	3階以上の階*³	2階が 500 m² 以上 又は 3,000 m² 以上	──

下記(5), (6)項の特殊建築物で, (ろ)又は(は)欄に該当するもの 　⇨耐火建築物とする（法27条2項）			
(5)	倉　庫	――――	3階以上の合計 200 m² 以上	1,500 m² 以上
(6)	自動車車庫 自動車修理工場 映画スタジオ テレビスタジオ	3階以上の階	――――	150 m² 以上 （<u>不燃構造の 準耐火とす る</u>）*10
(7)	危険物貯蔵庫（令116条の数量以上のもの）			全　て

* 1　この表（法別表第1）の用途別分類は, おおむね次の趣旨による。
　　(1)項　不特定多数の集会等に供する用途
　　(2)項　就寝を伴った生活が行われる用途
　　(3)項　教育, 文化, スポーツ関連の用途
　　(4)項　商業サービス関連の用途
　　(5)項　火災荷重の大きい用途
　　(6)項　火災荷重が大きく出火危険度の高い用途
* 2　階数3以下で延べ面積200 m²未満のものを除く。
* 3　延べ面積200 m²未満のものを除く。
* 4　病院は病床数20以上, 診療所は病床数19以下又は病床（入院施設）のない医療施設をいう（医療法1条の5）が, ここでは, 入院施設（病室）のあるものに限る。
* 5　児童福祉施設等：本書2章27「児童福祉施設等」参照
* 6　延べ面積200 m²未満のものを除く（ホテル, 旅館, 下宿, 共同住宅, 寄宿舎及び児童福祉施設等（入所者の寝室があるもの）については令110条の5の基準に従った警報設備を設けたもの）。
* 7　学校は, 幼稚園, 小・中・義務教育・高等・中等教育・特別支援学校, 大学及び高等専門学校のほか, 専修学校, 各種学校も含む（学校教育法1条, 124条, 134条）。保育所は児童福祉施設等に含まれる（児童福祉法7条）。
* 8　スーパーマーケットは, マーケットではなく「物品販売業を営む店舗」にあたる。マーケットは, 共用通路に面して個店が並ぶ形式。
* 9　遊技場は, 射幸心をそそるおそれのある遊技をさせる営業の店で, マージャン屋, ぱちんこ屋などがある（風俗営業等の規制及び業務の適正化等に関する法律(風営法)2条）。こどもを対象とした遊戯場や保育所の遊戯室とは異なる。
* 10　いわゆる「外壁耐火の準耐火建築物」（本書2章15(2)参照）は, 柱, 梁などが木造の場合が多いので認められない。

4 防火壁等

(1) 防火壁・防火床の設置（法26条，令115条の2）

延べ面積が，1,000 m² を超える木造建築物等は，原則として床面積1,000 m² 以内ごとに，防火壁で区画しなければならない。

【防火壁又は防火床を設けなくてよい場合】（法26条ただし書）

次の①～④のいずれかに該当するものは，防火壁又は防火床を設けなくてもよい。

① 耐火建築物又は準耐火建築物（法26条一号）

② 卸売市場の上家，機械製作工場などの火災の発生のおそれの少ない建築物で，主要構造部が不燃材料等のもの（法26条二号イ）

③ 卸売市場の上家，機械製作工場，スポーツ施設などの火災の発生のおそれの少ない建築物で，次の技術的基準に適合するもの（法26条二号ロ，令115条の2，1項）

　イ．令46条2項一号イ及びロの基準（主要な柱・横架材に小径≧15 cm，断面積≧300 cm² の構造用集成材等を用い，構造計算で安全を確認するなど——大断面木造建築物）に適合（本書5-2章6(5)参照）

　ロ．地階を除く階数≦2

　ハ．2階の床面積（吹抜きに面する2 m 以内の通路等を除く）≦1階の床面積 × 1/8

　ニ．外壁，軒裏，1階の床（直下に地階がある場合），2階の床（通路等を除く）⇨ 30分間の非損傷性及び遮熱性を有するものなどとする。

　ホ．地階の主要構造部 ⇨ 耐火構造又は不燃材料

　ヘ．火気使用室 ⇨ 耐火構造の床，壁，特定防火設備で区画

　ト．各室・各通路の内装 ⇨ 壁（床から1.2 m 以下を除く）・天井の仕上げを難燃材料とする。自動式消火設備と排煙設備を設けても可。

　チ．柱，梁の接合部 ⇨ 火災時の耐力低下を防止する構造（昭62建告1901）

　リ．火災時の構造安全性 ⇨ 柱，梁に2.5 cm の燃えしろを見込むなど構造計算で安全を確認（昭62建告1902）

④ 畜舎，堆肥舎，水産物の増殖場・養殖場の上家で，周囲の

状況等から，避難上・延焼防止上支障がないと認めるものとして国土交通大臣が定める基準（平6建告1716）に適合するもの（法26条三号，令115条の2，2項）

(2) 防火壁及び防火床の構造（令113条）

防火壁は，両側が主に木造なので，片側が火災で倒れても性能を維持できるよう，自立する耐火構造の壁などとする。防火床は，これを支持する耐力壁，柱，梁を耐火構造などとする。これらは，次の基準に適合させる。

イ．耐火構造とする。

ロ．通常の火災による防火壁又は防火床以外の建築物の部分の倒壊によって生ずる応力が伝えられた場合に倒壊しないものとして大臣が定めた構造方法（令元国交告197第1）を用いる。

ハ．通常の火災時において，防火壁又は防火床で区画された部分（当該防火壁又は防火床の部分を除く）から屋外に出た火炎による防火壁又は防火床で区画された他の部分（当該防火壁又は防火床の部分を除く）への延焼を有効に防止できるものとして大臣が定めた構造方法（令元国交告197第2）を用いる。

ニ．防火壁内の開口部の幅・高さ又は防火床の開口部の幅・長さは，それぞれ2.5m以下の令112条19項一号に規定する構造の特定防火設備（次節5(5)）とする。

ホ．給水管，配電管などが防火壁又は防火床を貫通する場合は，隙間にモルタルなどを充填する。

ヘ．暖冷房のダクトなどが貫通する場合には，その部分に防火ダンパーを設ける。

なお，大規模建築物の壁等の技術的基準（令109条の7）に適合する壁等で，法21条2項二号に規定する構造方法を用いるもの又は同号により国土交通大臣の認定を受けたものは，上記の防火壁又は防火床とみなされる（令113条3項）。

5 防火区画（法36条, 令112条）

火災が建物内部で拡大するのを防ぎ, 被害を局部的におさえるとともに, 避難を容易にするために, 耐火建築物や準耐火建築物等の内部に, 防火的な区画を設ける規定である。大規模建築物は一定の床面積ごとに, 特殊建築物はその用途ごとに区画し, 中高層建築物は, 上階延焼防止のため, 吹抜き, 階段室などの竪穴の周囲を区画する。

(1) 面積区画（令112条1項～10項）

主要構造部が耐火構造の建築物又は準耐火建築物を床面積1,500 m² 以内ごとに防火区画するなど, 建築物の構造, 階数等によって, 一定の面積ごとに区画する（表5.3.2）。この区画面積は, スプリンクラー設備などの自動式消火設備を設置した部分は2倍の面積まで緩和される。

【適用除外】

① 表5.3.2の①の建築物又はその部分

   a. 劇場・映画館・演芸場・観覧場・公会堂・集会場の客席, 体育館, 工場などで用途上区画できない部分

   b. 階段室, エレベーターの昇降路及び乗降ロビーで, 1時間準耐火構造の床, 壁又は特定防火設備で区画されたもの

② 表5.3.2の②, ③の建築物又はその部分

   天井（天井のない場合は屋根）及び壁の室内の仕上げを準不燃材料でした次のa又はb

   a. 体育館, 工場などで用途上区画できない部分

   b. 上記① b

③ 表5.3.2の④の建築物の部分

   階段室, エレベーターの昇降路・乗降ロビー, 廊下, 避難の用に供する部分, 床面積200 m² 以内の共同住宅の住戸で耐火構造の床, 壁又は特定防火設備（100 m²の区画では防火設備）で区画されたもの

(2) 吹抜き, 階段などの竪穴区画（令112条11項～15項）

火災時には, 上階への延焼及び煙の拡大が非常に速いので, これを防ぐために階段や吹抜き, ダクトスペースなどのような上下階に通じている空間をその面積にかかわらず区画する（表5.3.3）。

表5.3.2　面積区画（令112条1項～10項）

建築物又はその部分		根拠規定	区画面積 *1	区画の方法
①	主要構造部が耐火構造		1,500 m² 以内	耐火構造又は1時間準耐火構造の床，壁又は特定防火設備 *5
	主要構造部が準耐火構造（イ準耐）			
	準耐火構造と同等（ロ準耐）			
	延焼防止建築物 *2			
	準延焼防止建築物 *2			
②	通常火災終了時間1時間以上	法21条1項	1,000 m² 以内	同　上
	特定避難時間1時間	法27条1項		
	イ準耐（1時間）	法27条3項 法61条 法67条1項		
	不燃構造のロ準耐			
③	通常火災終了時間1時間未満	法21条1項	500 m² 以内	同　上 ＋ 準耐火構造の防火上主要な間仕切壁 *6
	特定避難時間1時間未満	法27条1項		
	イ準耐（45分）	法27条3項 法61条 法67条1項		
	外壁耐火のロ準耐			
	準延焼防止建築物 *2	法61条 法67条1項		
④	11階以上の部分（地下街も同様）	壁（床から高さ1.2 m超），天井 *3の仕上，下地とも不燃材料 *4	500 m² 以内	耐火構造の床，壁又は特定防火設備
		壁（床から高さ1.2 m超），天井 *3の仕上，下地とも準不燃材料 *4	200 m² 以内	
		同上以外（難燃・可燃）	100 m² 以内	耐火構造の床，壁又は防火設備

*1　スプリンクラーなどの自動式消火設備を設けた場合は，その部分の面積の1/2だけ控除できる。すなわち，区画すべき区画の床面積限度は，耐火建築物の場合，

$$\left(\begin{array}{c}\text{一区画の}\\\text{床面積}\end{array}\right) - \left(\begin{array}{c}\text{スプリンクラーなど}\\\text{設置部分の床面積}\end{array}\right) \times \frac{1}{2} \leqq 1,500 \text{ m}^2$$

で，全面にスプリンクラーを設けた場合は，3,000 m²以内ごとに区画すればよいことになる。

〔例〕（図5.3.1）のように，延べ面積5,000 m² の耐火建築物のうち，4,000 m² の部分にスプリンクラーを設けている場合

・区画設置義務については，

$$5,000 - (4,000 \times 1/2) = 3,000 \text{ m}^2 > 1,500 \text{ m}^2$$ 又は，

$$(1,000 + (4,000 \times 1/2) = 3,000 \text{ m}^2 > 1,500 \text{ m}^2)$$

となり，区画の必要がある。

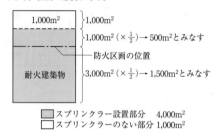

図5.3.1　防火区画の例

・区画の位置は，

スプリンクラー設置部分のうち，3,000 m² の位置で区画すると，

$$3,000 \times 1/2 = 1,500 \text{ m}^2 \leq (1,500 \text{ m}^2)$$

となり，残りの部分も，

$$1,000 + 1,000 \times 1/2 = 1,500 \text{ m}^2 \leq (1,500 \text{ m}^2)$$

となって，それぞれ区画の条件を満足する。

＊2　「延焼防止建築物」は，建築基準法施行規則別記第二号様式（確認申請書）注意書5の⑧で，「建築基準法施行令第136条の2第1号ロに掲げる基準に適合する建築物をいう。」と定義されている。

「準延焼防止建築物」は，「同条第2号ロに掲げる基準に適合する建築物をいう。」と定義されている。

＊3　天井のない場合は屋根。

＊4　回り縁，窓台その他これらに類する部分を除く。。

＊5　主要構造部を耐火構造とした建築物の2以上の部分が建築物の吹抜けなどの空間部分に接する場合，2以上の部分の構造が通常の火災時において相互に火熱による防火上有害な影響を及ぼさないものとして国土交通大臣が定めた構造方法（令2国交告522）又は同大臣の認定を受けたものは，2以上の部分と空間部分とが特定防火設備で区画されているものとみなす（令112条3項）。

＊6　防火上主要な間仕切壁は，小屋裏又は天井裏まで準耐火構造とする。ただし，床面積が200 m² 以下の階又は床面積200 m² 以内ごとに防火区画されている部分で，自動式消火設備を設けた部分，防火上支障がないものとして国土交通大臣が定める部分（平25国交告860）の間仕切壁については，準耐火構造としなくてもよい。また，天井の全部が強化天井＊の階又は準耐火構造の壁・防火設備で区画され，その部分の天井が強化天井のもの，小屋裏又は天井裏まで区画しなくてもよい（令112条4項一号）。

　　＊　強化天井：天井のうち，その下方からの通常の火災時の加熱に対してその上方への延焼を有効に防止することができるものとして，国土交通大臣が定めた構造方法を用いるもの（強化石膏ボードを2枚以上重ね張り（総厚36 mm 以上）等，平28国交告694）又は国土交通大臣の認定を受けたもの。

表5.3.3　竪穴区画（令112条11項〜15項）

対象建築物	区画部分	区画の方法	一の竪穴部分とみなす部分	適用除外
主要構造部が準耐火構造の建築物，延焼防止建築物，又は準延焼防止建築物で，地階又は3階以上の階に居室を有するもの	竪穴部分（階段，エレベーターシャフト，吹抜き，ダクトスペース，メゾネット型の住戸部分などの床に穴の開いている部分）と竪穴部分以外の部分との間（図5.3.2）	準耐火構造の床，壁又は防火設備	劇場*1などの客席，体育館，工場などの用途上区画できない部分又は階段室等の部分で，次の基準に適合する場合 ①竪穴部分及び他の竪穴部分の壁，天井の室内に面する部分の仕上げを下地とも準不燃材料としたもの ②竪穴部分と他の竪穴部分とが用途上区画できないもの（図5.3.7）	・避難階の直上階又は直下階のみに通ずる吹抜けなどの部分で，壁，天井の仕上げを下地とも不燃材料としたもの（図5.3.3） ・階数3以下で，延べ面積200m²以下の一戸建住宅又は長屋若しくは共同住宅の部分（図5.3.4〜5.3.5） ・階段室からのみ出入りする便所，公衆電話所など（図5.3.6）
3階を病院，診療所（病室あり）又は児童福祉施設等（入所者の寝室あり）とした階数3で延べ面積200m²未満のもの		間仕切壁*2又は防火設備*3		火災が発生した場合に避難上支障のある高さまで煙又はガスの降下が生じない建築物として，壁天井の仕上げに用いる材料の種類並びに消火設備及び排煙設備の設置の状況及び構造を考慮して国土交通大臣が定めるものの竪穴部分
3階をホテル，旅館，下宿，共同住宅，寄宿舎又は児童福祉施設等（通所）とした階数3で延べ面積200m²未満のもの		間仕切壁*2又は戸*4（ふすま，障子等を除く）		

＊1　劇場，映画館，演芸場，観覧場，公会堂，集会場
＊2　一般的な住宅の間仕切壁であっても20分間以上の遮炎性能を有することから，準耐火構造を要さず，設置のみを義務付け。
＊3　居室，倉庫等の部分にスプリンクラー設備等を設けた建築物の竪穴部分については，10分間防火設備（令2国交告198）で区画することができる。
＊4　一般的な住宅の戸であっても5分間以上の遮炎性能を有することから，防火設備を要さず，設置のみを義務付け。

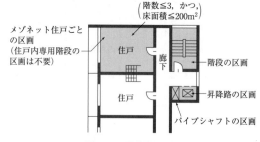

図5.3.2　竪穴区画の例

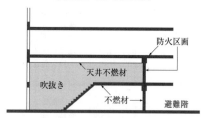

図5.3.3　避難階の直上階のみに通ずる吹抜き部分の例

〔注〕階段とエスカレーターなど一体となっている竪穴部分同士の区画は必要ないと解される（図5.3.4～5.3.5）。

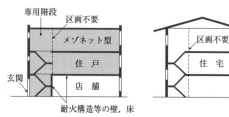

図5.3.4　住戸（階数3以下，かつ，200 m² 以下）と他の部分との区画

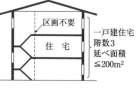

図5.3.5　一戸建住宅内の竪穴区画緩和

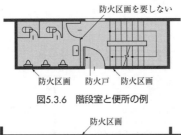

図5.3.6　階段室と便所の例

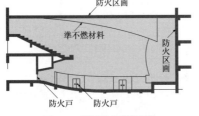

図5.3.7　映画館の客席の例

(3)　異種用途間の区画（令112条18項）

建築物の一部が，法27条1項各号，2項各号又は3項各号（本書本章3参照）のいずれかに該当する場合は，その部分とその他の部分とを，1時間準耐火基準に適合する準耐火構造の床若しくは壁又は特定防火設備で区画する（図5.3.8）。ただし，大臣が定める基準（令2国交告250）に従い，警報設備を設けるなどの措置がされている場合は除く。

図5.3.8　竪穴区画と異種用途区画の例

(4)　スパンドレル・ひさし・袖壁などの構造（令112条16項，17項）

防火区画の壁や床に接する外壁は，区画から区画への火のまわりを防ぐため，その部分を含み幅90cm以上の部分を1時間準耐火構造（開口部がある場合は防火設備）とし，又は50cm

以上突出した1時間準耐火構造の袖壁，ひさしなどとする（図5.3.9）。

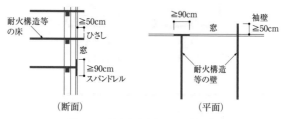

図5.3.9　防火区画相互間の延焼防止

(5)　防火区画に設ける防火設備（令112条19項）

　防火区画に設ける防火設備は，次のイ〜ホの要件を満たすものとして国土交通大臣が定めた構造方法（昭48建告2563，2564）を用いるものか，同大臣の認定を受けたものとする。面積区画の場合は，防火を中心に考えて火炎で温度が上昇したときに閉鎖する機構でよいが，竪穴区画の場合は，煙の上昇が速いので，避難の安全を考慮して，煙が一定濃度に達したときに閉鎖する機構とする。常時閉鎖している3㎡以内の常時閉鎖式防火戸は，いずれの場合でも有効である。

・面積区画＝イ＋ロ＋ハ＋ニ（熱感知器連動でも可）

・竪穴区画＝イ＋ロ＋ハ＋ホ（煙感知器連動とする）

　イ．常時閉鎖か作動状態にあるもの，又は，随時閉鎖若しくは作動できるもの（いつでも手動で閉鎖できるなど）

　ロ．閉鎖又は作動の際，特定防火設備又は防火設備の周囲の人の安全を確保できるものであること（平17.12.施行）

　ハ．居室から地上に通ずる主な廊下，階段などに設ける場合は，閉鎖又は作動をした状態で避難上支障がないもの（シャッターと常時閉鎖の防火戸併用の場合など）

　ニ．「面積区画」に設ける場合は，常時閉鎖又は作動状態にあるものを除き，煙感知又は熱感知のいずれかによって自動的に閉鎖又は作動できること（ヒューズ付で可）

　ホ．「竪穴区画（階段，吹抜きなど）」に設ける場合は，避難上，防火上支障のない遮煙性能を有し，かつ，常時閉鎖若

しくは作動状態にあるもの，又は，火災により煙が発生した場合に，煙感知によって自動的に閉鎖若しくは作動するものであること（煙感知器連動とする）

(6) 防火区画を貫通する配管・風道（令112条20項，21項）

① 給水管，配電管などが準耐火構造の防火区画を貫通する場合は，防火区画との隙間にモルタルなどの不燃材料を充填する（令112条20項）。

また，次のイ〜ハのいずれかの構造とする（令129条の2の4，1項七号，図5.3.10）。ただし，耐火構造又は1時間準耐火構造の床，壁又は特定防火設備のパイプシャフト内などに設ける場合は除く。

イ．貫通部分とその前後各1m以内の配管部分を不燃材料で造る。

ロ．管の外径が，管の用途・材質などに応じて国土交通大臣が定める数値未満である。

ハ．管に通常の火災の加熱開始後20分間（令112条1項，4項〜6項，8項，9項などの区画では1時間）区画の反対側に亀裂などの損傷を生じないものとして国土交通大臣の認定を受ける。

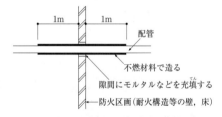

図5.3.10　防火区画を貫通する配管の構造の例

② 暖冷房，換気などの風道が準耐火構造の防火区画を貫通する場合は，その部分又は近接部分に特定防火設備（普通の防火設備で区画する防火区画では防火設備）の防火ダンパーなど，煙又は熱感知器で自動閉鎖し，かつ，閉鎖時に遮煙性能を有するものとして，国土交通大臣の定めた構造方法を用いるもの又は同大臣の認定を受けたものを設けること（図5.3.11）

〔注〕バランス釜の換気用風道などは防火ダンパーの免除あり（昭49建告1579）。

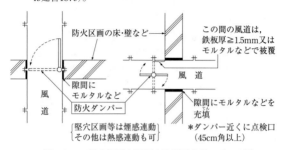

図5.3.11　防火区画を貫通する風道のダンパーの例
（昭48建告2565，平12建告1376）

6 界壁・間仕切壁・隔壁等の防火措置（令114条）

簡易な防火区画の一種で，木造を含む全ての構造の共同住宅や学校，病院，旅館などの界壁や主要な間仕切壁などに適用される。小屋裏又は天井裏まで準耐火構造の壁を立ち上げる。

表5.3.4　防火界壁など

建築物の用途など	部　分	防火措置*4
長屋，共同住宅	各戸の界壁*2	準耐火構造*5
学校，病院，病室のある診療所，児童福祉施設等，ホテル，旅館，下宿，マーケット，寄宿舎	防火上主要な間仕切壁*2	
建築面積＞300 m² の建築物（小屋組木造）*1	小屋裏直下の天井の全部を強化天井*3，又は小屋裏隔壁（桁行＞12 m）	準耐火構造
延べ面積＞各200 m² の建築物（耐火建築物以外）間の渡り廊下（小屋組木造）	渡り廊下の小屋裏隔壁（桁行＞4 m）	準耐火構造1箇所以上設置

*1 ①主要構造部が耐火構造又は耐火検証法による建築物，②床上1.2 m以上の壁と天井の仕上げが難燃材料の建築物，③自動式消火設備＋排煙設備の建築物，④国土交通大臣が定める基準（平6建告1882）に適合する畜舎，堆肥舎，水産物の増殖場・養殖場の上家，には適用しない。

*2 防火界壁及び防火間仕切壁は，小屋裏又は天井裏まで設ける。ただし，天井の全部が強化天井*の階又は準耐火構造の壁・防火設備で区画され，その部分の天井が強化天井のものは，小屋裏又は天井裏まで区画しなくてもよい。

＊　　強化天井：天井のうち，その下方からの通常の火災時の加熱に対
してその上方への延焼を有効に防止することができるものとして，
国土交通大臣が定めた構造方法を用いるもの（平28国交告694）又
は国土交通大臣の認定を受けたもの。

＊3　天井のうち，その下方からの通常の火災時の加熱に対してその上方へ
の延焼を有効に防止することができるものとして，国土交通大臣が定め
た構造方法を用いるもの（平28国交告694）又は国土交通大臣の認定を
受けたもの（令112条4項一号）。

＊4　防火界壁・間仕切壁などを貫通する配管や風道については，令112条
20項（隙間充填），21項（防火ダンパー）を準用する。（特定防火設備の
1時間遮煙性は45分に緩和。平12建告1377）

＊5　防火上主要な間仕切壁について，床面積が200 m² 以下の階又は床面積
200 m² 以内ごとに防火区画されている部分で，自動式消火設備を設けた
部分，防火上支障がないものとして国土交通大臣が定める部分（平25国
交告860）は，準耐火構造としなくてもよい。

7　無窓の居室等の主要構造部（法35条の 3，令111条）

　次の①及び②のいずれにも該当する無窓の居室（所定の大き
さの開口部のない居室）は，その居室を区画する主要構造部を，
耐火構造とするか，又は不燃材料で造らなければならない。

①　採光に有効な部分（令20条により算定）の窓などの面積が，
居室床面積の 1/20未満である居室

②　直接外気に接する避難上有効な開口部で，その大きさが，
直径 1 m 以上の円が内接できるものか，又は幅75 cm 以上，
高さ120 cm 以上のものがない居室

〔注〕1 ）ふすまなど常時開放できるもので仕切られた 2 室は 1 室
とみなしてよい。
　　　2 ）劇場，映画館，演芸場，観覧場，公会堂，集会場は除く。
　　　3 ）避難階，避難階の直上階又は直下階の居室等で，居室の
床面積，屋外への出口の一に至る歩行距離，警報設備の設
置等に関し避難上支障がないものとして国土交通大臣が定
める基準（令 2 国交告249）に適合するものは除く。

8　内装制限（法35条の 2，令128条の 3 の 2，128条の 4，128条の 5 ）

　火災の拡大を防ぎ避難と消火活動を促進するため，建築物の
用途・規模などに応じて，内装材料（壁と天井の仕上材料）を
制限している。

(1)　内装制限を受ける特殊建築物等

　法35条の 2 では，特殊建築物，階数 3 以上の建築物などについ

て，「政令で定めるものを除き」制限するとし，これを受けた令128条の4の見出しは「制限を受けない特殊建築物等」となっているが，同条の各項では「～以外のもの」としているので，実際には，政令では制限を受けるものが列記されている（表5.3.5）。

(2)　内装箇所及び内装材料

　仕上材料の制限を受ける箇所と材料の種別は，令128条の5による（表5.3.5）。

　内装制限を受けるのは，壁と天井で床の制限はない。また，難燃材料が使用できるのは，一部の「居室」のみで，避難経路の内装は，準不燃材料に限られる。

　なお，火災が発生した場合に避難上支障のある高さまで煙又はガスの降下が生じない建築物の部分として，床面積，天井の高さ，消火設備・排煙設備の設置の状況・構造を考慮して国土交通大臣が定めるもの（令2国交告251）には，令128条の5の内装制限は適用されない（同条7項）。

表5.3.5　内装制限一覧表（令128条の3の2〜128条の5）

対象建築物と内装材料 用途など	対象建築物[1]			内装材料[2]	
	耐火	準耐火	その他	準	難
①　劇場，映画館，演芸場，観覧場，公会堂，集会場	客席床面積≧400 m²	客席床面積≧100 m²		(居室)[8] ○ (通路等) ○	[9] ○ ―
②　病院，病室のある診療所，ホテル，旅館，下宿，共同住宅，寄宿舎，老人ホーム，児童福祉施設等[5]	[3]3階以上の床面積合計≧300 m²	2階部分[4]の床面積合計≧300 m²	床面積合計≧200 m²	(居室)[8] ○ (通路等) ○	[9] ○ ―
③　百貨店，マーケット，展示場，キャバレー，カフェー，ナイトクラブ，バー，ダンスホール，遊技場，公衆浴場，待合，料理店，飲食店，物品販売店（>10 m²）	3階以上の床面積合計≧1,000 m²	2階部分の床面積合計≧500 m²	床面積合計≧200 m²	(居室)[8] ○ (通路等) ○	[9] ○ ―

	用途	条件		耐火	準耐火
④	自動車車庫，自動車修理工場	全　て		○	—
				○	—
⑤	地階又は地下工作物内に設ける居室を①～③の用途に供する特殊建築物	全　て	（居室）	○	—
			（通路等）	○	—
⑥	全用途*6（学校等*7，高さ31m以下の②の用途を除く）	階数≧3→延べ>500 m² 階数=2→延べ>1,000 m² 階数=1→延べ>3,000 m²	（居室）*8	○	○
			（通路等）	○	○
⑦	床面積>50 m²の排煙上無窓の居室（天井高>6mの室を除く）	窓などの開放できる部分（天井又は天井から下方80cm以内の部分に限る）の面積合計<居室床面積×1/50の居室	（居室）	○	—
			（通路等）	○	—
⑧	用途上やむを得ない採光上無窓の居室（学校，病院などで温湿度調整を要する作業室など）*8	令20条による有効採光面積を有しない居室　全て	（居室）	○	—
			（通路等）	○	—
⑨	住宅（兼用住宅を含む）の台所，浴室など	—	階数≧2の住宅の最上階以外の階　（台所等）	○	—
⑩	住宅以外の建築物の調理室，ボイラー室，乾燥室など	—	全　て　（火気使用室）	○	—
⑪	屋内避難階段・特別避難階段の内装（令123条1項二号，同条3項三号）			天井・壁を下地とも不燃材料	
⑫	地下街の地下道（令128条の3，1項三号）			同上	
⑬	非常用エレベーターの乗降ロビー（令129条の13の3，3項五号）			同上	

*1　対象建築物欄
　　耐　火：主要構造部を耐火構造とした建築物又はイ準耐の準耐火建築物（1時間準耐火基準に適合するもの）
　　準耐火：イ準耐又はロ準耐の準耐火建築物（1時間準耐火基準に適合するものを除く）
　　（法86条の4により耐火建築物又は準耐火建築物とみなされる建築物—延焼のおそれのある部分の開口部に防火設備のないもの等—を含む。）

＊2　内装材料欄
　　準：準不燃材料，難：難燃材料
　　・上段は居室（当該用途に供する居室）又は当該用途部分。
　　・下段は居室等から屋外に至る廊下・階段などの通路部分の，それぞ
　　　れ壁及び天井（天井がない場合は屋根）の室内に面する部分の仕上
　　　げ材料。
　　・難燃材料又は準不燃材料の仕上げについては，これらの準ずるもの
　　　として国土交通大臣が定める方法により，同大臣が定める材料の組
　　　合せによったものも認められる（令128条の5，1項）。たとえば，壁
　　　と天井を難燃材料とするものに準ずるものとして，天井を準不燃材
　　　料とすれば壁を木材等にできる（平12建告1439）。また，準不燃材料
　　　でした内装の仕上げに準ずるものとして平21国交告225が定められて
　　　いる。
　　・天井面に設ける不燃材料でない証明器具のカバーや換気口等で，表
　　　面積合計≦天井面積×1/10　のものは制限されないとの通達（昭45
　　　住指発35）があった。
＊3　②に該当する主要構造部を耐火構造とした建築物又は主要構造部が
　　　準耐火構造の準耐火建築物のその用途に供する部分で，床面積100 m²
　　　（共同住宅の住戸は200 m²）以内ごとに準耐火構造の床，壁又は防火設
　　　備で区画されている部分にある居室は，内装制限を受けない（令128条
　　　の5，1項かっこ書）。
＊4　病院，診療所は，2階に病室がある場合に限る。
＊5　児童福祉施設等：児童福祉施設（母子生活支援施設，保育所，児童
　　　館など），老人福祉施設その他（令19条1項）。なお，詳しくは本書2
　　　章27「児童福祉施設等」を参照。
＊6　⑥の居室のうち，特殊建築物以外で，かつ，耐火建築物又は法2条
　　　九号の三イにあたる準耐火建築物の高さ31 m以下の部分にあるもので，
　　　100 m²以内ごとに準耐火構造の床，壁，常時閉鎖式又は煙感知器連動
　　　の防火設備で区画された部分は，内装制限を受けない（令128条の5，
　　　4項）。
＊7　学校等：学校，体育館，ボーリング場，スキー場，スケート場，水
　　　泳場，スポーツの練習場（令126条の2，1項二号）。
＊8　居室の壁は，床面からの高さが1.2 m以下の部分（腰壁部分）を除く。
＊9　3階以上の階に居室がある建築物の①～③の居室の天井は，準不燃
　　　材料に限る。難燃材料は使用できない。

　防災上の観点から，防火・避難に関して定められている，い
わゆる「無窓の居室」には，次のようなものがある（表5.3.6）。

表5.3.6 「無窓居室」の種別・制限一覧表

種　別	無窓居室[*1]の条件（定義）		制限規定
①避難上の 無窓居室 （法35条の3）	令111条 1項一号	採光有効面積[*2] <床面積×1/20	居室を区画する主 要構造部の制限 （本書本章7）
	令111条 1項二号	避難上有効な開口 部がない[*3]	
②採光上の 無窓居室 （法35条）	令116条の 2，1項一 号	採光有効面積[*2] <床面積×1/20	避難施設 　（令117条〜126条） 排煙設備 　（令126条の2）
③排煙上の 無窓居室 （法35条）	令116条の 2，1項二 号	排煙有効面積[*4] <床面積×1/50	非常照明 　（令126条の4） 避難通路 　（令127条〜128条） （本書5-4章）
④排煙上の 無窓居室 （法35条の2）	令128条の 3の2，一 号	床面積>50 m²で 排煙有効面積[*4] <床面積×1/50	内装制限 　（令128条の5，5項） （本書本章8）
⑤採光上の 無窓居室 （法35条の2）	令128条の 3の2，二 号	採光有効面積[*2] <床面積×1/20 （温湿度調整等を 要する居室）	
⑥採光上又は 排煙上の 無窓居室 （法43条3項）	令144条の 6（令116 条の2，各号）	上記②又は③	接道に関する条例 の制限 　（法43条3項） （本書6-1章3）
⑦換気上の 無窓居室	法28条3項	換気に有効な開口 部 <床面積×1/20	換気設備 　（令20条の2， 129条の2の5） （本書5-1章8）

*1　各規定で定める大きさの窓等がない居室（避難階，避難階の直上階又
　　は直下階の居室等で，居室の床面積，屋外への出口の一に至る歩行距離，
　　警報設備の設置等に関し避難上支障がないものとして国土交通大臣が定
　　める基準（令2国交告249）に適合するものは除く）
*2　令20条により算定した採光に有効な開口部の面積
*3　直径≧1 mの円が内接，又は幅≧75 cm，高さ≧120 cm
*4　天井から80 cm以内で外気に開放できる開口部の面積

5-4

避難規定

　非常災害の際に，建築物内からできるだけ速やかに，かつ，安全に屋外に避難できるようにするため，廊下，直通階段などの避難施設，排煙設備，非常用の照明装置，避難通路などに関する規定が，法35条に基づき令第5章に定められている。これらの避難規定は，平成12年6月の性能規定化の改正法令施行後，従来の仕様規定のほかに，新たに「避難安全検証法」（令129条，129条の2）が定められ，これによって避難の安全が確かめられた場合又は国土交通大臣の認定を受けた場合は，仕様規定の一部が適用されないことになった。また，令和2年の政令改正により「区画避難安全検証法」（令128条の6）が定められた（本書本章11参照）。避難規定のうち，廊下，避難階段，出入口及び屋上広場等の規定（令第5章2節，本書本章1〜4）は，特殊建築物など次の表に掲げる建築物に限り適用される（令117条，表5.4.1）。

表5.4.1　避難施設等に関する規定の適用範囲（令117条）

規　　定	適　用　範　囲
・廊 下 の 幅 ・直 通 階 段 ・避 難 階 段 ・出 入 口 の 戸 ・屋 上 広 場 等 （令118条 〜126条）	① 　法別表第1(い)欄(1)項〜(4)項に定める特殊建築物 ② 　階数3以上の建築物 ③ 　有効採光面積が床面積の1/20未満である居室（採光上の無窓居室）を有する階 ④ 　延べ面積が1,000 m²を超える建築物

〔注〕適用の特例として，次の場合には別の建築物とみなす。
　　・開口部のない耐火構造の床，壁で区画された部分
　　・建築物の2以上の部分の構造が，通常の火災時において相互に防火上有害な影響を及ぼさないものとして国土交通大臣が定めた構造方法を用いるもの（平28国交告695）

1　廊下の幅（令119条）

　避難経路として重要な廊下の幅を規定したものである。

幅の測定は，壁面間の水平距離によるが，柱型や手すりなどの突出部がある場合は，その内法の有効幅をとる。なお，階段の幅（令23条 3 項，本書 5 - 1 章 5 (2)）のような手すりなどによる幅の緩和はない。

建築物の用途と規模による中廊下（両側に居室のある廊下）及び片廊下（その他の廊下）の幅は，次のとおりとする（表5.4.2）。なお，メゾネット型共同住宅の住戸（住戸の階数が 2 又は 3 で，かつ，出入口が 1 の階のみにあるもの）の出入口のない階の床面積は，出入口（玄関）のある階にあるものとして床面積を算定する（令123条の 2）。

表5.4.2　廊下の幅

廊下の位置 建物の用途・規模	両側に居室が ある廊下の幅	その他の 廊下の幅
小・中・義務教育・高等・中等教育 学校の児童・生徒用	2.3 m 以上	1.8 m 以上
病院の患者用 共同住宅の共用廊下 　（その階の住戸面積合計＞100 m²） その他 3 室以下の専用を除き， 　地上階（居室＞200 m²）及び 　地階（居室＞100 m²）	1.6 m 以上	1.2 m 以上

〔注〕中廊下でも，片側が便所，倉庫など居室以外の場合は，その他の廊下の幅でよい。

2　直通階段の設置及び構造

階段については，本書 5 - 1 章 5 の一般的規定（令23条～）のほか，建築物の用途，規模，構造などに応じて避難施設としての直通階段の位置，数，構造などが規定されている。

(1)　直通階段の設置 ——歩行距離——（令120条）

建築物の避難階以外の階の居室の各部分から，避難階又は地上に直通する階段（＝直通階段）までの歩行距離が，表5.4.3の限度以下となるように直通階段を設けなければならない。この歩行距離は，通常の歩行経路に沿って最短距離を測る。室内に家具などの障害物があるときは，実際に歩行できる経路の長さによる。この規定により，居室のある階からは，少なくとも

1箇所以上の直通階段が必要になる。

表5.4.3　居室の各部分から直通階段までの歩行距離

居室の種類など	建築物の構造	主要構造部が準耐火構造又は不燃材料	その他
①	無窓の居室（有効採光面積＜居室×1/20），百貨店，物品販売店の類の居室（売場など）（表5.3.1の(4)）	30 m 以下	30 m 以下
②	病院，旅館，寄宿舎，共同住宅の類の主たる居室（表5.3.1の(2)）	50 m 以下	30 m 以下
③	①，②以外の居室	50 m 以下	40 m 以下
④	居室及び通路の内装を準不燃材料としたもの（14階以下）	① 30＋10＝40 m 以下 ② 50＋10＝60 m 以下 ③ 50＋10＝60 m 以下	
⑤ 15階以上の居室	居室又は通路の内装を難燃又は可燃材料としたもの	① 30－10＝20 m 以下 ② 50－10＝40 m 以下 ③ 50－10＝40 m 以下	
	居室及び通路の内装を準不燃材料としたもの	① 30 m 以下 ② 50 m 以下 ③ 50 m 以下	

〔注〕メゾネット型共同住宅（主要構造部が準耐火構造で住戸の階数が2又は3のもの）の住戸で出入口のない階については，住戸内専用階段を通って出入口のある階の直通階段までの歩行距離を40 m 以下とすれば，上表の規定は適用しない（図5.4.1）。

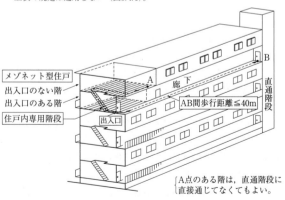

図5.4.1　メゾネット型共同住宅の直通階段（令120条4項）

〔例〕 図5.4.2のよう
にメゾネット型住戸
が1戸の場合も共同
住宅の適用を受け，
令120条4項により，
4階から3階までは
住戸内の専用階段を
通り，3階の住戸の

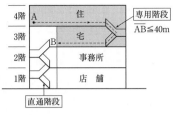

図5.4.2 メゾネット型住戸の例

玄関から直通階段を設ければよい。

(2) 2以上の直通階段の設置（令121条）

不特定多数人の集まる建築物，又は一定規模以上の建築物には，避難施設として最も重要な直通階段を，対象となる階から，少なくとも2箇所以上設けることを規定したものである。

〔例1〕 RC造6階建事務所の場合（図5.4.3）

① 原則：6階からの直通階段は2箇所以上設ける。

② 緩和：6階の居室床面積≦200 m²で，6階に避難上有効なバルコニーなどがあるときは，直通階段は1箇所でもよい（ただし，その1箇所は屋外避難階段又は特別避難階段とする）（令121条1項六号イ，2項）。

〔例2〕 S造で1〜4階は事務所等，5，6階がメゾネット型住戸（6階の居室の各部分から住戸内の専用階段を経て5階の直通階段に至る歩行距離が40 m以下）の場合（図5.4.4，

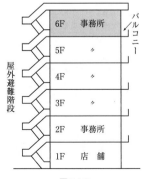

図5.4.3

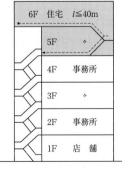

図5.4.4

表5.4.4　直通階段を２箇所以上設けなければならない場合

2以上の直通階段を設けなければならないもの（原則）			直通階段が1箇所でもよい場合（例外）
対象階の用途など	対　象　階	対象階の居室などの床面積合計（S）	
① 劇場・映画館・演芸場・観覧場・公会堂・集会場の客席・集会室・その他類似	全ての階	面積に関係なく全て	なし
② 物品販売店（>1,500 m²）の売場	全ての階	面積に関係なく全て	なし
③ 風俗営業等*1の客席・客室・その他類似	6階以上の階	全　て	なし
	5階以下の一般階	全　て	*2
	避難階の直上階・直下階	$S>100$ m²（>200 m²）	$S≦100$ m²（≦200 m²）
④ 病院・診療所の病室，児童福祉施設等の主たる用途に供する居室*3	6階以上の階	全　て	なし
	5階以下の階	$S>50$ m²（>100 m²）	$S≦50$ m²（≦100 m²）
⑤ ホテル・旅館・下宿の宿泊室，共同住宅の居室，寄宿舎の寝室*3	6階以上の階	全　て	*2
	5階以下の階	$S>100$ m²（>200 m²）	$S≦100$ m²（≦200 m²）
⑥ その他の居室	6階以上の階	全　て	*2
	5階以下の一般階	$S>100$ m²（>200 m²）	$S≦100$ m²（≦200 m²）
	避難階の直上階	$S>200$ m²（>400 m²）	$S≦200$ m²（≦400 m²）

〔注〕（　）内は主要構造部が準耐火構造又は不燃材料の場合。

* 1　イ）キャバレー，カフェー，ナイトクラブ又はバー
　　ロ）個室付浴場業その他客の性的好奇心に応じてその客に接触する役務を提供する営業を営む施設
　　ハ）ヌードスタジオその他これに類する興行場（劇場，映画館又は演芸場に該当するものを除く。）
　　ニ）専ら異性を同伴する客の休憩の用に供する施設
　　ホ）店舗型電話異性紹介営業その他これに類する営業を営む店舗

* 2　各階が次の４条件を満足するもの
　　イ）居室の床面積合計が100 m²（200 m²）以下であること
　　ロ）避難上有効なバルコニーなどが設けられていること
　　ハ）設置される１つの直通階段は，屋外の避難階段か又は特別避難階段であること
　　ニ）⑥については，①〜⑤以外の用途の階であること

* 3　令121条4項に該当する場合を除く。

住戸が1戸でも共同住宅の住戸とみなす。）

① 6階からの直通階段は不要（令120条4項）。

② 6階は出入口のある5階にあるとみなして6階居室の床面積を5階居室床面積に合算し，5階居室＋6階居室>200 m²のときは5階からの直通階段2箇所（令121条1項五号，2項，令123条の2），5階居室＋6階居室≦200 m²のときは，直通階段は5階から1箇所，それも屋内避難階段でもよいと解される（令121条1項六号，2項，令123条の2）。

(3) 歩行経路の重複区間（令121条3項）

(2)によって設ける直通階段の配置は，2方向避難の趣旨を考慮して，居室からこれらの階段に至る歩行経路をできるだけ重複しないようにすべきである。

仮に重複する場合でも，この重複区間の長さは，(1)の歩行距離（表5.4.3）の1/2以内としなければならない（図5.4.5）。ただし，重複区間を経由しないで，避難上有効なバルコニーなどに避難できる場合は除く。

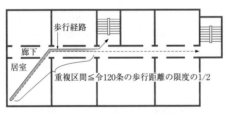

図5.4.5　2つの直通階段の配置の例

(4) 2以上の直通階段を設けなくてもよい建築物（令121条4項）

令121条1項四号又は五号の建築物については，階数≦3で延べ面積<200 m²の建築物の避難階以外の階（特定階）で，階段の部分と階段以外の部分が次の①又は②で区画されている場合又は③に該当する場合は，2以上の直通階段を設けなくてもよい。

① 特定階を病院，診療所又は入所する者の寝室がある児童福祉施設等の用途に供する場合

⇨　間仕切壁＋法 2 条 9 号の二ロに規定する所定の防火設
備（特定階がある建築物の居室，倉庫等にスプリンク
ラー設備等を設けた場合は，10分間防火設備）

② 特定階を入所する者の寝室がない児童福祉施設等の用途又
はホテル，旅館，下宿，共同住宅又は寄宿舎の用途に供する
場合

⇨　間仕切壁＋所定の戸（ふすま，障子等を除く）

③ 令112条15項の国土交通大臣が定める建築物の特定階

(5) 屋外階段の構造（令121条の 2）

(1)～(3)の規定によって設ける直通階段で，屋外に設けるもの
は，木造としてはならない。ただし，準耐火構造で，有効な防
腐処理をしていれば，木造でもできる。

(6) 避難階段又は特別避難階段の設置（令122条）

建築物の中高層部分や地階部分では，火災時に階段室に入れ
ば安全に地上まで避難できるようにすることが重要である。そ
のために，建築物の階，用途などに応じて，次のとおり避難階
段や特別避難階段の設置が義務づけられている。

①	5 階以上の階[*1]，又は地下 2 階[*2]に通ずる直通階段[*3]	⇨	避難階段，又は特別避難階段とする

②	15階以上の階，又は地下 3 階以下の階に通ずる直通階段[*3]	⇨	特別避難階段とする

*1　主要構造部が準耐火構造又は不燃材料の建築物で，5 階
以上の床面積合計が100 m² 以下の場合は除く。

*2　*1 と同様の建築物で，地下 2 階以下の床面積合計が
100 m² 以下の場合は除く。

*3　主要構造部が耐火構造の建築物で建築物全体を100 m² 以
内（共同住宅の住戸では200 m² 以内）ごとに，耐火構造の床，
壁又は特定防火設備（外気に開放された階段室に面する
0.2 m² 以下の換気用窓の防火設備を含む）で区画されてい
る場合は適用しない。なお，階段室，昇降機の昇降路と乗
降ロビー，避難用の廊下等の部分で，他の部分と耐火構造
の床，壁又は特定防火設備で区画された部分は面積不問。

なお，メゾネット型共同住宅の住戸（階数が 2 又は 3 で，
かつ，出入口が一の階のみにあるもの）の出入口のない階は，

その階の居室の各部分から住戸内の専用階段と出入口（玄関）を経て共用廊下を通り直通階段までの歩行距離が40 m以下であれば，出入口のある階にあるものとみなす（令123条の2）。

〔例1〕　5階建で4,5階がメゾネット型の住戸で4階にのみ出入口があり，5階は共用部分に通じていない場合は，直通階段は4階からとなるので，避難階段としなくてよい。

〔例2〕　地下3階，地上6階建の建築物で，地下3階から地上6階までを1本の直通階段とした場合は，全体を特別避難階段としなければならないが，地階部分と地上部分とを分離した場合は，地下3階から1階までの直通階段を特別避難階段とすれば，6階から1階までの直通階段は普通の避難階段でよい（1階が避難階の場合）。

③　3階以上の階が，1,500 m²を超える物品販売店の用途の一部である場合　⇒　避難階段，又は特別避難階段とし，屋上広場*に通じさせる

　＊　屋上広場の設置を義務づけたものではなく，屋上広場がある場合にはそれに通じさせるの意。準避難階としての屋上広場の設置義務は，5階以上が百貨店の場合に規定がある（令126条2項，本書本章4(2)）。

④　③の直通階段で，5階以上の売場に通ずるもの　⇒　少なくとも1箇所以上特別避難階段とする

(7)　避難階段及び特別避難階段の構造（令123条）

　火災時に避難階又は地上まで安全に避難するための避難階段には，次の3種類がある（表5.4.5）。

① 屋内の避難階段：火炎を遮断する階段
② 屋外の避難階段：火炎を遮断し，煙を拡散させる階段
③ 特別避難階段　：火炎と煙の両方を遮断する階段

表5.4.5　避難階段及び特別避難階段の構造（令123条）

種　類	階　段　の　構　造
屋内の 避難階段 （1項）	・耐火構造とし，避難階まで直通させる。 ・階段室は，出入口・窓以外を耐火構造の壁で囲む。 ・天井，壁の仕上げを下地とも不燃材料とする。 ・採光のための窓などを屋外に面して設け，又は予備電源をもつ照明設備を設ける。 ・屋外に面する開口部は，階段室以外の開口部などから90 cm 以上離すか，又は50 cm 以上突出した袖壁，ひさしなどを設けて，外壁面からの火のまわりを防ぐ。ただし，各々1 m² 以内の法2条九号の二ロの防火設備ではめ殺し戸は制限がない。 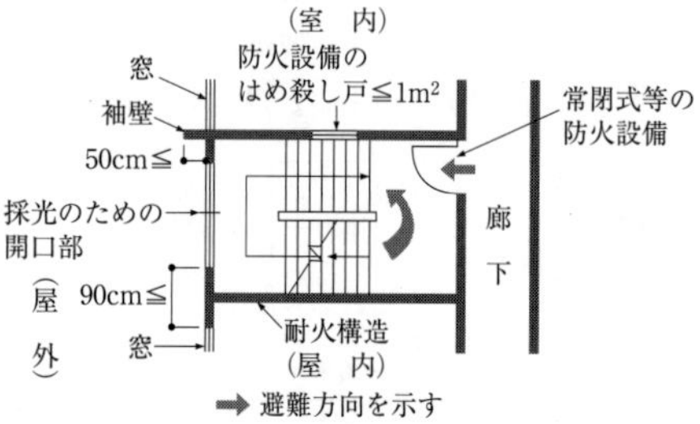 図5.4.6　屋内の避難階段の構造の例 ・屋内に面して窓を設ける場合は，各々1 m² 以内の法2条九号の二ロの防火設備ではめ殺し戸とする。 ・階段室の出入口の戸は，避難方向に開く防火設備で常時閉鎖式又は煙感知器連動の自動閉鎖式防火戸とし，かつ，直接手で避難方向に開くことができ，しかも，手を放したら自動的に閉まるものとする。
屋外の 避難階段 （2項）	・耐火構造とし，地上まで直通させる。 ・階段から2 m 以内には階段への出入口以外の窓などを設けない（ただし，各々1 m² 以内の法2条九号の二ロの防火設備ではめ殺し戸は可）。 ・階段への出入口の戸は，屋内避難階段と同様とする。 　(注)　階段の周長の1/2 以上を開放し，隣地境界線から50 cm 以上あけるなどの取扱いがあることが多い。

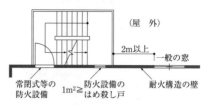

図5.4.7　屋外の避難階段の構造の例

特別避難階段（3項）	階段室に煙が入らないよう，排煙設備を設けた付室又はバルコニーを設けるなど，避難階段よりさらに安全な構造とした階段である。
	・屋内と階段室とは，バルコニー又は付室を通じて連絡する。付室を通じて連絡する場合は，階段室又は付室の構造が，通常の火災時に生ずる煙が付室を通じて階段室に流入することを有効に防止できるものとして，国土交通大臣が定めた構造方法を用いるもの（平28国交告696*）又は同大臣の認定を受けたものとする。
	・階段室，バルコニー，付室は，出入口・窓・非常用エレベーターの出入口以外の部分を，耐火構造の壁で区画し，天井，壁の仕上げを下地とも不燃材料とする。
	・階段室には，付室に面する窓などの採光上有効な開口部又は予備電源をもつ照明装置を設ける。
	・階段室，バルコニー，付室の屋外面に設ける開口部は，避難階段の場合と同様のほか，延焼のおそれのある部分以外に設ける。
	・階段室には，バルコニー，付室に面する部分以外に，屋内に面して開口部を設けない。
	・階段室のバルコニー又は付室に面する部分に窓を設ける場合は，はめ殺し戸とする。
	・バルコニー，付室には，階段室以外の屋内面に，出入口以外の開口部を設けない。
	・屋内から付室又はバルコニーへの出入口には特定防火設備の戸を，付室又はバルコニーから階段室への出入口には防火設備の戸を設ける。開閉機能などは，いずれも避難階段と同じ。
	・階段は，耐火構造とし，避難階まで直通させる。
	・15階以上の各階又は地下3階以下の各階における階段室とバルコニー又は付室の床面積（バルコニーで床面積がないものは床部分の面積）の合計は，その階の居室床面積に3/100（法別表第1(い)欄(1)項又は(4)項の用途（劇場・物品販売店など）の居室にあっては8/100）を乗じたものの合計以上とする。

　なお，メゾネット型共同住宅の住戸（住戸の階数が
2又は3で，かつ，出入口が1の階のみにあるも
の）の出入口のない階の床面積は，出入口（玄関）
のある階にあるものとして床面積を算定する（令
123条の2）。

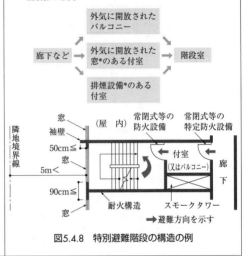

図5.4.8　特別避難階段の構造の例

* 　特別避難階段の階段室又は付室の構造方法（平28国交告696）
　① 　外気に開放できる窓
　　・窓の煙に接する部分は，不燃材料とする。
　　・窓は，天井又は壁の上部（天井高の1/2以上の部分）に設ける。
　　・開口面積は2m²以上とし，開放は手動開放装置による。
　　・手動操作部分は床面から0.8m以上1.5m以下の高さに設け，使用方法
　　　を示す標識を設ける。
　② 　排煙設備（次のイ〜ニのいずれかに適合させる。）
　　イ. 最上部を直接外気に開放する排煙風道によるもの
　　ロ. 排煙機によるもの
　　ハ. 特殊な構造のもの（送風機を設けたもの等）
　　ニ. 付室を加圧するための加圧防排煙設備を設けたもの

(8)　物品販売店における避難階段等の幅（令124条）

　大規模な物品販売店の避難階段等とそれに通ずる出入口の幅
を，階の床面積に応じて定めている。

① 　物品販売店（＞1,500m²）の各階における避難階段及び特
別避難階段の幅の合計は，その直上階以上の階（地階では当
該階以下の階）で床面積が最大の階の床面積100m²につき

60 cm の割合以上とする。避難階での屋外への出口の幅の合
計も同様である（令125条）。

② 物品販売店（＞1,500 m²）の各階における避難階段及び特
別避難階段に通ずる出入口の幅の合計は，各階について，
100 m²につき27 cm（地階は36 cm）以上とする。

〔注〕 1) ①，②の規定について，もっぱら1又は2の地上階から
避難階に通ずるものは，その幅を1.5倍とみなすことがで
きる。
2) ①，②の規定については，屋上広場は階とみなす。
3) ②の出入口の幅は，災害時に通行できる幅であり，
シャッター部分は含まれないと解される。
4) 物品販売店の規模（1,500 m²超）は，令121条1項二号
かっこ書による。

3　各種非常口の構造等

避難用の各種の出口の構造について，次のように定められて
いる。

(1)　客席からの出口の戸（令118条，125条）

劇場，映画館，演芸場，観覧場，公会堂，集会場における客
席からの出口の戸は，内開きとしてはならない。避難時に出口
に殺到すると，戸を手前に引いて避難することは不可能になる
からである。横引き戸はやむを得ないが，回転戸は禁止される。
劇場等の屋外への出口の戸も同様に，内開きが禁止される。

(2)　屋外への出口（令125条）

避難階においては，階段から屋外への出口の1つに至る歩行
距離は，令120条に定める歩行距離以下とする。

避難階の居室の各部分から屋外への出口に至る歩行距離は，
令120条の歩行距離（表5.4.3参照）の2倍以下とする。

(3)　出口の戸の施錠装置（令125条の2）

非常口がいつでも有効に使えるようにするための規定で，次
の①〜③に掲げる出口の戸は，屋内からかぎを使わずに誰にで
も開けられるようにしておかなければならない。また，その使
用方法は，戸の付近に表示する。

① 屋内から屋外避難階段に通ずる出口の戸

② 避難階段から屋外に通ずる出口の戸

③ 管理上常時閉鎖状態にある一般非常口の戸

　ただし，法令により人を拘禁するための建物（刑務所，留置場など）を除く。

4　屋上広場等（令126条）

(1)　屋上の手すりなど

　屋上広場，2階以上にあるバルコニーなどの周囲には，落下防止のため，安全上必要な高さが1.1 m以上の手すり壁，さく又は金網を設けなければならない。

> ＊　手すりの高さ（1.1 m以上）は落下防止のために標準的な大人の重心の位置を考慮した寸法と思われるが，手すり下の構造（手すり子の位置や間隔など）の定めはない。しかし，安全のためには，手すり子の間隔は子供の頭の寸法以下（たとえば9 cm程度）で，足掛かりとなる横桟は設けず，手すり付近の床面は滑りにくい仕上げにするとよい。

(2)　百貨店の屋上

　百貨店で5階以上に売場がある場合は，避難用の屋上広場を設ける。

> ＊　「百貨店」については，昭和25年以前の旧市街地建築物法時代には百貨店法があり，当時の特殊建築物規則では「1,000 m² 以上で3階以上の階に売り場があるもの」が対象であった。現行法では，「物品販売業を営む店舗で床面積合計が1,500 m² を超えるもの（令121条1項二号など）」がおおむね該当する。

5　排煙設備

　火災時の避難及び消火活動を円滑に進め，窒息による事故を防止するために設けられた規定で，火災によって発生する煙を，室の上部から速やかに排出しようとするものである。

(1)　排煙設備を設ける建築物及び建築物の部分（令126条の2）

　排煙設備を設置すべき対象とその除外部分（＝適用範囲）が定められている（表5.4.6）。

(2)　排煙のための別建築物扱い（令126条の2，2項）

　次の建築物の部分は，それぞれ別の建築物とみなして(1)を適用する。

① 開口部のない準耐火構造の床，壁又は法2条第九号の二ロの防火設備で，令112条19項一号イ及びロ並びに二号ロの要件を満たすものとして国土交通大臣の定める構造方法（常時

表5.4.6　排煙設備の適用範囲

設置する建築物と居室	適用除外部分*¹
法別表第1(い)欄(1)〜(4)項の特殊建築物（劇場・集会場等，病院・ホテル・共同住宅等，美術館・図書館等，店舗等）で，延べ面積>500 m²のもの	①法別表第1(い)欄(2)項の特殊建築物（病院，旅館，共同住宅等）で100 m²以内（共同住宅の住戸は200 m²以内）ごとに準耐火構造の床，壁又は防火設備で区画した部分 ②学校等*² ③階段室，昇降機の昇降路部分（乗降ロビーを含む）等 ④火災発生時に避難上支障ある高さまで煙又はガスが降下しない部分として，天井高，壁・天井の仕上材等を考慮して国土交通大臣が定めるもの（平12建告1436）
階数≧3，かつ，延べ面積>500 m²の建築物	上記の①〜④ ⑤主要構造部が不燃材料の機械製作工場，不燃物保管倉庫等 ⑥高さ≦31 mの部分で，100 m²以内ごとに防煙壁*³で区画された居室
開放できる部分（天井又は天井から下方80 cm以内の部分）が，その床面積の1/50未満である無窓の居室（＝排煙上無窓の居室）	上記の①，②，④，⑤
延べ面積>1,000 m²の建築物で，床面積>200 m²の居室部分	上記の①，②，④，⑤，⑥

*1　適用除外（排煙設備を設けなくてよい部分）の①〜⑤は，令126条の2，1項一号〜五号，⑥は，同条1項かっこ書に規定されている。
*2　学校等：学校（幼保連携型認定こども園を除く），体育館，ボーリング場，スキー場，スケート場，水泳場又はスポーツの練習場。
*3　防煙壁：間仕切壁，天井から50 cm以上下方に突出した垂れ壁その他これらと同等以上に煙の流動を妨げる効果のあるもので，不燃材料で造り又は覆われたもの（図5.4.9）。

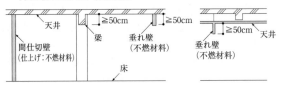

図5.4.9　防煙壁

閉鎖式防火戸又は煙感知器と連動して自動閉鎖する防火設備
など，昭48建告2564）を用いるもの又は同大臣の認定を受け
たもので区画されている場合。

②　建築物の2以上の部分の構造が通常の火災時において相互
に煙又はガスによる避難上有害な影響を及ぼさないものとし
て国土交通大臣の定める構造方法（令2国交告663）を用い
る場合。

なお，避難施設等について令117条2項に類似した別建築物
の扱いがあるが，排煙設備では準耐火構造や防火設備による区
画も認められる点が異なる。

(3)　**排煙設備を設けたと同等とみなされる場合**（平12建告
1436・四号）

次の①〜⑤のいずれかに該当する建築物又は建築物の部分は，
排煙設備を設置しなくても，設置したものと同様に扱われる。

①　階数2以下で200 m²以下の住宅又は長屋の住戸の居室で，
その居室床面積の1/20以上の換気上有効な窓その他の開口
部をもつもの

②　避難階又は避難階の直上階で，次のイ，ロに適合する部分
（適合部分）以外の建築物の部分が，

　・令126条の2，1項一号〜三号（表5.4.6の①②③）のいず
れか，

　・平12建告1436・三号のいずれか，

　・上記①下記③〜⑤のいずれか，に該当，

又は適合部分と適合以外の部分が準耐火構造の床・壁・防火
設備で区画されている場合

　イ．用途は，法別表第1(い)欄以外の用途，児童福祉施設等
（幼保連携型認定こども園を含む），博物館，美術館，図書
館

　ロ．主たる用途の各居室に屋外への出口等（屋外への出口，
バルコニー又は屋外への出口に近接した出口）その他その
各居室に容易に道に避難できる出口が設けられている

③　危険物の貯蔵場・処理場，自動車車庫，通信機械室，繊維
工場などで，法令の規定により不燃性ガス消火設備又は粉末
消火設備を設けたもの

④ 高さ31 m 以下の建築物の部分（地階に設ける法別表第1
（い）欄の建築物を除く）で，次のいずれかに該当するもの

・居室以外の室
$\begin{cases} \text{壁と天井の仕上材 ⇨ 準不燃材料} \\ \text{居室又は避難用の部分に面する開口部} \\ \qquad \text{⇨ 令112条19項一号の防火戸等} \\ \text{その他の開口部 ⇨ 戸又は扉を設置} \end{cases}$

・居室以外の室
$\begin{cases} \text{床面積100 m}^2\text{以下の室で，防煙壁による} \\ \text{区画をしたもの} \end{cases}$

・居　　　室
$\begin{cases} \text{100 m}^2\text{以内ごとに準耐火構造の床，壁又} \\ \text{は防火戸等（令112条19項一号）で区画し，} \\ \text{壁と天井の仕上材を準不燃材料としたもの} \end{cases}$

・居　　　室
$\begin{cases} \text{100 m}^2\text{以下で，壁と天井の仕上材を下地} \\ \text{とも不燃材料としたもの} \end{cases}$

⑤ 高さ31 m を超える建築物の室で次に該当するもの
床面積100 m² 以下の室で，耐火構造の床，壁又は防火戸
等（令112条19項一号，本書5−3章5(5)）で区画され，壁と
天井の仕上材を準不燃材料としたもの

(4) 排煙設備の構造（令126条の3，昭45建告1829）（図5.4.10）
排煙設備の構造は，次の①〜⑥による。

① 排煙設備の機構
排煙設備を設置する手順は，次のとおりである。

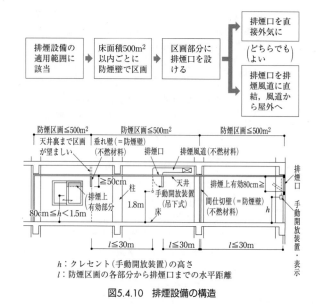

図5.4.10　排煙設備の構造

② 排煙口の設置場所，構造等（表5.4.7）

③ 排煙風道の構造等

　排煙口から屋外に至る風道（ダクト）の基準は，次のとおり（表5.4.8）。

④ 電源を必要とする排煙設備には予備電源を設ける。

⑤ 非常用エレベーターを設ける必要のある建築物，地下街（構えの合計>1,000 m²）の排煙設備の制御などは，中央管理室で行う（次の(5)の緩和がある）。

⑥ その他電気配線などについては，昭45建告1829，平12建告1437参照。

　閉鎖状態の保持等の基準や劇場・工場等の区画面積，排煙口の位置については，緩和の条件の告示がある（次の(5)～(7)）。

(5) 閉鎖状態の保持などの緩和（平12建告1436・一号）

　次の①，②の両方に該当する場合は，(4)の②排煙口の基準（表5.4.7）の㈣手動開放装置と㈤閉鎖状態の保持及び⑤中央管理室での制御等の規定は，適用しない。ただし，この場合でも，

表5.4.7　排煙口

(一)	材　　料	不燃材料で作る
(二)	設置場所	・区画内の各部分から30 m 以内の位置 ・天井又は天井から80 cm（防煙壁のたけが80 cm 未満のときはその寸法）以内の壁
(三)	風道との直結	直接外気に接する場合以外は風道と直結
(四)	手動開放装置*1	手動開放装置を設け，その手で操作する部分は，次による。 ・壁に設けるとき 　→床面から80 cm 以上，1.5 m 以下 ・天井から吊り下げるとき 　→床面から約1.8 m の位置 （見やすい方法で使用方法を表示する。）
(五)	閉鎖状態の保持*1	次の（　）内の場合を除き閉鎖状態を保持し，かつ，開放時に排煙に伴って生ずる気流により閉鎖するおそれのない構造の戸などを設ける。 （・四の手動開放装置又は煙感知器と連動する自動開放装置で開放された場合 ・遠隔操作方式による開放装置により開放された場合）
(六)	排煙機の設置	次の（　）の場合を除き，排煙機*2を設ける。 （排煙口が防煙区画部分の床面積の1/50以上の開口面積があり，かつ，直接外気に開放されている場合）

*1　平12建告1436による緩和がある（本節(5)参照）。
*2　排煙機は，1つの排煙口の開放により，自動的に作動し，1分間に120 m³ 以上（かつ，区画部分1 m³/m² 以上）の排出能力が要求される。なお，2以上の防煙区画用の排煙機は1分間に120 m³ 以上（かつ，最大区画部分2 m³/m² 以上）の排出能力が要求される。

表5.4.8　排煙風道

材料等	不　燃　材　料
金属製の場合	・小屋裏，天井裏，床裏などにある部分は金属以外の不燃材料で覆う。 ・木材などの可燃材料から15 cm 以上離す（めがね石などは緩和）。
防煙壁の貫通	風道との隙間をモルタルなどで埋める。

排煙機を用いた排煙設備には，手動始動装置を(4)の②㈣の方法で設ける。

① 　1つの防煙区画にかかる排煙設備であること

② 　排煙口は，常時開放状態が保てる構造であること

(6) **劇場，工場等の区画面積の緩和**（平12建告1436・二号）

　劇場・映画館・演芸場・観覧場・公会堂又は集会場の客席，体育館，工場については，次の①〜④の全てに該当する場合には，区画面積が500 m² を超えてもよい。

　なお，学校等や主要構造部が不燃材料の機械製作工場は令126条の2，1項ただし書で緩和されている（表5.4.6参照）。

① 　防煙壁で区画されていること

② 　天井（ない場合は屋根）の高さが3 m 以上であること

③ 　壁，天井（ない場合は屋根）の室内の仕上げは準不燃材料であること

④ 　排煙機を設けた排煙設備の排出能力は，1分間に500 m³ 以上，かつ，区画面積（2以上の区画のためのものではその合計）1 m²につき1 m³以上であること

(7) **天井高3 m 以上の室の排煙口**（平12建告1436・三号）

　天井高が3 m 以上の室の排煙口は，天井から下方へ80 cm を超える部分についても，次の①〜④の全てを満足すれば，有効とみなされる（図5.4.11）。

① 　床面からの高さが2.1 m 以上

② 　天井高の1/2 以上

③ 　防煙壁の下端より上方

④ 　排煙上有効

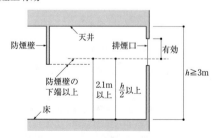

図5.4.11　排煙口の有効部分
（天井高が3 m 以上の場合）

6 非常用の照明装置

非常災害時における照明を確保し，避難・消火などの活動が
スムーズに行われるよう，不特定多数人の使用する建築物，大
規模建築物，無窓の居室をもつ建築物などに非常用の照明装置
を設置することを義務づけている。

(1) 非常用の照明装置を設ける建築物の部分（令126条の4）

次の①〜⑥のいずれかに該当する建築物の部分には，非常用
の照明装置を設ける。①〜④は居室，⑤は居室からの避難経路，
⑥はその他の部分である。

① 法別表第1(い)欄(1)項〜(4)項の特殊建築物の居室
② 階数≧3，かつ，延べ面積>500 m² の建築物の居室
③ 窓などの有効採光面積<床面積× 1/20 の居室
④ 延べ面積>1,000 m² の建築物の居室
⑤ ①〜④の居室から地上に通ずる廊下，階段など（採光上有
効に外気に開放されたものを除く）
⑥ ①〜⑤に類する建築物の部分で，通常照明装置を要する部
分

【適用除外部分】（令126条の4，1項ただし書）

次のいずれかに該当する部分には，非常用の照明装置は設け
なくてよい。

① 一戸建住宅，長屋又は共同住宅の住戸
② 病院の病室，下宿の宿泊室，寄宿舎の寝室など
③ 学校，体育館，ボーリング場，スキー場，スケート場，水
泳場又はスポーツの練習場（＝学校等）
④ 避難階又は避難階の直上・直下階の居室で避難上支障がな
いものなどとして国土交通大臣が定めるもの（平12建告
1411)*

* 次のいずれかに該当する居室（有効採光面積が床面積の1/20
以上の室に限る）及びこれに類する部分（＝居室等）
イ．避難階にある居室等で，居室等の各部分から屋外の出口の
一までの歩行距離が30 m 以下で，避難上支障のないもの
ロ．避難階の直上階又は直下階にある居室等で，屋外への出口
又は屋外避難階段に通ずる出入口までの歩行距離が20 m 以下
で，避難上支障のないもの

⑵ **非常用の照明装置の構造**（令126条の5，昭45建告1830）

① 照明方式と照度

　イ．照明は直接照明とし，照度は床面の水平面照度1ルクス
　　　（蛍光灯又はLEDランプの場合は2ルクス）以上とする。

　ロ．照度は，十分に補正された低照度測定用照度計を用いた
　　　物理測定方法により測る。

② 照明器具

　イ．照明器具は，耐熱性及び即時点灯性を有する白熱灯，蛍
　　　光灯又はLEDランプとする。

　ロ．照明器具（カバーなども含む）の主要部分は，難燃材料
　　　で造るか又は覆う。

③ 電源

　イ．常用の電源は，蓄電池又は交流低圧屋内幹線により，開
　　　閉器には非常用の照明装置用の表示をする。

　ロ．予備電源は，常用の電源が断たれた場合に自動的に切り
　　　替えられて接続され，常用の電源が復旧した際，自動的に
　　　切り替えられて復帰するものとする。

④ 蓄電池は30分間継続して点灯させる容量とする。

⑤ その他電気配線に関する規定などの詳細は，昭45建告1830
　　参照。

7　非常用の進入口

　火災時に，はしご付消防車による救助活動や消火活動を円滑
に進めるための規定である。したがって，消防車の進入の不能
な隣地との距離が4m未満の壁面や，はしごの到達できない
高さ31mを超える部分については，非常用のエレベーター等
により対処するので，進入口の設置は必要ない。

⑴ **非常用の進入口の設置義務**（令126条の6）

　建築物の高さ31m以下の部分にある3階以上の各階*には，
原則として非常用の進入口を設けなければならない。

　　＊　不燃性物品の保管などの火災発生のおそれの少ない用途の階
　　　や国土交通大臣が定める特別の理由により屋外からの進入を防
　　　止する必要がある階（放射性物質・細菌等を取り扱う建築物，
　　　冷蔵倉庫，留置所，金庫室その他，平12建告1438）で，その直
　　　上階又は直下階から進入できる階は除く。

進入口を設置する場所は，次の①又は②のいずれかの外壁面である。①と②の双方に設けるのが望ましいが，どちらか一方であれば，①に設けるのが原則であろう（図5.4.12）。

① 道（都市計画区域又は準都市計画区域内では法42条の道路―令20条2項一号）に面する外壁（図5.4.12の④面）

② 道（同上）に通ずる幅員4m以上の敷地内通路などに面する外壁（図5.4.12の⑧面）

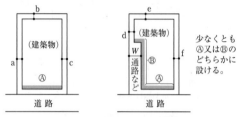

・W≧4m，a，b，c，d，e，f，がいずれも4m未満の場合
・■■■ 進入口又は進入口に代わる開口部を設ける外壁

図5.4.12　非常用の進入口の設置

【適用除外】（同条ただし書一号～三号）

次のいずれかに該当する場合には，非常用の進入口は設けなくてよい。

① 非常用エレベーターを設置している場合

② 道又は道に通ずる幅員4m以上の通路などに面する各階の外壁面10m以内ごとに窓など*がある場合（これを一般に「進入口に代わる開口部」又は「代替進入口」といい，正規の進入口よりむしろ一般的である。）

③ 吹抜けなど一定規模以上の空間で，その空間から容易に各階に進入できる高い開放性を有する通路等の国土交通大臣が定めた構造方法（平28国交告786）を用いるもの又は同大臣の認定を受けたものを設けている場合

＊ 「進入口に代わる開口部（代替進入口）」（図5.4.13）

次のイ又はロのいずれかに該当する開口部で，格子など屋外からの進入を妨げるものがないものをいう。網入りガラス入りの戸は，引き違い戸など一部を破壊して進入できるものはよいが，はめ殺し戸のように全体を破壊しないと進入できないものは認められない。

　イ．直径1mの円が内接できるもの
　ロ．幅75cm以上，高さ1.2m以上のもの

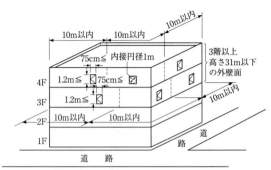

図：進入口に代わる開口部（代替進入口）
（10m以内は各階ごとに任意にとる）

図5.4.13　代替進入口の位置

⑵　**進入口の構造**（令126条の7，昭45建告1831）

　非常用の進入口の構造は，次の基準に適合するものとする
（図5.4.14）。

①　進入口の寸法：幅≧75cm，高さ≧120cm

　　　　　　　　　　床面からの高さ≦80cm

②　外部から開放又は破壊することにより進入できる。

③　バルコニー（奥行≧1m，長さ≧4m）を設置する。

④　次のような赤色灯の表示をする。

・進入口又はその近くに見やすい方法で掲示する。

・常時点灯（又はフリッカー状態）とする。

・一般の者が容易に電源を遮断できない構造とする。

・蓄電池（30分間点灯）などの予備電源を設ける。

・夜間，道などの空地の中心から識別できる明るさとする。

・直径10cm以上の半球が内接する大きさとする。

⑤　進入口である旨の表示をする（赤色反射塗料による一辺
20cmの正三角形）。

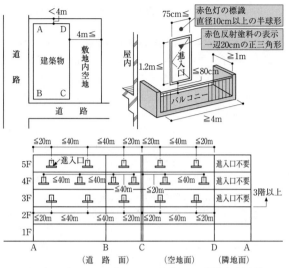

3階以上の各階ごとに，ABC間又はCD間のどちらか一方（道路面を優先し，できれば双方）に進入口又は窓等を設ける。

図5.4.14　非常用の進入口の設置と構造

8　非常用の昇降機 ——非常用エレベーター——

　火災時の避難，救助，消火活動のため，高さ31 m 以下の建築物では前節の非常用の進入口を設けるが，高さ31 m を超える建築物については，通常のはしご車が届かないので非常用エレベーターを設ける。

(1)　非常用エレベーターの設置義務（法34条2項）

　高さ31 m を超える建築物には，非常用エレベーターを設けなければならない。

【適用除外】（令129条の13の2）

　次のいずれかに該当する建築物には，設けなくてよい。

①　高さ31 m を超える部分が，階段室，昇降機など建築設備の機械室，装飾塔，物見塔，屋窓などである建築物

②　31 m を超える階の床面積合計が500 m² 以下の建築物

③　31 m を超える部分の階数が4以下で，主要構造部を耐火構造とし，100 m² 以内ごとに防火区画されている建築物

④　31 m を超える部分が，機械製作工場，不燃性物品倉庫などの建築物

(2)　非常用エレベーターの設置台数及び構造（令129条の13の 3，昭46建告112，平12建告1428，平28国交告697）

①　台数：高さが31 m を超える階で，床面積が最大の階の床面積が1,500 m² 以下の場合は 1 基，以下，3,000 m² 以内を増すごとに 1 基ずつ追加

②　乗降ロビー：非常用エレベーターには，他の用途とは兼用しない（特別避難階段の付室とは兼用してもよい），専用の乗降ロビーを設けなければならない（1 基につき10 m² 以上，避難階の直上階又は直下階などで乗降ロビーを設けることが構造上著しく困難な階及び避難階は除く）。このロビーは，消防による救出活動の基地であり，避難者の一時的な滞留場所でもあるので，他の部分との防火区画，消火設備などについての基準が定められている（詳細については，令129条の13の 3，3 項，13項及び平28国交告697参照）。

③　昇降路の区画：非常用エレベーターの昇降路及び機械室は，2 基以内ごとに，耐火構造の床，壁で区画する。

④　屋外への出口までの距離：避難階の昇降路の出入口[*1]から，屋外への出口[*2]までの歩行距離は，30 m 以下とする。

＊1　避難階では，必ずしも乗降ロビーは必要でないが，②の基準に適合した乗降ロビーを設けた場合は，その出入口からの歩行距離でよい。

＊2　道又は道に通ずる幅員 4 m 以上の通路，空地の類に接しているもの。

⑤　寸法：JIS A 4301，E-17-CO（定員17名）以上のものとする。

表5.4.9　**非常用エレベーター(業務用)の寸法**（JIS A 4301）

積　載　荷　重	1,150 kg	
最　大　定　員	17人	
籠　内　法　寸　法	間口180 cm　奥行150 cm	高さ230 cm
昇降路の最小寸法	間口240 cm　奥行240 cm	
有　効　出　入　口	幅　100 cm	高さ210 cm

⑥　定格速度：毎分60 m 以上

⑦ その他：予備電源，呼び戻し装置，中央管理室との連絡装置，籠を開いたまま昇降できる装置などが要求される。

9 敷地内の避難通路

(1) 屋外避難階段の出口及び非常口からの避難用通路（令128条）

敷地内には，屋外避難階段の出口及び一般の非常口から，道又は公園，広場などに通ずる幅員1.5 m（階数≦3 で延べ面積＜200 m² の建築物の敷地内は90 cm）以上の通路を設けなければならない。

〔注〕この出口は，建築物から地上又は屋外への出口なので，そこから道（都市計画区域又は準都市計画区域内では道路・令20条2項一号）などに通ずる幅員1.5 m以上の通路は，敷地内（すなわち「屋外」）に設けるものである。実際にはひさし下や屋外に十分開放されたピロティ状の部分で避難上支障のないものは認められることも考えられるが，原則として屋外の通路であることに注意を要する（特に，狭小敷地内の6階建以上の建築物で令121条1項六号イにより屋外避難階段を1箇所だけ設けるような場合など）。

(2) 大規模木造建築物等の敷地内避難通路（令128条の2）

大規模な木造建築物等の周囲に避難のための敷地内通路をとることを規定したものである。

① 1棟で延べ面積が1,000 m²を超える場合

道路側を除き，建築物の周囲に幅員3 m以上の通路を設ける。ただし，延べ面積3,000 m²以下の場合には，隣地境界線側は1.5 mまで緩和できる。

〔例〕図5.4.15の場合

$a \geq 3$ m，$b \geq 1.5$ m，

c，d は制限なし

ただし，

A>3,000 m²の場合は，

$b \geq 3$ m

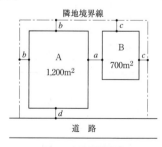

図5.4.15 避難通路
（1棟が1,000 m²を超える場合）

② 　2棟以上の合計が1,000 m² を超える場合には，1,000 m² 以内ごとに区画し，その周囲に通路を設ける。

〔例〕図5.4.16の場合

A＋B＝1,200 m²＞1,000 m²

B＋C＝900 m²＜1,000 m²

したがって，AとBの間に通路を設け，BとCの間には通路は必要ない。

$a \geqq 3$ m

このほかの制限はない。

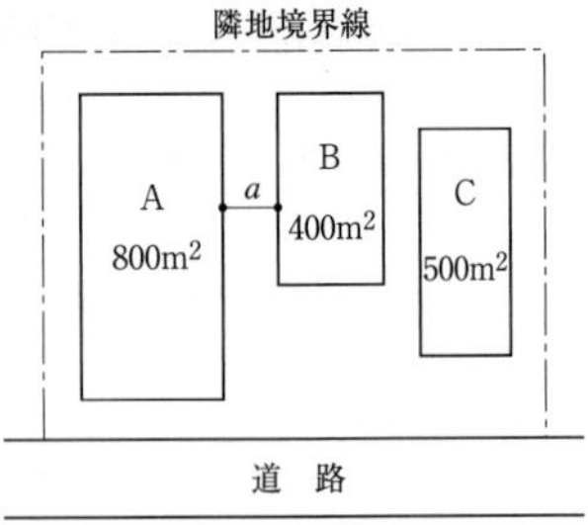

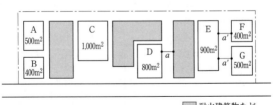

図5.4.16　避難通路
（2棟以上で1,000 m² を超える場合）

③ 　耐火建築物などが防火上有効に遮っている場合

準耐火建築物が木造建築物を1,000 m² 以内ごとに防火上有効に区画している場合は，②の規定は適用しない。ただし，木造の合計が3,000 m² を超える場合は，木造3,000 m² 以内ごとに幅員3 m の通路を設ける。

図5.4.17において，A＋B＋C＋D は，3,000 m² 以下で，E を加えると3,000 m² を超えるので，a の幅員は3 m 以上必要である。 a' は②の規定により3 m 以上必要である。

□耐火建築物など

図5.4.17　避難通路（耐火建築物などがある場合）

④ 　渡り廊下と通路

避難通路を横切ることができる渡り廊下は，次のイ〜ニによる。

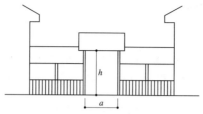

図5.4.18　渡り廊下と通路

イ．廊下の幅≦3 m

ロ．通路の幅 a ≧2.5 m

ハ．高さ h ≧3 m

ニ．通行，運搬専用とする。

10　地下街（令128条の3，昭44建告1729・1730）

地下街（地下工作物内の一般公共歩行のための道「地下道」とこれに面して設けられた店舗，事務所などの一団をいう。一般の建築物の地下室のことではない。）は，一度火災が発生すると，煙が充満し，消火活動も思うにまかせず，窒息による事故などの可能性も高いので，その安全性の確保のために，避難関係の規定が設けられている。店舗等の地下の構えは「建築物」であるが，地下道そのものは，建築物には該当しない（法2条一号）。

(1)　地下街の各構え

構えとは，地下街にある店舗などで独立した使用が可能で，管理が同一であり，用途上不可分の関係にあるものをいう。各構えは次の基準に適合していなければならない。

①　地下道に2 m以上の幅で接する。

②　各構え間及び構えと地下道間は，耐火構造の床，壁又は火災時に自動閉鎖する特定防火設備（煙感連動）で区画する。

③　各構えの居室の各部分から地下道への出入口までの歩行距離は，30 m以下とする。

④　各構えには，令112条7項〜11項，14項，16項，17項及び19項〜21項並びに令129条の2の4，1項七号の防火区画の規定を準用する（本書5−3章5参照）。

(2) 地下道の構造

　各構えが接する地下道は，次の基準に適合するものでなければならない。

① 壁，柱，床，梁，床版は，1 時間耐火以上とする。

② 幅員 5 m 以上，天井高 3 m 以上とし，段及び 1/8 を超える勾配を設けない。

③ 天井，壁の内装を下地とも不燃材料とする。

④ 各構えの接する部分から 30 m 以内に直通階段（幅≧140 cm，蹴上げ≦18 cm，踏面≧26 cm）を設ける。

⑤ 末端は，地下道の幅以上の幅員の出入口で道に通じさせる。

⑥ その他，政令及び告示参照。

(3) 条例による規定

　地方公共団体は，条例で，地下街に関して政令と異なる規定を設けることができる。

11　避難上の安全の検証

　廊下，直通階段，避難階段などの避難に関する一般的な仕様規定は，「避難上の安全の検証」を行うことにより，一部の規定の適用が除外される。典型的な「性能規定」である。

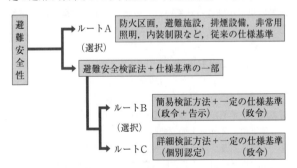

(1) 避難安全検証による適用除外規定

　避難安全検証により避難安全性能を有することが確かめられた建築物*の「区画部分」，「階」及び「建築物」については，一定の避難規定の適用が除外される（令128条の6，1項，129条1項，129条の2，1項，表5.4.10）。また，国土交通大臣の

認定を受けた場合もこれらの規定の適用が除外される。

　なお，開口部のない耐火構造の床，壁で区画された部分など（令117条2項各号，表5.4.1〔注〕参照）は，別の建築物とみなす。

＊　仕様規定適用除外の対象となる建築物は，主要構造部が準耐火構造又は不燃材料で造られたものに限られる。

表5.4.10　避難安全検証による適用除外規定一覧

検証法の種類	適用除外となる規定
区画避難 安全検証法	令126条の2（排煙設備の設置） 令126条の3（排煙設備の構造） 令128条の5（2項，6項，7項及び階段に係る部分を除く内装制限）
階避難 安全検証法	令119条（廊下の幅） 令120条（直通階段の設置） 令123条3項一号，二号，十号，十二号（特別避難階段の付室・出入口の特定防火設備等・床面積） 令124条1項二号（大規模物品販売店の避難階段等に通ずる出入口の幅） 令126条の2（排煙設備の設置） 令126条の3（排煙設備の構造） 令128条の5（2項，6項，7項及び階段に係る部分を除く内装制限）
全館避難 安全検証法	令112条7項，11項～13項，18項（11階以上の防火区画，竪穴区画，異種用途区画） 令119条（廊下の幅） 令120条（直通階段の設置） 令123条1項一号，六号，2項二号，3項一号～三号，十号，十二号（屋内避難階段の区画・出入口の戸，屋外避難階段の出入口の戸，特別避難階段の付室・区画・出入口の戸・床面積） 令124条1項（大規模物品販売店の特別避難階段への出入口等の幅） 令125条1項，3項（避難階での屋外への出口までの歩行距離等） 令126条の2（排煙設備の設置） 令126条の3（排煙設備の構造） 令128条の5（2項，6項，7項及び階段に係る部分を除く内装制限）

(2)　避難安全性能

①　区画避難安全性能（令128条の6，2項）

当該区画部分のいずれの室（＝火災室*）で火災が発生した場合でも，その区画部分に存する者の全てが，区画部分から区画部分以外の所定の部分等までの避難を終了するまでの間，区画部分の各居室及び各居室から区画部分以外の部分等に通ずる主たる廊下などの建築物の部分において，避難上支障がある高さまで煙又はガスが降下しない性能をいう。

＊　火災室：火災の発生のおそれの少ないものとして国土交通大臣が定める室（昇降機室などの設備機械室，不燃物保管室，廊下・階段などの通路，便所など。平12建告1440）を除く。

②　階避難安全性能（令129条2項）

当該階のいずれの室（＝火災室*）で火災が発生した場合でも，その階に存する者（＝在階者。その階を通らなければ避難できない者を含む。）の全てが，その階から直通階段（避難階又は地上に通じるものに限る。）の1つまでの避難（避難階では地上までの避難）を終了するまでの間，その階の各居室と各居室から直通階段（避難階では地上）に通ずる主な廊下などの避難経路において，避難上支障がある高さまで煙又はガスが降下しない性能をいう。

③　全館避難安全性能（令129条の2，2項）

火災時に，その建築物に居る者（＝在館者）の全てがその建築物から地上までの避難を終了するまで，その建築物の各居室と各居室から地上に通じる主な廊下などの避難経路において，避難上支障がある高さまで煙又はガスが降下しない性能をいう。

(3)　避難安全検証法

避難上の安全を検証する方法には，建築物の「区画部分」を対象に区画避難安全性能を検証する「区画避難安全検証法」，建築物の「階」を対象に階避難安全性能を検証する「階避難安全検証法」と「建築物全体（全館）」を対象に全館避難安全性能を検証する「全館避難安全検証法」とがある。

① 区画避難安全検証法（令128条の 6 ）

　火災時に区画部分から区画部分以外の部分への避難が安全に行われることを，国土交通大臣が定める方法[*1]による各居室からの避難時間と区画部分からの避難時間の 2 段階に分けて検証する（避難時間判定法）。また，居室避難終了時の煙又はガスの高さと区画部分避難終了時の煙又はガスの高さの 2 段階に分けて検証する方法（煙高さ判定法）もある。

　　[*1]　令 2 国交告509「区画部分からの避難に要する時間に基づく区画避難安全検証法に関する算出方法等」，令 3 国交告474「火災により生じた煙又はガスの高さに基づく区画避難安全検証法に関する算出方法等」

【避難時間判定法】

a．居室からの避難時間の検証

在室者全員がその居室から廊下等に避難するのに要する時間	$\leqq$	その居室で発生した煙・ガスが避難上支障ある高さまで降下する時間

b．区画部分からの避難時間の検証

区画部分にいる全員がその区画部分から避難するのに要する時間	$\leqq$	他の居室と通路に煙・ガスが避難上支障ある高さまで降下する時間

【煙高さ判定法】

a．居室避難終了時の煙又はガスの高さの検証

在室者全員がその居室から廊下等に避難終了した時の煙又はガスの高さ（各居室）	$\leqq$	避難上支障のある高さとして国土交通大臣が定める高さ

b．区画部分避難終了時の煙又はガスの高さの検証

区画部分にいる全員がその区画部分から避難終了した時の煙又はガスの高さ（各居室＋通路）	$\leqq$	避難上支障のある高さとして国土交通大臣が定める高さ

② 階避難安全検証法（令129条）

　火災時に各階からの避難が安全に行われることを，国土交通大臣が定める方法[*2]による各居室からの避難時間と各階

からの避難時間の2段階に分けて検証する。また，令和2年の政令改正により，居室避難終了時の煙又はガスの高さと，階避難終了時の煙又はガスの高さの2段階に分けて検証する方法が追加された。

> ＊2　令2国交告510「階からの避難に要する時間に基づく階避難安全検証法に関する算出方法等」，令3国交告475「火災により生じた煙又はガスの高さに基づく階避難安全検証法に関する算出方法等」

【避難時間判定法】

a．居室からの避難時間の検証

在室者全員がその居室から廊下等に避難するのに要する時間	≦	その居室で発生した煙・ガスが避難上支障ある高さまで降下する時間

b．階からの避難時間の検証

在階者全員がその階からの避難を終了するまでに要する時間	≦	他の居室と通路に煙・ガスが避難上支障ある高さまで降下する時間

【煙高さ判定法】

a．居室避難終了時の煙又はガスの高さの検証

在室者全員がその居室から廊下等に避難終了した時の煙又はガスの高さ	≦	避難上支障のある高さとして国土交通大臣が定める高さ

b．階避難終了時の煙又はガスの高さの検証

在階者全員がその階から避難終了した時の煙又はガスの高さ（各居室＋廊下等）	≦	避難上支障のある高さとして国土交通大臣が定める高さ

③　全館避難安全検証法（令129条の2）

火災時に建築物全体からの避難が安全に行われることを，各階について階避難安全検証法により確かめ，在館者全員の避難時間又は煙・ガスの高さを次により検証する。全館避難安全性能を有することを全館避難安全検証法で確かめた建築物を全館避難安全性能確認建築物という。

【避難時間判定法】*3*4

在館者全員が地上に避難を終了するまでに要する時間*3	≦	火災室の煙・ガスが，階段や直上階以上の階の一に流入するのに要する時間*3

＊3　令2国交告511「建築物からの避難に要する時間に基づく全館避難安全検証法に関する算出方法等」

＊4　令3国交告476「火災により生じた煙又はガスの高さに基づく全館避難安全検証法に関する算出方法等」

【煙高さ判定法】*4

在館者全員が地上に避難を終了した時の煙又はガスの高さ（階段部分＋直上階以上の各階）	≦	避難上支障のある高さとして国土交通大臣が定める高さ

5

4

第6章

都市計画区域等における建築制限
〈集団規定〉

　建築基準法第3章の規定は，都市における土地利用の調整と環境の保護を図るために定められた都市計画的な建築基準で，区域や地域，道路関係などの立地条件によって，敷地や建築物の位置，用途，面積，形態などを制限するもので，原則として都市計画区域及び準都市計画区域内に適用される＊（法41条の2）。

　＊　都市計画区域等外の適用については本書6-7章2参照。

　これらの制限は，一般に「集団規定」と呼ばれ，表6.1.1のような内容から成りたっている。

表6.1.1　集団規定の概要

規定の分類	主 な 規 定
道 路 関 係	道路の定義，敷地と道路との関係，道路内の建築制限，私道の変更等，壁面線
用 途 地 域	用途地域等内の建築制限，特別用途地区，特定用途制限地域，卸売市場などの位置
面 積 制 限 等	容積率，建蔽率，外壁の後退距離，敷地面積の最低限度
高 さ 制 限	高さの限度，各部分の高さ，日影規制
防 火 地 域	防火地域・準防火地域内の建築制限
各種地区制限等	特例容積率適用地区，高層住居誘導地区，高度地区，高度利用地区，総合設計制度，特定街区，都市再生特別地区，特定防災街区整備地区，景観地区，地区計画等

6-1

道路関係

1　道路・道・通路

「道路」という用語と「道路に関する規定」は，法第３章中に規定されており，原則として都市計画区域及び準都市計画区域内に限って適用される（法41条の２）。したがって，都市計画区域等の内外を問わず適用される単体規定（法19条，令20条，126条の６など）では，道路とはいわず「道」というが，この場合でも，都市計画区域等内では，法42条の道路をいう（令20条２項一号）。また，敷地内の歩行経路は，一般に「通路」という（令128条など）。そして，道路，道，通路の幅を特に「幅員」*¹と呼び，建築物内部の出入口や廊下，階段の「幅」と区別している。

道路は，用途地域とともに，集団規定の基礎となるもので，敷地の接道義務，道路内の建築制限，建蔽率・容積率の算定条件，高さ制限などに関係する*²。

＊１　道路の幅員：一般に路面と側溝の幅の合計をいい，法敷は道路敷には含むが幅員には算入しない（昭27.1.12.住指発1280，図6.1.1）。
＊２　本書本章の道路関係規定については，「建築基準法道路関係規定運用指針（平成19年６月策定，21年１月改訂）」が国土交通省から地方自治法245条の４，１項の技術的助言として示されている。

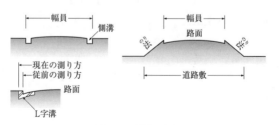

図6.1.1　道路の幅員

2　道路の定義

道路とは，原則として幅員が4m以上の公道などをいうが，一定の条件に該当する既存の道で特定行政庁が指定したものは，従前からの幅員が4m未満であっても道路とみなされる。また，特定行政庁が指定した区域内では，最低道路幅員を6mとすることがある（平成4年改正）。

(1)　**幅員4m以上（又は6m以上）の道路**（法42条1項）

次の①〜⑤のいずれかに該当する幅員4m以上（「道路6m区域」*¹内では6m以上）のもの（地下におけるものを除く。）を，原則の道路とする。

① 道路法による道路（国道，都道府県道，市区町村道など。なお，自動車専用道路は，法44条の道路内建築制限の規定以外は道路とみなさない。）

② 都市計画法，土地区画整理法，旧住宅地造成事業に関する法律，都市再開発法，新都市基盤整備法，大都市地域における住宅地等の供給の促進に関する特別措置法又は密集市街地における防災街区の整備の促進に関する法律によって造られた道路

③ 都市計画区域・準都市計画区域の指定・変更又は法68条の9，1項の規定に基づく条例の制定・改正により，この章の規定が適用されるに至った際*²，現に存在する道（一般の私道で，特別な指定などのないもの）

④ 道路法，都市計画法など①と②の法律による新設又は変更の事業計画のある道路で，2年以内にその事業が執行される予定のものとして特定行政庁が指定したもの（「法42条1項四号の指定道路」ともいう。）

⑤ 土地を建築敷地とするため，①と②の法律によらずに，令144条の4の基準*³に適合して築造する道で，特定行政庁の指定を受けたもの*⁴·*⁵（「法42条1項五号の指定道路」又は「位置指定道路」という。）

　　*1　「道路6m区域」：特定行政庁が，その地方の気候若しくは風土の特殊性又は土地の状況により必要と認めて，都道府県都市計画審議会の議を経て指定する区域（以下，本書では「道路6m区域」と略す。）内では，道路幅員は6m以上とする。法42条2項及び3項（次項の(2)）においても同

　　　様に，4mを6mに置き換えて適用される。
* 2 「この章（法第3章）の規定が適用されるに至った際」とは，建築基準法の施行日（昭和25年11月23日）に既に都市計画区域内であったところでは昭和25年11月23日をいう。次項の(2)「2項道路」の場合も同様である。
* 3 「道路の指定基準」（令144条の4，図6.1.2）
　　　a) 原則として両端が他の道路に接続していること。ただし，既存部分を含む袋路状部分の延長が35m以下の場合，終端が公園など自動車の転回に支障がないものに接続する場合，終端と延長35m以内ごとに自動車の転回広場（昭45建告1837）がある場合，幅員が6m以上の場合又は特定行政庁が周囲の状況により避難・通行の安全上支障がないと認めた場合には，袋路状道路（行止り道路）とすることができる。
　　　b) 交差点や屈曲点（内角120°以上の場合は除く）には，隅角をはさむ2辺を各々2mとした二等辺三角形の隅切りを設けること。ただし，特定行政庁がやむを得ないと認めた場合又は必要がないと認めた場合には，緩和されることがある。
　　　c) 砂利敷などぬかるみとならない構造とし，排水施設を設けること。
　　　d) 縦断勾配は12%（≒1/8.3）以下とし，かつ，階段状としないこと，など。
　　　e) 地方公共団体は，条例で，これらの基準と異なる基準を定めることができる（緩和する場合はあらかじめ国土交通大臣の承認を得なければならない）。

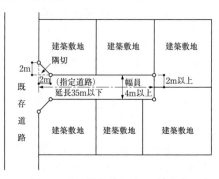

図6.1.2　指定道路の例（令144条の4）

* 4 「道路位置の指定手続」（規則9条，10条）
　　　道路位置の指定を受けようとする者は，申請書正副2通に，それぞれ附近見取図（案内図），地籍図（道路の位置，延長，幅員，地境，地番，地目，土地・建物の権利者名などを明示），

道路敷地となる土地の所有者，その土地・建築物・工作物の関係権利者及びその道を令144条の4，1項，2項の基準に適合するよう管理する者の承諾書を，特定行政庁に提出して指定を受ける。指定後は，公告し，申請者に通知される。

＊5 「建築基準法以前に指定された建築線」（法附則5項）

旧市街地建築物法7条ただし書の規定により指定された建築線で，その間の距離が4m以上のもの（昭和13年以降は幅員4m以上が基準となった。それ以前は2.7m以上だった。）は，その建築線の位置に，法42条1項五号の規定による道路の位置の指定があったものとみなす。

(2) **幅員4m未満（又は6m未満）の道路**（法42条2項，3項）

都市計画区域・準都市計画区域の指定・変更又は法68条の9，1項の規定に基づく条例の制定・改正により，この章（法第3章）の規定が適用されるに至った際（前項(1)の＊2参照），現に建築物が立ち並んでいる幅員4m未満（「道路6m区域」内では6m未満）の道で，特定行政庁が指定＊1したものは，道路とみなされる（一般に「法42条2項道路」，「2項道路」，「みなし道路」などという）。

この場合，道路の中心線から両側に2m＊2ずつ振り分けた線（片側が河川や高い崖などの場合には，それらの境界線から敷地側に一方的に4m＊2後退した線）を道路の境界線とみなし，建て替えの進行とともに幅員4m（又は6m）の道路ができることを法的に期待している＊3, ＊4（図6.1.3〜6.1.4）。

幅員が1.8m未満の道を法42条2項道路に指定する場合は，建築審査会の同意が必要である。

＊1 法42条2項道路の指定は，一般に特定行政庁の細則又は告示で行うが，文章による一括指定が多く，個別指定はきわめて少ない。また，必ずしも道路ごとの個別の図面が作成されているとは限らないので，確認申請の都度，2項道路かどうか，その中心線はどこかなどを過去の確認事例などを参考に判定することが多かったが，平成20年の規則改正（施行は22年4月1日）により，法42条1項五号の道路指定の場合と同様に，一定の事項を公告するとともに，指定道路図や指定道路調書を作成する場合は一定の様式によることとなった（規則10条，10条の2）。

＊2 「道路6m区域」内では，道路中心線から3m後退した線（片側が河川や高い崖などの場合には，それらの境界線から敷地側に一方的に6m後退した線）を，道路境界線とみなす。

　　ただし，特定行政庁が周囲の状況により避難及び通行の安全上支障がないと認める場合は，一般の区域と同様，中心線から2m（又は河川などから一方的に4m）後退した線を道路境界線とみなす。

*3　従前の道の境界線と道路の境界線とみなす線（後退線）との間の敷地部分（図6.1.3のハッチ部分）は道路とみなされ，建築物や擁壁を突出させてはならず（法44条），また当該部分は敷地面積に算入しない（令2条1項一号）。

*4　特定行政庁は，土地の状況によりやむを得ない場合には，建築審査会の同意を得て，道路中心線から水平距離を1.35m以上，2m未満，崖等の境界線からの水平距離を2.7m以上，4m未満の各範囲（最終幅員2.7m以上，4m未満）で，指定することができる（法42条3項，6項。「法42条3項道路」という）。

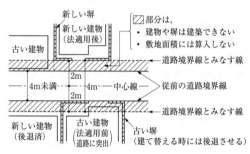

図6.1.3　法42条2項道路 (1)

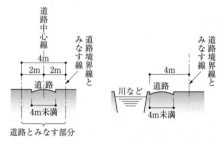

図6.1.4　法42条2項道路 (2)

(3)　「道路6m区域」内の幅員6m未満の既存道路等（法42条2項，4項，5項）

　「道路6m区域」内の幅員6m未満の道で，特定行政庁が次の①〜③のいずれかに該当すると認めて指定したものは，幅員

が6m未満のままでも，1項（前記(1)）の道路とみなされる。

① 周囲の状況により避難及び通行の安全上支障がないと認められる幅員4m以上，6m未満の道

② 地区計画等に定められた道の配置と規模に即して築造される幅員4m以上，6m未満の道

③ 道路6m区域が指定された際，現に道路とされていた道（幅員4m未満のものも含む）

　特定行政庁が指定した③の幅員4m未満の道は，2項の規定にかかわらず，「道路6m区域」が指定された際，道路境界線とみなされていた線（中心線から2m後退した線等）をその道路の境界線とみなす（同条5項）。

(4) 指定道路等の公告・通知，指定道路図及び指定道路調書

　（規則10条，10条の2，施行日：平成22年4月1日）

a. 特定行政庁は，法42条1項四号・五号，2項，4項又は法68条の7，1項による指定をしたときは，道路の種類，指定年月日，道路の位置・延長・幅員を公告する。

b. 法42条3項による道路の水平距離指定の場合は，指定年月日，道路の位置・延長及び水平距離を公告する。

c. 申請に基づく指定の場合は，申請者に通知する。

d. 特定行政庁が，指定道路図及び指定道路調書を作成し保存する場合の形式等は，次のとおりである。

　・指定道路図は，少なくとも道路の種類と位置を，付近の地形・方位を表示した1/2,500以上の平面図に表示する。

　・指定道路調書は，指定道路ごとに，上記の公告事項を記載するなど，所定の様式により，申請者名も記載する。

　・水平距離指定の場合も，同様に公告事項等を記載する。

　・指定道路図・調書は，電子処理される場合もある。

　・これらは，法93条の2による閲覧の対象となる（本書4章27参照）。

3　建築敷地と道路との関係 ——接道基準——

(1) 接道基準の原則（法43条1項，2項）

　建築物の敷地は，原則として，道路に2m以上接しなければならない。ただし，次の①と②の道路は，敷地が接する道路

としては認められない。以下，次項の道路内の建築制限（法44条1項）の規定以外は全て同じ（道路とは認められない）。

① 自動車専用道路

② 地区計画*の区域内にあるもの

 * 地区整備計画が定められた区域のうち，建築物等の敷地として併せて利用すべき区域として定められた区域に限る。

(2) 接道基準の認定による緩和（法43条2項一号）

敷地が幅員4m以上の道*[1]に2m以上接する建築物のうち，利用者が少数であるものとして，用途及び規模に関し規則10条の3，3項*[2]で定める基準に適合するもので，特定行政庁が交通上，安全上，防火上及び衛生上支障がないと認めるものは，2m以上の接道長さの規定が緩和される。

 *1 道路に該当するものを除き，次のいずれかに当たるもの（規則10条の3，1項）。
  ① 農道等の公共用の道
  ② 令144条の4，1項各号の道に関する基準（前項(1)*3参照）に適合する道

 *2 延べ面積（同一敷地内に2以上の建築物がある場合は延べ面積の合計）が200 m²以内の一戸建ての住宅。

(3) 接道基準の許可による緩和（法43条2項二号，規則10条の3，4項）

「敷地の周囲に広い空地を有する建築物その他の国土交通省令で定める基準に適合する建築物で，特定行政庁が交通上，安全上，防火上及び衛生上支障がないと認めて建築審査会の同意を得て許可したもの」は，2m以上の接道長さの規定が緩和される。施行規則に定められた基準は，次の①～③のいずれかに当たるものである。

① その敷地の周囲に公園,緑地,広場等広い空地を有すること

② その敷地が農道その他これに類する公共の用に供する道（幅員≧4m）に2m以上接すること

③ その敷地が，十分な幅員（建築物の用途，規模，位置及び構造に応じて，避難及び通行の安全等の目的を達するために十分な幅員）のある通路（道路に通ずるもの）に有効に接すること

⑷　**条例による接道基準の強化**（法43条3項）

　次の①〜⑤の建築物の敷地と道路との関係については，建築物の用途・規模・位置に応じた避難・通行の安全のために地方公共団体（都道府県，市町村など）の条例で，制限を付加することができる。

① 特殊建築物
② 階数3以上の建築物
③ 無窓居室*を有する建築物
④ 延べ面積（同一敷地内に2以上の建築物がある場合は延べ面積の合計）が1,000 m²を超える建築物
⑤ 敷地が袋路状道路（一端のみが他の道路に接続したものをいう）にのみ接する延べ面積が150 m²を超える建築物（一戸建ての住宅を除く）

　　＊ 無窓居室（令144条の5，116条の2，本書表5.3.6）

【制限条例の例】

① 用途・規模などに応じた敷地の接する道路の幅員
② 用途・規模などに応じた接道長さ
③ 路地状部分の形態

⑸　**幅員4m未満の道路にのみ接する敷地**（法43条の2）

　特定行政庁が指定した法42条3項道路（最終幅員4m未満）にのみ接する敷地内の建築物について，地方公共団体は，条例で，その敷地，構造，建築設備又は用途に関して必要な制限を定めることができる。

4　道路内の建築制限（法44条，令145条）

① 建築物（門，塀を含む）───┐
② 敷地を造成するための擁壁 ──┘ →｛原則として，道路内又は道路に突き出して建築し，築造してはならない。

〔注〕1）軒やひさし，一時的に突出する戸なども建築物の一部なので禁止される。
　　　2）擁壁以外の工作物（看板など）は，建築基準法上は制限されない。

【例外として道路内に建築できるもの】（法44条1項ただし書）

　道路内建築制限の趣旨を損なわない程度に応じて，建築主事等の確認のみによる緩和（①），特定行政庁の認定による緩和

（③）及び特定行政庁の許可による緩和（②,④）がある。

① 地盤面下に建築するもの（地階，基礎，地下街等）

② 公衆便所，巡査派出所その他これらに類する公益上必要な建築物で，特定行政庁が通行上支障がないと認めて建築審査会の同意を得て許可したもの——バス停留所の上家（昭49住街発1283），道路附属物（昭45同1550），駐輪場（昭54東住街発15）なども認められる。

③ 地区計画の区域*内の道路の上空又は路面下で，当該地区計画と令145条１項の基準に適合し，特定行政庁が安全上，防火上及び衛生上支障がないと認めるもの

　　＊　地区整備計画が定められた区域のうち，建築物等の敷地として併せて利用すべき区域として定められた区域に限る。

④ 公共用歩廊（アーケード）その他令145条２項，３項で定める建築物で，特定行政庁が，安全上，防火上及び衛生上他の建築物の利便を妨げ，その他周囲の環境を害するおそれがないと認めて許可したもの——この許可にあたって，特定行政庁は，建築審査会の同意を必要とする（法44条２項，本書４章19許可申請，26建築審査会参照）。

　〔例〕公共用歩廊（アーケード，昭30住指発５他），上空歩廊，最低限度高度地区内の自動車専用道路上空，高架道路の路面下，自動車専用道路内の休憩所・給油所・自動車修理所など

　上空の渡り廊下等（通行又は運搬の用途に供するもの）としては，政令に次の３種のものが定められている（令145条２項）。また，屋外面に落下のおそれのある材料を用いないなどの許可基準もある（同条３項）。

一）学校，病院，老人ホーム等で，生徒，患者，老人などの通行の危険防止上必要なもの

二）５階以上に設けられるもので，建築物の避難施設として必要なもの

三）多人数通行又は多量の物品の運搬の用途に供するもので，道路交通の緩和に役立つもの

5　私道の変更・廃止の制限（法45条）

　特定行政庁は，私道（法42条 1 項三号・五号，同条 2 項など）の変更や廃止によって，その私道に接する敷地が法43条の接道基準に適合しなくなるような場合には，その変更や廃止を禁止し又は制限することができる。

　変更・廃止の手続きは，特定行政庁の規則（施行細則）で定めていることが多い。国の施行規則では指定手続きのみを定めている（規則 9 条）。

6　地区計画等と道路

(1)　道路指定の特例（法68条の 6 ）

　地区計画等*に道の配置及び規模又は区域が定められている場合には，その地区計画等の区域内における道路位置の指定（法42条 1 項五号）は，原則としてこれらの計画に定められた道の配置に即して行わなければならない。ただし，地区計画，防災街区整備地区計画，歴史的風致維持向上地区計画，沿道地区計画又は集落地区計画の区域は，それぞれ，再開発等促進区若しくは開発整備促進区又は地区整備計画，地区防災施設の区域若しくは防災街区整備地区整備計画，歴史的風致維持向上地区整備計画，沿道再開発等促進区若しくは沿道地区整備計画又は集落地区整備計画が定められている区域に限る。次項(2)の場合も同じ。

　　*　地区計画等：法 2 条三十三号，都市計画法12条の 4 ，本書 2 章25，9 章 3 (9)参照。

(2)　予定道路の指定（法68条の 7 ）

　特定行政庁は，地区計画等に道の配置及び規模又は区域が定められている場合で，次の①～③のいずれかに該当するときは，その地区計画等の区域において，その道の配置及び規模に即して，令136条の 2 の 7 の指定基準により，予定道路を指定することができる。

①　指定について，予定道路の敷地となる土地の利害関係者（所有者等・令136条の 2 の 8 ）の同意を得たとき

②　土地区画整理事業等により主要な区画道路が整備された区域内で，指定する予定道路が当該区画道路と一体となった細

　　街路網を形成するとき

③　地区計画等で配置と規模が定められた道の相当部分が既に
　　整備されている場合で，整備されていない道の部分に建築物
　　の建築などが行われると，その整備された道の機能を著しく
　　阻害するおそれがあるとき

【建築審査会の同意等】（法68条の7，2項，3項）

　　予定道路の指定にあたっては，あらかじめ利害関係者の出頭
を求めて公開による意見の聴取を行ったうえ，建築審査会の同
意を得る。

【予定道路内の建築制限】（同条4項）

　　予定道路内では，法44条の規定を準用し，建築物の建築及び
擁壁の築造は，原則として禁止される。

【予定道路を前面道路とみなす場合】（同条5項，6項）

　　建築敷地が予定道路に接するとき又は建築敷地内に予定道路
があるときで，特定行政庁が，交通上，安全上，防火上及び衛
生上支障がないと認め，建築審査会の同意を得て許可した場合
には，その予定道路を容積率計算の場合の前面道路とみなして
法52条2項～7項，9項の規定を適用する。この場合には，予
定道路部分は敷地面積から除く。また，特定行政庁が，交通上，
安全上，防火上及び衛生上支障がないと認めたとき（許可は不
要）は，道路高さ制限等（法56条1項一号～三号）について，
予定道路を前面道路とみなす（令131条の2，2項，135条の3，
1項三号，135条の4，1項三号）。

7　壁面線

(1)　壁面線の指定（法46条）

　　特定行政庁は，街区内の建築物の位置を整えて環境の向上を
図るために必要があると認めるときは，壁面線の指定をすること
ができる。壁面線を指定する場合には，利害関係者の出頭を
求めて公開による意見の聴取を行ったうえ，建築審査会の同意
を得なければならない。

⑵　**壁面線による建築制限**（法47条）（図6.1.5）

$$\left.\begin{array}{l}建築物の壁,　柱,\\2\,m を超える門,　塀\end{array}\right\} \rightarrow \left\{\begin{array}{l}壁面線を越えて\\建築してはなら\\ない。\end{array}\right.$$

〔注〕地盤面下のもの，特定行政庁が建築審査会の同意を得て許可
　　したアーケードなどは緩和される。

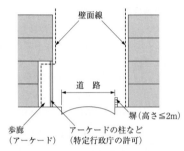

図6.1.5　壁面線の例

⑶　**壁面線による容積率制限の緩和**（法52条11項～13項）

　壁面線の指定があると，都市計画道路の場合（同条10項，本
書6-3章1⑹参照）と同様，建築審査会の同意を得た特定行
政庁の許可又は特定行政庁の指定により，壁面線の位置まで道
路とみなされて道路幅員による容積率制限が緩和されることが
ある（本書6-3章1⑺，⑻参照）。

⑷　**壁面線による建蔽率の緩和**（法53条4項）

　壁面線の指定がある場合に，特定行政庁の許可により，建蔽
率制限が緩和されることがある（本書6-3章3⑶参照）。

6-2

用途地域制

1 用途地域の種類と目的

建築物の用途を地域によって制限することにより，都市の住環境の保護，商業・工業の利便増進など合理的な土地利用を図ろうとするもので，都市計画区域内の主として市街化区域内に表6.2.1にあげる13種類の用途地域が指定される（都市計画法8条，9条，13条）。ただし，都市計画区域内全てを13種類に分類するのではなく，都市計画区域内であっても用途地域の指定がない区域もある。準都市計画区域内においても，用途地域

表6.2.1　用途地域の種類と目的

用途地域の種類		目　　　　　的
住居系	第一種低層住居専用地域	低層住宅の良好な住環境を保護
	第二種低層住居専用地域	主に低層住宅の良好な環境を保護
	第一種中高層住居専用地域	中高層住宅の良好な住環境を保護
	第二種中高層住居専用地域	主に中高層住宅の良好な環境を保護
	第一種住居地域	住居の環境を保護
	第二種住居地域	主に住居の環境を保護
	準 住 居 地 域	沿道の業務の利便及びこれと調和した住居の環境を保護
	田 園 住 居 地 域	農地と調和した低層住宅に係る良好な住環境を保護
商業系	近隣商業地域	近隣住宅地のための店舗等の利便を増進
	商 業 地 域	主に商業等の業務の利便を増進
工業系	準 工 業 地 域	主に環境悪化のおそれのない工業の利便を増進
	工 業 地 域	主に工業の利便を増進
	工 業 専 用 地 域	工業の利便を増進

6

を指定できる（都市計画法8条2項）。

建築基準法の用途地域制の変遷では，大きな改正が2回あり，主に住居系地域が細分化してきたことがわかる（図6.2.1）。なお，図6.2.1において，左右の関係は制限内容からみた目安である。

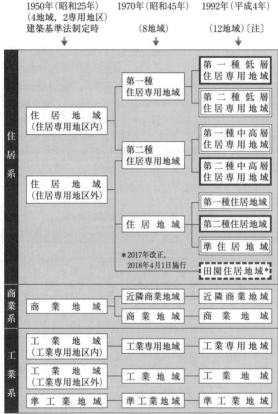

〔注〕1992年改正の地域のうち，□内は新設の地域，■内は左側地域の名称変更に近いもの。ただし，名称変更の有無にかかわらず制限内容の変更がある。

また，⫶⫶⫶内は2017年（平成29年）の都市緑地法改正に伴い，準住居地域の次に新たに「田園住居地域」が加わり，13地域となった（施行は2018年4月1日）。適用は同地域の指定後となる。

図6.2.1　用途地域の変遷

2　用途地域等内の建築制限（法48条，別表第２）

法別表第２には，各用途地域及び用途地域の指定のない区域内において，それぞれ原則として建築できる建築物又は禁止される建築物の用途が定められている。

これらの用途地域間の禁止関係は，準工業地域内で禁止される用途（同表(る)項）は，個室付浴場，ヌード劇場等を除き，全て商業地域内でも禁止され（同表(ぬ)項一号），商業地域内で禁止される用途は全て近隣商業地域内でも禁止され（同表(り)項一号），近隣商業地域内で禁止される用途は全て準住居地域内でも禁止される（同表(と)項一号）。以下同様に，第一種低層住居専用地域までは，順次制限が厳しくなっていく。これとは逆に，工業地域内で禁止される用途は全て工業専用地域内でも禁止される（同表(わ)項一号）。なお，この関係は，田園住居地域内では，第一種・第二種低層住居専用地域などと同様，許容用途が定められている点でこれと異なる（同法(ち)項一号）。

用途地域等内の建築制限は表6.2.2〜6.2.3のとおり。

表6.2.2　用途地域等内の建築制限 (1)

用途地域等	建築と用途変更が禁止される建築物
① 第一種低層住居専用地域 （法別表第２ (い)項）	（下記以外の建築物） 住宅，店舗・事務所兼用住宅（令130条の３），共同住宅，寄宿舎，下宿，学校（大学・高専・専修学校・各種学校を除く），図書館等，神社・寺院・教会等，老人ホーム・保育所・福祉ホーム等，公衆浴場（個室付浴場業を除く），診療所，巡査派出所・公衆電話所等（令130条の４）及びこれらの附属建築物（令130条の５を除く）
② 第二種低層住居専用地域 （(ろ)項）	（下記以外の建築物） ①列挙の建築物，店舗・飲食店等（≦150㎡で２階以下・令130条の５の２），これらの附属建築物（令130条の５を除く）
③ 第一種中高層住居専用地域 （(は)項）	（下記以外の建築物） ①列挙の建築物，大学・高専・専修学校等，病院，老人福祉センター・児童厚生施設等，店舗・飲食店等（≦500㎡で２階以下・令130条の５の３），300㎡以下の車庫・都市計画の車庫（２階以下），公益上必要な建築物（令130条の５の４），これらの附属建築物（令130条の５の５を除く）

④ 第二種中高層 住居専用地域 ((に)項)	⑤～⑨列挙の建築物，工場（作業場≦50 m²のパン屋・米屋など令130条の6は許容），ボーリング場・スケート場・水泳場等の運動施設（令130条の6の2），ホテル・旅館，自動車教習所，畜舎（>15 m²・令130条の7），3階以上を③列挙以外の用途に供するもの，③列挙以外の用途が1,500 m²を超えるもの
⑤ 第一種住居地域 ((ほ)項)	⑥列挙の建築物，マージャン屋・ぱちんこ屋・射的場・勝馬投票券発売所・場外車券売場等，カラオケボックス等，③列挙以外の用途が3,000 m²を超えるもの（令130条の7の2を除く）
⑥ 第二種住居地域 ((へ)項)	⑦・⑨列挙の建築物，原動機使用の工場（作業場>50 m²），劇場・映画館・演芸場・観覧場，ナイトクラブ，ダンス兼飲食営業施設（令130条の7の3），車庫（>300 m²又は3階以上，令130条の8で定める附属車庫又は都市計画決定車庫を除く），倉庫業を営む倉庫，店舗・飲食店・展示場・遊技場・勝馬投票券発売所・場外車券売場等（>10,000 m²・令130条の8の2）
⑦ 準住居地域 ((と)項)	⑨列挙の建築物，原動機使用の工場（作業場>50 m²，ただし自動車修理工場の作業場150 m²），同項三号列挙の事業を営む工場（令130条の8の3を除く），危険物の貯蔵・処理場（令130条の9），ナイトクラブ，ダンス兼飲食営業施設（令130条の9の2），劇場等の客席・店舗・飲食店・遊技場・勝馬投票券発売所・勝舟投票券発売所等（>10,000 m²・令130条の8の2）
⑧ 田園住居地域 ((ち)項)	（下記以外の建築物） ①列挙の建築物，農産物の生産，集荷，処理又は貯蔵に供するもの（令130条の9の3で定めるものを除く），農業の生産資材の貯蔵に供するもの，地域で生産された農産物の販売を主とする店舗等（令130条の9の4で定めるもので500 m²以内で2階以下の使用），それ以外の店舗や飲食店等で令130条の5の2で定める150 m²以内のもの等
⑨ 近隣商業地域 ((り)項)	⑩列挙の建築物，キャバレー・料理店・ナイトクラブ等，個室付浴場業等（令130条の9の5）
⑩ 商業地域 ((ぬ)項)	同項三号に列挙の工場，⑪列挙の工場及び危険物貯蔵・処理場（令130条の9），原動機使用の工場（作業場>150 m²，自動車修理工場の作業場>300 m²（日刊新聞の印刷所は規模制限なし）），危険物の貯蔵・処理場（令130条の9）
⑪ 準工業地域 ((る)項)	同項一号に列挙の工場，危険物貯蔵・処理場（令130条の9），個室付浴場業等（令130条の9の5）

⑫ 工業地域 ((を)項)	ホテル・旅館，キャバレー・料理店・ナイトクラブ等，個室付浴場業等，劇場・映画館・演芸場・観覧場，学校，病院，店舗・飲食店，遊技場・勝馬投票券発売所等（＞10,000 m²・令130条の8の2）
⑬ 工業専用地域 ((わ)項)	⑫列挙の建築物，住宅，共同住宅・寄宿舎・下宿，老人ホーム・福祉ホーム等，物品販売店・飲食店，図書館・博物館等，ボーリング場・スケート場・水泳場等の運動施設（令130条の6の2），マージャン屋・ぱちんこ屋・射的場・勝馬投票券発売所・場外車券売場など
⑭ 無指定区域 （市街化調整区域を除く） ((か)項)	劇場・映画館・演芸場・観覧場の客席，店舗，飲食店，展示場，遊技場，勝馬投票券発売所，場外車券売場等（＞10,000 m²・令130条の8の2）

表6.2.3　用途地域内の建築制限 (2)

用途地域（略称） 建築物の用途		住 居 系							商業系		工業系		
		一種低層住居専用	二種低層住居専用	一種中高層住居専用	二種中高層住居専用	一種住居	二種住居	田園住居	近隣商業	商業	準工業	工業	工業専用
居住用	住宅，共同住宅，寄宿舎，下宿	○○	○○	○○	○○○	○	○○		○○		○○	○○	×
	小店舗事務所等兼用住宅*1	○○	○○	○○	○○○	○	○○		○○		○○	○○	×
文教施設	幼稚園，小・中・高校，中等教育学校，特別支援学校	○○	○○	○○	○○○	○	○○		○○		*29 ○×	*29 ×	×
	大学・高専・専修学校等*2	××	××	○○	○○○	×	○○		○○		*29 ○×	*29 ×	×
	図書館，郷土資料館など*3	○○	○○	○○	○○○	○	○○		○○		○○	○○	×
	自動車教習所 ≦3,000 m²	××	××	○○○		×	○○		○○		○○	○○○	
	同上　＞3,000 m²	××	××	×○○		×	○○		○○		○○	○○○	
宗	神社，寺院，教会	○○	○○	○○		○	○○		○○		○○	○○○	

福祉・衛生・公益施設	診療所*7, 保育所, 普通公衆浴場など	○○	○○	○○○	○	○○	○○○
	老人ホーム, 福祉ホームなど	○○	○○	○○○	○	○○	○○×
	巡査派出所, 公衆電話所等の公益施設*4	○○	○○	○○○	○	○○	○○○
	郵便業務用施設（≦500 m²）*4	○○	○○	○○○	○	○○	○○○
	老人福祉センター, 児童厚生施設（≦600 m²）*4	○○	○○	○○○	○	○○	○○○
	同上　（>600 m²）	××	○○	○○○	×	○○	○○○
	税務署, 警察署, 保健所, 消防署など, 4階以下*5	××	○○	○○○	×	○○	○○○
	同上　5階以上*6	××	××	○○○	×	○○	○○○
	病院*7	××	○○	○○○	×	○○	○××
商業・業務施設	店舗・飲食店≦150 m²で, 2階以下	*8 ×△	○○	○○○	*8,10 ○	○○	○○×
	150 m²<店舗・飲食店≦500 m²で, 2階以下	××	*9 △○	○○○	*10 △	○○	○○×
	500 m²<店舗・飲食店≦1,500 m² で, 2階以下*9	××	×○	○○○	×	○○	○○×
	1,500 m²<店舗・飲食店≦3,000 m² で, 2階以下	××	××	○○○	×	○○	○○×
	3,000 m²<店舗・飲食店≦10,000 m²	××	××	×○○	×	○○	○○×
	10,000 m²<店舗・飲食店*11	××	××	×××	×	○×	○××
	事務所≦1,500 m²で, 2階以下	××	×○	○○○	×	○○	○○○
	上記以外の事務所≦3,000 m²	××	××	○○○	×	○○	○○○
	3,000 m²<事務所	××	××	○○○	×	○○	○○○
	ホテル・旅館≦3,000 m²	××	××	○○○	×	○○	○××

区分	項目						
	3,000 m²<ホテル・旅館	××	××	×○○	×	○○	○××
	倉庫業を営む倉庫	××	××	××○	×	○○	○○○
自動車車庫 [12]	附属車庫A　≤600 m², 1 階以下, ≤車庫以外の床面積 [13]	○○	○○	○○○	○	○○	○○○
	附属車庫A　600 m²<A≤3,000 m², ≤車庫以外の床面積かつ, 2 階以下 [13][14]	××	○○	○○○	×	○○	○○○
	附属車庫A　>3,000 m², 2 階以下, ≤車庫以外の床面積 [15]	××	××	[16] ○○○	×		
	附属車庫A　上記以外	××	××	×××	×	××	×××
	単独　≤300 m², 2 階以外 [16]	××	○○	○○○	×	○○	○○○
	単独　>300 m² 又は 3 階以上 [18]	××	××	××○	×	○○	○○○
運動施設等	ボーリング場, スケート場, 水泳場, スキー場, ゴルフ練習場, バッティング練習場 ≤3,000 m²	××	××	○○○	×	○○	○○×
	上記の運動施設 >3,000 m²	××	××	×××	×	○○	○○×
風俗営業等	マージャン屋, ぱちんこ屋, 射的場, 勝馬投票券発売所, 場外車券売場など [19]	××	××	[20][21] ×△△	×	○○	[20] ○△×
	カラオケボックスなど	××	××	[20][21] ×△△	×	○○	[20][20] ○△△
	キャバレー, 料理店など	××	××	×××	×	×○	○××
	個室付浴場業など [22]	××	××	×××	×	×○	×××
集会施設 [11]	劇場, 映画館, 演芸場, 観覧場（客席<200 m²）	××	××	××○ [23]	×	[23] ○○	[23] ○××
	劇場, 映画館, 演芸場, 観覧場（客席≥200 m²） [11]	××	××	×××	×	[23] ○○	[23] ○××

*24 工場	作業場≤50 m² で，危険性や環境悪化のおそれが微小の工場	× ×	×△ *25	○○○	×	○○	○○○
	50 m²＜作業場≤150 m² の自動車修理工場	× ×	× ×	× ×○	×	○○	○○○
	50 m²＜作業場≤150 m² の工場又は危険性や環境悪化のおそれが小の工場	× ×	× ×	× ×○	×	○○	○○○
	作業場≤50 m²，原動機≤0.75 kW で，自家販売目的で地産品使用の食品製造業を営む店舗	○	○	○	○	○	○
	日刊新聞の印刷所，150 m²＜作業場≤300 m² の自動車修理工場	× ×	× ×	× × ×	×	○○	○○○
	作業場＞150 m² の工場又は危険性や環境悪化のおそれが中程度の工場	× ×	× ×	× × ×	×	× ×	○○○
	危険性や環境悪化のおそれが大の工場	× ×	× ×	× × ×	×	× ×	×○○
*26 危険物施設	火薬類，石油類，ガスなどの危険物の貯蔵又は処理量が，少ない施設	× ×	×△ *27	△○○ *28	×	○○	○○○
	〃，やや少ない施設	× ×	× ×	× × ×	×	○○	○○○
	〃，やや多い施設	× ×	× ×	× × ×	×	× ×	○○○
	〃，多い施設	× ×	× ×	× × ×	×	× ×	×○○

〔注〕工作物への準用（法88条2項）
　　　上記建築物のほか，製造施設，貯蔵施設，遊戯施設等の工作物（コンクリートプラント等のプラント類，機械式駐車装置，高さ8mを超えるサイロ，コースター等の遊戯施設，汚物処理場等の処理施設）についても，法48条の用途規制の規定が準用される（法88条2項，令138条3項，本書7章7参照）。

＊1　第一種低層住居専用地域内で建築できる兼用住宅（法別表第2(い)項二号，令130条の3）
・非住宅部分の面積
　　延べ面積の 1/2 以下，かつ，50 m² 以下
・非住宅部分の用途

2

① 事務所
② 日用品販売店，食堂，喫茶店
③ 理髪店，美容院，クリーニング取次店，質屋，貸衣装屋，貸本屋などのサービス業店舗
④ 原動機出力が0.75 kW 以下の洋服店，畳屋，建具屋，自転車店，家庭電気器具店などのサービス業店舗
⑤ 自家販売のための食品製造業（食品加工業を含む）を営むパン屋，米屋，豆腐屋，菓子屋など（出力0.75 kW 以下）
⑥ 学習塾，華道教室，囲碁教室など
⑦ 0.75 kW 以下の原動機使用の美術品・工芸品を製作するアトリエ又は工房

＊2　第一種・第二種低層住居専用地域及び田園住居地域内で禁止され，第一種・第二種中高層住居専用地域内で建築できる学校には，各種学校がある。

＊3　第一種低層住居専用地域内で建築できる「図書館その他これらに類するもの」（法別表第2(い)項四号）
　　博物館のうち，考古資料館・郷土資料館など地域に関係のあるものは認められるが，広範囲を対象とする大規模な博物館は原則として禁止される（昭46住街発966）。その他の類似用途には，研究所などがある。

＊4　第一種低層住居専用地域内で建築できる公益上必要な建築物（法別表第2(い)項九号，令130条の4）
① 郵便法の規定により行う郵便業務用施設≦500 m²
② 地方公共団体の支庁又は支所，老人福祉センター，児童厚生施設など≦600 m²
③ 近隣公園内の公衆便所・休憩所
④ 路線バスの停留所の上家
⑤ 認定電気通信事業用（床面積≦700 m²の電気通信交換所・電報業務取扱所），電気事業用（開閉所，電圧＜17万 V，かつ，容量＜90万 kVA の変電所），ガス事業用（バルブステーション，ガバナーステーション等），LPG販売事業用（貯蔵・処理量≦3.5 t），水道事業用（給水能力≦6 m³/分），所定の公共下水道用，所定の都市高速鉄道用（昭45建告1836）

＊5　第一種中高層住居専用地域内で建築できる公益施設（法別表第2(は)項七号，令130条の5の4）
① 税務署，警察署，保健所，消防署その他これらに類するもの（4階以下に限る。）
② 認定電気通信事業用（電気通信交換所，電報業務取扱所，2階以下，かつ，床面積≦1,500 m²のその他の施設），電気事業用変電所（電圧＜30万 V，かつ，容量＜110万 kVA），ガス事業用（床面積≦1,500 m²）（平5建告1451）

＊6　第一種住居地域内で建築できる大規模建築物（法別表第2(ほ)項四号，令130条の7の2）
　　一種中高層住専内で禁止される用途は，原則として3,000 m²以下に制限されるが，次のいずれかに該当するものは建築できる。
① 税務署，警察署，保健所，消防署など
② 認定電気通信事業用（平5建告1436）
③ 一定の附属車庫（＊15参照）

＊7　病院：病床20以上のものをいう。
　　診療所：病床19以下のものをいう（医療法1条の5）。

＊8　第二種低層住居専用地域及び田園住居地域内で建築できる小規模店舗

など（法別表第2(ろ)項二号，(ち)項五号，令130条の5の2）

次のいずれかに該当し，2階以下に設けるもので，150 m² 以内

① 日用品販売店，食堂，喫茶店

② 理髪店，美容院，クリーニング取次店，質屋，貸衣装屋，貸本屋などのサービス業店舗

③ 洋服屋，畳屋，建具屋，自転車店，家庭電気器具店などのサービス業店舗で，作業場≦50 m²，原動機出力≦0.75 kW

④ 自家販売用食品製造業（加工業を含む）を営むパン屋，米屋，豆腐屋，菓子屋などで，作業場≦50 m²，原動機出力≦0.75 kW

⑤ 学習塾，華道教室，囲碁教室など

＊9　第一種中高層住居専用地域内で建築できる店舗など（法別表第2(は)項五号，令130条の5の3）

次のいずれかに該当し，2階以下に設けるもので，500 m² 以内

① ＊8の②〜⑤

② 物品販売店（専ら性的好奇心をそそる写真などを販売する店舗（アダルトショップ）を除く），又は飲食店

③ 銀行の支店，損害保険代理店，宅地建物取引業の店舗などのサービス業店舗

＊10　田園住居地域内で建築できる農業の利便を増進するために必要な店舗，飲食店等（法別表第2(ち)項四号，令130条の9の4）

① 田園住居地域及びその周辺の地域で生産された農産物の販売を主たる目的とする店舗

② ①の農産物を材料とする料理の提供を主たる目的とする飲食店

③ 自家販売のために食品製造業を営むパン屋，米屋，豆腐屋，菓子屋など（①の農産物を原材料とする食品の製造又は加工を主たる目的とするものに限る。）で，作業場≦50 m²，原動機出力≦0.75 kW

＊11　用途無指定区域（市街化調整区域を除く）では建築できない（法別表第2(か)項）。

＊12　自動車庫の面積は，「建築物の車庫の床面積＋工作物の車庫の築造面積」による。

＊13　第一種・第二種低層住居専用地域及び田園住居地域内で禁止される附属車庫（法別表第2(い)項十号，(ろ)項三号，(ち)項六号，令130条の5）

① 一般の附属車庫の場合（②の場合を除く）

（車庫の床面積合計）＋（同一敷地内建築物に附属する50 m²を超える工作物車庫の築造面積）＞600 m²（車庫を除く建築物の床面積合計が600 m²以下の場合は，その面積，又は2階以上の部分

② 法86条の一団地認定による公告対象区域内の建築物の附属車庫の場合

——次のいずれかに該当するもの——

イ．（車庫の床面積合計）＋（同一敷地内の建築物に附属する工作物車庫の築造面積）＞2,000 m²，（ロに該当するものを除く）

ロ．（車庫の床面積合計）＋（同一団地内建築物に附属する，車庫の床面積合計＋工作物車庫の築造面積）＞（敷地ごとの①による附属車庫の床面積合計の上限値の合計）

③ 2階以上の部分

＊14　第一種中高層住居専用地域内で禁止される附属車庫（令130条の5の5）

——次のいずれかに該当するもの——

① 一般の附属車庫の場合

＊13①のうち，50 m²を300 m²，600 m²を3,000 m²と置き替えたもの

②　法86条の一団地認定による公告対象区域内の建築物の附属車庫の場合

＊13②のうち，2,000 m² を10,000 m² と置き替えたもの

③　3 階以上の部分

＊15　第一種住居地域内に建築できる附属車庫（大規模建築物）（法別表第2(ほ)項四号，令130条の7の2）

3,000 m² を超える自動車車庫で，次のいずれかに該当するもの

①　一般の附属車庫の場合

（車庫の床面積合計）＋（同一敷地内建築物に附属する工作物車庫の築造面積）≦当該敷地内建築物の車庫を除く延べ面積合計，かつ，2 階以下の部分

②　法86条の一団地認定による公告対象区域内の建築物の附属車庫の場合

（車庫の床面積合計）＋（同一団地内建築物に附属する，車庫の床面積合計＋工作物車庫の築造面積）≦（当該団地内の車庫を除く建築物の延べ面積の合計），かつ，2 階以下の部分

③　都市計画決定された自動車車庫

＊16　第二種住居地域内に建築できる附属車庫（法別表第2(へ)項四号，令130条の8）

＊15と同じ。

＊17　第一種中高層住居専用地域内で建築できる単独車庫（法別表第2(は)項六号）

都市計画決定された車庫は，2 階以下の制限はあるが，面積制限はない。

＊18　都市計画決定された単独の自動車車庫（法別表第2(へ)項四号，(ほ)項四号，(に)項七号，八号）

①　第二種住居地域内——面積，階とも制限なし。

②　第一種住居地域内——3,000 m² 以内，階の制限はない。

③　第二種中高層住居専用地域内——1,500 m² 以内，2 階以下。

＊19　用途無指定区域（市街化調整区域を除く）では，遊技場，勝馬投票券発売所，車券売場，勝舟投票券発売所で10,000 m² を超えるものは建築できない（法別表第2(か)項，令130条の8の2，2 項）。

＊20　遊技場，勝馬投票券発売所，場外車券売場，場外勝舟投票券発売所で10,000 m² を超えるものは建築できない（法別表第2(へ)項六号，(を)項七号，令130条の8の2，1 項）。

＊21　遊技場，勝馬投票券発売所，車券売場，勝舟投票券発売所で10,000 m² を超えるものは建築できない（法別表第2(と)項六号，令130条の8の2，2 項）。

＊22　個室付浴場業の類似用途（令130条の9の5）

商業地域以外では全て禁止される個室付浴場業の類似用途は，次のとおり。

・ヌードスタジオ，のぞき劇場，ストリップ劇場，専ら異性を同伴する客の休憩の用に供する施設（ラブホテル），専ら性的好奇心をそそる写真その他の物品の販売を目的とする店舗（アダルトショップ）その他これらに類するもの

＊23　＊22にあげたものは禁止

＊24　工場は，原動機使用で，作業場の床面積（準住居地域は50 m²，商業地域は150 m² など）及び業態の制限がある（法別表第2各項）。

＊25　第二種中高層住居専用地域内の工場（法別表第2(に)項二号，令130条の6）

　　第二種中高層住居専用地域内では，工場は原則として禁止されるが，次の全ての条件に適合する工場は建築できる。
① 業態：パン屋，米屋，豆腐屋，菓子屋などの食品製造業（魚肉の練製品の製造，糖衣機を使用する製品は除く。）
② 作業場の床面積：50 m² 以内
③ 原動機の出力の合計：0.75 kW 以下

*26　危険物の制限種別と数量等は，貯蔵と処理の場合に分けて，令130条の9に規定がある。
*27　第二種中高層住居専用地域内では，2階以下，延べ面積1,500 m² 以下の制限もある。
*28　第一種住居地域内では，2階以下，延べ面積3,000 m² 以下の制限もある。
*29　工業地域及び工業専用地域内では，幼稚園を含む「学校」は原則として禁止されるが，「幼保連携型認定こども園」は建築できる（平成27年4月1日施行）。

3　用途地域内の建築制限の特例

(1)　異なる用途地域にわたる敷地（法91条）

　敷地が2種以上の用途地域にわたる場合には，全敷地について，その過半の属する地域の用途規制を適用する。敷地内の建築物の位置は関係ない。

　3つの用途地域にわたるなど過半の地域がない場合は，2つの地域で可能な用途は建築できると考えるのが妥当である。

〔例〕第二種中高層住居専用地域300 m²，第一種住居地域400 m²，近隣商業地域300 m²の敷地では，第一種住居地域と考えればよい（第一種住居地域で許容される用途は，近隣商業地域も含めて敷地の過半で許容される）。

(2)　用途変更への準用（法87条2項）

　用途地域規制は，建築物を建築する場合だけでなく，既存建築物の用途を変更する場合にも適用されるが，類似用途相互間の用途変更には適用されない（令137条の19，本書7章5(7)参照）。

(3)　許可による制限の緩和（法48条1項〜14項ただし書，他）

　原則として建築が禁止される用途の建築物でも，下記の要件により特定行政庁の許可を受ければ建築することができる（法48条1項〜14項のただし書，法68条の3，6項，8項，9項）。

【許可の要件等】
① 各用途地域の目的を害するおそれがないと認められ又は公益上やむを得ない（工業地域のみ公益上必要）と認められる

こと（全地域共通）

②　用途地域内で，かつ，地区計画又は沿道地区計画の区域のうち再開発等促進区又は沿道再開発等促進区内に建築する場合は，これらの地区計画で定められた土地利用に関する基本方針に適合し，かつ，これらの地区計画の区域における業務の利便の増進上やむを得ないと認められること

③　第二種住居・準住居・工業地域，用途無指定区域（市街化調整区域を除く）内で，かつ，地区計画の区域のうち開発整備促進区内に建築する場合は，地区計画で定められた土地利用に関する基本方針に適合し，かつ，地区計画区域における商業等の業務の利便の増進上やむを得ないと認められること

④　歴史的風致維持向上地区計画の区域内では，上記の①又は同地区計画の土地利用基本方針に適合し，かつ，同地区計画の区域における歴史的風致の維持，向上を図るうえでやむを得ない場合。

⑤　許可の前に，特定行政庁が，利害関係者の出頭を求めて公開による意見の聴取を行うこと（法48条15項）。ただし，既に特例許可を受けた建築物等で，次の範囲内で増築，改築又は移転する場合には，許可は必要だが，意見の聴取は必要ない（同条16項一号，令130条１項）。

イ．許可を受けた敷地内での増築等であること

ロ．増・改築後の用途規制に適合しない部分の床面積の合計（たとえば工場の作業場の床面積の合計）が，許可を受けたその床面積の合計を超えないこと

ハ．増築等後の用途規制に適合しない原動機の出力等が，許可を受けたその出力等を超えないこと

⑥　許可の前に，特定行政庁が，建築審査会の同意を得ること（法48条15項）。ただし，上記⑤ただし書の場合と，騒音・振動の発生等による住居の環境の悪化を防止するために必要な規則10条の４の３の措置がされた日常生活に必要な次の建築物の場合には，許可は必要だが，同意は必要ない（同条16項二号，令130条２項）。

イ．日用品販売を主たる目的とする店舗で第一種・第二種低層住居専用地域内のもの

　　ロ．給食調理場（複数の学校で給食を実施するために必要な
　　　施設）で第一種・第二種中高層住居専用地域，第一種・第
　　　二種住居地域又は準住居地域内のもの

　　ハ．自動車修理工場で第一種・第二種住居地域又は準住居地
　　　域内のもの

⑦　許可には条件を付けることができる（法92条の2）。条件は
　建築物又はその敷地を交通上，安全上，防火上又は衛生上支
　障がないものとするために付すものであって，その許可を受
　けた者に不当な義務を課すものであってはならない。この許
　可条件に違反した場合には，違反建築物として法9条の取締
　りの対象となる。

(4)　認定による制限の緩和（法68条の3，7項）

　第二種住居・準住居・工業地域，用途無指定区域（市街化調
整区域を除く）内で，かつ，地区計画の区域のうち開発整備促
進区内に10,000 m² を超える大規模店舗等を建築する場合は，
地区整備計画の内容に適合し，交通上等支障がないことにより
特定行政庁の認定を受ければ建築することができる。

(5)　流通業務地区内及び臨港地区内の用途制限

　流通業務市街地法による「流通業務地」内及び，港湾法によ
る臨港地区の「分区」内では，別途用途制限があるので，法48
条及び49条の用途地域・特別用途地区内の用途制限の規定は適
用しない（流通業務市街地法5条，港湾法58条，本書11-7章(9)，
同章(10)参照）。

4　既存不適格建築物の増改築（令137条の7）

　新たに用途地域が指定されたり，従前と異なった用途地域の
指定を受けたり，法改正により制限内容が変わったりしたため
に，従前の規定には適合していたが，新しい用途地域制限に適
合しなくなった建築物については，一定の範囲（本書7章表
7.4参照）で，増改築できる。

　〔例〕用途地域の指定のない区域で，次の製粉工場を営んでい
　　たところ，新たに準住居地域の指定を受けた場合，作業場の
　　床面積（>50 m²）と原動機の出力（>2.5 kW）が不適格に
　　なるが，次の表6.2.4にあげる床面積，出力数だけ増築又は

増設することができる。

　作業場を16 m²まで増築した場合，他の部分（事務所等）は，
40 − 16 = 24（m²）増築できる。

表6.2.4

	基準時	基準時以後増築できる限度
作 業 場 の 床 面 積	80 m²	80 × 0.2 = 16 m²
原 動 機 の 出 力	5 kW	5 × 0.2 = 1 kW
敷地内の延べ面積	200 m²	200 × 0.2 = 40 m²

5　特別用途地区（法49条）

　特別用途地区は，用途地域内の一定の地区において，その地
区の特性にふさわしい土地利用の増進，環境の保護などの特別
の目的の実現を図るため用途地域の指定を補完して定められる
地区で，目的を明らかにした特別用途地区の種類などは都市計
画に定められる（都計法8条3項一号，9条14項）。

　特別用途地区内の建築物の用途制限・禁止に関して必要な規
定は，地方公共団体の条例で定められる。この条例では，一般
には用途制限が付加されるが，国土交通大臣の承認を得て，法
48条の用途制限を緩和することもできる。

　令和3年3月末現在，全国の都市で，特別工業地区(256)，
文教地区(34)，小売店舗地区(9)，事務所地区(5)，厚生地区
(2)，娯楽レクリエーション地区(25)，観光地区(13)，特別業
務地区(73)，中高層階住居専用地区(12)，研究開発地区(6)，
その他の地区(329)が指定されている。

6　特定用途制限地域（法49条の2，令130条の2）

　特定用途制限地域は，都市計画区域又は準都市計画区域内で
用途地域が定められていない土地の区域（市街化調整区域を除
く。）に指定されるもので（都市計画法8条1項二号の二，同
条2項），この区域内における建築物その他の工作物に関する
制限は，建築基準法に基づく地方公共団体の条例により定めら
れる。条例による用途制限は，この地域の良好な環境の形成又
は保持に貢献する合理的な制限であることが明らかでなければ

ならない。なお，この条例には，既存不適格建築物に対する適用除外の規定，特例による許可に関する規定も設けることとされている。

7 用途地域地区内の建築物の用途以外の建築制限の付加（法50条）

用途地域，特別用途地区，特定用途制限地域，都市再生特別地区，居住環境向上用途誘導地区又は特定用途誘導地区内の建築物の敷地，構造又は建築設備に関する制限で，その地域地区の目的のため必要なものは，地方公共団体の条例で定める。

〔例〕第二種住居地域内に特別工業地区を指定して法49条の条例で一定の地場産業を緩和する場合に，住環境保護のため法50条の条例で工場の構造制限を強化する場合などがある。

8 卸売市場等の位置（法51条，令130条の2の2，130条の2の3）

卸売市場，と畜場，火葬場，汚物処理場，ごみ焼却場その他令130条の2の2で定める処理施設は，用途地域の制限に適合させるほか，原則として都市計画でその敷地の位置が決定しているものでなければ新築又は増築してはならない。

ただし，次の①又は②に該当する場合は新築又は増築することができる。

① 政令で定める小規模な範囲の場合（令130条の2の3）

② 特定行政庁が都道府県都市計画審議会（市町村都市計画審議会が置かれている市町村が定めるべき都市計画の場合はその審議会）の議を経て，都市計画上支障がないと認めて許可した場合（建築審査会の同意は不要）

6-3

容積率・建蔽率・外壁の位置等

1 容積率制限（法52条）

(1) 容積率の限度 ——指定容積率と基準容積率——

　容積率（建築物の延べ面積の敷地面積に対する割合〔延べ面積÷敷地面積〕）は，用途地域や前面道路の幅員などに応じて表6.3.1にあげる数値以下とする。この制限により土地の利用率が決まる。

① 指定容積率：用途地域の指定に伴い，都市計画で定める容積率の限度をいう。

② 基準容積率：敷地内に建築できる容積率の限度で，都市計画で定める指定容積率と前面道路の幅員による容積率のうち，小さい方をとる。

表6.3.1　容積率の限度一覧表

用途地域・地区等	都市計画の原則	道路幅員 W (m)[*1]が12 m 未満の場合
第一種・第二種低層住居専用[*2*3]，田園住居[*2*3]	$\dfrac{5}{10}, \dfrac{6}{10}, \dfrac{8}{10}, \dfrac{10}{10}, \dfrac{15}{10}, \dfrac{20}{10}$ のうち，都市計画で定めるもの	左の割合以下で，かつ，$W \times \dfrac{4}{10}$ 以下
第一種・第二種中高層住居専用[*2*3]，第一種・第二種住居[*2*3*4]，準住居[*2*3*4]	$\dfrac{10}{10}, \dfrac{15}{10}, \dfrac{20}{10}, \dfrac{30}{10}, \dfrac{40}{10}, \dfrac{50}{10}$ のうち，都市計画で定めるもの	左の割合以下で，かつ，$W \times \dfrac{4}{10}$ 以下 $\left(\begin{array}{c}\text{特定行政庁が指}\\\text{定した区域では，}\\W \times \dfrac{6}{10} \text{以下}\end{array}\right)$

6

近隣商業 *2*3*4, 準工業 *2*3*4	$\dfrac{10}{10},\ \dfrac{15}{10},\ \dfrac{20}{10},\ \dfrac{30}{10},\ \dfrac{40}{10},\ \dfrac{50}{10}$ のうち，都市計画で定めるもの	左の割合以下で， かつ， $W \times \dfrac{6}{10}$ 以下 $\left(\begin{array}{l}\text{特定行政庁が指}\\\text{定した区域では，}\\ W \times \dfrac{4}{10} 以下\\ \text{又は，}\\ W \times \dfrac{8}{10} 以下\end{array}\right)$ $\left(\begin{array}{l}\text{第一種・第二種}\\\text{住居地域，準住}\\\text{居地域の高層住}\\\text{居誘導地区内で}\\\text{は，住宅比率}\\ 2/3 \text{以上の建築}\\\text{物以外の建築物}\\\text{は，}\\ W \times \dfrac{4}{10} 以下\end{array}\right)$
工　業*2*3, 工業専用	$\dfrac{10}{10},\ \dfrac{15}{10},\ \dfrac{20}{10},\ \dfrac{30}{10},\ \dfrac{40}{10}$ のうち，都市計画で定めるもの	
商　業*2*3	$\dfrac{20}{10},\ \dfrac{30}{10},\ \dfrac{40}{10},\ \dfrac{50}{10},\ \dfrac{60}{10},\ \dfrac{70}{10},\ \dfrac{80}{10},$ $\dfrac{90}{10},\ \dfrac{100}{10},\ \dfrac{110}{10},\ \dfrac{120}{10},\ \dfrac{130}{10}$ のうち，都市計画で定めるもの	
高層住居 誘導地区 *2*5	住宅比率$(R) \geqq 2/3$ の建築物に限り， 指定容積率 $\dfrac{40}{10}\left(又は\dfrac{50}{10}\right) \times 1.5$ 以内，かつ，$\dfrac{3Vc}{(3-R)}$ 以内の数値で都市計画で定めたもの （令135条の14） 　Vc：指定容積率 　$R = \dfrac{住宅の床面積合計}{延べ面積}$	
居住環境 向上用途 誘導地区	居住環境向上用途誘導地区に関する都市計画で定められた数値（建築物の全部又は一部を当該居住環境向上用途誘導地区に関する都市計画で定めた誘導すべき用途に供するもの）	
特定用途 誘導地区 *4	特定用途誘導地区に関する都市計画で定められた数値 （建築物の全部又は一部を当該特定用途誘導地区に関する都市計画で定めた誘導すべき用途に供するもの）	
無指定区域	特定行政庁が， $\dfrac{5}{10},\ \dfrac{8}{10},\ \dfrac{10}{10},\ \dfrac{20}{10},\ \dfrac{30}{10},\ \dfrac{40}{10}$ のうちから，都道府県都市計画審議会の議を経て定めるもの	

3

*1　幅員の異なる2以上の道路に接する敷地では，その幅員の最も大きい

 もののメートルの数値による。
* 2　特定用途誘導地区内の容積率の限度を適用する建築物を除く。田園住
　　居地域は，平成30年(2018年) 4 月 1 日施行。
* 3　居住環境向上用途誘導地区内の容積率の限度を適用する建築物を除く。
* 4　高層住居誘導地区内の容積率の限度を適用する建築物を除く。
* 5　第一種・第二種住居，準住居，近隣商業，準工業地域の指定容積率が
　　40/10又は50/10の区域内で，地方公共団体が都市計画で指定する。

〔例〕図6.3.1のような準住居地域内の敷地の場合

図6.3.1

①　道路幅員(W) = 6 m のときは，$6×4/10 = 24/10$となり，指定容積率（$= 20/10$）より大きいので，基準容積率は，都市計画の原則どおり20/10となる。

②　道路幅員(W) = 4 m のときは，$4×4/10 = 16/10$となり，指定容積率（$= 20/10$）より小さいので，基準容積率は，16/10となる。

(2)　容積率算定上の前提

①　敷地面積：法42条 2 項，3 項，5 項により道路とみなされる部分（道路中心線から 2 m 後退した部分など）は，敷地面積から除く（本書 3 章 1 参照）。

②　延べ面積：敷地内の建築物の各階の床面積の合計（通常の延べ面積，令 2 条 1 項四号本文）から，次のイ〜への用途に供する部分の床面積（通常の延べ面積に次の区分ごとの割合を乗じたものを限度とする）を除いたものとする。

　　屋内駐車場や地震等の災害対策施設の設置促進を図るため等の緩和規定で，ロ〜ホは平成24年，へは平成30年（2018年）に追加されたもの（令 2 条 1 項四号，同条 3 項各号，本書 3 章 4 参照）。

イ．駐車場・駐輪場の部分（誘導車路，
　　操車場所及び乗降場を含む）………………… 1/5
ロ．専ら防災のために設ける備蓄倉庫部分…… 1/50
ハ．蓄電池設置部分（床に設置するもの）…… 1/50
ニ．自家発電設備設置部分……………………… 1/100
ホ．貯水槽設置部分……………………………… 1/100

　ヘ．宅配ボックス設置部分……………………… 1/100

　なお，住宅等又は共同住宅等の容積率対象延べ面積については，次の③（地階の住宅等の用途部分）及び④（エレベーターの昇降路の部分又は共同住宅等の共用の廊下・階段部分）の床面積を除く緩和もある。

③　住宅又は老人ホーム，福祉ホームその他これらに類するもの（老人ホーム等）の地階部分の容積率対象延べ面積：住宅又は老人ホーム等（＝住宅等）の用途[*1]に供する地階部分（エレベーターの昇降路の部分又は共同住宅・老人ホーム等の共用廊下と共用階段の部分を除く）で，その天井面が地盤面[*2]から高さ1m以下にあるものの床面積は，その建築物の住宅等の部分の床面積合計の1/3までは，容積率対象の延べ面積に算入しない（法52条3項，4項。図6.3.2）。

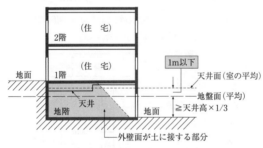

図6.3.2　容積率対象から除かれる地階の住宅

　＊1　住宅の用途：専用住宅のほか，長屋建住宅，共同住宅を含む。共同住宅内の管理人室，物置（各戸専用のもの）など，通常，共同住宅の一部を構成する施設部分は含むが，自動車車庫，自転車駐車場（駐輪場），共用廊下・階段，会議室などは含まない。
　＊2　地方公共団体の条例で，区域を限り，別に定められる場合がある（法52条5項）。

④　エレベーターの昇降路の部分又は共同住宅・老人ホーム等の共用の廊下と階段の床面積（開放の有無を問わない）は，容積率対象の延べ面積に算入しない（法52条6項）。共同住宅と他の用途との複合建築物の廊下と階段の場合は按分比例による。

⑶ **容積率限度の異なる2種以上の区域にまたがる敷地の場合**
（法52条7項）

　敷地内に建築できる建築物の延べ面積の限度は，各区域の部分の敷地面積に，それぞれの部分の基準容積率を乗じたものの合計による（敷地面積過半の区域の制限ではない）。

　このときの敷地全体の容積率は，建築できる延べ面積を敷地面積で割った値（延べ面積／敷地面積）となるが，条文では，敷地全体の容積率限度を次のように規定している。いわゆる「面積加重平均」の方法である。この場合の各区域の容積率限度は，当然，都市計画の原則と道路幅員による割合のうち，厳しい方による。

$$\begin{bmatrix}敷地全体の\\容積率限度\end{bmatrix} = \Sigma \begin{bmatrix}各区域の部分\\の容積率限度\end{bmatrix} \times \dfrac{\begin{bmatrix}各区域の部分\\の敷地面積\end{bmatrix}}{\begin{bmatrix}全体の敷地面積\end{bmatrix}}$$

〔例〕商業地域と第二種住居地域にまたがる図6.3.3のような敷地の場合の延べ面積の限度を計算する。

　道路幅員は，敷地全体について8mとし，4m道路の4/10掛は考えなくてよい。道路幅員のメートルの数値＝8で，「8」に乗ずる割合は，商業地域部分が6/10，第二種住居地域部分が4/10であるから，

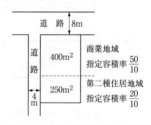

図6.3.3　容積率限度の異なる区域にまたがる敷地の場合

　商業地域部分の容積率は，

　　$8 \times 6/10 = 48/10 < 50/10 \Rightarrow 48/10$

　第二種住居地域部分の容積率は，

　　$8 \times 4/10 = 32/10 > 20/10 \Rightarrow 20/10$

　したがって，延べ面積の限度は，

　　$400 \times 48/10 + 250 \times 20/10 = 2,420$（m²）

　この場合の敷地全体の容積率限度は，2,420/650（≒372.3％）であるが，これを法52条7項の規定による面積加重平均により直接求めると，

$$\frac{48}{10} \times \frac{400}{650} + \frac{20}{10} \times \frac{250}{650} = \frac{1,920 + 500}{650} = \frac{2,420}{650} \fallingdotseq 372.3\%$$

となる。この場合，分数 2,420/650 のままで計算するとよい。

(4) 住宅用途を含む建築物の容積率の緩和（法52条8項，令135条の14，135条の17）

住宅の用途を含む建築物の容積率緩和については，前記(2)のように，延べ面積算定の段階で，地階部分と共用廊下・階段部分の緩和があるが，これとは別に総合設計制度（法59条の2）を一部定型化し，許可を経ずに確認で緩和する条件を定めている。この基準を超える場合は，従来どおりの総合設計制度（法59条の2）による。

住宅の用途を含む建築物*で，次の①～④の条件に適合する場合には，指定容積率の1.5倍を限度として，容積率の限度が緩和される。

> ＊ a. 居住環境向上用途誘導地区内の建築物で一部を居住環境向上用途誘導地区に関する都市計画において定められた誘導すべき用途のもの及び b. 特定用途誘導地区内の建築物で一部を特定用途誘導地区に関する都市計画において定められた誘導すべき用途のものを除く。

① 第一種・第二種住居地域，準住居地域，近隣商業地域，商業地域又は準工業地域内であること。ただし，高層住居誘導地区と特定行政庁が都道府県都市計画審議会の議を経て指定する区域を除く。

② 敷地面積は，地域に応じて定められた規模以上とする（表6.3.2，令135条の17，3項）。この規模は，地方公共団体の条例で別に定められることがある。

③ 敷地内の空地が一定規模以上であること（表6.3.3，令135条の17，1項，2項）。この空地の1/2以上は，道路に接して設ける。

④ 延べ面積に対する住宅の床面積の割合（住宅率）に応じて，次の算定式により算出した割合（Vr，指定容積率の1.5倍が限度）を指定容積率とみなす（令135条の14）。ただし，特定行政庁が都道府県都市計画審議会の議を経て1.5倍以下で指定した場合はその割合を限度とする。

$$Vr = 3Vc / (3-R)$$

Vc：都市計画で定められた指定容積率

R：住宅部分の床面積合計／延べ面積

表6.3.2　敷地面積の規模

(イ)地　域	(ロ)敷地面積	(ハ)条例で定められる数値 (S)
第一種・第二種住居，準住居，準工業（高層住居誘導地区と特定行政庁が都道府県都市計画審議会の議を経て指定する区域（以下，高層住居誘導地区等）を除く。）	2,000 m²	500 m²≦S< 4,000 m²
近隣商業（高層住居誘導地区等を除く。）又は商業（特定行政庁が都道府県都市計画審議会の議を経て指定する区域を除く。）	1,000 m²	500 m²≦S< 2,000 m²

〔注〕　1 ）敷地が(イ)欄の地域とその他の地域にわたる場合は，その全部について，表に掲げる地域に関する規定を適用する。
　　　　2 ）敷地が表の上段の地域と下段の地域にわたる場合は，敷地が属する面積の大きい地域の規定を適用する。

表6.3.3　敷地内に設ける空地の規模

(イ)建蔽率の最高限度 (K)	(ロ)敷地面積に乗ずる数値	(ハ)条例で定められる数値 (S)
$K≦0.45$の場合	$(1-K)+0.15$	$(1-K)+0.15<S≦0.85$
$0.45<K≦0.5$ の場合		$(1-K)+0.15<S≦ (1-K)+0.3$
$0.5 <K≦0.55$の場合	0.65	$0.65<S≦(1-K)+0.3$
$0.55<K$ の場合	$(1-K)+0.2$	$(1-K)+0.2<S≦ (1-K)+0.3$
K が定められていない場合	0.2	$0.2<S≦0.3$

⑸　**特定道路までの距離による容積率の緩和**（法52条 9 項，令135条の18）

　前面道路の幅員が 6 m 以上で，かつ，幅員15 m 以上の道路（＝特定道路）に延長（L）70 m 以内で接続する敷地については，次の式による数値（Wa）を，その前面道路の幅員（Wr）に加えたものを，前面道路の幅員とみなして，容積率を算定する。この式は，前面道路が特定道路に接する点の幅員を12 m とみ

なし，そこから延長70 mの位置の幅員を実幅員（Wr）として
その間を直線的に変化させたものである（図6.3.4）。

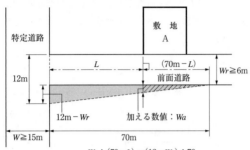

$$Wa : (70-L) = (12-Wr) : 70$$
$$\therefore Wa = (12-Wr) \times (70-L) / 70 \quad （単位m）$$

*敷地Aにおける容積率は，
　①都市計画の指定容積率以下，かつ，
　②住居系地域（高層住居誘導地区で住宅比率2/3以上の場合を
　　除く）では　　　　　　　　$(Wr + Wa) \times 4/10$以下
　　その他の地域では$(Wr + Wa) \times 6/10$以下

図6.3.4　特定道路までの距離による容積率の緩和

① 前面道路の幅員に加える数値（Wa）

　　$Wa = (12-Wr) \times (70-L) / 70$（単位 m）

　　〔注〕Wr：敷地の前面道路の幅員
　　　　　L：特定道路から敷地までの距離（次の②参照）

　　〔例〕第二種住居地域，指定容積率400%，前面道路の幅員
　　6 m，敷地から特定道路（幅員≧15 m）までの距離（L）
　　35 mの場合，容積率の限度を求めると，
　　・前面道路の幅員に加える数値（Wa）は，
　　　$Wa = (12-6) \times (70-35) / 70 = 3$（m）
　　・容積率の限度は，$(6+3) \times 4/10 = 360$%（≦400%）。ち
　　なみに，特定道路からの距離Lによる緩和を考慮しな
　　い場合の容積率は，$6 \times 4/10 = 240$%である。

② 特定道路から敷地までの距離（L）の測り方

　　特定道路から敷地までの距離は，原則として道路中心線を
　　連続して測る。すなわち，前面道路が特定道路に接する部分
　　の中心点を起点（O）とし，敷地が前面道路に有効に接する

　部分の特定道路に最も近い点から前面道路の中心線に垂直に
おろした交点（A）までの水平距離による（図6.3.5の敷地A）。
　道路が屈曲している場合や途中で幅員が異なる場合には，
それぞれの道路ごとに区切って距離を測り，それを合計する
（図6.3.6）。

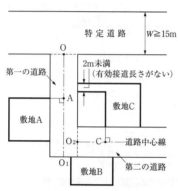

特 定 道 路　$W \geqq 15m$

第一の道路

2m未満
（有効接道長さがない）

敷地A

敷地C

道路中心線

第二の道路

敷地B

第一の道路と第二の道路の幅員（いずれも6m以上）が異なる場合を想定。幅員が同じ場合は，道路中心線を連続して測ればよい。

特定道路からの距離（L）

敷地A：$L = \overline{OA}$
敷地B：$L = \overline{OO_1}$
敷地C：$L = \overline{OO_1} + \overline{O_2C}$

図6.3.5　特定道路から敷地までの距離の測り方 (1)

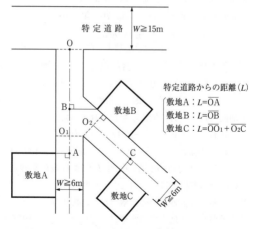

特 定 道 路　$W \geqq 15m$

敷地B

敷地A

$W \geqq 6m$

敷地C

$W \geqq 6m$

特定道路からの距離（L）

敷地A：$L = \overline{OA}$
敷地B：$L = \overline{OB}$
敷地C：$L = \overline{OO_1} + \overline{O_2C}$

図6.3.6　特定道路から敷地までの距離の測り方 (2)

⑹　**都市計画道路がある場合の容積率の緩和**（法52条10項）

　敷地内に都市計画道路がある場合で，特定行政庁が，交通上，安全上，防火上及び衛生上支障がないと認め，建築審査会の同意を得て許可した建築物については，計画道路の部分も道路とみなして容積率制限を適用することができる。

　この緩和は，道路幅員に関するものだけであって，都市計画で定められた指定容積率の範囲内で，かつ，計画道路にかかる敷地部分の面積を敷地面積から除いて計算するので，必ずしも有利になるとは限らない。

⑺　**壁面線の指定がある場合の容積率の緩和**（法52条11項）

　敷地の前面道路に沿って壁面線の指定がある場合で，その壁面線と道路との間の敷地が道路と一体となって連続し，かつ，交通上，安全上，防火上及び衛生上支障がないものと認めて，特定行政庁が建築審査会の同意を得て許可した建築物については，⑹の計画道路の場合と同様，敷地のうち壁面線までの部分を道路とみなして，道路幅員による容積率制限を適用することができる。

　しかし，この緩和は，道路幅員による容積率のみであり，道路とみなす壁面線までの部分は敷地面積から除かれるので，⑹と同様に，必ずしも有利になるとは限らない。

⑻　**住居系地域内で壁面線等がある場合の道路幅員による容積率の緩和**（法52条12項，13項，令135条の19）

　住居系用途地域など道路幅員のメートルの数値に4/10を乗じて容積率限度を計算する区域内にあっても，壁面線の指定等があり，その線まで建築物が後退する場合には，道路と同様な空間が確保されることから，前面道路の幅員に壁面線等までの距離を加えた数値を道路幅員とみなして，道路幅員による容積率算定をすることができる（図6.3.7）。

　ただし，この場合，容積率の限度は，道路幅員のメートルの数値に6/10を乗じたもの以下とし，壁面線までの部分は敷地面積から除かれるなどの条件*に適合しなければならない。したがって，一般的には容積率の緩和になるが，敷地の条件によっては有利かどうか一概にはいえないので，この規定を適用するかどうかは任意である。

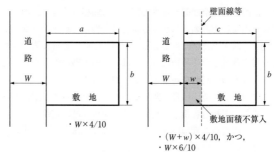

〔注〕Wとwは，道路幅員等のメートルの数値による。

a) 一般の場合（2項）　　*b)* 壁面線等がある場合（12項）

図6.3.7　道路幅員による容積率の限度

* この容積率緩和を適用する場合の条件
① 住居系用途地域など道路幅員に乗ずる数値を4/10と定めた区域内であること
② 前面道路の境界線から後退して壁面線（法46条）の指定又は地区計画条例に同様の壁面の位置の制限が定められている区域内であること
③ 建築物が当該壁面線等から後退していること（ただし，次のような小規模なひさし等は，後退していなくてもよい。この場合，高さは前面道路の路面の中心から測る。令135条の18）
〔後退部分とみなす小規模なひさしなど〕
　a. ひさしなど：高さ≦5 m，接道面からの間口率≦1/5，前面道路までの最短距離≧1 m
　b. 地盤面下の部分
　c. 道路沿いの門・塀：高さ≦2 mで，1.2 mを超える部分はフェンス等
　d. 隣地境界線上の門・塀：高さ≦2 m
　e. 歩廊・渡り廊下等で特定行政庁が規則で定めたもの
④ 容積率限度≦（道路幅員のメートルの数値）× 6/10にも適合すること
⑤ 前面道路と壁面線等との間は，敷地面積に算入しないこと（法52条13項）
⑥ 壁面線等が，高さにより異なる位置に指定されている場合は，道路境界線から最小の位置の指定線によること
⑦ 壁面線等が，一定の高さ部分にのみ指定されている場合は，この緩和規定は適用されない。

⑼　一般許可による容積率の緩和（法52条14項）

　次の①又は②のいずれかに該当し，かつ，交通上，安全上，防火上及び衛生上支障がないものとして，特定行政庁が，建築審査会の同意を得て許可した建築物については，その許可の範囲内で，容積率限度を緩和することができる。

① 機械室などの床面積合計が，延べ面積に対して著しく大きい建築物＊

② 敷地の周囲に広い公園，広場，道路その他の空地を有する建築物

　　＊　高齢者等が円滑に建築物を利用できるようにするため昇降機，障害者対応便所などの建築物特定施設（共同住宅の共用の廊下と階段は除く）の床面積が通常の床面積より著しく大きい建築物で，国土交通大臣が定める基準に適合するものは，①に該当するものとして扱われる（高齢者，障害者等の移動等の円滑化の促進に関する法律24条，本書10章9⑵参照）。

　　＊　a) 中水道施設，b) 地域冷暖房施設，c) 防災用備蓄倉庫，d) 消防用水利施設，e) 電気事業用の開閉所及び変電所（特定電気事業・特定規模電気事業・特定供給用の開閉所及び変電所を含む），f) ガス事業用のバルブステーション，ガバナーステーション及び特定ガス発生設備，g) 水道事業又は公共下水道用のポンプ施設，h) 認定電気通信事業用の電気通信交換施設，i) 都市高速鉄道用の停車場，開閉所及び変電所，j) 発電室，k) 大型受水槽室，l) 汚水貯留施設，m) 住宅等のヒートポンプ・蓄熱システム，n) 住宅等の潜熱回収型給湯器，o) コージェネレーション設備，p) 燃料電池設備，q) 太陽熱集熱設備，太陽光発電設備，r) 蓄熱槽，s) 蓄電池，以上の設備等については，これらの部分がその施設の本来の用に供するもので，建築物の他の部分から独立している場合には，基準容積率の1.25倍を限度として，①の許可の対象とすることができる（ただし，管理用事務室等人が常駐する部分とその付属部分を除く）。

　　　その他，a)～s)の施設等以外に駅等から道路等の公共空地に至る動線上無理のない経路上の通路，階段，傾斜路，昇降機等（非常時以外の自動車が出入りする通路等を除く）で，これらの通路等自体が周辺の公共施設に対する負荷を軽減させ，敷地周辺の道路における歩行者等の通行の円滑化に資すると認められ，壁等により他の部分から独立した区画をなしている等の場合にも，基準容積率の1.25倍を限度として，①の許可の対象とすることができる（昭60住街発114，平8住街発33，平11住発45，平16国住街381，平23国住街188，平26国住街170）。

⑽ 法52条の容積率制限がそのままは適用されない場合

　法52条による容積率制限（指定容積率及び基準容積率）がそのままは適用されず，別途都市計画などによって容積率限度が決まるものとして，次のようなものがある。

① 高度利用地区 ⇨ 都市計画で別に定められる（法59条，本書6-5章3参照）。

② 特定街区 ⇨ 都市計画で別に定められる（法60条，本書6-5章4参照）。

③ 総合設計 ⇨ 総合的な配慮がされた計画について，特定行政庁の許可により別途定める（法59条の2，本書6-5章1参照）。

④ 都市再生特別地区 ⇨ 都市計画で別に定められる（法60条の2，4項，本書6-5章5参照）。

⑤ 特定用途誘導地区 ⇨ 都市計画で別に定められる（法60条の3，1項，本書6-5章7参照）。

⑥ 一団地の住宅施設 ⇨ 都市計画で定め，かつ，特定行政庁が認定する（法86条の6，本書7章4参照）。

⑦ 地区計画等の区域 ⇨ 都市計画で定められたものを条例で規定した場合（法68条の2，本書6-5章10(2)参照）。

⑧ 誘導容積制度適用の区域 ⇨ 地区計画で，区域の特性に応じた容積率（目標容積率）と地区の公共施設の整備の状況に見合った容積率（暫定容積率）が定められた区域では，暫定容積率が適用され，特定行政庁の認定により目標容積率を適用する（法68条の4，本書6-5章10(5)参照）。

⑨ 容積適正配分型地区計画の区域 ⇨ 都市計画で別に定められる（法68条の5，本書6-5章10(6)参照）。

⑩ 用途別容積型地区計画の区域 ⇨ 一定の条件に該当する地区整備計画の内容を条例で定めている場合で，建築物の全部又は一部が住宅であるものは，当該地区計画で定められた容積率による（法68条の5の4，本書6-5章10(8)参照）。

⑪ 再開発等促進区で地区整備計画の区域 ⇨ 都市計画で別に定め，特定行政庁が認定する（法68条の3，本書6-5章10(10)参照）。

⑫ 沿道再開発等促進区で沿道地区整備計画の区域 ⇨ ⑪と同

様（法68条の3，1項，本書6-5章10(10)参照）。

⑬　都市計画区域及び準都市計画区域外 ⇨ 一定の区域内で条例で容積率の指定のある場合を除き，適用なし（法41条の2，68条の9）。

⑭　仮設建築物 ⇨ 適用なし（法85条，本書7章3参照）。

⑮　一時的使用の建築物 ⇨ 適用なし（法87条の3，本書7章6参照）

⑯　バリアフリー法の認定建築物（同法19条，本書10章9参照）

⑰　建築物省エネ法の認定建築物 ⇨ 通常の延べ面積の1/10を限度に容積率対象から除外（同法40条，本書11-9章(6)参照）

⑱　低炭素化法の認定建築物 ⇨ 通常の延べ面積の1/20を限度に容積率対象から除外（同法60条，本書11-9章(7)参照）。

⑲　長期優良住宅法の認定を受けた住宅 ⇨ 市街地環境の整備・改善に資する計画について，特定行政庁の許可により緩和（同法18条，本書11-8章(9)参照）

⑳　マンション建替円滑化法の耐震性不足の認定を受けたマンションの建替え ⇨ 市街地環境の整備・改善に資する計画について，特定行政庁の許可により緩和（同法105条，本書11-8章(12)参照）

㉑　国家戦略特別区域法の国家戦略住宅整備事業を定めた区域 ⇨ 区域計画に定められた算出方法により算出した数値（同法，本書11-7章(19)参照）

2　特例容積率適用地区内の容積率（法57条の2）

　特例容積率適用地区は，第一種・第二種中高層住居専用，第一種・第二種住居，準住居，近隣商業，商業，準工業，工業地域内に都市計画で指定される公共施設を備えた区域において，容積率の限度からみて，未利用となっている建築物の容積の活用を促進して土地の高度利用を図るために指定される（都市計画法9条16項）。区域内における2以上の土地の所有権者等が，それぞれの敷地（特例敷地）に適用される特別の容積率（特例容積率）の限度を，特定行政庁に申請し，特定行政庁が特例容積率の限度を指定するものである。この指定には，次の①〜③

の要件に適合していることが条件となる。

① 各特例敷地の敷地面積に特例容積率を乗じた値の合計が，それぞれの敷地に基準容積率を乗じた値の合計以下

② 申請に係る特例容積率の限度が，特例敷地内に現に存する建築物の容積率又は現に工事中の建築物の計画容積率以上

③ それぞれの特例容積率の限度が，建築物が建築されることにより特例敷地の土地の合理的な利用形態となるもの

　特例容積率の限度が，特定行政庁によって公告されると，この限度が，法52条による一般の容積率の限度（本書本章1）として適用される。

3　建蔽率制限（法53条）

(1)　建蔽率の限度

　建蔽率は，建築物の建築面積の敷地面積に対する割合（建築面積÷敷地面積）をいい，用途地域の種別等に応じて，表6.3.4にあげる数値以下とする。

〔注〕建築面積：同一敷地内に2以上の建築物がある場合は，その建築面積の合計による（本書3章2参照）。

表6.3.4　建蔽率の限度一覧表

条件 用途地域	①原則 （1項）	条件による緩和（3項，6項）			
		②防火地域内*¹の耐火建築物*²	②′準防火地域内*³の耐火建築物等又は準耐火建築物等*⁴	③特定行政庁指定の角地等*⁵	②＋③又は②′＋③
第一種・第二種低層住居専用，第一種・第二種中高層住居専用，田園住居，工業専用	$\frac{3}{10}$，$\frac{4}{10}$，$\frac{5}{10}$，$\frac{6}{10}$ のうち，都市計画で定めたもの	①＋$\frac{1}{10}$	①＋$\frac{1}{10}$	①＋$\frac{1}{10}$	①＋$\frac{2}{10}$
一種住居，二種住居，準住居，準工業	$\frac{5}{10}$，$\frac{6}{10}$，$\frac{8}{10}$ のうち，都市計画で定めたもの	①＋$\frac{1}{10}$ 〔①が$\frac{8}{10}$ ⇒制限なし〕	①＋$\frac{1}{10}$	①＋$\frac{1}{10}$	①＋$\frac{2}{10}$ 〔①が$\frac{8}{10}$ ⇒制限なし*⁶〕

近隣商業	$\frac{6}{10}$, $\frac{8}{10}$ のうち、都市計画で定めたもの	①$+\frac{1}{10}$ [①が$\frac{8}{10}$ ⇒制限なし]	①$+\frac{1}{10}$	①$+\frac{1}{10}$	①$+\frac{2}{10}$ [①が$\frac{8}{10}$ ⇒制限なし*6]
商 業	$\frac{8}{10}$	制限なし	$\frac{9}{10}$	$\frac{9}{10}$	制限なし*6
工 業	$\frac{5}{10}$, $\frac{6}{10}$ のうち、都市計画で定めたもの	①$+\frac{1}{10}$	①$+\frac{1}{10}$	①$+\frac{1}{10}$	①$+\frac{2}{10}$
無指定区域	$\frac{3}{10}$, $\frac{4}{10}$, $\frac{5}{10}$, $\frac{6}{10}$, $\frac{7}{10}$ のうち、特定行政庁が都道府県都市計画審議会の議を経て定めるもの	①$+\frac{1}{10}$	①$+\frac{1}{10}$	①$+\frac{1}{10}$	①$+\frac{2}{10}$

*1 敷地の一部（過半とは限らない）が防火地域内にあって、敷地内の建築物の全てが耐火建築物等の場合には、防火地域内の耐火建築物等として緩和される（法53条3項一号、6項一号、7項）。

*2 「耐火建築物等」とは、耐火建築物又はこれと同等以上の延焼防止性能を有するものとして政令（令135条の20、1項）で定める建築物。（本書2章14参照）

*3 敷地の一部が準防火地域内にあって、敷地内の建築物の全てが耐火建築物等又は準耐火建築物等の場合には、準防火地域内の耐火建築物等又は準耐火建築物等として緩和される（法53条3項一号、法53条8項）。

*4 「準耐火建築物等」とは、準耐火建築物又はこれと同等以上の延焼防止性能を有するものとして政令（令135条の20、2項）で定める建築物。（本書2章15参照）

*5 角地等の緩和は、特定行政庁が細則などで指定した条件に適合するものに適用される（法53条3項二号）。道路の幅員その他の条件について定められるが、必ずしも道路の交差点だけではなく、平行した道路にはさまれた敷地や河川・公園などに接する敷地などが指定されることがある。

*6 防火地域の耐火建築物等は法53条6項一号による適用除外で「制限なし」、準防火地域内の耐火建築物等又は準耐火建築物等＋角地等緩和では8/10＋2/10で「制限なし」

(2) 建蔽率限度の異なる2種以上の区域にまたがる敷地の場合

（法53条2項）

　建築できる建築面積の限度は、制限の異なる各区域の部分の敷地面積に、それぞれの部分の法定建蔽率を乗じたものを合計する（敷地の過半の区域の制限ではない）。

　条文では、建蔽率限度を直接「面積加重平均」で規定してい

る。容積率の場合と同様である。

$$\left[\begin{array}{c}敷地全体の\\建蔽率限度\end{array}\right] = \Sigma \left[\begin{array}{c}各区域の部分\\の建蔽率限度\end{array}\right] \times \dfrac{\left[\begin{array}{c}各区域の部分\\の敷地面積\end{array}\right]}{\left[全体の敷地面積\right]}$$

〔例〕商業地域と第二種住居地域にまたがり，街区の角にある
敷地として特定行政庁の指定を受けた図6.3.8のような敷地
に耐火建築物のみを建築する場合，建築できる建築物の建築
面積の限度を求める。

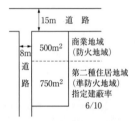

図6.3.8　建蔽率限度の異なる区域
にまたがる敷地の場合

　敷地の一部に防火地域がかかり，耐火建築物を建築するの
で，敷地全体を防火地域とみなして建築面積の算定をする
（法53条7項）。商業地域の部分は，防火地域で耐火建築物を
建築するので，建蔽率の制限はない（法53条3項一号）。第
二種住居地域の部分では，防火地域内の耐火建築物で，かつ，
角地の指定もあるので，6/10の原則に2/10増，すなわち8/10
となる。

　したがって，建てられる建築物の建築面積の限度は，

$$500 \times 1 + 750 \times 8/10 = 1,100 \ (m^2)$$

なお，この場合の，敷地全体の建蔽率限度は，

$$1,100/1,250 = 88/100 = 88\%$$

(3)　**壁面線指定等による建蔽率制限の緩和**（法53条4項，5項）

　次の壁面線等の限度を超えない建築物（ひさし等*は除く）で，
特定行政庁が安全上，防火上及び衛生上支障がないと認めて許
可したものは，一般の建蔽率の限度を超えることができる。こ
の許可には，建築審査会の同意が必要である（法53条9項）。

　＊　軒・ひさし・ぬれ縁，建築物の地盤面下の部分，高さが2m
　　以下の門・塀（令135条の21）。

① 隣地境界線から後退して壁面線の指定があり，その壁面線を越えない建築物

② 地区計画等による条例により壁面の位置の制限の指定（隣地境界線からの制限のもの）があり，その壁面の位置の制限として定められた限度の線を越えない建築物

③ 前面道路の境界線から後退して壁面線の指定（特定行政庁が街区における避難上・消火上必要な機能の確保を図るため必要と認めて指定したもの）があり，その壁面線を越えない建築物

④ 特定防災街区整備地区に関する都市計画で特定防災機能の確保を図るため必要な壁面の位置の制限（道路に面する制限のもの）があり，その壁面の位置の制限として定められた限度の線を越えない建築物

⑤ 防災街区整備地区計画の区域（特定建築物地区整備計画，防災街区整備地区整備計画が定められている区域）における特定防災機能の確保を図るため必要な壁面の位置の制限があり，その壁面の位置の制限として定められた限度の線を越えない建築物

(4) 法53条の建蔽率制限がそのままは適用されない場合

法53条1項による建蔽率制限がそのままは適用されず，別途都市計画などによって建蔽率限度が決まるものとして，次のようなものがある。

① 巡査派出所，公衆便所，公共用歩廊など（法53条6項二号）⇨ 適用なし（建蔽率制限はない）。

② 公園，広場，道路，川その他これらに類するものの内にある建築物で，特定行政庁が安全上，防火上及び衛生上支障がないと認めて建築審査会の同意を得て許可したもの（同条6項三号）⇨ 適用なし。

③ 高層住居誘導地区 ⇨ 都市計画で別に定められることがある（法57条の5，本書6-5章2参照）。

④ 高度利用地区 ⇨ 都市計画で別に定められる（法59条，本書6-5章3参照）。

⑤ 特定街区 ⇨ 都市計画で別に定められる（法60条，本書6-5章4参照）。

⑥　都市再生特別地区 ⇨ 都市計画で別に定められる（法60条
　　の2，本書6-5章5参照）

⑦　居住環境向上用途誘導地区 ⇨ 都市計画で別に定められる
　　（法60条の2の2，本書6-5章6参照）

⑧　風致地区 ⇨ 都道府県条例による許可基準で法53条より厳
　　しく定められることがある（都市計画法58条）。

⑨　一団地の住宅施設 ⇨ 都市計画で別に定め，かつ，特定行
　　政庁が認定した場合（法86条の6，本書7章4参照）。

⑩　地区整備計画・特定建築物地区整備計画・防災街区整備地
　　区整備計画・歴史的風致維持向上地区整備計画・沿道地区整
　　備計画・集落地区整備計画の区域内 ⇨ 都市計画で定められた
　　割合を条例で規定した場合（法68条の2，本書6-5章10参照）。

⑪　再開発等促進区等で地区整備計画又は沿道地区整備計画の
　　区域 ⇨ 都市計画で建蔽率限度6/10以下の定めがあり，かつ，
　　特定行政庁が認定した場合（法68条の3，2項，本書6-5
　　章10⑩参照）。

⑫　都市計画区域及び準都市計画区域外 ⇨ 一定の区域内で条
　　例で建蔽率の指定のある場合を除き，適用なし（法41条の2，
　　68条の9）。

⑬　仮設建築物 ⇨ 適用なし（法85条，本書7章3参照）。

⑭　用途変更による一時的使用の建築物 ⇨ 適用なし（法87条
　　の3，本書7章6参照）

4　敷地面積の最低限度（法53条の2，57条の5，68条）

　敷地面積は，用途地域，高層住居誘導地区又は景観地区に関
する都市計画で最低限度が定められた場合には，その数値以上
としなければならない。用途地域に関する都市計画で数値を定
める場合は，200 m² を超えることはない。なお，既存不適格
建築物については，原則として，緩和される。

【緩和】

　景観地区内では次の②又は④，その他では次のいずれかに該
当するものは，制限されない。

①　都市計画で定めた建蔽率の限度が 8/10 の地域内で，かつ，
　　防火地域内にある耐火建築物

② 公衆便所，巡査派出所などで，公益上必要なもの

③ 敷地周囲に広い公園，広場，道路等の空地があって，特定行政庁が，市街地の環境を害するおそれがないと認め，建築審査会の同意を得て許可したもの

④ 特定行政庁が，用途上又は構造上やむを得ないと認め，建築審査会の同意を得て許可したもの

5　外壁の後退距離（法54条，令135条の22）

第一種・第二種低層住居専用地域又は田園住居地域内では，外壁の後退距離は，都市計画で限度が定められた場合（低層住宅に係る良好な住居の環境を保護するため必要な場合に限って定められる）はその限度以上とする。

・外壁の後退距離：外壁又はこれに代わる柱の面から敷地境界線（道路境界線も含む）までの距離

・都市計画で定める限度：1.5 m 又は 1 m（必ず定められるとは限らない）

【緩和】

建築物又はその部分が次のいずれかの場合は制限されない（図6.3.9）。

① 外壁又はこれに代わる柱の中心線の長さが，3 m 以下であるもの

② 物置その他で，軒の高さが2.3 m 以下，かつ，床面積 5 m² 以下であるもの

図6.3.9のように，①又は②のいずれかに該当する部分は後退距離の部分に突出できる。

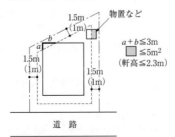

図6.3.9　外壁の後退距離の緩和

6-4

高さ制限

1　高さ制限の概要

　主に都市計画区域又は準都市計画区域内では，市街地における環境保護や形態整備のために，各種の高さ制限が定められている。その基本は次の6種類である。なお，法6条1項四号の規定に基づき，都道府県知事が関係市町村の意見を聴いて指定する都市計画区域等外の区域内及び景観法による準景観地区内では，政令の定める基準に従い，地方公共団体の条例で高さ制限が定められることがある（法68条の9）。

　なお，従来「道路斜線制限」などという通称で呼ばれていた法56条の高さ制限は，天空率規定を導入した平成14年（2002年）の政令改正（施行は平成15年1月1日）により，「道路高さ制限」（令135条の6），「隣地高さ制限」（令135条の7）及び「北側高さ制限」（令135条の8）という用語に統一された。

(1)　高さの限度　（法55条）

　第一種・第二種低層住居専用地域又は田園住居地域内　⇨　10m又は12mのうち都市計画で定めた高さを限度とする。

(2)　道路高さ制限　（法56条1項一号）

　イ．住居系地域内（第一種・第二種低層住居専用，田園住居，第一種・第二種中高層住居専用，第一種・第二種住居，準住居地域）

$$〔各部分の高さ〕≦1.25×\left(\begin{array}{l}前面道路の反対側の境界線\\までの水平距離\end{array}\right)$$

　ロ．商業系・工業系地域内（近隣商業，商業，準工業，工業，工業専用地域）

$$〔各部分の高さ〕≦1.5×\left(\begin{array}{l}前面道路の反対側の境界線\\までの水平距離\end{array}\right)$$

　〔注〕用途地域無指定区域内は，イ，ロ，のいずれかを，特定行政庁が都道府県都市計画審議会の議を経て定める。

6

(3) **隣地高さ制限**（法56条 1 項二号）

イ．住居系地域内（第一種・第二種低層住居専用地域，指定
容積率≦300％の第一種・第二種中高層住居専用地域以外
の地域で，特定行政庁が都道府県都市計画審議会の議を経
て指定する区域を除く）

$$[各部分の高さ]≦20\,\text{m}+1.25×\begin{bmatrix}隣地境界線までの\\水平距離\end{bmatrix}$$

ロ．イ以外の地域・区域内（特定行政庁が都道府県都市計画
審議会の議を経て指定する区域を除く）

$$[各部分の高さ]≦31\,\text{m}+2.5×\begin{bmatrix}隣地境界線までの\\水平距離\end{bmatrix}$$

〔注〕用途地域無指定区域内は，前記(2)の〔注〕と同じ。

(4) **北側高さ制限**（法56条 1 項三号）

イ．第一種・第二種低層住居専用地域又は田園住居地域内

$$5\,\text{m}+1.25×\begin{bmatrix}前面道路の反対側の境界線又は隣地\\境界線までの真北方向の水平距離\end{bmatrix}$$

ロ．第一種・第二種中高層住居専用地域内（(5)の適用区域を
除く）

$$10\,\text{m}+1.25×\begin{bmatrix}前面道路の反対側の境界線又は隣地\\境界線までの真北方向の水平距離\end{bmatrix}$$

(5) **日影規制**（法56条の 2）

商業，工業及び工業専用地域を除く地域・区域のうち，条例
で指定する区域内 ⇨ 冬至の日に中高層建築物が一定の範囲に
落とす日影時間を制限する。日影時間は法律で決められた数値
のなかから地方公共団体の条例で定める。

(6) **高度地区**（法58条）

用途地域内において，市街地の環境維持又は土地利用の増進
を図るため，都市計画で，建築物の高さの最高限度又は最低限
度を定める。最高限度高度地区の場合，北側の隣地等を基準と
した北側斜線制限が定められることもある。高度地区の有無・
種類・内容は，地方ごとに一律ではない。

以上の(1)〜(6)をまとめると表6.4.1のようになる。なお，高
層住居誘導地区，特定行政庁が指定する区域などでは，これら
と異なる場合がある。

4

表6.4.1　高さ制限のまとめ

用途地域＼種類	高さの限度	高さ制限			日影規制	高度地区
		道路	隣地	北側		
第一種・第二種低層住居専用田園住居	10又は12	1.25 l	——	5 + 1.25 l_n	地方公共団体の条例で，適用区域，測定面及び日影時間を定める（＊）	都市計画で，高さの最高限度又は，最低限度を定める
第一種・第二種中高層住居専用	——	1.25 l (1.5 l)	20 + 1.25 l′	10 + 1.25 l_n		
第一種・第二種住居準住居	——	1.25 l (1.5 l)	20 + 1.25 l′	——		
近隣商業準工業		1.5 l	31 + 2.5 l′			
商　業工　業工業専用		1.5 l	31 + 2.5 l′			
無　指　定		1.5 l	31 + 2.5 l′		（＊）と同じ	——
		1.25 l	20 + 1.25 l′			

〔注〕1）単位はmとする。

　　2）第一種・第二種中高層住居専用地域内の北側高さ制限は，日影規制がない場合に限る。

　　3）l：前面道路の反対側の境界線までの水平距離（原則）

　　4）l′：隣地境界線までの水平距離（原則）

　　5）l_n：前面道路の反対側の境界線又は隣地境界線までの真北方向に測った水平距離（原則）

　　6）高さは，道路高さ制限のみ前面道路の路面の中心から測り，他は地盤面から測る。

　　7）道路高さ制限の（1.5 l）は，本書本章3⑴及び⑶参照。

〔注〕図6.4.1のようにl′は最も近い隣地境界線までの水平距離とする。l_nは真北方向への線と平行に測定する。

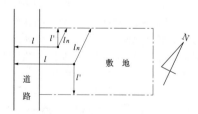

図6.4.1　高さ制限の水平距離のとり方

【高さ制限の異なる2以上の地域等にわたる建築物】

　建築物が高さ制限の異なる2種以上の地域等（日影規制は除く）にまたがる場合には，その地域等にかかる建築物の部分ごとに，それぞれの地域等の高さ制限の規定が適用される（過半の属する地域等の制限ではない。法56条5項，91条）。なお，日影規制については，建築物の敷地ではなく，日影の落ちる区域の制限による（後述・法56条の2）。

2　高さの限度（法55条）

　第一種・第二種低層住居専用地域又は田園住居地域内の建築物については，低層住宅の環境保護の目的から，建築物の高さは一律に一定の高さに制限される。

(1)　高さの限度の原則（法55条1項）

　第一種・第二種低層住居専用地域又は田園住居地域内の建築物 ⇨ 建築物の高さは，10m又は12mのうち都市計画で定めるもの以下とする（いわゆる絶対高制限）。

(2)　法55条1項の原則がそのままは適用されない場合

① 都市計画による高さの限度が10mの地域内で，敷地面積と空地率*が次のイ～ハに適合し，低層住宅の良好な住環境を害するおそれがないと認められるもの

　　* 空地率：敷地内の空地の面積 / 敷地面積

　イ．敷地面積$\geq 1,500\,m^2$（特定行政庁の規則で$750\,m^2$まで下げることがある）

　ロ．建蔽率の限度が定められている場合
　　空地率$\geq(1-$建蔽率の限度$)+1/10$

　ハ．建蔽率の限度が定められていない場合
　　空地率$\geq 1/10$
　　⇨特定行政庁の認定により，12mまでの範囲で緩和される（法55条2項，令130条の10）。

② 敷地の周囲に広い公園，広場，道路などがあって，低層住宅の良好な環境を害しないもの ⇨ 特定行政庁の許可により緩和（法55条3項一号）

③ 学校などで用途上やむを得ないもの ⇨ 特定行政庁の許可により緩和（同条同項二号）

④ 敷地内に一定の空地を有し，一定の敷地規模を持つ場合で，容積率，建蔽率などとともに総合的な配慮がなされているもの ⇨ 特定行政庁の許可により緩和（＝総合設計制度・本書6-5章1，法59条の2）

⑤ 特定街区内 ⇨ 都市計画で別に定められる（法60条）

⑥ 再開発等促進区又は沿道再開発等促進区で，地区整備計画又は沿道地区整備計画の定めのある区域内で，都市計画で高さの限度が20 m 以下の範囲で定められ，敷地面積が300 m² 以上のもの ⇨ 特定行政庁の認定により緩和（法68条の3，3項，令136条の2の6）

〔注〕 1）高さの算定については，本書3章6参照。
2）②〜④の許可に際しては，建築審査会の同意を要する。

3 道路高さ制限

道路の開放性や採光，通風などを確保するとともに，当初は道路沿いの建築物の形態を整えることなども目的として定められたいわゆる「道路斜線制限」であるが，土地の有効利用と建築計画の自由度を図ることとの調整を目的とした改正（昭和62年の基準容積率*に応じた適用距離の導入と平成15年の天空率の導入）により，道路沿いの建築物の形態を整える効果（目的）は薄れている。

＊ 基準容積率：法52条の規定による容積率の限度をいい，都市計画の指定容積率と道路幅員による容積率のうち厳しい値による（本書6-3章1参照）。なお，敷地が2以上の種類の容積率制限の区域にまたがる場合には，加重平均した後の容積率が基準容積率となる。

(1) 道路高さ制限の原則 （法56条1項一号・別表第3）

建築物の各部分の高さは，前面道路の反対側の境界線から敷地内の上空に向かって一定の角度（特定行政庁が指定する区域以外の一般の住居系の地域及び一部の用途地域無指定区域内では，原則1.25，その他では，1.5）で引いた斜線の内側におさめなければならない。これを「道路高さ制限」（令135条の6）といい，道路の反対側の境界線から，基準容積率に応じて定められた一定距離（「適用距離」という。）以下の範囲内に限って適用される（表6.4.2，図6.4.2〜6.4.4）。この適用距離は，建築

表6.4.2　道路高さ制限の適用距離と勾配

用途地域等		基準容積率（A）	適用距離	勾　配
①住居系*1	第一種・第二種低層住居専用，第一種・第二種中高層住居専用，第一種・第二種住居*2，準住居*2，田園住居	A≦20/10	20 m	1.25（1.5）
		20/10＜A≦30/10	25 m（20 m）	
		30/10＜A≦40/10	30 m（25 m）	
		40/10＜A	35 m（30 m）	
②工業系等	準工業*2，工業，工業専用，用途地域無指定区域	A≦20/10	20 m	1.5 用途地域無指定区域は1.5又は1.25
		20/10＜A≦30/10	25 m	
		30/10＜A≦40/10	30 m	
		40/10＜A	35 m*3	
③商業系	近隣商業，商　業	A≦40/10	20 m	1.5
		40/10＜A≦60/10	25 m	
		60/10＜A≦80/10	30 m	
		80/10＜A≦100/10	35 m	
		100/10＜A≦110/10	40 m	
		110/10＜A≦120/10	45 m	
		120/10＜A	50 m	
④	第一種・第二種住居，準住居又は準工業地域内の高層住居誘導地区内で，住宅床面積≧延べ面積×2/3		35 m	1.5

*1　住居系地域内の（　）内の数値は，指定容積率400％以上の中高層住専と第一種・第二種住居，準住居地域内で，特定行政庁が都道府県都市計画審議会の議を経て指定する区域内におけるものとする。以下，本書では，特に断わらない限り，特定行政庁の指定のない一般の住居系地域として解説する。

*2　④の建築物を除く。

*3　無指定の区域では30 m。

〔注〕　1 ）道路高さ制限による高さは，原則として前面道路の路面の中心から測る（令2条1項六号イ）。

　　　　2 ）敷地が，適用距離の異なる2以上の地域等にわたる場合の適用距離は，建築物の各部分から前面道路の反対側境界線に直角にとった断面において，前面道路に接する敷地の部分の地域と基準容積率に応じた距離とする（令130条の11，図6.4.2～6.4.4）。

　　　　3 ）勾配の数値は，建築物の各部分ごとに，それぞれの部分が属する地域等の数値（1.25又は1.5）をとる（法56条3項，表6.4.2）。

　　　　4 ）前面道路の反対側の境界線は，建築物が道路境界から後退する距離（後退距離）に応じて反対方向に緩和される（本節(2)参照）。

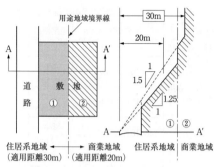

・基準容積率360％，道路側が住居系地域の場合

図6.4.2　道路高さ制限の適用範囲と勾配 (1)

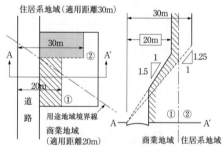

・基準容積率360％，用途地域境界線が斜めの場合

図6.4.3　道路高さ制限の適用範囲と勾配 (2)

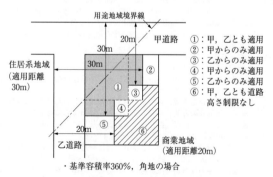

①：甲，乙とも適用
②：甲からのみ適用
③：乙からのみ適用
④：甲からのみ適用
⑤：乙からのみ適用
⑥：甲，乙とも道路
　　高さ制限なし

・基準容積率360％，角地の場合

図6.4.4　角地における道路高さ制限の適用範囲

6

物の道路境界線からの後退距離又は道路の反対側にある公園等によりさらに緩和される。

(2)　**道路境界線から後退した場合**（法56条 2 項）

道路境界線から後退して建築する場合には，その後退距離の分だけ前面道路の反対側の境界線が道路の反対側に移動したものとして道路高さ制限を適用する（道路と建築物との間に一定の空間をとった場合に，道路高さ制限を緩和する）。

接道する敷地の各辺において，後退距離が一定でないときは，そのうちの最短距離をもって，その前面道路についての後退距離とみなす。ひさしや出窓がある場合は，原則としてその先端から測る。

〔例〕第一種住居地域内で，基準容積率200％，道路幅員 6 m，後退距離 3 m の場合（表6.4.2の④を除く）

⇨道路高さ制限の適用距離は，道路の反対側の境界線とみなす線から敷地側に20 m とった線までで，このときの高さの限度は，図6.4.5に示すとおり，

A点：1.25×（3×2 + 6）= 15（m）

B点：適用距離外なので，制限なし（ただし，隣地高さ制限は適用）

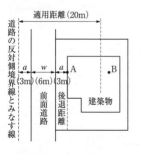

第一種住居地域内，基準容積率200％

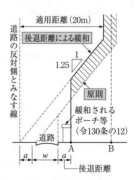

図6.4.5　道路境界線から後退した建築物の道路高さ制限

【後退距離部分に建築できるもの】（令130条の12）

地盤面下の部分及び次の①〜⑥のような小規模な突出部は，法56条 2 項と 4 項の後退距離を算定する場合には，建築物の部

4

分と考えなくてよい。

① 物置その他これに類する用途の部分で，次の要件を満たす
もの（図6.4.6）

　イ．軒の高さが，前面道路の路面の中心から2.3m以下

　ロ．床面積合計が，5m²以下

　ハ．前面道路に沿った敷地の接道長さに対するその部分の道
　　路への水平投影長さの割合（間口率*）が，1/5以下

　ニ．前面道路の境界線から1m以上後退

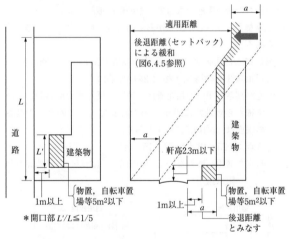

図6.4.6　後退距離部分に建築できる物置等

② ポーチその他これに類する部分で，次の要件を満たすもの
（図6.4.7）

　イ．前面道路の路面の中心からの高さが5m以下

　ロ．間口率*が，1/5以下

　ハ．前面道路の境界線から1m以上後退

　　＊ ①ハと②ロの間口率は，それぞれが1/5以下であればよい。

③ 道路に沿って設ける高さが2m以下の門又は塀で，高さ
が1.2mを超える部分が金網などの形状のもの（高さは前面
道路の路面の中心から測る）（図6.4.8）

④ 隣地境界線に沿って設ける門，塀（図6.4.9）

⑤ 歩廊，渡り廊下などで，特定行政庁が規則で定めるもの

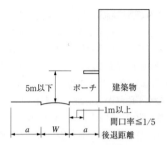

図6.4.7　後退距離部分に建築できるポーチ等

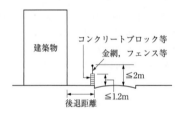

図6.4.8　道路に沿って設ける塀等

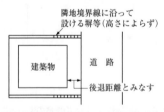

図6.4.9　隣地境界線に沿って設ける塀等

⑥　前面道路の路面の中心からの高さが1.2 m 以下の建築物の部分

【道路高さ制限の適用距離と後退距離の関係】（法56条2項）

　道路高さ制限の適用距離は，後退距離によって前面道路の反対側の境界線とみなされる線を起点とする。

　なお，道路の反対側に公園，広場等がある場合も，同様に道路の反対側の境界線とみなされる線（令134条，本節(5)参照）を，適用距離の起点としてよい。

(3) 住居系地域内で道路幅員≧12 mの場合（法56条3項，4項）

① 道路境界線からの後退距離を考慮しない場合（3項）

第一種・第二種低層住居専用地域及び田園住居地域以外の住居系用途地域内（表6.4.2の④を除く）で，前面道路の幅員 W が原則として12 m以上の場合には，前面道路の反対側境界線からの水平距離が（前面道路幅員×1.25）以上の区域内の道路高さ制限の勾配を1.5とする（図6.4.10）。

この規定は，第一種・第二種低層住居専用地域及び田園住居地域を除く住居系地域内で道路高さ制限を緩和し，併せて土地の有効利用を図るために設けられたもので，道路境界線から後退した場合に2項（前記(2)）により水平距離が緩和されるのに対して，建築物自体は道路境界線から後退しなくても道路境界線から一定距離後退した上階部分の斜線の勾配を通常の1.25から1.5に緩和するものである。

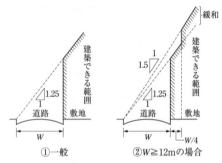

図6.4.10 道路幅員≧12 mの場合の道路高さ制限

② 道路境界線から後退した場合（4項）

前面道路の境界線から後退した建築物については，道路境界線から建築物までの後退距離に相当する距離だけ道路の反対側境界線が外側に移動したものとして，①の道路高さ制限の勾配の切替え（1.25→1.5）を適用することができる（図6.4.11）。

この場合，小規模な物置，ポーチ，門，塀などで令130条の12に該当するものは，2項の場合（前記(2)）と同様，後退距離の算定に当たって建築物の部分から除かれる。

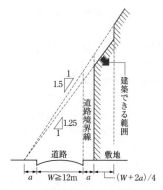

図6.4.11　道路幅員≧12ｍで後退した場合

③　壁面線等までを含めて幅員12ｍ以上となる場合（令131条の２，３項）

　　前面道路の幅員が12ｍ未満の場合でも，道路の敷地側又は反対側に壁面線（法46条）又は壁面の位置（法68条の２，１項の地区計画条例）の指定があって，その幅員を含めれば12ｍ以上となるもので，特定行政庁から交通上，安全上，防火上及び衛生上支障がないとの認定を受ければ，その幅員全体を道路幅員とみなして，①の緩和を受けることができる（図6.4.12）。

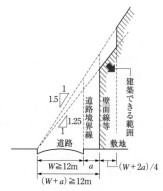

図6.4.12　敷地側に壁面線等がある場合

⑷ 前面道路が2以上ある場合（法56条6項，令132条）

① 角地の場合

図6.4.13において，$a > b$ かつ，後退距離＝0の場合には，a の道路境界線から，$2a$ 以内，かつ，35 m 以内の区域内及び b の道路中心線から10 m を超える区域内（図の ▨ 部分）については，狭い道路（幅員 b）の位置に広い道路（幅員 a）があるとみなして，道路高さ制限を適用する。▨ の部分の制限については，実際の b の幅員の道路として道路高さ制限がかかる。

角地の高さ制限をまとめると図6.4.13のようになる。なお，この図では道路高さ制限の適用距離と後退距離による緩和は考えていないが，適用距離を考えると適用距離を超える部分は隣地高さ制限のみを考えればよい。

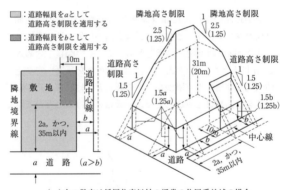

（　）内の数字は低層住専以外の通常の住居系地域の場合

図6.4.13　2つの前面道路がある敷地の高さ制限（原則）

〔例〕道路高さ制限による高さの限度の検討（角地の例）

図6.4.14において，A～F各点の高さの限度を計算してみる。用途地域は A～C は商業地域，D～F は第一種住居地域として算定すればよい。ここでは，高層住居誘導地区と後退距離による緩和は考えないものとする。

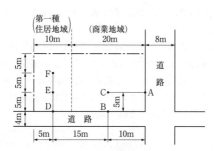

図6.4.14　高さ制限の計算例

　いずれも道路の反対側境界線から20 m 以内なので道路高さ制限の適用距離内にある。

A点：$8 \times 1.5 = 12$ m

B点：$8 \times 1.5 = 12$ m（8 m 道路から 2 倍以内（$8 \times 2 = 16$ m）の区域内にある）

C点：$(8+5) \times 1.5 = 19.5$ m（B 点と同様 2 倍以内）

D点：$4 \times 1.25 = 5$ m（2 倍より出ている）

E点：$(4+5) \times 1.25 = 11.25$ m（　〃　）

F点：$(8+10) \times 1.25 = 22.5$ m（2 倍より出ているが，4 m 道路の中心線から10 m を超えている）

② 　道路が敷地の前と後にある場合

　角地の場合に限らず，図6.4.15のように，敷地の前と後に道路がある場合にも①と同様な緩和がある。

　図6.4.15において，広い方の道路の境界線から幅員の 2 倍以内（2 倍が35 m を超えるときは35 m 以内）か，狭い道路の中心線から10 m を超える区域（どちらかに入ればよい）につい

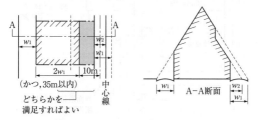

図6.4.15　道路が前と後にある場合

ては，狭い道路が広い道路と同じ幅員をもつものとして道路高
さ制限を適用する。

③ 敷地が幅員の異なる3つ以上の道路に接する場合

前面道路が3つ以上あるときも，最も広い道路から2倍以
内（かつ，35 m 以内）と，狭い道路の中心から10 m を超え
る区域をとった残りについて，また次に広い道路から2倍以
内などと順に考えればよい（図6.4.16）。

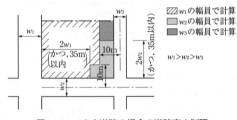

図6.4.16　3方道路の場合の道路高さ制限

④ 角地などで後退距離（セットバック）がある場合

角地などの後退距離による緩和は，前面道路ごとに算定す
る。広い道路の狭い道路へのまわりこみは，道路幅員のみを
まわし，それに狭い道路側の後退距離を加味する（図6.4.17）。
なお，2つの道路のうち，片方の道路の反対側に川などがあ

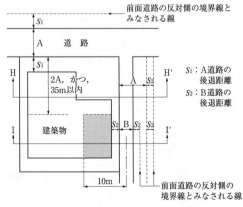

図6.4.17-1　角地で，後退距離がある場合

る場合には，川なども含めて道路とみなし，まわりこみを適用できる（次の(5)参照）。

図6.4.17-1のような角地で，A道路から2Aを超え又は，35mを超え，かつ，B道路の中心線から10m以内にある範囲内，すなわち，B道路の高さ制限を受ける範囲内に適用距離が入る場合の道路高さ制限の適用除外区域は，狭いB道路の中心線から10mを超える範囲となる（図6.4.18）。

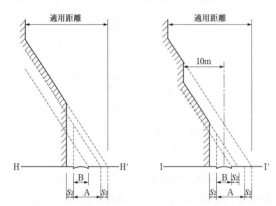

図6.4.17-2　角地で，後退距離がある場合

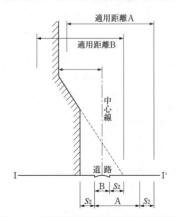

図6.4.18　適用距離AがB道路の斜線制限
を受ける範囲内に入る場合

⑸　前面道路の反対側に公園，広場，水面などがある場合（法
　56条6項，令134条）

　前面道路の反対側に公園や河川などがある場合には，道路の
反対側の境界線までの距離をとるかわりに，河川などの反対側
までの距離をとって道路高さ制限を適用する（図6.4.19）。

　建築物の後退距離（S）がある場合は，さらに川などの反対
側にSをとって道路高さ制限を適用する。

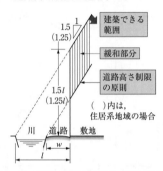

図6.4.19　道路の反対側に川などがある場合

【道路の反対側に河川などがあって道路が2つある場合】

　図6.4.20のハッチ部分（▨）については，w_1のところに
（$w_2 + w_3$）があるものとして道路高さ制限を適用する。

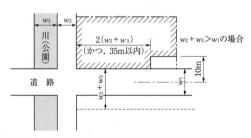

図6.4.20　前面道路の反対側に川などがあって道路が2つある場合

(6) 道路と敷地の地盤面に高低差がある場合（法56条6項，令135条の2）

道路高さ制限の高さは前面道路の路面の中心から測るが，敷地の地盤面が道路面より高い場合には，道路高さ制限をそのまま適用するとほとんど建てられなくなるような場合もあるので，高低差が1m以上ある場合には緩和措置がある。

【高低差が1m未満の場合】

高低差のあるまま道路高さ制限を適用する（図6.4.21）。

【高低差が1m以上の場合】

前面道路の路面が(高低差－1m)×1/2だけ高く上がったものと仮定して道路高さ制限を適用する（図6.4.22）。この場合，適用距離と後退距離による緩和も合わせて考える。

図6.4.21　地盤面が前面道路より高い場合
（差が1m未満）

（　）内は，住居系地域の場合

$1.5l (1.25l)$

G.L.
$H < 1$ m

道路

l

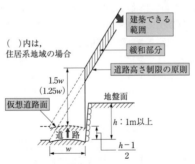

図6.4.22　地盤面が道路より1m以上高い場合

建築できる範囲

緩和部分

道路高さ制限の原則

（　）内は，住居系地域の場合

$1.5w$
$(1.25w)$

仮想道路面

地盤面

h：1m以上

道路

w

$\dfrac{h-1}{2}$

〔例〕高低差4mの場合，$(4-1) \times 1/2 = 1.5$（m）。

道路面が実際より1.5m高い所にあるものとして道路高さ制限を考えればよい。

・敷地が道路面より低い場合には，原則どおりの規定（道路の路面の中心から測る）が適用され，特に制限の強化はない。

(7)　**建築物が住居系地域とその他の地域にまたがる場合**（法56条5項）

　道路高さ制限（道路斜線の勾配）の異なる部分ごとに，各々の制限を適用する（過半の属する区域の制限ではない）（図6.4.2, 6.4.23）。

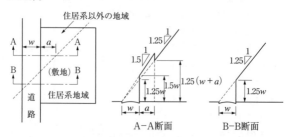

図6.4.23　敷地が住居系地域とその他の地域にまたがる場合

(8)　**道路高さ制限と同程度の採光等（天空率）を確保できる場合**（法56条7項）

　仕様基準としての道路高さ（斜線）制限（法56条1項一号，2項〜4項，6項）によって得られる採光・通風などの環境条件と，同程度以上の採光・通風などの条件（天空率）が得られる場合には，道路高さ制限を適用しない。一種の性能規定化の考えから定められた規定で，採光等の要件を敷地単位の「天空率」に関する基準によって判定しようとするものである（平成14年改正，15年1月1日施行，隣地斜線と北側斜線についても同様に定められた）。

①　**天空率の定義**（令135条の5）

　次の式で計算した数値を天空率といい，道路・隣地・北側の各高さ制限の適用を除外する規定で使われる。

　〔天空率〕　$Rs = \dfrac{As - Ab}{As}$

　　As：地上のある位置を中心としてその水平面上に想定する半球（＝想定半球）の水平投影面積（図6.4.25の円の面積）

　　Ab：建築物とその敷地の地盤を As の想定半球と同一の想定半球に投影（正射影という）した投影面の水

平投影面積（図6.4.24，6.4.25の影の部分の面積）

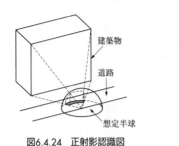

図6.4.24　正射影認識図

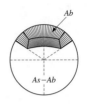

図6.4.25　天空図
（半球の水平影図）

② 道路高さ制限を適用しない建築物の基準等

【基準】（令135条の6）

　計画建築物の天空率が，従来からの道路高さ制限に適合する建築物の天空率以上であれば，道路高さ制限（いわゆる斜線制限）に適合しなくてもよい。

　この場合，計画建築物の前面道路の境界線からの後退距離は，道路高さ制限に適合する建築物の天空率を算定する際に前提とした建築物の前面道路からの後退距離以上としなければならない。

計画建築物の天空率	≧	道路高さ制限に適合する建築物の天空率

　なお，天空率の算定に当たっては，次の点に注意する。

・建築敷地が道路斜線の勾配（1.5又は1.25）の異なる地域，地区又は区域にまたがる場合は，その異なる地域等ごとに天空率を算定する。

・前面道路が2以上ある場合は，令132条又は134条2項に規定する区域（前記(4)，(5)参照）ごとに天空率を算定する。

【天空率の算定位置】（令135条の9）

　天空率の算定位置は，計画敷地の接道部分の両端から最短距離にある前面道路の反対側境界線上の位置で，レベルは前面道路の路面の中心の高さとする（建築物の後退距離があった場合でも，道路の反対側境界線上の位置は変わらない）。

　算定位置間の延長＞前面道路の幅員×1/2の場合は，その位

置の間に前面道路の幅員の1/2以内の間隔で均等に配置した位置とする。

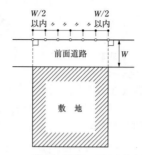

図6.4.26　道路高さ制限の天空率算定位置

・建築敷地が道路斜線の勾配（1.5又は1.25）の異なる地域等にまたがる場合は，前記の基準と同様，その異なる地域等ごとに天空率の算定位置を設ける。

・前面道路が2以上ある場合も，同様に，令132条又は134条2項に規定する区域（前記(4)，(5)参照）ごとに天空率の算定位置を設ける。

・建築敷地の地盤面が前面道路の路面の中心の高さより1m以上高い場合は，前面道路の路面の中心は，（その高低差－1m)/2だけ高い位置にあるものとみなす。

(9)　法56条の道路高さ制限がそのままは適用されない場合

法56条1項一号の一般的な道路高さ制限は，前(8)のほか次のような地区・街区・計画などの場合には適用されない。

① 高度利用地区内で，道路に接して有効な空地がある場合等 ⇨ 特定行政庁の許可により緩和（法59条4項）

② 敷地内に一定の空地を有し，一定の敷地規模を持つ場合で，容積率，建蔽率などとともに総合的な配慮がなされているもの ⇨ 特定行政庁の許可により緩和（法59条の2，総合設計制度，本書6-5章1参照）

③ 特定街区内 ⇨ 都市計画で別に定める（法60条）。

④ 都市再生特別地区内 ⇨ 適用除外（法60条の2，5項，本書6-5章5参照）

⑤ 街並み誘導型地区計画の区域内 ⇨ 特定行政庁の認定によ

り緩和（法68条の5の5，2項，本書6-5章10(9)参照）

⑥　再開発等促進区又は沿道再開発等促進区で，地区整備計画
又は沿道地区整備計画が定められている区域内 ⇨ 特定行政
庁の許可により緩和（法68条の3，4項）

⑦　高度利用地区型地区計画の区域 ⇨ 特定行政庁の許可によ
り緩和（法68条の5の3，2項）

⑧　土地区画整理事業を施行した地区その他これに準ずる街区
の整った地区の街区 ⇨ 特定行政庁の指定により，その街区
の接する道路を前面道路とみなす（令131条の2，1項）。

⑨　計画道路又は予定道路 ⇨ 特定行政庁の認定により前面道
路とみなす（令131条の2，2項）。

⑩　壁面線又は壁面の位置（法68条の2，1項の地区計画条例）
⇨ 特定行政庁の認定により前面道路の境界線とみなす（令
131条の2，3項）。

4　隣地高さ制限

隣地境界付近の高層化による採光・通風などの環境の悪化を
幾分でも緩和するために，隣地境界線からの距離に応じて建築
物の高さが制限される。昭和45年(1970年)に，容積制限の全面
的導入と絶対高制限（31 m，20 m）の廃止に伴い規定された。
方位に関係なく規制される。昭和62年(1987年)には後退距離に
よる緩和が規定された。

(1)　隣地高さ制限の原則（法56条1項二号）

①　第一種・第二種低層住居専用地域又は田園住居地域を除く
住居系地域の場合

各部分の高さ≦20 m＋1.25×（隣地境界線までの距離）

②　その他の地域の場合（特定行政庁が都道府県都市計画審議
会の議を経て指定する区域内では，適用除外）

各部分の高さ≦31 m＋2.5×（隣地境界線までの距離）

③　用途地域無指定区域の場合

特定行政庁が①又は②のいずれかを定める

〔注〕第一種・第二種低層住居専用地域又は田園住居地域内では，
10 m又は12 mの高さの限度（法55条）があるのでこの制限
はない。

(2) 壁面の後退距離がある場合 (法56条1項二号)

高さが31 m (住居系地域では，20 m) を超える部分の外壁が隣地境界線から後退している場合には，その距離 (高層部分の後退距離) の分だけ隣地境界線が隣地側にあるものとみなして，隣地高さ制限を適用する (図6.4.27)。高層部分の後退距離は，隣地境界線の各辺ごとにその最短距離をとる (図6.4.28)。

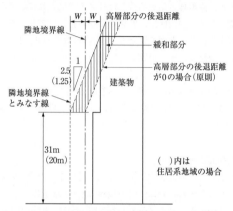

図6.4.27 高層部分が後退した場合の隣地高さ制限

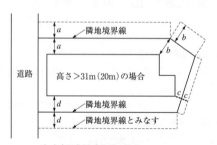

( )内は住居系地域の場合

図6.4.28 隣地高さ制限の後退距離

(3) 敷地が公園，広場，水面などに接する場合 (令135条の3，1項一号)

隣地境界線に相当する位置を，公園などの幅の半分だけ外側に考えて隣地高さ制限をかける (図6.4.29)。

　ただし，街区公園（都市公園法施行令2条1項一号の都市公園（主として，街区内居住者を対象とした小規模な公園））は緩和の対象にはならない。

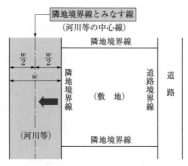

図6.4.29　敷地が水面などに接する場合

(4)　**敷地の地盤面が隣地の地盤面より1m以上低い場合**（令135条の3，1項二号）

　道路高さ制限の場合の緩和と同様に，高低差から1m引いたものの1/2だけ敷地が高い所にあるものとみなす（図6.4.30）。

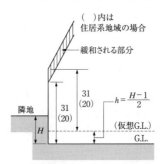

図6.4.30　地盤面が隣地より1m以上低い場合

(5)　**隣地高さ制限と同程度の採光等（天空率）を確保できる場合**（法56条7項）

　仕様基準としての隣地高さ（斜線）制限（法56条1項二号，5項，6項）によって得られる採光・通風などの環境条件と，同程度以上の採光・通風などの条件（天空率）が得られる場合

には，隣地高さ制限を適用しない。道路高さ制限の場合と同様，採光等の要件を敷地単位の「天空率」（本書本章3(8)①参照）に関する基準によって判定しようとするものである（平成14年改正，15年1月1日施行）。

① 隣地高さ制限を適用しない建築物の基準等

【基準】（令135条の7）

　計画建築物の天空率が，従来からの隣地高さ制限に適合する建築物の天空率以上であれば，隣地高さ制限に適合しなくてもよい。この場合，計画建築物の隣地境界線からの後退距離は，隣地高さ制限に適合する建築物の天空率を算定する際に前提とした建築物の隣地境界線からの後退距離以上としなければならない。

計画建築物の天空率	≧	隣地高さ制限に適合する建築物の天空率

　なお，天空率の算定に当たっては，次の点に注意する。

・建築敷地が隣地高さ制限の勾配（2.5又は1.25）の異なる地域，地区又は区域にまたがる場合は，その異なる地域等ごとに天空率を算定する。

・計画建築物が周囲の地面と接する位置の高低差が3mを超える場合は，高低差が3m以内となるようにその敷地を区分した区域ごとに天空率を算定する。

【天空率の算定位置】（令135条の10）

　天空率の算定位置は，隣地境界線からの水平距離が，隣地斜線の勾配が1.25である場合は16m，2.5である場合は12.4mだけ外側の線の建築敷地に面する部分の両端上の位置で，レベルは敷地の地盤面の高さとする。

　算定位置間の延長が，前記水平距離が16mの場合は8m，12.4mの場合は6.2mをそれぞれ超えるときは，その位置間にそれぞれ8m又は6.2m以内の間隔で均等に配置した位置とする。

・建築敷地が隣地斜線の勾配（2.5又は1.25）の異なる地域等にまたがる場合は，前記の基準と同様，その異なる地域等ごとに天空率の算定位置を設ける。

・計画建築物が周囲の地面と接する位置の高低差が3mを超

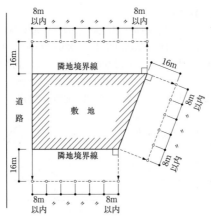

図6.4.31　隣地高さ制限の天空率算定位置
（斜線勾配1.25の場合）

える場合は，高低差が 3 m 以内となるように，その敷地を
区分した区域ごとに天空率の算定位置を設ける。

・建築敷地の地盤面が隣地の地盤面又は平均地表面より 1 m
以上低い場合は，建築敷地の地盤面は，その高低差から 1 m
引いたものの 1/2 だけ高い位置にあるものとみなす。

(6)　法56条の隣地高さ制限がそのままは適用されない場合

一般的な法56条 1 項二号の隣地高さ制限は，(5)のほか次のよ
うな地区・街区・計画などの場合には適用されない。

① 敷地内に一定の空地を有し，一定の敷地規模をもつ場合で，
容積率，建蔽率などとともに総合的な配慮がなされているも
の ⇨ 特定行政庁の許可により緩和（法59条の 2 ，総合設計
制度，本書 6 - 5 章 1 参照）

② 特定街区内 ⇨ 都市計画で別に定める（法60条）。

③ 都市再生特別地区内 ⇨ 適用除外（法60条の 2 ，5 項）

④ 街並み誘導型地区計画の区域内 ⇨ 特定行政庁の認定によ
り緩和（法68条の 5 の 5 ，2 項）

⑤ 再開発等促進区又は沿道再開発等促進区で，地区整備計画
又は沿道地区整備計画が定められている区域内 ⇨ 特定行政
庁の許可により緩和（法68条の 3 ，4 項）

5　北側高さ制限

　第一種・第二種低層住居専用地域，田園住居地域又は第一種・第二種中高層住居専用地域内では，北側隣地の日照条件などの環境悪化を防ぐために，北側の隣地境界線（又は道路の反対側の境界線）までの真北方向（磁北ではない）へ測った距離 l_n（図6.4.32）を基準にした高さの制限（北側高さ制限）がある。

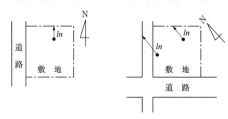

図6.4.32　真北方向へ測った距離

　ただし，第一種・第二種中高層住居専用地域内で法56条の2による日影規制の対象区域内では，日影規制によって北側隣地の日照等の配慮がされているなどのため，この北側高さ制限は適用されない。

(1)　北側高さ制限の原則（法56条1項三号）

・第一種・第二種低層住居専用地域又は田園住居地域内

$$—— 5\,\mathrm{m} + 1.25\,l_n$$

・第一種・第二種中高層住居専用地域内 —— $10\,\mathrm{m} + 1.25\,l_n$

　敷地の北側の隣地境界線が真北方向に直角の場合の断面は図6.4.33のようになる。

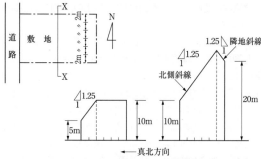

図6.4.33　北側高さ制限

〔注〕道路の反対側の境界線までについては，通常は道路高さ制限の方が厳しい（1.25 *l*）。しかし，道路が２つ以上ある場合について，道路高さ制限は緩和がある（本書本章3(4)参照）が，北側高さ制限については緩和がないので，北側高さ制限で高さが決まることもある（図6.4.34）。また，屋上突出部についても道路高さ制限と異なって，北側高さ制限は緩和がないので注意が必要である。

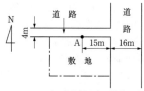

ここではA点を幅の広い道路から
15mに設定した場合。

**図6.4.34　道路の反対側からの北側高さ制限
で高さが決まる例**

〔例〕図6.4.34の A 点の高さを求めると，

・道路高さ制限では，4 m の幅員が16 m とみなされるので，

$$16 \times 1.25 = 20 \ (\text{m})$$

・北側高さ制限では

（第一種・第二種低層住居専用地域又は田園住居地域）

$$\text{—— } 5 + 4 \times 1.25 = 10 \ (\text{m})$$

（第一種・第二種中高層住居専用地域）

$$\text{——} 10 + 4 \times 1.25 = 15 \ (\text{m})$$

いずれの場合も，北側高さ制限の方が厳しい。

⑵ **建築物が北側高さ制限の異なる2以上の区域にわたる場合**（法56条5項）

建築物の部分ごとに異なる北側高さ制限を適用する。

⑶ **北側に水面，線路敷などがある場合**（法56条6項，令135条の4，1項一号）

北側の隣地が河川や線路敷などの場合には，隣地境界線が水面，線路敷などの幅の1/2だけ外側にあるものとして北側高さ制限を適用する（隣地高さ制限の場合と異なり，公園は街区公園を含めた一般の公園全てが緩和の対象にならない）。

⑷ **敷地の地盤面が隣地の地盤面より1m以上低い場合**（令135条の4，1項二号）

高低差から1m引いたものの1/2だけ地盤面が高い所にあるものとみなす（隣地高さ制限の場合（図6.4.30）と同じ）。

⑸ **北側高さ制限と同程度の採光等（天空率）を確保できる場合**（法56条7項）

仕様基準としての北側高さ（斜線）制限（法56条1項三号，5項，6項）によって得られる採光などの環境条件と，同程度以上の採光などの条件（天空率）が得られる場合には，一律の北側高さ制限は適用しない。道路高さ制限の場合と同様，採光などの要件を敷地単位の「天空率」（本書本章3⑻①参照）に関する基準によって判定するものである（平成14年改正，15年1月1日施行）。

① 北側高さ制限を適用しない建築物の基準等

【基準】（令135条の8）

計画建築物の天空率が，一律の北側高さ制限に適合する建築物の天空率以上であれば，一律の北側高さ制限には適合しなくてもよい。

$$\boxed{\text{計画建築物の天空率}} \geq \boxed{\text{北側高さ制限に適合する建築物の天空率}}$$

なお，天空率の算定に当たっては，次の点に注意する。

・建築敷地が北側高さ制限の高さの限度の異なる地域にまたがる場合は，その異なる地域ごとに天空率を算定する。

・計画建築物が周囲の地面と接する位置の高低差が3mを超

える場合は，高低差が3m以内となるようにその敷地を区分した区域ごとに天空率を算定する。

【天空率の算定位置】（令135条の11）

天空率の算定位置は，北側隣地境界線の両端から真北方向への水平距離が，地域に応じて表6.4.3の数値だけ外側にある線上で，その位置間の間隔を均等に表6.4.3の数値以内となるようにした位置で，レベルは敷地の地盤面の高さとする。

表6.4.3　天空率の算定位置

用途地域	真北方向への水平距離	間　隔
第一種・第二種低層住居専用，田園住居	4 m	1 m 以内
第一種・第二種中高層住居専用	8 m	2 m 以内

・建築敷地が，北側高さ制限の異なる地域にまたがる場合には，それぞれの地域ごとに天空率の算定位置を設ける。

・建築物が周囲の地面と接する位置の高低差が3mを超えるときは，高低差が3m以内となるように敷地を区分した区域ごとに天空率の算定位置を設ける。

・建築敷地の地盤面が北側隣地の地盤面又は平均地表面より1m以上低い場合は，建築敷地の地盤面は，その高低差か

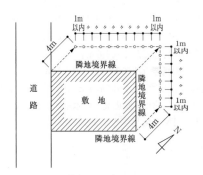

図6.4.35　北側高さ制限の天空率算定位置
（第一種・第二種低層住居専用，
田園住居地域の場合）

ら1m引いたものの1/2だけ高い位置にあるものとみなす。

(6) 法56条の北側高さ制限がそのままは適用されない場合

① 敷地内に一定の空地を有し，一定の敷地規模をもつ場合で
容積率，建蔽率などとともに総合的な配慮がなされているも
の ⇨ 特定行政庁の許可により緩和（法59条の2，総合設計
制度，本書6-5章1参照）

② 特定街区内 ⇨ 都市計画で高さが定められる（法60条）。

③ 都市再生特別地区内 ⇨ 適用除外（法60条の2，5項）

④ 街並み誘導型地区計画の区域内 ⇨ 特定行政庁の認定によ
り緩和（法68条の5の5，2項）

⑤ 再開発等促進区又は沿道再開発等促進区で，地区整備計画
又は沿道地区整備計画が定められている区域内 ⇨ 特定行政
庁の許可により緩和（法68条の3，4項）

6 日影による中高層建築物の高さの制限 ——日影規制——

中高層建築物が落とす日影の時間を制限することにより，住
宅地における日照条件の悪化を防ごうとするもので，規制する
区域と日影時間は，法で定める範囲内で，地方公共団体の条例
により定められる（条例で区域と日影時間が指定されて，はじ
めて規制が適用される）。

日影規制は，建築物の形態を直接規制するのではなく，建築
物が落とす日影（陰）の時間（すなわち建築物が周囲に及ぼす
影響）を制限することによる結果として建築物の形態が決まる
という，やや複雑な規制の方法をとっているので，まずその基
本事項を表に整理しておく（表6.4.4）。

(1) 日影規制の概要（法56条の2，別表第4）

日影規制の概要は表6.4.5に示すとおりで，(い)の区域内にあ
る(ろ)にあげる建築物は，(は)の高さの水平面において，(に)にあげ
る時間以上の日影を生じさせてはならない。

表6.4.4　日影規制の基本事項

対 象 区 域	第一種・第二種低層住居専用，田園住居，第一種・第二種中高層住居専用，第一種・第二種住居，準住居，近隣商業，準工業地域，用途地域無指定区域のうち，地方公共団体の条例で指定する区域 （商業，工業，工業専用地域，高層住居誘導地区及び都市再生特別地区内は対象外）
対 象 建 築 物	第一種・第二種低層住居専用地域又は田園住居地域の区域　⇨軒の高さ*¹＞7ｍ，又は 地上３階建以上の建築物 その他の区域　⇨高さ*¹＞10ｍの建築物 （用途地域無指定区域は，上記のいずれかによる。）
日影を測定する時間帯	冬至日の真太陽時*²による午前８時から午後４時までの時間帯（北海道では午前９時から午後３時までの時間帯）
日影時間を規制する範囲	敷地境界線からの水平距離が５ｍを超える範囲と10ｍを超える範囲の２段階の範囲に落ちる日影時間を規制する（５ｍ以内の制限はない）。
日影の測定面	第一種・第二種低層住居専用地域又は田園住居地域内では平均地盤面*³から1.5ｍの高さ（１階の窓の位置に相当），その他の地域では平均地盤面から４ｍ又は6.5ｍの高さ（２階又は３階の窓の位置に相当）の水平面を仮定し，その面に落ちると想定される日影の時間を規制する（地盤面に落ちる日影ではない）。
規 制 す る 日 影 時 間	対象区域ごとに，法別表第４（表6.4.5）の日影時間の組合せの中から，地方公共団体の条例で定める。

＊1　建築物の高さ，軒の高さ：本書３章６，７参照。

＊2　真太陽時：各地点ごとに太陽が真南にくるとき（南中時）を正午として算走する時刻法で，これに対して一般に使用されている時刻を中央標準時という。

・地方真太陽時＝中央標準時＋均時差＋$\dfrac{経度-135°}{15°}$

＊3　平均地盤面：建築物が周囲の地面と接する位置の平均の高さの水平面（日影規制では，敷地内の複数の建築物は１とみなし，同一敷地内は１つの平均地盤面とする）。

表6.4.5　日影規制の概要

(い)	(ろ)	(は)	(に)		
対象区域 （下記の全部又は一部で地方公共団体の条例で指定する区域）	制限を受ける建築物 （地盤面からの高さ又は地上階数）	日影を測定する水平面 （平均地盤面からの高さ）	規制される日影時間*2		
			*1 規制値の種別	敷地境界線からの距離	
				5mを超え10m以内の範囲 （5mラインの制限）	10mを超える範囲 （10mラインの制限）
第一種・第二種低層住居専用、田園住居地域	軒高＞7m 又は 地上階≧3	1.5m	(1) a	3時間 （2〃）	2時間 （1.5〃）
			(2) b	4時間 （3〃）	2.5時間 （2〃）
			(3) c	5時間 （4〃）	3時間 （2.5〃）
第一種・第二種中高層住居専用地域	高さ＞10m	4m 又は 6.5m*3	(1) a′	3時間 （2〃）	2時間 （1.5〃）
			(2) b′	4時間 （3〃）	2.5時間 （2〃）
			(3) c′	5時間 （4〃）	3時間 （2.5〃）
第一種・第二種住居，準住居，近隣商業，準工業地域	高さ＞10m	4m 又は 6.5m*3	(1) b′	4時間 （3〃）	2.5時間 （2〃）
			(2) c′	5時間 （4〃）	3時間 （2.5〃）
無指定区域	軒高＞7m 又は 地上階≧3	1.5m	(1)a，(2)b，(3)cによる		
	高さ＞10m	4m	(1)a′，(2)b′，(3)c′による		

*1　規制する日影時間（規制値）は，5mラインと10mラインの時間の組合せ（2〜3種類）から，地方公共団体の条例で定める。

*2　(に)欄の（　）内の時間は，北海道の場合を示す。

*3　第一種・第二種低層住居専用地域，田園住居地域以外での日影の測定面（4m又は6.5m）は地方公共団体の条例で定める。

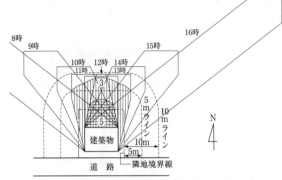

〔例〕第一種住居地域内　日影規制c′（5時間〜3時間）の場合

▦5 : 日影時間5時間以上の部分　5mラインを超えないこと

▨3 : 日影時間3時間以上の部分　10mラインを超えないこと

図6.4.36　日影規制の例

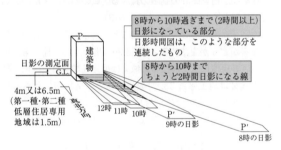

図6.4.37　午前中の日影の動き

(2) **同一敷地内に2以上の建築物がある場合**（法56条の2，2項）

これらは1つの建築物とみなす。たとえば，第一種住居地域内では，敷地内の1つの建築物の高さが10 mを超えれば，他の10 m以下の建築物も制限の対象となる。

(3) **対象区域外にある建築物でも制限を受ける場合**（法56条の2，4項）

対象区域外（商業地域など）にある建築物でも，高さが10 mを超え，冬至日の日影が対象区域内に落ちる場合には，そ

の対象区域内の日影は，建築物がその対象区域内にあるものと
みなして制限される（図6.4.38）。

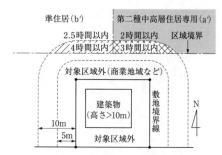

図6.4.38　対象区域外の建築物（高さ＞10 m）の日影が
対象区域内に落ちる場合

(4)　**建築物が日影時間の制限の異なる区域の内外にまたがる場
合**（法56条の２，５項，令135条の13）

　その建築物の各部分がある区域ごとに高さを測り，対象建築
物になるかどうかを決める。図6.4.39の場合，第一種・第二種
低層住居専用地域，田園住居地域又は用途地域無指定区域（軒
高＞７m又は地上階≧３が対象建築物の区域）内に落ちる日
影については建築物全体が対象になるが，３階建でも，高さ
10 m以下なので，その他の地域に落ちる日影は対象にならない。

第一種・第二種低層住居専用， 田園住居	第一種・第二種低層住居専用， 田園住居以外	
	3F	10m以下 3階建
	2F	
	1F	G.L.

図6.4.39　建築物が異なる区域にまたがる場合

(5)　**対象建築物の冬至日の日影が，日影時間の制限の異なる他
の区域に落ちる場合**（法56条の２，５項，令135条の13）

　その建築物は，日影の落ちる各区域内にあるものとみなして
制限を受ける（図6.4.40）。

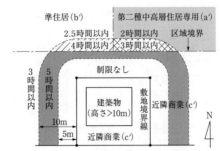

図6.4.40　日影が制限の異なる区域に落ちる場合

(6)　敷地が，道路・川などに接する場合の緩和（令135条の12，1項一号）

　道路，水面，線路敷などに接する敷地境界線が，道路などの幅の1/2だけ外側にあるものとみなし，道路などの幅が10mを超えるときはその反対側の境界線から敷地側に5m寄った線を敷地境界線とみなす。5mライン・10mラインはこの線を基準にする（図6.4.41）。

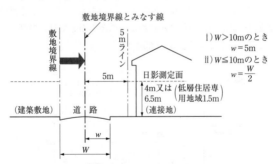

i）$W>10$mのとき
　$w=5$m
ii）$W≦10$mのとき
　$w=\dfrac{W}{2}$

図6.4.41　敷地が道路に接する場合の緩和 (1)

　敷地と道路などとの接点の両端で，隣地側の5mラインなどと道路側の5mラインなどを閉鎖的に連続させる「閉鎖方式」と，道路側の5mラインなどを接点の両端から放射状に発散させ，隣地側と道路側の5mラインなどを連続させない「発散方式」の作図法がある（図6.4.42）。一般的には安全側で作図も単純な「閉鎖方式」による場合が多い。

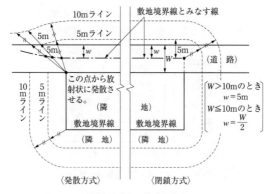

図6.4.42　敷地が道路に接する場合の緩和 (2)

(7) **隣地の地盤面が1m以上高い場合の緩和** （令135条の12，1項二号）

　隣地又はこれに連続する土地（連接地）の地盤面（建築物がないときは平均地表面）が，建築敷地の平均地盤面より1m以上高い場合は，その高低差から1m引いたものの1/2だけ敷地の地盤面が高いところにあるものとみなして日影の測定面を設定することができる（図6.4.43）。

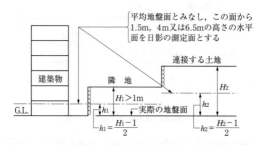

図6.4.43　日影の落ちる隣地などが1m以上高い場合の緩和

(8) **許可等による緩和** （法56条の2，1項ただし書）

① 許可による緩和

　特定行政庁が，土地の状況などにより周囲の居住環境を害するおそれがないと認めて，建築審査会の同意を得て許可し

た場合は，日影時間が緩和される。日影規制は敷地全体についての規制なので，増築部分が日影規制に適合する場合でも，既存部分が不適合であれば許可を必要とする。

② 増築等による緩和（法56条の2，1項ただし書，令135条の12，1項，2項）

①の許可を受けた建築物を周囲の居住環境を害するおそれがないものとして，許可を受けた際の敷地の区域で，日影を測定する水平面に，敷地境界線から5mを超える範囲に新たに日影となる部分を生じさせない増築，改築，移転の場合は，日影時間が緩和される。

7 高度地区 （法58条）

高度地区は，用途地域内で市街地の環境を維持し，又は土地利用の増進を図るために，建築物の高さの最高限度又は最低限度を定める地区である。高度地区の内容は都市計画によって定めるが，高度地区内では一般的な高さの制限を受けるほかに，その高度地区に関する都市計画の内容にも適合しなければならない。最高限度を定める高度地区で絶対高さや北側斜線制限を含むものが多いが，商業地や業務地などでは，最低限度を定める高度地区もある。図6.4.44に東京都における3種類の最高限度高度地区の例を示す。最近では，これら北側斜線制限の高度地区に高さの限度（絶対高制限）を加えた「20m第二種高度地区」のようなものも指定されている。

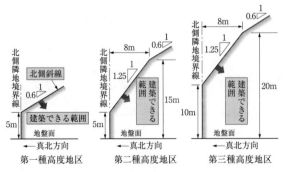

図6.4.44 高度地区の例（東京都の場合）

6-5

街づくり関連規定
〈規制から誘導へ〉

　都市環境を整備しながら合理的な土地利用を図るために種々の制度が定められている。最低基準による「規制型の確認行政」に対して，都市施設の整備や公開空地率など一定の目標や計画を定めてより良い街づくりを推進しようとするのが「誘導型の街づくり行政」である。その傾向を建築基準法の上で比較してみると，おおむね表6.5.1のようになる。

表6.5.1　規制型と誘導型の街づくり規定

	規 制 型	誘 導 型
建 築 基 準	最低基準（強制）	設計標準（選択自由）
上 位 計 画 等	無	有（方針・計画・基準）
適 用 単 位	敷地単位	街区又は地区単位
手 続 き	建築主事などの確認	特定行政庁の許可その他
裁 量 性	無	有
総 合 性	他との連携少ない	他の行政との連携多い
助 成 制 度	無	ある場合が多い
（例）	建築確認	総合設計 高層住居誘導地区 高度利用地区 特定街区 都市再生特別地区 地区計画等 一団地の総合的設計 連担建築物設計 （建築協定）＊

＊　建築協定は，私法的な性格のもので，学説上は，建築確認の対象とされないが，誘導型の街づくりのものではある。都市計画区域等外でも協定できるもので，本書7章10にあげている。

6

1　総合設計制度 ──公開空地などの条件による容積率と高さ制限の緩和──（法59条の２）

　一定規模以上の敷地面積があり，かつ，敷地内に所定の空地があって交通上・安全上・防火上及び衛生上支障がなく，さらに容積率・高さなどについて総合的な配慮がされ，市街地の環境の整備改善に資するものとして，特定行政庁が建築審査会の同意を得て許可するものについては，容積率制限（法52条），低層住専等内の高さの限度（法55条）又は道路・隣地・北側の高さ制限（法56条）の制限値を超えて建築することができる。

　この手法を通称「総合設計制度」といい，一般の許可が，規定の趣旨を害さない場合に許可するという消極的なものであるのに対し，総合設計制度による許可は，環境の整備改善のために基準を定めて積極的に許可するという「街づくり誘導型」の制度である。昭和46年(1971年)に創設された。

　したがって，総合設計は，周囲に十分空地をとった比較的規模の大きな建築計画に対して，土地の有効利用と市街地の環境整備を図ろうとする点で，特定街区に通ずる性格をもつが，都市計画決定を必要とせず，特定行政庁の許可で認めるものであり，旧建設省の通達で許可準則*が示されている。全国的には，これらの準則に則って施行されている行政庁が多いが，東京都の許可要綱は国の準則とは若干異なっている。

　＊・総合設計許可準則（昭61住発93，平２住街発148，平７住街発71，平９住街発74，平13国住街95，平20国住街175，平23国住街186，平26国住街145，令３国住街157）
　　・総合設計許可準則に関する技術基準（昭61住街発94，平７住街発72，平９住街発75，平13国住街96，平20国住街176，平23国住街186，平26国住街145，令３国住街157）

5

　この総合設計制度の一部を定形化し，一定の規模以上の敷地と空地をもつ住宅用途の建築物や道路高さ制限と同程度以上の天空率をもつ建築物について，許可ではなく確認手続で容積率や高さ制限を緩和する制度がある（本書6-3章1(4)，6-4章3(8)，4(5)，5(5)参照）。

　なお，法86条の「（一団地の）総合的設計（制度）」（本書7章4参照）とは，全く別の制度である。

(1) 総合設計の法定要件（令136条）

総合設計制度により容積率と高さ制限の緩和の許可を受けることのできる法定要件として，用途地域と建蔽率に応じた「敷地面積の規模」と「敷地内にとるべき空地の割合」が次のように定められている。

① 敷地面積の規模

表6.5.2　敷地面積の規模

用途地域等	敷地面積の規模	特定行政庁の規則で定められる敷地面積の規模
第一種・第二種低層住居専用，田園住居	3,000m² 以上	1,000m² 以上3,000m² 未満
第一種・第二種中高層住居専用，第一種・第二種住居，準住居，準工業，工業，工業専用	2,000m² 以上	500m² 以上2,000m² 未満
近隣商業，商業	1,000m² 以上	500m² 以上1,000m² 未満
用途地域無指定	2,000m² 以上	1,000m² 以上2,000m² 未満

② 敷地内の空地の規模

表6.5.3　建蔽率限度に応じた空地率の最低条件

法53条による建蔽率の限度（K）	空地の面積 / 敷地面積（＝空地率）	
	法52条を含めた緩和の場合	法55条，56条のみの緩和の場合
$K \leq \dfrac{5}{10}$	$1 - K + \dfrac{1.5}{10}$	$1 - K + \dfrac{1}{10}$
$\dfrac{5}{10} < K \leq \dfrac{5.5}{10}$	$\dfrac{6.5}{10}$	$\dfrac{6}{10}$
$\dfrac{5.5}{10} < K$	$1 - K + \dfrac{2}{10}$	$1 - K + \dfrac{1.5}{10}$

〔例〕準住居地域，準防火地域内で，前面道路が一方向にあり，法52条の容積率を緩和する場合に必要な空地率は，

$$建蔽率 K = \frac{6}{10} \quad 空地率 = 1 - \frac{6}{10} + \frac{2}{10} = \frac{6}{10}$$

(2)　特定行政庁の許可による緩和

　　1）緩和される規定

　　　・法52条（容積率の限度）

　　　・法55条（第一種・第二種低層住居専用地域又は田園住居地域内の高さの限度）

　　　・法56条（道路高さ制限，隣地高さ制限，北側高さ制限）

　　2）許可の要件：次の全てに該当するもの

　　　①　令136条の法定要件に適合すること

　　　②　交通上・安全上・防火上及び衛生上支障のないこと

　　　③　建蔽率，容積率，各部分の高さについて，総合的配慮がされており，市街地の環境の整備改善に資すると認められること

　　　④　許可に際して建築審査会の同意を得ること

2　高層住居誘導地区（法57条の5，都計法9条）

　高層住居誘導地区は，人口の減少の著しい大都市の都心部の住宅と非住宅の混在を前提とした用途地域内の土地に都市計画として指定して高層住宅の誘導を図り，住宅と非住宅の適正な配分の回復，職住近接の都市構造，良好な都市環境の形成を図ろうとするものである。

　この地区内では，建蔽率が別に定められるほか，高層住宅を誘導する手法として，住宅の容積率の引き上げ，道路高さ制限等の緩和，日影規制の適用除外などが行われる。

　〔注〕高層住居誘導地区は，第一種・第二種住居，準住居，近隣商業又は準工業地域内の指定容積率400％又は500％の区域内において地方公共団体が都市計画として指定する（本書9章3(2)参照）。

(1)　**建蔽率**（法57条の5，1項，2項）

　高層住居誘導地区に関する都市計画で建蔽率の最高限度が定められたときは，それを法53条1項の建蔽率限度とみなして同条を適用する。敷地が建蔽率限度の異なる同地区の内外にわたるときは，同条2項の面積加重平均による（本書6-3章3(2)参照）。

(2)　**容積率**（法52条1項，令135条の14）

　同地区内の，住宅比率（R）*が2/3以上の建築物の容積率限

度は，都市計画の指定容積率（Vc：40/10又は50/10）の1.5倍
以内，かつ，$3Vc/(3-R)$ 以内の数値で都市計画で定めたもの
となる。なお，第一種・第二種住居及び準住居地域内で $R≧$
2/3 の建築物の道路幅員のメートルの数値に乗ずる係数は，住
居系以外の用途地域と同様，6/10となる。

　　＊　住宅比率（R）＝住宅の床面積合計 / 延べ面積

(3)　**敷地面積の最低限度**（法57条の5，3項）

　同地区の都市計画で敷地面積の最低限度が定められたときは，
法53条の2（2項を除く）の規定を準用する（本書6-3章4
参照）。

(4)　**高さ制限**（法56条）

①　道路高さ制限：住宅比率2/3以上の建築物は，第一種・第
　二種住居及び準住居地域内では，道路の反対側の境界線から
　の適用距離35 m 以内の道路斜線の勾配が住居系以外の地域
　の道路斜線と同様，1.5となる。

②　隣地高さ制限：①と同じ建築物と地域内では，隣地高さ制
　限の立ち上がりは住居系以外の地域と同様，31 m となり，
　斜線勾配も2.5となる。

(5)　**日影規制**（法57条の5，4項）

　同地区内の建築物には，法56条の2，1項の対象区域外の建
築物とみなし日影規制は適用されない。ただし，高さが10 m
を超える建築物で同地区外の日影規制対象区域内の土地に日影
を落とすものは，その部分に限り日影規制を受けることになる。

3　**高度利用地区**（法59条，都計法9条等）

　高度利用地区は，用途地域内の市街地における土地の合理的
で健全な高度利用と都市機能の更新を図るため，都市計画とし
て指定される。高度利用地区に関する都市計画では，次のもの
を定める。

　〔注〕高度利用地区指定指針（平7 都計発177・住街発108）

①　容積率の最高限度及び最低限度

②　建蔽率の最高限度

③　建築面積の最低限度

④　壁面の位置の制限

　土地の高度利用のために指定される地区なので，最高限度のみでなく最低限度をも定めて，その限度より大きい建築物を建てさせる目的がある。

　高度利用地区内の建築物は，原則として，都市計画の内容に適合しなければならない。また，高度利用地区の都市計画で定められた容積率の最大限度は，法52条１項の容積率の限度とみなされる。

【都市計画の内容に適合しなくても建築できるもの】

　次のものは，移転・除却が容易なもの又は公益上必要なものと認められるので，高度利用地区に関する都市計画に適合しなくても建築できる。

① 木造，ブロック造などで２階建以下（地階なし）
② 公衆便所，巡査派出所などで公益上必要なもの
③ 学校，駅舎，卸売市場などの公益上必要な建築物で，特定行政庁が建築審査会の同意を得て許可したもの

【許可による道路高さ制限の緩和】

　高度利用地区内では，道路に接して有効な空地が確保されているなどの条件により，特定行政庁が，交通上，安全上，防火上及び衛生上支障がないと認めて許可した場合には，法56条１項一号と２項～４項の道路高さ制限を超えて建築することができる。この場合の許可も，建築審査会の同意を必要とする。

4　特定街区（法60条，都計法９条）

　市街地の整備改善を図るために街区の整備又は造成が行われる地区について，都市計画で特定街区を指定する。特定街区に関する都市計画では，次のものを定める。

① 容積率の最高限度
② 高さの最高限度
③ 壁面の位置の制限

　特定街区内では，都市計画で定められた①～③を適用するので，建築基準法上の容積率，建蔽率，建築物の敷地面積，第一種・第二種低層住居専用地域又は田園住居地域内の外壁の後退距離・絶対高さ制限，高さ制限，日影規制，総合設計，高度地区，高度利用地区，特定用途誘導地区の規定（本書６−３章，

6-4章及び本章の1と3）は適用しない。

〔注〕都市計画運用指針（平12都計発92）に，特定街区の趣旨及び基本的な考え方が示され，建築基準法第60条第2項の歩廊の柱その他これに類するものを指定する件（令4国交告741）が定められている。

5　都市再生特別地区（法60条の2，都市再生特別措置法）

都市の再生（都市機能の高度化と都市の居住環境の向上）を図るため，都市再生緊急整備地域を政令で定め，そのなかで特に高度利用を図る必要のある地区として，「都市再生特別地区」を都市計画に定める。都市計画では，誘導すべき建築物の用途，容積率の最高限度（≧400％）と最低限度，建蔽率の最高限度，建築面積の最低限度，建築物の高さの最高限度及び壁面の位置の制限などが定められる。これらは建築確認の対象となるとともに，これらに相当する建築基準法上の規定（法48条～49条の2，56条，57条の4，58条，60条の3，2項など）は適用除外となる。

また，一定の移転除却の容易な建築物や公益上必要な建築物についても，制限の対象から除かれる。

6　居住環境向上用途誘導地区（法60条の2の2，都市再生特別措置法）

居住環境向上用途誘導地区内では，建築物の建蔽率は，同地区に関する都市計画で定められたときは，その最高限度以下とする。ただし，①公衆便所，巡査派出所等の公益上必要なもの，②学校，駅舎，卸売市場等の公益上必要なもので，特定行政庁が用途上又は構造上やむを得ないと認め，建築審査会の同意を得て許可したものは，この限りでない。

また，壁面の位置の制限が同地区に関する都市計画で定められたときは，建築物の地盤面下の部分及び国土交通大臣が指定する歩廊の柱等を除き，その制限に反して建築してはならない。ただし，上記①又は②に該当する建築物については，この限りでない。

さらに，同地区内の建築物の高さは，同地区に関する都市計画で定められたときは，その最高限度以下とする。ただし，特

定行政庁が用途上又は構造上やむを得ないと認め，建築審査会の同意を得て許可したものは，この限りでない。

　加えて，地方公共団体は，国土交通大臣の承認を得て，条例で，法48条1項～13項による用途地域内の用途制限を緩和することができる。

7　特定用途誘導地区（法60条の3）

　特定用途誘導地区内では，建築物の容積率と建築面積（同一敷地内に2以上の建築物がある場合は，それぞれの建築面積）は，同地区に関する都市計画で定められたときは，それらの最低限度以上とする。ただし，①主要構造部が木造，鉄骨造等で，かつ地階がなく地上階数2以下で，移転又は除却が容易なもの，②公衆便所，巡査派出所等の公益上必要なもの，又は③学校，駅舎，卸売市場等の公益上必要なもので特定行政庁が用途上又は構造上やむを得ないと認め，建築審査会の同意を得て許可したものは，この限りではない。

　また，同地区内の建築物の高さは，同地区に関する都市計画で高さの最高限度が定められたときは，その最高限度以下とする。ただし，特定行政庁が用途上又は構造上やむを得ないと認め，建築審査会の同意を得て許可したものは，この限りではない。

　さらに，地方公共団体は，国土交通大臣の承認を得て，条例で，法48条1項～13項による用途地域内の用途制限を緩和することができる。

8　特定防災街区整備地区（法67条）

　特定防災街区整備地区は，防火地域又は準防火地域内で防災都市計画施設と一体となって特定防災機能を確保するための防災街区として整備すべき区域，密集市街地における特定防災機能の効果的な確保に貢献する防災街区として整備すべき区域に都市計画として指定して，密集市街地内の区域及びその周辺の密集市街地における特定防災機能の確保，土地の合理的，かつ，健全な利用を図ろうとするものである（密集法31条，本書11-7章(4)参照）。

(1) 構造制限（法67条1項，2項）

　同地区内の建築物は，次の①～④を除き，耐火建築物等*1又は準耐火建築物等*2とする。建築物が同地区の内外にわたるときは，同地区外の建築物の部分も制限を受ける。ただし，防火壁が同地区外にあり，建築物を区画しているときは，防火壁以外の部分については，同地区内の制限を受けない。

① 延べ面積が50 m²以内の平家建て附属建築物で，外壁及び軒裏が防火構造のもの

② 主要構造部が不燃材料の卸売市場の上家・機械製作工場又は類似の構造で火災の発生のおそれが少ない用途

③ 高さ2mを超える門，塀で，不燃材料で造り，又は覆われたもの

④ 高さ2m以下の門，塀

> ＊1　耐火建築物等：耐火建築物又は耐火建築物と同等以上の延焼防止性能を有する建築物（法53条3項一号イ，令135条の20，1項）
> ＊2　準耐火建築物等：準耐火建築物又は準耐火建築物と同等以上の延焼防止性能を有する建築物（法53条3項一号ロ，令135条の20，2項）

(2) 敷地面積の最低限度（法67条3項，4項）

　同地区内の建築物の敷地面積は，次の①，②を除き，原則として，都市計画で定められた最低限度以上とする。

① 公衆便所，巡査派出所，その他類似の公益上必要なもの

② 特定行政庁が建築審査会の同意を得て許可したもの

(3) 壁面の位置の制限（法67条5項）

　同地区内の建築物の壁又はこれに代わる柱は，都市計画で壁面の位置の制限が定められたときは，建築物の地盤面下の部分を除き，壁面の位置の制限に反して建築してはならない。ただし，次の①，②を除く。

① 公衆便所，巡査派出所，その他類似の公益上必要なもの

② 学校，駅舎，卸売市場などの公益上必要な建築物で，特定行政庁が建築審査会の同意を得て許可したもの

(4) 防災都市計画施設に係る間口率・建築物の高さの最低限度（法67条6項～10項，令136条の2の4）

　同地区内の建築物の防災都市計画施設*1に係る間口率*2及

6

び高さの最低限度が，都市計画で定められたときは，前記(3)①及び②を除き，当該最低限度以上でなければならない。建築物の高さの最低限度より低い部分は，原則として，空隙のない壁を設けるなど防火上有効な構造とする。

* 1 密集法31条2項に規定する防災都市計画施設をいう。
* 2 建築物の防災都市計画施設に面する部分の長さ／敷地の同施設に接する部分の長さ。

9 景観地区（法68条）

景観地区は，都市計画区域又は準都市計画区域内の土地の区域について，市街地の良好な景観の形成を図るため，都市計画で指定される。都市計画では，建築物の形態意匠の制限が定められ，必要な場合，建築物の高さの最高限度又は最低限度，壁面の位置の制限及び敷地面積の最低限度も定められる（景観法61条，本章11-7章(11)参照）。

(1) 建築物の高さ（法68条1項）

同地区内の建築物の高さは，次の①，②を除き，都市計画で定められた最高限度以下又は最低限度以上とする。

① 公衆便所，巡査派出所，その他類似の公益上必要なもの
② 特定行政庁が建築審査会の同意を得て許可したもの

(2) 壁面の位置の制限（法68条2項）

同地区内の建築物の壁又はこれに代わる柱は，都市計画で壁面の位置の制限が定められたときは，建築物の地盤面下の部分を除き，壁面の位置の制限に反して建築してはならない。ただし，次の①，②を除く。

① 公衆便所，巡査派出所，その他類似の公益上必要なもの
② 学校，駅舎，卸売市場などの公益上必要な建築物で，特定行政庁が建築審査会の同意を得て許可したもの

(3) 敷地面積の最低限度（法68条3項）

同地区内の建築物の敷地面積は，次の①，②を除き，原則として，都市計画で定められた最低限度以上とする。

① 公衆便所，巡査派出所，その他類似の公益上必要なもの
② 特定行政庁が建築審査会の同意を得て許可したもの

5

(4)　高さ制限の緩和（法68条5項）

　都市計画において建築物の高さの最高限度，壁面の位置の制限及び建築物の敷地面積の最低限度が定められている一定の同地区内の建築物で，都市計画の内容に適合し，かつ，敷地内に有効な空地が確保されていることなどにより，特定行政庁が交通上，安全上，防火上及び衛生上支障がないと認めるものについては，法56条の高さ制限を適用しない。

> ＊　都市計画区域・準都市計画区域外に指定される準景観地区内の建築制限は，市町村の条例で定められる（法68条の9，2項，本書6-7章2(2)参照）。

10　地区計画等（法68条の2）

　都市計画区域全体を対象とした地域地区や都市施設などによる都市計画と，個々の建築物を対象とした建築規制との間を補完する，新しい地区レベルでの街づくりの手法の一つとして制定されたもの（昭和55年の法改正で導入）。

(1)　地区計画等の範囲（都計法4条9項，12条の4）

　次のものを総称して「地区計画等」といい，それぞれ次のような種別がある。

① 　地区計画（都計法12条の5，本書9章3(9)参照）
　・用途緩和型（法68条の2）
　・誘導容積型（法68条の4，都計法12条の6）
　・容積適正配分型（法68条の5，都計法12条の7）
　・高度利用・都市機能更新型（法68条の5の3，都計法12条の8）
　・用途別容積型（法68条の5の4，都計法12条の9）
　・街並み誘導型（法68条の5の5，都計法12条の10）
　・再開発等促進区（法68条の3，都計法12条の5，3項）

② 　防災街区整備地区計画（密集法32条〜，本書11-7章(4)参照）
　・誘導容積型（法68条の4，密集法32条の2）
　・容積適正配分型（法68条の5の2，密集法32条の3）
　・用途別容積型（法68条の5の4，密集法32条の4）
　・街並み誘導型（法68条の5の5，密集法32条の5）

③　歴史的風致維持向上地区計画（歴史まちづくり法31条1項，本書11-7章(5)参照）

④　沿道地区計画（沿道整備法9条～，本書11-7章(6)参照）

・誘導容積型（法68条の4，沿道法9条の2）

・容積適正配分型（法68条の5，沿道法9条の3）

・高度利用・都市機能更新型（法68条の5の3，沿道法9条の4）

・用途別容積型（法68条の5の4，沿道法9条の5）

・街並み誘導型（法68条の5の5，沿道法9条の6）

・沿道再開発等促進区（法68条の3，沿道法9条3項）

⑤　集落地区計画（集落地域整備法5条，本書11-7章(8)参照）

(2)　都市計画決定と条例による制限

それぞれの地域の特性に応じた良好な市街地形成のため，市町村は，道路や小公園などの地区施設や，建築物の用途・形態，敷地面積などを都市計画として定め，その計画に基づいて建築や開発行為を規制し誘導しようとするもので，都市計画決定後，市町村は，建築基準法に基づく条例に地区計画等の内容を定め，建築確認の対象として制限することができる。

また，市町村は，土地利用の増進等のため，国土交通大臣の承認を得て，条例で，法48条1項～13項の用途規制を緩和することができる。

なお，地区計画等の条例は，地区整備計画，特定建築物地区整備計画，防災街区整備地区整備計画，歴史的風致維持向上地区整備計画，沿道地区整備計画又は集落地区整備計画が定められている区域に限る。

(3)　地区計画制度の概要

地区計画制度の概要を，都市計画決定手続きから計画・規制の内容までまとめると，表6.5.4のとおりである。

表6.5.4　地区計画制度の概要

地区計画の対象区域選定 （都計法12条の5）	用途地域が定められている区域
	用途地域が定められていない区域
	①住宅市街地開発事業等の実施又は予定区域 ②不良な街区環境となるおそれのある区域 ③現に良好な居住環境の区域

| 地区計画（案）の作成 | 土地所有者等の利害関係者の意見聴取，一定事項について知事の承認を要する。 |

| 地区計画の都市計画決定
（都計法15条〜） | 決定主体は，市町村及び特別区
地区計画の区域と方針のみを定める場合と，地区整備計画まで定める場合がある。
土地所有者等は地区整備計画を定めることを要請できる。 |

計画の内容と規制・誘導の手法	1）地区整備計画を定めない場合	
	計画内容	①地区計画の名称，位置，区域など ②土地利用の方針 ③地区施設・建築物などの整備の方針
	規制など	なし（整備方針に沿った行政指導）
	2）地区整備計画を定める場合	
	計画内容	1）の計画内容のほか地区整備計画の事項として，次のうち必要な事項を定める（市街化調整区域内では，下線部分を除く）。 ①地区施設の配置及び規模 ②建築物などの用途の制限 ③容積率の最高限度又は最低限度 ④建蔽率の最高限度 ⑤敷地面積・建築面積の最低限度 ⑥壁面の位置の制限 ⑦壁面後退区域における工作物の設置の制限 ⑧建築物などの高さの最高限度又は最低限度 ⑨建築物などの形態・色彩等の意匠の制限 ⑩建築物の緑化率の最低限度

	⑪垣・柵の構造の制限 ⑫現に存する樹林地，草地などで良好な居住環境の確保に必要なものの保全を図るための制限に関する事項 ⑬土地の利用に関する事項で政令で定めるもの ・誘導容積型地区計画では，③の容積率の最高限度を目標容積率と暫定容積率に区分できる。 ・地区内容積率の範囲内で，区域を区分して③の容積率の最高限度を配分できる。 ・用途別容積型地区計画では，住宅部分の容積率の最高限度を他より高く定められる。
規制など	①届出・勧告制度（都計法58条の2） 　土地の区画形質の変更，建築物の建築などを行う者は，着手の30日前までに届け出る。計画不適合について，市町村長は計画変更などの措置をとることを勧告できる。 ②開発許可の基準（都計法33条） 　開発行為等の許可の際，地区計画の内容に適合させる。 ③市町村の条例による制度（建基法68条の2） 　市町村又は特別区は，地区計画に定められた建築物の敷地・構造・設備・用途に関する事項を，令136条の2の5の基準の範囲内で，条例に定めて制限することができる。この場合，条例は建築確認の対象となる。 ④道路位置指定の特例（建基法68条の6） 　（本書6-1章6(1)参照） ⑤予定道路の指定（建基法68条の7） 　（本書6-1章6(2)参照）

⑷　地区計画の条例で定められる建築制限等（令136条の2の5）

　市町村が定めることができる条例の内容は，地区整備計画として定められたもののうち，次の基準に適合するものである。条例で定められた内容は，建築確認の対象となる。

① 　建築物の用途：良好な環境の街区形成に貢献するもので，それぞれの地区計画等にふさわしい合理的な制限であること

② 　容積率の最高限度：5/10以上の数値

③ 　建蔽率の最高限度：3/10以上の数値

④ 　敷地面積の最低限度＊：敷地の細分化又は建築物の密集により空地の確保や建築物の安全等の確保が著しく困難となる区域で，良好な住環境の維持増進を図るため

>　＊　敷地面積の制限を定める場合は，その条例の中に，不適格の敷地又は既得権のある土地をそのまま敷地として使用する場合の適用除外に関する規定を定める（法68条の2，3項）。

⑤ 　壁面の位置の制限：高さ2mを超える塀の位置を含む

⑥ 　高さの最高限度：2階建の高さを下回らない数値

⑦ 　高さ・容積率・建築面積の最低限度：土地の合理的で健全な高度利用を促進するために合理的な数値

⑧ 　敷地の地盤面の高さ・居室の床面の高さの最低限度：洪水等による被害を防止し，又は軽減する観点から見て合理的な数値

⑨ 　建築物の形態又は意匠の制限：屋根・外壁の形状又は材料を定める。

⑩ 　垣又は柵の構造：門・塀の高さ，形状又は材料を定める。

⑪ 　その他

⑸　**誘導容積型地区計画**（法68条の2，68条の4，都計法12条の6）

　地区整備計画のなかで，目標容積率と暫定容積率を定め，公共施設が不十分な間は，低めに設定された暫定容積率を適用し，公共施設が整備されてきた段階で，特定行政庁が交通上，安全上，防火上及び衛生上支障がないと認めたものについては，目標容積率を適用するという制度である。いわゆる「ダウンゾーニング（down zoning）」で，平成4年の法改正で創設された

（図6.5.1）。歴史的風致維持向上地区計画と集落地区計画を除く地区計画に適用される。

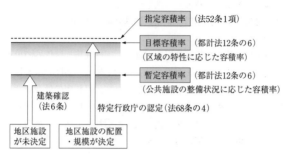

図6.5.1　誘導容積制度の概要

① 2段階の容積率 ——地区整備計画——

　道路や公園などの公共施設が十分に整備されていない地区では，地区整備計画に，区域の特性に応じた目標とする容積率（＝目標容積率）と，地区の公共施設の整備の状況に応じた容積率（＝暫定容積率）の2つの容積率を定め，それを市町村の条例で定める。

② 暫定容積率の適用 ——建築主事などの確認——

　公共施設が不十分な段階では暫定容積率を適用し，通常の建築確認手続きにより，市街地の環境を保全する（条例の制限を受けて暫定容積率が適用される）。

③ 目標容積率の適用 ——特定行政庁の認定——

　地区計画に地区レベルの公共施設（地区施設）が定められた段階では，特定行政庁の認定を受けて目標容積率を適用し，目標とする市街地に近づく（法68条の4）。

(6) **容積適正配分型地区計画**（法68条の5，都計法12条の7）

　地区整備計画に区域を区分して容積率の最高限度が定められている（集落地区計画以外の）地区計画の区域内では，地区計画で定めた容積率の最高限度を法52条1項一号～四号の容積率とみなして同条を適用する。この容積率の最高限度が用途地域で定められた容積率を超える区域では，地区整備計画に容積率と敷地面積の最低限度及び道路沿いの壁面の位置の制限が，市

区町村の条例で定められている区域である場合に適用される。地区内の総容積の範囲内で容積の適正な配分を行うもので，いわゆる「容積率の移転」制度といえる。

(7) **高度利用・都市機能更新型地区計画**（法68条の5の3，都計法12条の8）

第一種・第二種低層住居専用地域，田園住居地域以外の用途地域内の適正な配置と規模の公共施設を備え，高度利用と都市機能の更新を図るため必要な区域として，容積率の最高限度と最低限度，建蔽率の最高限度，建築面積の最低限度，壁面の位置の制限が定められた地区計画又は沿道地区計画の区域内では，その容積率の最高限度は，法52条1項二号～四号の数値とみなされる。

敷地内に道路に接して有効な空地が確保されているなどにより，特定行政庁が建築審査会の同意を得て許可した建築物については，法56条1項一号（道路高さ制限）と2項～4項は適用しない。

(8) **用途別容積型地区計画**（法68条の2，68条の5の4，都計法12条の9）

地区整備計画の都市計画において，建築物の全部又は一部を住宅にする建築物の容積率限度を，それ以外の建築物の容積率限度より大きく定め，さらに容積率の最低限度，敷地面積の最低限度，壁面の位置を併せて定める。そしてこれらの地区計画の内容を市町村の条例で定めた区域内の建築物については，その容積率限度を建築基準法上の指定容積率とみなすことができる。住宅以外の用途が多く混在する地区で，住宅部分の容積率限度を緩和することにより，住宅の建築を誘導しようとする制度であり，平成2年に創設された。人口減少の著しい都心の区域などで，定住化を促進する手法として期待されている（法68条の5の4）。

【用途別容積型地区計画により容積率が緩和される条件】

① 第一種・第二種・準住居地域，近隣商業地域，商業地域又は準工業地域内にあること

② 地区整備計画，特定建築物地区整備計画，防災街区整備地区整備計画又は沿道地区整備計画に次の事項が定められてい

　　ること

　イ．建築物の容積率の最高限度（建築物の全部又は一部を住
　　宅にする建築物の容積率限度が，その他の建築物の容積率
　　限度以上で，かつ，法52条１項二号又は三号の数値以上，
　　その1.5倍以下の範囲で定められているものに限る。）

　ロ．建築物の容積率の最低限度

　ハ．建築物の敷地面積の最低限度

　ニ．壁面の位置の制限（道路に面する壁面の位置を制限する
　　ものを含むものに限る。）

③　地区計画に関する条例（法68条の２，１項）で，上記②の
　ロ〜ニの事項に関する制限が定められている区域であること

(9)　街並み誘導型地区計画（法68条の２，68条の５の５，都計
　法12条の10）

　既成市街地で，幅員の広い道路沿いに比べて土地の有効利用
が不十分な街区の内側に，地区特性に応じた建築物の高さ，配
列，形態等を地区計画として定め，工作物や建築物の制限を条
例で定めることを条件に，道路幅員による容積率や道路斜線を
緩和し，良好な街並みを誘導しつつ，土地の有効利用と良好な
環境整備を図ろうとする地区計画で，一般に「街並み誘導型地
区計画」という（平成７年改正）。

【街並み誘導型地区計画の条件】（法68条の５の５）

①　地区整備計画等（集落地区計画を除く。）に次の事項が定め
　られている区域であること

　イ．容積率の最高限度

　ロ．敷地面積の最低限度

　ハ．壁面の位置（道路に面する壁面の位置を制限するものを
　　含むものに限る。）

　ニ．高さの最高限度

　ホ．壁面の位置（都計法12条の10）の制限線と敷地境界線と
　　の間での工作物の設置の制限

②　地区計画条例（法68条の２）に，①のロ〜ニの事項に関す
　る制限が定められている区域であること

【街並み誘導型地区計画による建築制限の緩和】

①　地区計画の内容に適合し，かつ，特定行政庁が交通上，安

全上，防火上及び衛生上支障がないと認定した建築物は，前面道路の幅員のメートルの数値に，住居系地域内等では 4/10 を，その他の地域では 6/10 をそれぞれ乗じることなく，都市計画の指定容積率をもって，当該敷地内の容積率の限度とする（法68条の5の5）。

② 条例で高さの制限等が定められている地区計画等の区域内の建築物で，その地区計画の内容に適合し，かつ，敷地内に有効な空地が確保されていることなどにより，特定行政庁が交通上，安全上，防火上及び衛生上支障がないと認めるものについては，法56条の高さ制限の規定は適用しない。

⑽ **再開発等促進区又は沿道再開発等促進区を定めた地区計画**（法68条の2，68条の3，都計法12条の5，3項）

再開発等促進区又は沿道再開発等促進区で地区整備計画又は沿道地区整備計画が定められている地区計画又は沿道地区計画の区域のうち，容積率の最高限度が定められている区域ではその地区計画又は沿道地区整備計画の内容に適合する建築物で，特定行政庁が交通上，安全上，防火上及び衛生上支障がないと認めるものについては，法52条の容積率の規定は適用しない。

建蔽率の限度（≦ 6/10）や高さの限度（≦20 m）についても同様の緩和がある。

敷地内に有効な空地が確保されていることなどにより，特定行政庁が建築審査会の同意を得て許可した建築物については，法56条の高さ制限の適用が除外される。

また，地区計画で定められた土地利用に関する基本方針に適合し，かつ，区域における業務の利便の増進上やむを得ないとして，特定行政庁が公開による意見の聴取を行ったのち建築審査会の同意を得て許可した場合には，法48条の用途規制は適用しない。

⑾ **防災街区整備地区計画**（法68条の2，令136条の2の5，密集法32条）

特定建築物地区整備計画又は防災街区整備地区整備計画が定められている防災街区整備地区計画の区域内では，市町村は，当該計画の内容として都市計画に定められている建築物に関する事項を条例で定めて制限することができる。条例の内容は建

築確認の対象となる（本書9章3⑼，11−7章⑷参照）。

【防災街区整備地区計画に関する条例で定められる建築制限など】（令136条の2の5）

① 建築物の用途：当該区域にふさわしい良好な住環境の確保，商業その他の業務の利便増進等に貢献し，当該区域における特定防災機能を確保する観点から合理的な制限であること

② 前記⑷②〜⑩に該当するもの

③ 特定地区防災施設に係る間口率（建築物の特定地区防災施設に面する部分の長さ／敷地の同施設に面する部分の長さ）の最低限度：7/10以上，9/10以下

④ 建築物の構造に関する防火上必要な制限

　イ．特定建築物地区整備計画の区域内の建築物
　　・耐火建築物等又は準耐火建築物等
　　・特定地区防災施設からの高さ＜5mの範囲は空隙のない壁など防火上有効な構造

　ロ．防災街区整備地区整備計画の区域内の建築物
　　・耐火建築物等又は準耐火建築物等
　　・耐火建築物等・準耐火建築物等以外の建築物
　　・屋根は不燃材料で造られ又は葺かれたもの
　　・木造建築物は外壁・軒裏の延焼のおそれのある部分が防火構造

⑤ 既存不適格建築物に対する緩和の規定及び公益上必要な建築物で用途上又は構造上やむを得ないと認めて許可したものについて制限を緩和する規定

【容積率限度の特例】（法68条の5の2）

防災街区整備地区計画の区域内で，特定建築物地区整備計画及び防災街区整備地区整備計画（いずれも容積率の最高限度が定められているものに限る。）が定められている区域内では，防災街区整備地区計画で定めた容積率の最高限度を法52条1項一号〜四号の容積率とみなして同条を適用する。この地区計画で定めた容積率の最高限度が，用途地域で定められた容積率を超える区域では，特定建築物地区整備計画に容積率と敷地面積の最低限度及び道路沿いの壁面の位置の制限が，市区町村の条例で定められている区域であり，特定行政庁が交通上，安全上，

防火上及び衛生上支障がないと認める場合に適用される。

【道路位置指定の特例等】（法68条の6，68条の7）

　防災街区整備地区計画（地区防災施設又は防災街区整備地区整備計画の指定のある区域に限る。）に道の配置及び規模又はその区域が定められている場合に，特定行政庁が法42条1項五号の道路位置指定を行うときは，その道の配置などに即して行う。

　また，特定行政庁は，土地の利害関係者の同意があるなど一定の条件に適合するときは，その道の配置などに即して，令136条の2の7の基準に従い，予定道路を指定することができる（本書6-1章6参照）。

⑿　**歴史的風致維持向上地区計画**（法68条の2，68条の3，68条の5の5，68条の5の6，68条の6，歴史まちづくり法31条）

　歴史的価値の高い建造物などによる地域の歴史的風致を活かしたまちづくりのために定められる地区計画で，地区計画の目標，土地利用に関する基本方針，区域の整備・保全に関する方針及び歴史的風致維持向上地区整備計画が都市計画に定められる。

　市町村は，同地区計画で定められた内容のうち，建築物の敷地，構造，建築設備又は用途に関する事項を，条例による制限として定めることができる。条例の内容は，建築確認の対象となる。同地区計画の区域内では，建築基準法上の特例がある。

【用途制限緩和の要件】

　法48条1項〜13項各ただし書による用途地域内の許可による制限緩和の要件に「歴史的風致維持向上地区計画で定められた基本方針に適合し，かつ，同地区計画の区域における歴史的風致の維持・向上を図るうえでやむを得ない場合」が加えられる（法68条の3，9項）。

【容積率限度の特例】

　壁面の位置の制限，壁面後退区域における工作物設置の制限及び建築物の高さの最高限度が定められている地区整備計画等の区域内で，地区計画の内容に適合し，かつ，特定行政庁が，交通上，安全上，防火上及び衛生上支障がないと認めるものに

ついては，法52条2項による容積率の道路幅員による制限は適用しない（法68条の5の5）。

【建蔽率限度の特例】

　地盤面上に配置する通路などの公共空地である地区施設（歴史まちづくり法31条2項四号）が定められた地区整備計画等の区域内では，その地区施設の下にある部分で，特定行政庁が交通上，安全上，防火上及び衛生上支障がないと認めるものの建築面積は，法53条等の建蔽率算定の対象から除くことができる（法68条の5の6）。

【位置指定道路の特例】

　地区整備計画が定められている場合，法42条1項五号による道路位置の指定は，原則として，同地区計画に定められた道の配置などに即して行う（法68条の6）。

⑬　**沿道地区計画**（法68条の2，令136条の2の5）

　沿道地区整備計画が定められている沿道地区計画の区域内では，市町村は，当該計画の内容として都市計画に定められている建築物に関する一定の事項を，条例で定めて制限することができる。条例の内容は建築確認の対象となる（本書9章3(9)，11-7章(6)参照）。

【沿道地区計画に関する条例で定められる建築制限等】

①　建築物の用途：商業など幹線道路の沿道にふさわしい業務の利便増進等に貢献し，かつ，道路交通騒音により生ずる障害を防止する観点から合理的なもの

②　前記(4)②～⑩に該当するもの

③　間口率（建築物の沿道整備道路に面する部分の長さ／敷地の沿道整備道路に接する長さ）の最低限度：7/10以上，9/10以下の範囲内の数値

④　遮音上の制限：路面からの高さが5m未満の範囲を遮音上有効な外壁などでふさぐ（すなわちピロティ構造としない）など

⑤　防音上の制限：沿道の学校，病院，診療所，住宅，寄宿舎など静穏を必要とする建築物の居室の開口部などを防音上有効な構造とするなど

⑥　既存不適格建築物に対する緩和の規定及び，建築物の位置，

構造，用途等の特殊性により防音上又は遮音上支障がないと認めて許可したものについて制限を緩和する規定

【容積率限度の特例】（法68条の5）

沿道地区整備計画に区域を区分して容積率の最高限度が定められている沿道地区計画の区域内では，沿道地区計画で定めた容積率の最高限度を法52条1項一号～四号の容積率とみなして同条を適用する。この容積率の最高限度が用途地域で定められた容積率を超える区域では，沿道地区整備計画に容積率と敷地面積の最低限度及び道路沿いの壁面の位置の制限が，市区町村の条例で定められている区域である場合に適用される。

【道路位置指定の特例等】（法68条の6，68条の7）

沿道地区計画に道の配置及び規模が定められている場合には，他の地区計画等の場合と同様，特定行政庁が行う道路位置の指定は，それに即して行い，また，利害関係者の同意など一定の条件に適合するときには，予定道路を指定することもできる（本書6-1章6参照）。

⒁　**集落地区計画**（法68条の2，令136条の2の5）

都市環境と農業の生産条件との調和のとれた整備を推進するため，市街化区域以外の都市計画区域内にある農業振興地域内に都市計画として定められる集落地区計画のうち，集落地区整備計画の定められた区域内では，市町村が，当該地区計画の内容として定められた建築物に関する事項を条例で定めて制限することができる。この条例の内容は，建築確認の対象となる（本書9章3⑼，11-7章⑻参照）。

【集落地区計画に関する条例で定められる建築制限等】

条例で規定できるのは，建築物の用途，建蔽率の最高限度，敷地面積の最低限度，壁面の位置，高さの最高限度，建築物の形態・意匠・垣・柵の構造などの制限で，集落地区整備計画に定められたものである（令136条の2の5）。

【道路位置指定の特例等】（法68条の6，68条の7）

集落地区計画に道の配置及び規模が定められている場合には，他の地区計画等の場合と同様，特定行政庁が行う道路位置の指定は，それに即して行い，また，利害関係者の同意など一定の条件に適合するときには，予定道路を指定することもできる

（本書6-1章6参照）。

⒂　**地区計画等で定められる建築物に関する事項**

　地区計画等で定められる建築物に関する事項をまとめると表6.5.5のとおりである。建築基準法による地区計画等に関する条例には，これらの基準のうち令136条の2の5の基準に適合し，必要なものが定められる。

表6.5.5　地区計画等で定められる事項（建築物関係）

	地区整備計画	防災街区整備地区計画	歴史的風致維持向上地区整備計画	沿道地区整備計画	集落地区整備計画
建築物の用途制限	○	○	○	○	○
容積率　最高限度	○	○	○	○	―
容積率　最低限度	○	○	○	○	―
建蔽率の最高限度	○	○	○	○	―
敷地面積の最低限度	○	○	○	○	○
建築面積の最低限度	○	○	○	○	―
壁面の位置の制限	○	○	○	○	○
高さ　最高限度	○	○	○	○	―
高さ　最低限度	○	○	○	○	―
敷地の地盤面の高さ	○	○	○	○	○
居室の床面の高さの最低限度	○	○	○	○	○
形態・意匠の制限	○	○	○	○	○
垣又は柵の構造制限	○	○	―	○	○
防音・遮音上の制限	―	―	―	○	―
防火上の制限	―	○	―	―	―
緑化率の最低限度	○	○	―	○	○

6-6

防火地域制

　市街地における建築物の集団的な防火対策として，都市計画で指定される防火地域又は準防火地域内の建築物を規模に応じて耐火建築物や準耐火建築物などとする制限である。防火地域などは，一定の範囲に面的に指定する場合と，幹線道路などに沿って一定の幅で指定する場合（路線式指定）とがある。

1　防火地域及び準防火地域内の建築物等（法61条，64条）

　防火地域又は準防火地域内にある建築物は，外壁の開口部で延焼のおそれのある部分に防火戸等の防火設備を設け，かつ，壁，柱，床等の建築物の部分及び防火設備を通常火災による周囲への延焼を防止するために必要とされる性能に関して令136条の2で定める技術的基準に適合するもので，国土交通大臣が定めた構造方法を用いるもの又は同大臣の認定を受けたものとしなければならない（表6.6.1）。

　防火地域・準防火地域内の建築物の性能規定化により，仕様基準としての耐火建築物又は準耐火建築物とした場合と同様に「周囲への延焼リスクを低減することができる建築物」は，耐火建築物又は準耐火建築物としなくてもよいことが定められた（令和元年（2019年）6月施行）。

【適用除外】

① 高さが2m以下の門，塀（構造の制限なし）

② 準防火地域内にある建築物（木造建築物等を除く）に附属するもの

③ 既存不適格建築物に対する一定の増改築（令137条の10，137条の11，本書7章5参照）

【準防火地域内に建築できる木造3階建の技術的基準】

　（令136条の2，二号ロ，令元国交告194）

① 延べ面積 ⇨ 500 m² 以下

② 隣地境界線等*から1m以内にある外壁の開口部 ⇨ 常時

表6.6.1　防火地域，準防火地域内の建築物等

地　域		建築物等の規模	建築物等の性能	従来の建築物との比較
(1)	防火	階数（地階を含む）≧3，又は延べ面積>100 m²の建築物	・主要構造部が耐火構造又は耐火性能検証法の基準に適合 ・外壁開口部設備*² 　　又は ・上記仕様基準の主要構造部等*³が延焼防止時間*⁴以上の建築物（延焼防止建築物*⁵）	耐火建築物相当
	準防火	地上階数≧4，又は延べ面積>1,500 m²の建築物		
(2)	防火	階数（地階を含む）≦2，かつ，延べ面積≦100 m²の建築物	・主要構造部が準耐火構造又は外壁耐火若しくは主要構造部が不燃構造 ・外壁開口部設備 　　又は ・上記仕様基準の主要構造部等*³が延焼防止時間以上の建築物（準延焼防止建築物*⁵）	準耐火建築物相当
	準防火	延べ面積≦1,500 m²，かつ，地上階数＝3の建築物*¹		
		500 m²<延べ面積≦1,500 m²，かつ，地上階数≦2の建築物		
(3)	準防火	木造建築物等で，延べ面積≦500 m²，かつ，地上階数≦2の建築物	・外壁・軒裏で延焼のおそれのある部分が防火構造 ・外壁開口部設備（片面） 　　又は ・上記仕様基準の特定外壁部等*⁶が延焼防止時間以上の建築物	防火構造相当
(4)	準防火	木造以外で，延べ面積≦500 m²，かつ，地上階数≦2の建築物	・外壁開口部設備（片面） 　　又は ・上記仕様基準の外壁開口部設備が延焼防止時間以上の建築物	

(5)	防火	建築物に附属する門・塀で，高さ＞2ｍのもの	延焼防止上支障のない構造*7	―
	準防火	木造建築物等に附属する門・塀で，高さ＞2ｍのもの		
(6)	防火	看板，広告塔，装飾塔などで屋上に設けるもの，又は高さ＞3ｍのもの	主要な部分を，不燃材料で造り又は覆う	―

*1　延べ面積≦500 ㎡以下，かつ，地上階数＝3の建築物は，令元国交告194により，一定の防火措置の建築物でよい（下記参照）。
*2　外壁の開口部で延焼のおそれのある部分に設ける防火設備
*3　主要構造部及び外壁開口部設備
*4　建築物が通常の火災による周囲への延焼を防止することができる時間
*5　「延焼防止建築物」は，建築基準法施行規則別記第二号様式（確認申請書）注意書5⑧で，「建築基準法施行令第136条の2第一号ロに掲げる基準に適合する建築物をいう。」と定義されている。
　　「準延焼防止建築物」は，「同条第2号ロに掲げる基準に適合する建築物をいう。」と定義されている。
*6　外壁及び軒裏で延焼のおそれのある部分並びに外壁開口部設備
*7　不燃材料で造る又は覆うこと，厚さ24 mm 以上の木材で造ること，土塗り真壁造で塗り厚さが30 mm 以上のもの（令元国交告194）

閉鎖式，煙・熱感知器連動閉鎖式又ははめ殺しの防火設備を設ける（換気孔，居室・火気使用室以外の室の換気用窓で，0.2 ㎡以内のものを除く）。

　＊　隣地境界線等：隣地境界線又はその建築物と同一敷地内の他の建築物（合計500 ㎡以内となる場合を除く。）との外壁間の中心線をいう。

③　隣地境界線等又は道路中心線から5ｍ以内にある外壁の開口部 ⇨ 距離に応じて定める面積以下とする（令元国交告194第4一号イ(1)(ii)(一)）。

　（各開口部の基準面*への投影面積／S）の合計≦1とする。

　＊　基準面：張り間方向又は桁行方向と直交し，当該建築物に面する平面をいう。

表6.6.2　外壁の開口部の面積基準

隣地境界線等からの水平距離 (L)	投影面積を除する数値 (S)
$L \leqq 1\,m$	$9\,m^2$
$1\,m < L \leqq 2\,m$	$16\,m^2$
$2\,m < L \leqq 3\,m$	$25\,m^2$
$3\,m < L \leqq 4\,m$	$36\,m^2$
$4\,m < L \leqq 5\,m$	$49\,m^2$

〔注〕常時閉鎖式、煙・熱感知器・温度ヒューズ連動閉鎖式又ははめ殺しの防火設備は、この表の (S) の面積のまま、その他の開口部の面積は、その1.5倍の面積とみなす。

〔計算例〕　$L \leqq 1\,m$ の位置の防火戸の投影面積4.5 m²（常時閉鎖式等）、$2\,m < L \leqq 3\,m$ の位置の防火戸6 m²（その他の防火戸）の場合

$$4.5 / 9 = 0.5$$
$$6 \times 1.5 / 25 = 0.36$$
　　　　　　　　合計0.86 < 1　　で O.K.

　なお、外壁面の長さ10 m を超える場合、道路幅員が6 m を超える場合については、令元国交告194第4一号イ(1)(ii)㋺、㋩参照。

④　外壁の構造 ⇨ 防火構造とし、屋内側は準耐火構造とするか又は防火被覆（厚さ12 mm 以上の石膏ボードなど）をする。防火被覆の取り合い部分の構造等（令元国交告194第4一号イ(1)）。

⑤　軒裏 ⇨ 防火構造とする（令元国交告194第4一号イ(8)）。

⑥　主要構造部の柱、梁等 ⇨ 火災時に容易に倒壊しない構造で準耐火構造とするか、又は有効な防火被覆をした場合を除き小径12 cm 以上とするなど（令元国交告194第4一号イ(3)）。

⑦　最下階以外の床又は直下の天井 ⇨ 上階延焼を防ぐ構造とする（床の裏側に厚さ12 mm 以上の石膏ボード等の防火被覆など。令元国交告194第4一号イ(4)、(5)）。

⑧　屋根又は直下の天井 ⇨ 屋内側からの火熱を有効に遮る構造とする（裏側に厚さ12 mm＋9 mm 以上の石膏ボードの防火被覆など。令元国交告194第4一号イ(6)、(7)）。

⑨　3階の室の部分とその他の部分 ⇨ 壁又は、戸で区画する

（防火戸でなくてもよいが，ふすま・障子などは除く。令元
国交告194第4一号イ(9)）。

2　防火地域及び準防火地域の共通規定

(1)　**屋根**（法62条，令136条の2の2，平12建告1365，同1434）

建築物の屋根の構造は，国土交通大臣の認定を受けたものと
しない場合は，表6.6.3の構造としなければならない。

表6.6.3　防火地域又は準防火地域内の建築物の屋根

下記以外の建築物	第1による	第1　(一)〜(三)のいずれかとする 　(一) 不燃材料で造るか，又は葺く 　(二) 屋根を準耐火構造（屋外に面する部分は準不燃材料で造る）とする
①スケート場，水泳場，スポーツの練習場等 ②不燃性物品取扱荷捌き場等で火災発生のおそれの少ない用途 ③畜舎，堆肥舎，水産物の増殖場・養殖所	第1又は第2による	(三) 屋根を耐火構造（屋外に面する部分は準不燃材料で造り，勾配は30°以内）の屋外面に断熱材*1（厚さの合計50mm以下）及び防水材*2を張ったものとする 第2　難燃材料で造るか，又は葺く

＊1　ポリエチレンフォーム，ポリスチレンフォーム，硬質ポリウレタン
　　フォーム等。
＊2　アスファルト防水，改質アスファルトシート防水，塩化ビニル樹脂系
　　シート防水，ゴム系シート防水，塗膜防水の工法を用いたもの。

(2)　**隣地境界線に接する外壁**（法63条）

耐火構造の外壁は隣地境界線に接して設けることができる。
この規定は，民法234条（境界線から50cm離す規定）の特則
であるとする判例がある（平成元年最高裁判決，本書1章4(2)
③参照）。

(3)　**建築物が両地域の内外にわたる場合の措置**（法65条）

建築物（敷地でなく建築物）が防火地域と準防火地域又は指
定のない区域にわたる場合には，原則として厳しい方の制限に
よる。

・防火と準防火―――防火地域の制限　｝　面積の大小に
・準防火と無指定―――準防火地域の制限　｝　よらない

　ただし，防火壁が制限のゆるい方の地域内にあって，建築物を区画しているときは，防火壁外の部分については，厳しい方の制限は緩和される（図6.6.1）。

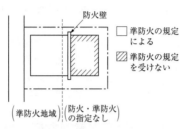

図6.6.1　防火壁のある場合

(4)　法38条の準用（法66条）

　予想しない特殊の構造方法又は建築材料を用いる建築物については，法38条が準用され，国土交通大臣の認定により，法61条～65条の規定（第5節 防火地域及び準防火地域）は適用されない。

6-7

その他の集団規定

1 建築物又は敷地が，区域，地域又は地区の内外にわたる場
合の措置

　建築物又は敷地が2以上の異なる区域，地域又は地区にまた
がる場合の取扱いは，原則として，敷地の過半が属する地域等
の制限によるが（法91条），規定の目的により，各規定ごとに
別の定めがあるときは異なる。次にその適用の方法をまとめて
おく。

(1) 用途地域・特別用途地区内の建築物の用途規制（法48条，
　　49条，91条）

　　敷地の過半が属する用途地域の用途規制を敷地全体に適用す
る（本書6-2章3(1)参照）。

　　特別用途地区の用途規制についても同様の取扱いとする解釈
と部分部分によるという解釈があるが，同地区の建築制限に関
する条例の中に改めて定められている場合もある。

(2) 延べ面積の限度 ──容積率── （法52条7項）
　　面積加重平均による（本書6-3章1(3)参照）。

(3) 建築面積の限度 ──建蔽率── （法53条2項）
　　面積加重平均による（本書6-3章3(2)参照）。

(4) 敷地面積の最低限度（法53条の2）
　　過半が属する地域の制限を適用する（法91条）。

(5) 第一種・第二種低層住居専用地域又は田園住居地域内の外
　　壁の後退距離（法54条）

　　第一種・第二種低層住居専用地域又は田園住居地域内にある
部分の敷地面積の大小にかかわらず，これらの地域内にある部
分について適用する（部分適用）。

(6) 第一種・第二種低層住居専用地域又は田園住居地域内の高
　　さの限度（法55条）

　　(5)と同じ（部分適用）。

(7)　**道路・隣地・北側の各高さ制限**（法56条5項）

敷地の大小にかかわらず，建築物の各部分について，その部分のある地域の高さ制限を適用する（部分適用。本書6-4章1，同章3(7)参照）。

(8)　**日影規制**（法56条の2）

対象建築物（高さ>10 m）については，冬至日に日影が落ちる区域の規定を適用する（本書6-4章6(4),(5)参照）。

(9)　**特例容積率適用地区**（法57条の2〜57条の4）

敷地が地区の内外にわたるときは，過半が地区内であれば特例敷地の対象とし，容積率の限度は面積加重平均による。地区内に高さの最高限度が定められたときの高さは，それぞれの部分ごとに適用する（部分適用）。

(10)　**高層住居誘導地区**（法57条の5）

別に定める容積率は(2)，建蔽率は(3)，高さは(7)と同じ。

(11)　**高度地区**（法58条）

(7)と同様，建築物の各部分について，その部分がある地区の規定を適用する（部分適用）。

(12)　**都市再生特別地区**（法60条の2）

都市計画で定めた容積率，建蔽率，建築面積及び建築物の高さについて，敷地が同地区の内外にわたる場合，都市計画に特別の定めのない限り，法91条を準用して敷地の過半が属する制限によるが，容積率・建蔽率は面積加重平均，敷地面積・高さは部分適用とする。

(13)　**居住環境向上用途誘導地区**（法60条の2の2）

都市計画で定めた容積率，建蔽率，建築物の高さについて，敷地が同地区の内外にわたる場合，都市計画に特別の定めがない限り，容積率・建蔽率は面積加重平均，高さは部分適用とする。

(14)　**特定用途誘導地区**（法60条の3）

都市計画で建築物の高さの最高限度が定められた場合，敷地が同地区の内外にわたるときは，都市計画に特別の定めがない限り，高さは部分適用とする。

(15)　**法22条の区域内外**（法22条〜24条）

建築物が法22条の区域の内外にわたるときは，面積の大小に

かかわらず，法22条の規定が適用される（法24条，本書5-3章1参照）。

⒃　防火地域・準防火地域（法61条，65条）

建築物が制限の異なる防火関係の地域にわたるときは，そのうちの厳しい方の制限が適用される（本書6-6章2⑶参照）。

⒄　特定防災街区整備地区（法67条）

建築物が地区の内外にわたるときは，地区外の建築物の部分も制限を受ける（本書6-5章8⑴参照）。

⒅　地区計画等（法68条の8）

法68条の2，1項の規定に基づく条例で容積率の最高限度又は建蔽率の最高限度が定められている場合で，建築敷地がこれらの区域の内外にわたるときは，⑵及び⑶の面積加重平均の規定を準用して計算する。

⒆　景観地区（法68条），準景観地区（法68条の9）

建築物の高さの最高・最低限度，壁面の位置，敷地面積の最低限度は，景観地区内は都市計画で，準景観地区内は市町村条例でそれぞれ定めるが，地区の内外にわたる場合について特段の定めがない場合は，上記の建築基準法の扱いを準用することになろう。

2　都市計画区域及び準都市計画区域外における建築物の制限（法68条の9）

⑴　都市計画区域等外における集団規定（法68条の9，1項）

建築基準法第3章の規定（いわゆる「集団規定」）は，原則として都市計画区域及び準都市計画区域内に限って適用される（法41条の2）。したがって，通常は都市計画区域等外には，容積率や高さ制限などは適用されないが，いわゆる「リゾート地」などにおいて無秩序な開発による環境悪化を防ぐなど，土地利用の状況等を考慮して適正，かつ，合理的な土地利用を図るため必要があれば，地方公共団体の条例により，都市計画区域等外でも，一定の条件のもとに「集団規定」を適用する場合がある。

都市計画区域等外の区域のうち，法6条1項四号の規定に基づき，都道府県知事が関係市町村の意見を聴いて指定する区域

内では，地方公共団体は，条例で，建築物又はその敷地と道路との関係，容積率，建築物の高さなど，建築物の敷地又は構造に関して必要な制限を定めることができる。

なお，この条例には，下記の建築基準のほか，法68条の2の例による既存不適格建築物の緩和規定及び市町村長の許可による緩和規定をも定める（令136条の2の9）。

【条例で定めることができる集団規定の基準】

① 建築物又はその敷地と道路との関係 ⇨ 法43条から45条までの制限に相当し又はそれより厳しくない制限

② 容積率の最高限度 ⇨ 法52条の用途地域無指定の区域内の制限に相当し又はそれより厳しくない制限（10/10以上）

③ 建蔽率の最高限度 ⇨ 法53条の用途地域無指定の区域内の制限に相当し又はそれより厳しくない制限（5/10以上）

④ 建築物の高さの最高限度 ⇨ 地上2階建の通常の高さを下回らない数値

⑤ 建築物の各部分の高さの最高限度 ⇨ 法56条の用途地域無指定の区域内の制限に相当し又はそれより厳しくない制限

⑥ 日影による中高層建築物の高さの制限 ⇨ 法56条の2の用途地域無指定の区域内の制限に相当し又はそれより厳しくない制限

(2) **準景観地区内の建築物の制限**（法68条の9，2項）

準景観地区は，都市計画区域及び準都市計画区域外の景観計画区域のうち，良好な景観が形成されている区域について，景観を保全するため市町村により指定される（景観法74条）。同地区内においては，市町村は，令136条の2の10の基準により，条例で，建築物の高さ，壁面の位置などの建築物の構造又は敷地に関する必要な制限を定めることができる。

【条例で定められる集団規定の基準】（令136条の2の10）

① 建築物の高さの最高限度——良好な景観の保全に必要な高さで，地上2階建の通常の高さを下回らない高さ

② 建築物の高さの最低限度——良好な景観の保全に貢献する合理的な高さ

③ 壁面の位置の制限——良好な景観の保全に貢献する合理的な外壁又は柱，高さ2mを超える塀などの位置の制限

④　敷地面積の最低限度──敷地の細分化防止が良好な景観の
保全に必要な区域で合理的な面積。この場合，法3条3項に
相当するような既存不適格を除外する規定を設ける。

第7章

建築基準法のその他の規定

1 被災市街地における建築制限 （法84条）

　市街地に大地震や大火災などの災害があったとき，それを機に都市計画や土地区画整理事業を実施しようという場合がある。そのようなときに，特定行政庁は，区域を指定して，その区域内の建築物の建築を一時制限したり禁止したりすることができる。この期間は，原則として災害の発生した日から１月以内に限られるが，必要があれば，さらに１月を超えない範囲で期間を延長できる。ただし，この規定により制限されるのは，本建築であり，災害時に建築する一定の応急仮設建築物は，法85条により別途緩和される（本書本章３参照）。

2 簡易な構造の建築物に対する制限の緩和 （法84条の２）

　簡易な構造の建築物又は建築物の部分に対して，一定の防火規定を緩和する規定である。

(1) 簡易建築物の種類 （令136条の９）

　階数＝１，かつ，床面積≦3,000 m^2（ただし，間仕切壁のないもの）で，次の①か②に該当するもの。

〔注〕簡易建築物が建築物の部分である場合は，他の部分と準耐火構造の壁（水道管などの配管が貫通する部分は国土交通大臣の定める基準（平５建告1426）に適合すること）や煙感知器連動防火設備等で区画されたものに限る。

① 開放的簡易建築物

　壁を設けない建築物その他の国土交通大臣が高い開放性を有すると認めて指定する建築物又は建築物の部分（間仕切壁を設けないもの）で次のいずれかに該当するもの。

　イ．自動車車庫

　ロ．スケート場，水泳場，スポーツの練習場など

　ハ．不燃物の保管庫その他これと同等以上に火災発生のおそれの少ない用途

ニ．畜舎，堆肥舎，水産物の増殖場・養殖場

〔注〕開放性の基準（平 5 建告1427）

$$\frac{常時開放面積（側面＋屋根面）}{建築物の水平投影面積} \geqq \frac{1}{6}, \quad \frac{側面開口部*の幅}{建築物の周長} \geqq \frac{1}{4}$$

* 2.1 m 以上の高さの開口部又は床面から天井面・梁下までの開口部．

・建築物の各部分は，避難上有効な開口部から20 m 以内．

② 膜構造建築物（屋根・外壁が帆布など）

①のロ～ニのいずれかに該当するもの．

(2) **簡易建築物の構造基準**（令136条の10）

前(1)の①又は②に該当する簡易建築物で，柱，梁，外壁等の構造が，下記の基準（①～③）に適合するもの（次の①と②は自動車車庫以外の用途に限る．）．

① 次の建築物又は建築物の部分の主要構造部である柱及び梁が，準耐火構造又は不燃材料のもの

イ．防火地域内 ⇨ 全て

ロ．準防火地域（特定防災街区整備地区を除く．）内 ⇨ 床面積＞500 m²

ハ．準防火地域（特定防災街区整備地区を除く．）内 ⇨ 床面積≦500 m²で，延焼のおそれのある部分

ニ．法22条 1 項の市街地内 ⇨ 延焼のおそれのある部分

ホ．イ～ニの地域・区域以外 ⇨ 床面積＞1,000 m²で，延焼のおそれのある部分

② ①の建築物又は建築物の部分の外壁（ハ～ホは，延焼のおそれのある部分のみ．）及び屋根が，準耐火構造，不燃材料のもの，又は国土交通大臣が定める防火上支障のない構造のもの（平12建告1443）

③ 開放的簡易建築物である自動車車庫の場合

前記①②の規定に関わらず，次のイ～ハの基準による．ただし，防火地域，準防火地域（特定防災街区整備地区を除く．），法22条の区域以外で，床面積＜150 m²は除く．

イ．主要構造部である柱*及び梁*は，準耐火構造又は不燃材料で造られており，かつ，外壁*及び屋根が，準耐火構造又は不燃材料で造られているか，又は国土交通大臣の定

める防火上支障のない構造であること。

> ＊　準防火地域又は法22条の区域内にある開放的簡易建築物で，床面積＜150 m²のものは，延焼のおそれのある部分のみ。

ロ．隣地等への延焼防止のため，隣地境界線等から1 m以下の部分は高さ1.5 m以上（50 cm以下の部分は高さ2 m以上）の防火塀（準不燃材料以上）を設ける（床から50 cmまでは緩和）（平5建告1434）。

ハ．屋上が自動車車庫で，かつ，床面積＞1,000 m²のものは，屋上への延焼防止のため，屋根の開口率＊を一定以下とし，屋上から2以上の直通階段を設ける（平5建告1435）。

> ＊　水平投影面積1 m²の屋根部分（1階車路の上部を除く。）ごとに，孔の面積が次の式に適合すること。
> $$S \leq 0.4H - 0.6 \quad S：孔面積（m²） \quad H：1階の天井高（m）$$

(3)　緩和される規定（法84条の2，令136条の11）

① 　法22条〜24条（法22条の指定区域内の木造等の建築物の屋根の不燃化，外壁の防火処理，外壁等）

② 　法25条（1,000 m²を超える木造建築物等の外壁・軒裏・屋根の防火処理）

③ 　法26条（防火壁等の設置）

④ 　法27条1項，3項（耐火建築物等とすべき特殊建築物）

⑤ 　法35条の2，令5章の2（内装制限）

⑥ 　法61条，62条（防火地域・準防火地域内の建築制限）

⑦ 　法67条1項（特定防災街区整備地区内の耐火建築物等とすべき建築物）

⑧ 　令112条（防火区画）

⑨ 　令114条（防火間仕切壁等）

⑩ 　令128条の3の2〜128条の5（内装制限）

3　仮設建築物（法85条，令147条）

　災害があった場合の応急仮設建築物，工事中の現場事務所や仮設店舗など，短期間一時的に使用する建築物，国際的な規模の会議・競技会用の仮設興行場等については，一般の建築物と同じ制限をするのは適当でないので，その内容に応じ表7.1のような制限の緩和がある。

ただし，構造が軽微な仮設の建築物であっても，表7.1のもの以外は，一般建築物の扱いを受ける。

表7.1　仮設建築物

仮設の種類		適用しない規定	存続期間	手続き
*1 非常災害	国，地方公共団体，日赤が災害救助のため建築するもの 被災者の自家用（≦30 m²）	全規定（ただし，防火地域内は除く）	3月以内→不　要	
			3月を超え2年以内の存続 →要許可	
			2年3月を超え1年以内ごとの存続 →要許可 要審査会の同意*2	
一般災害	応急仮設 停車場，官公署	法1章の手続き関係 法2章の単体規定の一部（採光，換気などは適用）	同　　上	
工事用	工事現場用仮設事務所，下小屋，材料置場など	法3章の全規定*3	工事施工のため必要な期間	不　要
一般仮設	特定期間の仮設興行場，博覧会用建築物，仮設店舗など*4	法1章の定期報告規定 法2章の単体規定の一部（採光，換気，避難規定などは適用） 法3章の全規定	1年以内	要許可 要確認
	建築工事期間中の仮設事務所・仮設店舗等（従前の建物に替えて必要なもの）		特定行政庁が必要と認める期間	
特別仮設	国際的な規模の会議，又は競技会用建築物，仮設興行場など*4		1年超	要許可 要確認 要審査会の同意*2

* 1　非常災害があった場合に，非常災害区域等（非常災害が発生した区域又はこれに隣接する区域で特定行政庁が指定するもの）内で，災害発生の日から1月以内に工事に着手するもの。

* 2　官公署，病院，学校などの公益上特に必要な応急仮設建築物（規則10条の15の8）は除く。

* 3　防火，準防火地域内で50 m²を超えるものは，法62条を適用する（屋根：不燃材料等）。

* 4　被災した場合の仮設工場，仮設倉庫なども該当する（平23国住指461）。

〔注〕これらの仮設建築物に対して適用除外される規定は，令147条に定められている。

4　一の敷地とみなすこと等による制限の特例 ——法86条の一団地の総合的設計制度・連担建築物設計制度——

(1)　概　要

　建築物の敷地は，原則として1建築物1敷地であるが，2以上の建築物がある場合でも，用途上不可分な関係にあるときは，その一団の土地が敷地となる（本書2章21）。従って，用途上可分な2以上の建築物は，それぞれ別個の敷地として分けることになるが，用途上可分である建築物であっても，総合的な設計である場合には，特定行政庁の認定によって，一部の規定については，2以上の建築物を同一敷地内にあるものとみなすのがこの制度である。一般の場合（次の(2)によるもの）と，既存建築物を前提とした場合（(3)による一般に連担建築物設計制度といわれるもの）とがある。

　これらの認定申請は，対象区域（一団の土地の区域）内の各建築物の位置及び構造に関する計画を策定して提出するが，対象区域内にある土地について，申請者以外に所有権又は借地権を有する者があるときは，これらの者の同意が必要である（法86条6項）。

(2)　一般の一団地の総合的設計制度（法86条1項，規則10条の16）

　建築物の敷地又は建築物の敷地以外の土地で2以上のものが一団地を形成している場合，当該一団地*内に建築される1又は2以上の構えを成す建築物（2以上の場合は，総合的設計により建築されるもの）のうち，特定行政庁が1又は2以上の建築物の位置及び構造が安全上，防火上及び衛生上支障ないと認めるものについては，一部の規定（特例対象規定，表7.2）について，一団地を1又は2以上の建築物の一の敷地にあるものとみなす。

　*　その内に既に公告されている対象区域があるときは，その対象区域全部を含むものに限る。

表7.2　特例対象規定（法86条1項，2項）

	条　項	規定内容	備　考
①	法23条	法22条の市街地の木造建築物等の外壁	延焼のおそれのある部分の外壁部分の計算について，隣地境界線は少なくなるが，建築物相互（合計500 m² 以下は不要）の中心線をとる。
②	法43条	接道	個々の敷地でなく，全体で接道規定を適用。
③	法52条1～14項	容積率　容積率算定のための道路	個々の建築物でなく，団地全体について容積率制限を適用。道路幅員，特定道路からの距離も団地全体で適用。
④	法53条1，2項	建蔽率	団地全体で建蔽率制限を適用するが，角地，防火地域内の緩和等は，個々の敷地のみに適用される。
⑤	法54条1項	外壁の後退	個々の敷地境界線ではなく，団地としての敷地境界線で適用。
⑥	法55条2項	第一種・第二種低層住居専用地域，田園住居地域内の高さの限度	特定行政庁が，高さの限度を12 mと定めることのできる敷地面積の最低限度（令130条の10）について，団地面積をとる。
⑦	法56条1～4，6，7項	道路高さ制限　隣地高さ制限　北側高さ制限	2以上道路のある場合の緩和，公園がある場合の緩和等，敷地ごとではなく，団地全体で適用される。
⑧	法56条の2，1～3項	日影規制	団地内の敷地境界線がなくなるので，団地全体として，敷地外への日影の検討をすればよいが，団地全体の建築物の複合日影で検討しなければならない（本文参照）。
⑨	法57条の2	特例容積率適用地区	団地全体が特例敷地の一部となり，特例容積率が適用される。
⑩	法57条の3，1～4項	特例容積率の指定取消し	団地全体で一般の容積制限の限度以下でなければならない。
⑪	法59条1項	高度利用地区	都市計画で指定された高度利用地区の容積率，建蔽率の制限を，団地全体で適用。

7

⑫	法59条の2，1項	総合設計制度	団地単位で，総合設計制度が適用される。
⑬	法60条1項	特定街区	団地単位で，特定街区が適用される。
⑭	法60条の2，1項	都市再生特別地区	団地単位で，都市再生特別地区が適用される。
⑮	法60条の2の2	居住環境向上用途誘導地区	団地単位で，居住環境向上用途誘導地区が適用される。
⑯	法60条の3，1項	特定用途誘導地区	左記地区内では容積率と建築面積の最低限度は，同地区の都市計画で定められた限度以上とする。
⑰	法61条	準防火地域内の木造建築物等	延焼のおそれのある部分の外壁部分の計算について，隣地境界線が減少するが，建築物相互（合計500 m²以下は不要）の中心線をとる。
⑱	法68条の3，1～3項	再開発等促進区又は沿道再開発等促進区内の緩和	左記区域内の，容積率，建蔽率，絶対高の緩和について，敷地単位ではなく，団地単位で適用される。

　この認定の申請には，付近見取図，配置図，各階平面図，2面以上の立面図，隣接する2以上の建築物を含む断面図，地盤面算定表など，日影規制を受ける場合には，日影図の添付も必要である。日影規制は特例対象規定であるから，確認申請の場合には，団地内全体の建築物の複合日影によるので，各建築物の敷地境界線の日影の検討は不要であるが，団地内に居住用建築物がある場合には，その建築物に対する検討も必要である（規則10条の16）。

　この制度の適用により道路高さ制限などが有利になることが多く，また，容積の移転などが可能であるが，この運用について，旧建設省住宅局長通達「一団地の総合的設計制度及び連担建築物設計制度の運用指針」（平11住指発201・住街発48）がある。また，東京都では，(3)の場合とあわせて，詳細な認定基準を定めている。

(3) **連担建築物設計制度**（法86条２項，規則10条の16，10条の17）

　一定の一団の土地の区域*について，特定行政庁が安全上，防火上及び衛生上支障がないと認めた場合に，特例対象規定については，同一敷地内にあるとみなすのは(2)と同様であるが，この制度の場合には，既に団地内に建築物が存在していることが前提である。また，法文では，(2)が「総合的設計による」としているのに対して，連担建築物設計制度の場合には，「総合的見地からした設計」とされており，ニュアンスが若干異なっている。

　認定申請の書類等は，(2)と同様であるが，この制度の場合には，別途，省令（規則10条の17）に，認定の基準が定められている（表7.3）。

表7.3　連担建築物設計制度の基準

（法86条２項，規則10条の17）

措置等		内　容	備　考（内容の主な趣旨）
一	道路に通ずる通路の設置	区域内の各建築物の用途，規模，位置及び構造に応じ，避難，通行の安全のための十分な幅員の通路	表7.2の②の接道義務が，各敷地ごとには適用されないことに対する，個々の建築物についての代替措置
二	開口部の防火措置	区域内の各建築物の外壁の開口部の，建築物間の距離に応じた防火上適切な措置	表7.2の①，⑬等で，延焼のおそれのある部分の代替措置
三	区域内の空地の確保	区域内の各建築物の高さに応じた，採光及び通風上有効な空地	表7.2の⑤その他により一般規制より建築物の高さが高くなる場合があり得ることの代替措置
四	日影規制と同程度の高さ制限	区域内の他の建築物の居住用の部分に対して，その区域の日影規制と同程度に日影を生じさせないような高さ	表7.2の⑥により，各敷地境界線間の日影の検討が不要となることの代替措置

　この制度適用により，容積充足率の低い既存建築物の隣地に建築する場合の容積の移転，特例容積率適用区域の場合の容積

の移転，接道幅員が狭い敷地と広い敷地との一団地化による高さや容積率のアップ，条例による接道規定の道路幅員など，建築計画上有利になることが少なくない。

　＊　そのうちに既に公告されている対象区域があるときは，その対象区域全部を含むものに限る。

⑷　一団地認定（連担建築物設計制度を含む。）と総合設計制度の併用（法86条3項〜5項）

　⑵又は⑶による認定と，法59条の2の総合設計制度（本書6-5章1参照）の許可を併せて行う場合である。敷地面積が一定規模（令136条の12，表6.5.2準用）以上あり，建築物の位置，建蔽率，容積率，高さ等の面から，交通上，安全上，防火上及び衛生上支障がなく，かつ，総合的な配慮がなされていて，市街地の環境の改善に資すると認められるとして，特定行政庁の許可を受ける。

　許可により緩和されるのは，総合設計制度と同様に，容積率，絶対高，道路等高さ制限である。この許可には，⑵又は⑶の認定のみの場合には必要としない建築審査会の同意を必要とする。この許可を受ける場合は，総合設計制度は適用されない。

⑸　土地の所有者等の同意（法86条6項）

　⑴〜⑷の認定を申請する者は，対象区域内の建築物の位置・構造に関する計画を策定し，同区域内の土地の所有者・借地権者の同意を得なければならない。

⑹　工区を分けて建築できる場合（法86条7項）

　⑵の場合，次の条件に該当する地区計画等（集落地区計画を除く。）の区域内の建築物については，一団地内の総合的設計による建築を，工区を分けてすることができる。

　イ　地区整備計画等が定められている区域のうち，地区施設等の配置と規模及び壁面の位置の制限（地区施設等に面する壁面の位置を制限するものを含むものに限る。）が定められている区域であること。

　ロ　地区計画に関する条例（法68条の2，1項）で，壁面の位置の制限が定められている区域であること。

⑺　公告と縦覧（法86条8項，9項，規則10条の19）

　特定行政庁は，⑵〜⑷の認定又は許可をしたときは，遅滞な

く，その計画に関して，対象区域及び縦覧に供する場所を公告
し，対象区域その他の事項を表示した図書を，一般の縦覧に供
さなければならない。

(2)～(4)の認定又は許可は，この公告によって効果を生ずる。

(8) 新規認定（法86条10項）

(7)の公告対象区域の全部を含む土地の区域内の各建築物の位
置，構造について，新たに(2)～(4)の認定又は許可をしたときは，
従前の認定は，新規認定の公告のあった日からその効力を失う。

(9) 公告対象区域内の建替，建築物の追加（法86条の2，規則 10条の16，2項）

公告対象区域内で，一敷地内認定建築物*以外の建築物を建
築しようとする場合は，一敷地内認定建築物との関係において，
安全上，防火上及び衛生上支障がない旨の特定行政庁の認定を
受けなければならない。この手続の必要性は，将来とも認定の
条件等が維持されることを担保するためのものである。この申
請書には，申請者以外の土地所有者又は借地権者に対する説明
を講じた措置を記載した書面の添付が必要である（同意は不要）。
認定をした特定行政庁は，一般の場合と同様に公告をする。

一敷地内認定建築物以外の建築物を容積率，絶対高又は道路
高さ制限の緩和を受けて，一定規模（令136条の12，表6.5.2準
用）以上の公告認定対象区域内に建築しようとする場合及び，
(4)により，許可を伴った場合の一敷地内許可建築物以外の建築
物の建築については，特定行政庁の許可を受けることが必要で
ある（法86条の2，2項，3項）。この許可には，建築審査会の
同意が必要である。

* 一敷地内認定建築物：(2)又は(3)により一の敷地内とみなされ
る建築物。

(10) 高度利用地区等内の特例（法86条の3）

(2)～(4)の認定又は許可を受けた一の敷地内の建築物は，高度
利用地区，都市再生特別地区又は特定用途誘導地区内の容積率，
建蔽率及び建築面積算定（法59条1項，60条の2，1項又は60
条の3，1項）に当たって，一の建築物とみなす。

(11) 外壁の開口部の特例（法86条の4）

(2)～(4)の認定又は許可を受けた一の敷地内の建築物は，主要

構造部耐火構造などの条件を満たせば，法27条，法67条1項を
適用する場合，延焼のおそれのある部分に防火設備がなくても
耐火建築物又は準耐火建築物とみなす。ただし，(2)及び(3)の場
合，既存の建築物も含めて，耐火建築物又は準耐火建築物とし
ての防火設備以外の条件に適合している場合に限る。

(12) **認定又は許可の取消し**（法86条の5，規則10条の21）

公告対象区域の土地について所有権又は借地権を有する者は，
その全員の合意により，(2)～(4)又は(9)の認定又は許可の取消し
を特定行政庁に申請することができる。特定行政庁は，区域内
の各建築物が，認定の場合は安全上，防火上及び衛生上，許可
の場合は交通上，安全上，防火上及び衛生上支障がないと認め
るときは，その認定又は許可を取り消し，その旨を公告する。

用途地域等の都市計画の変更，市街地再開発，災害による被
害等のために取消しが必要になることが考えられる。

(13) **一団地認定（連担建築物設計制度を含む）の職権による取
消し**（規則10条の22の2）

一団地認定（連担建築物設計制度を含む）の廃止に当たって
は，土地所有者等の全員の合意による申請が必要（法86条の5，
1項）とされているため，区分所有者等が多数存在する住宅団
地においては，法86条の5，2項又は3項に基づく取消しが困
難という課題があった。一団地認定後の事情の変化により，一
団地認定の要件を満たさなくなった場合など，特定行政庁が一
団地認定の存続が妥当でないと判断する場合には，円滑に職権
による取消しをし，手続きや効力が発生する時期を明確にする
ために設けられた規定である（平成28年国住街119号）。

特定行政庁が職権で一団地認定の取消しをした際には，その
旨を公告し，取消しの効力はその公告によって生ずる。

(14) **総合的設計による一団地の住宅施設の特例**（法86条の6）

第一種・第二種低層住居専用地域又は田園住居地域で，一団
地の住宅施設に関する都市計画を定める場合には，容積率，建
蔽率，外壁の後退距離及び高さの限度について，一般規定と異
なった基準を定めることができる。この都市計画に基づいて建
築物を総合的設計によって建築する場合に，都市計画で定めた
基準に適合しており，かつ，特定行政庁が，第一種・第二種低

層住居専用地域又は田園住居地域内の住居の環境の保護に支障
ないと認めたときは，容積率その他の前記の一般制限は適用さ
れない。

5　既存建築物に対する規定の適用と緩和

　建築基準法の規定は，原則として既存建築物に対しても適用
されるが，次のものには一般に法の適用はない（ただし，着工
時に適法であったものに限る）。

【既存建築物には，原則として適用されない規定】

①　建築工事着手後に法改正又は地域指定等があり，その新し
　い規定に適合しなくなった場合（このときを「基準時」とい
　う・令137条）のその適合しない規定（法3条2項，本書1
　章7(2)参照）。いわゆる既得権をもつ建築物で，これを一般
　に「既存不適格建築物」という。

②　「……を建築してはならない。」というように，建築行為を
　制限している規定（例：法48条）。

　これらの適用除外規定についても，次のような場合には，建
築するときと同様に規定が適用される。

(1)　既存不適格建築物に対する制限と緩和（法86条の7）

　既存不適格建築物であっても，基準時以後に増築，改築，移
転[注]，大規模の修繕又は大規模の模様替を行う場合には，原
則として「既得権」は消滅し，既存部分にも新しい規定が適用
される（法3条3項）。

　〔注〕移転は，平成26年改正，27年6月1日施行。

　表7.4に示す緩和は，わずかの増改築等を行う場合まで，全
ての規定を既存部分に適用するのは酷にすぎることもあるので，
特定の規定については，政令で定める範囲内の軽微な増築等に
限り，既得権の継続を認め，規定の適用を除外している（法86
条の7，令137条～137条の12，表7.4）。

7

表7.4　既存不適格建築物の増築等緩和の範囲

A：基準時の延べ面積　　　A'：基準時の建築面積
B：基準時の不適格部分の面積・原動機の出力等

規定の内容	増築等	増築等の緩和の範囲
法20条・構造耐力 （令137条の2）	増築 改築	①増改築の全て（下記②，③を除く） （増改築後の構造方法が次のいずれかに適合） ・令3章8節の規定に，増改築部分が令3章1節〜7節の2，129条の2の3及び法40条に基づく条例の構造耐力規定に，増改築以外の部分が耐久性等関係規定と荷重外力により倒壊等のおそれがないものとする国土交通大臣が定める基準（平17国交告566）にそれぞれ適合 ・増改築部分がそれ以外の部分とエキスパンションジョイントなど相互に応力を伝えない方法のみで接し，かつ，増改築部分が所定の規定に，既存部分が耐久性等関係規定と同大臣が定める基準（同告示）にそれぞれ適合 ②$A/20$（50 m²超の場合は50 m²）＜増改築面積＜$A/2$の場合 ・耐久性等関係規定と同大臣が定める基準（同告示）に適合 ・所定の規定と基礎の補強について同大臣が定める基準（同告示）に適合 ・①の基準に適合 ③増改築面積＜$A/20$（50 m²超の場合は50 m²）の場合 ・増改築の部分が所定の構造強度規定等に適合し，かつ，既存部分の構造耐力上の危険性が増大しない構造方法 ・①又は②の基準に適合
（令137条の12）	大規模の修繕・模様替	・構造耐力上の危険性が増大しない大規模の修繕・模様替の全て
法26条・防火壁等 （令137条の3）	増築 改築	・基準時以後の増改築面積≦50 m²
法27条・特建の耐火・準耐火 （令137条の4）	増築 改築	・基準時以後の増改築面積≦50 m² （客席・病室・教室等の増築は不可）

法28条の2・石綿 (令137条の4の3)	増築 改築	・増改築面積≦$A/2$ ・増改築部分の建築材料に石綿を添加しない ・増改築部分に,原則として,石綿を添加した建築材料を使用しない ・既存部分が,石綿を飛散させるおそれがないものとして国土交通大臣が定める基準(平18国交告1173)に適合
(令137条の12)	大規模の 修繕・ 模様替	・大規模の修繕・模様替部分が法28条の2,一号・二号の基準に適合 ・上記以外の部分が,平18国交告1173の基準に適合
法30条・長屋, 共同住宅界壁 (令137条の5)	増築	・増築後の延べ面積≦$1.5A$
	改築	・改築部分≦$0.5A$
法34条2項 非常用の昇降機 (令137条の6)	増築	・増築部分の高さ≦31 m ・増築部分≦$0.5A$
	改築	・基準時の該当高さ以下 ・改築部分≦$0.2A$
法48条 (1項～14項) 用途地域等内の 用途変更[*1] (令137条の7)	増築	・基準時の敷地内 ・法定建蔽率・容積率以内 ・増築後の延べ面積≦$1.2A$ ・増築後の不適格部分≦$1.2B$ ・用途の変更不可[*2]
	改築	・基準時の敷地内 ・法定建蔽率・容積率以内 ・用途の変更不可[*2]
	増設	・増設後の不適格出力等≦$1.2B$ ・用途の変更不可[*2]
(令137条の12)	大規模の 修繕・ 模様替	・用途の変更を伴わない大規模の修繕・模様替の全て[*2]
法52条1項,2項,7項・容積率, 法60条1項・特定街区の容積率 (令137条の8)	増築	・用途は自動車車庫等[*3] ・自動車車庫等[*3]以外の床面積≦基準時のその床面積 ・自動車車庫等[*3]の床面積≦延べ面積×割合[*4]
	改築	・用途は自動車車庫等[*3] ・自動車車庫等[*3]の床面積≦延べ面積×割合[*4] 又は 自動車車庫等[*3]の床面積≦基準時の自動車車庫等[*3]

法59条1項・高度利用地区内，法60条の2，1項・都市再生特別地区内，法60条の3，1項・特定用途誘導地区内の容積率・建築面積（令137条の9）	増築	・増築後の延べ面積≦1.5 A ・増築後の建築面積≦1.5 A′ ・都市計画の建築面積×2/3以内 ・都市計画の容積率×2/3以内
	改築	・改築後の延べ面積≦0.5 A
法61条・防火地域内，法67条1項・特定防災街区整備地区内の構造制限（令137条の10）	増築 改築	・基準時以後の増改築床面積≦50 m² ・〃　　　　　≦基準時の面積 ・増改築後の階数≦2 ・増改築後の延べ面積≦500 m² ・外壁・軒裏は防火構造以上 ・増改築部分及び増改築部分以外の延焼のおそれのある外壁の開口部に20分間防火設備を設置
法61条・準防火地域内の構造制限（令137条の11）	増築 改築	・基準時以後の増改築床面積≦50 m² ・増改築後の階数≦2 ・外壁・軒裏は防火構造以上 ・増改築部分及び増改築部分以外の延焼のおそれのある外壁の開口部に20分間防火設備を設置
法20条，法48条以外の上記規定等[*5]（令137条の12）	大規模の修繕・模様替	・大規模の修繕・模様替の全て

* 1　用途地域内の既存不適格建築物の緩和については，本書6-2章4参照。

* 2　令137条の19，2項に規定する範囲内を除く。

* 3　自動車車庫等（専ら自動車又は自転車の停留又は駐車のための施設（誘導車路，操車場所，乗降場を含む。），エレベーターの昇降路の部分（付随して設けられる共同住宅又は法52条3項の老人ホーム等の共用の廊下又は階段の部分を含む。），備蓄倉庫部分，蓄電池設置部分，自家発電設備設置部分，貯水槽設置部分，宅配ボックス設置部分

* 4　自動車車庫等部分は1/5，備蓄倉庫・蓄電池設置部分は1/50，自家発電・貯水槽・宅配ボックス設置部分は1/100

* 5　その他の規定として，法47条・壁面線，法51条・卸売市場等の位置，法53条1項，2項・建蔽率，法54条1項・第一種・第二種低層住居専用地域又は田園住居地域内の外壁の後退距離，法55条1項・第一種・第二種低層住居専用地域又は田園住居地域内の絶対高さ制限，法56条1項・高さ制限，法56条の2，1項・日影規制，法57条の4，1項・特例容積率適用地区内の高さ制限，法57条の5，1項・高層住居誘導地区内の建蔽率，法58条・高度地区，法59条2項・高度利用地区内の壁面の位置，法60条2項・特定街区内の高さ・壁面の位置，法60条の2，2項・都市再生特別地区内の建蔽率等，法60条の2の2・居住環境向上用途誘導地

区内の建蔽率・壁面の位置・高さ制限，法60条の３，２項・特定用途誘
導地区内の高さの最高限度，法67条５項〜７項・特定防災街区整備地区
内の壁面の位置等，法68条１項，２項・景観地区内の高さ・壁面の位置
が含まれる。

(2) **２以上の独立部分がある既存不適格建築物に対する緩和**
（法86条の７，２項，令137条の13，137条の14）

構造耐力規定（法20条）又は所定の避難規定（法35条）*に
関する既存不適格建築物で，一の建築物であってもエキスパン
ションジョイント，開口部のない準耐火構造による区画などに
より，別の建築物とみなすことができる独立部分が２以上ある
ものについて増築，改築，大規模の修繕・模様替をする場合に
おいては，当該増築等をする独立部分以外の独立部分に対して
は，これらの規定は適用しない。

* 令117条２項を除く令５章２節（客席からの出口の戸，廊下の
幅，直通階段の設置，２以上の直通階段の設置等），令126条の２，
２項を除く令５章３節（排煙設備），令５章４節（非常用の照明
装置）

(3) **建築物の部分が既存不適格である建築物に対する緩和**（法
86条の７，３項，令137条の15）

採光，換気，石綿等の飛散・発散に対する衛生上の措置，地
階の住宅等の居室，共同住宅の界壁，便所などの規定*に関す
る既存不適格建築物について増築，改築，大規模の修繕・模様
替をする場合においては，当該増築等をする部分以外の部分に
対しては，これらの規定は適用しない。

* 法28条（採光・換気），法28条の２（石綿等の飛散・発散に対
する衛生上の措置，令20条の６を除く令20条の９），法29条（地階の住宅等の居室），法30条（長屋・共同住宅の界壁），
法31条（便所），法32条（電気設備），法34条１項（昇降機），法
35条の３（無窓居室等の主要構造部），法36条（防火壁，防火床，
防火区画，消火設備及び避雷設備の設置及び構造に係る部分を
除く，階段の構造，配管設備の設置及び構造などの単体規定。）

(4) **既存不適格建築物についての移転**（法86条の７，４項，令
137条の16）

既存不適格建築物の移転について，次の場合には，既存不適
格の規定は，適用しない。

① 同一敷地内の移転

② 別敷地への移転で，特定行政庁が交通上，安全上，防火上，
避難上，衛生上及び市街地の環境の保全上支障がないと認め
るもの

⑸ 既存不適格建築物に対して段階的に工事を行う全体計画認定（法86条の8）

一の既存不適格建築物を2以上の工事に分けて増築，改築，
大規模の修繕・模様替を含む工事を行う場合において，特定行
政庁が2以上の工事の全体計画が法86条の8，1項各号の基準
に適合すると認めたときは，最初の工事の着手前に適用しない
こととされていた規定は，最後の工事の完了時に適合させれば
よい。また，これらの2以上の工事の間に法令又は条例の規定
の施行又は適用があった場合には，その規定を適用しない。

⑹ 公共事業の施行等による敷地面積の減少に対する措置（法86条の9，令137条の17）

公共事業の施行等により敷地面積が減少したときに建築物の
敷地面積に係る規定に適合しなくなる場合において，当該建築
物は当該規定に係る既存不適格建築物となる。

⑺ 用途変更に対する法律の準用（法87条）

既存建築物について，増改築や大規模の修繕・模様替をせず
に（増改築等をする場合は，法3条3項により遡及適用される），
その用途のみを変更する場合には，「……を建築してはならな
い」というような「建築行為」を制限している規定は，原則と
して適用されない。しかし，用途地域規制など建築物の用途に
より制限内容が大きく異なるような規定についてまで適用を除
外するのは不合理なので，建築物の用途に関係する一定の規定
については，工事を行わずに用途変更をするだけでも規定を適
用するようにしている。

なお「建築物は……でなければならない。」というような
「状態規定」については，用途変更後の建築物に対しても当然
適用されるので，準用規定はない。

1）特殊建築物に用途変更する場合に準用される手続き規定（法87条1項）

法別表第1の特殊建築物（本書の表5.3.1）で，200 m² を
超えるもの（法6条1項一号の建築物）に用途変更する場合

は，確認申請（法6条，6条の2），完了検査申請（法7条）及び計画通知（法18条）の規定が準用される。ただし，完了検査については，申請ではなく届出でよい（法87条1項後段）。

　ただし，次の各号に列記する類似用途相互間の場合は，準用されない（令137条の18）。（例）下宿←→寄宿舎

一　劇場，映画館，演芸場

二　公会堂，集会場

三　病室のある診療所，児童福祉施設等（第一種・第二種低層住居専用地域又は田園住居地域内は除く。）

四　ホテル，旅館

五　下宿，寄宿舎

六　博物館，美術館，図書館（第一種・第二種低層住居専用地域又は田園住居地域内は除く。）

七　体育館，ボーリング場，スケート場，水泳場，スキー場，ゴルフ練習場，バッティング練習場（第一種・第二種中高層住居専用又は工業専用地域内は除く。）

八　百貨店，マーケット，その他の物品販売店

九　キャバレー，カフェー，ナイトクラブ，バー

十　待合，料理店

十一　映画スタジオ，テレビスタジオ

2）既存建築物を用途変更する場合に準用される実体規定（ただし，次の3）の建築物を除く）（法87条2項）

① 法48条1項〜14項（用途地域等内の用途規制）

② 法51条（卸売市場等の位置）

③ 法60条の2，3項（都市再生特別地区内の誘導用途）

④ 法68条の3，7項（開発整備促進区内の用途制限）

⑤ 法39条2項（災害危険区域内の制限）

⑥ 法40条（単体規定一般）

⑦ 法43条3項（条例による特殊建築物等の接道基準）

⑧ 法43条の2（幅員4m未満の道路にのみ接する敷地の制限）

⑨ 法49条（特別用途地区内の制限）

⑩ 法49条の2（特定用途制限地域の用途制限）

⑪ 法50条（用途地域等内での建築制限）

⑫ 法60条の2の2，4項（居住環境向上用途誘導地区内の

　　用途制限）

⑬　法60条の３，３項（特定用途誘導地区内の用途制限）

⑭　法68条の２，１項，５項（地区計画等の区域内の制限）

⑮　法68条の９，１項（都市計画区域外の集団規定）

　　⑤〜⑮は，それぞれの規定に基づく条例の規定

３）既存不適格建築物を用途変更する場合に準用される規定
　（法87条３項）

　　　法３条２項の規定により次の①〜⑪の規定が適用されない
　　建築物（＝既存不適格建築物）でも，その用途を変更する場
　　合には，原則として，これらの規定が準用される。

　　　なお，増築，改築，大規模の修繕・模様替を伴う場合は，
　　用途変更を準用するまでもなく，原則として法３条３項三号
　　又は四号によりこれらの規定が適用されるので，用途変更の
　　準用規定は適用されない。

【既存不適格建築物の用途変更に準用される規定】（原則）

①　法27条（耐火建築物等としなければならない特殊建築物）

②　法28条１項，３項（居室の採光，換気設備）

③　法29条（地階における住宅等の居室）

④　法30条（長屋・共同住宅の各戸の界壁）

⑤　法35条（特殊建築物等の避難施設等に関する技術基準）

⑥　法35条の２（特殊建築物等の内装制限）

⑦　法35条の３（無窓の居室等の主要構造部）

⑧　法36条中28条１項又は35条に関する部分（居室の採光面
　　積，階段の構造等の技術基準）

⑨　法48条１項〜14項（用途地域等内の用途規制）

⑩　法51条（卸売市場等の位置）

⑪　前記２）⑤〜⑪，⑭，⑮の条例

【用途変更への準用が緩和される類似用途】（一般規定）

　　上記の⑨以外の規定は，用途変更が次の各号に列記する類
　似用途相互間の場合には準用されない（令137条の19，１項）。

一　劇場，映画館，演芸場，公会堂，集会場

二　病院，病室のある診療所，児童福祉施設等

三　ホテル，旅館，下宿，共同住宅，寄宿舎

四　博物館，美術館，図書館

五　百貨店, マーケットその他の物品販売店

六　キャバレー, カフェー, ナイトクラブ, バー

七　待合, 料理店

八　映画スタジオ, テレビスタジオ

【用途変更への準用が緩和される類似用途（用途規制）】

　上記の⑨の用途規制（法48条）は, 用途変更が, 各用途地域内において, 次の各号に列記する類似用途相互間の場合には, 準用されない（令137条の19, 2項）。たとえば, 第一種住居地域内で, ぱちんこ屋から射的場へ間仕切壁などの小規模な模様替程度で用途変更する場合など。

一　法別表第2(に)項三号〜六号（ボーリング場・スケート場・水泳場・スキー場・ゴルフ練習場・バッティング練習場, ホテル・旅館, 自動車教習所, 畜舎など）

二　法別表第2(ほ)項二号若しくは三号, 同表(へ)項四号若しくは五号又は同表(と)項三号(1)から(16)（マージャン屋・ぱちんこ屋・射的場・勝馬投票券発売所・場外車券売場, カラオケボックス, 自動車車庫, 倉庫業の倉庫, 準住居地域内の列記する工場など）

三　法別表第2(り)項二号又は同表(ぬ)項三号(1)から(20)（キャバレー, 料理店, ナイトクラブ, 商業地域内の列記する工場など）

四　法別表第2(る)項一号中(1)〜(31)（(1)〜(3), (11)及び(12)中「製造」とあるのは「製造, 貯蔵又は処理」とする。）（準工業地域内の列記する工場）

五　法別表第2(を)項五号若しくは六号又は同表(わ)項二号〜六号（学校, 病院, 住宅, 共同住宅・寄宿舎・下宿, 老人ホーム・身体障害者福祉ホーム, 物品販売店・飲食店, 図書館, 博物館など）

【用途変更への準用が緩和される規模（用途規制）】

　用途地域内の既存不適格工場で, その理由が原動機の出力や作業場の床面積の場合には, これらを変更すると用途変更の準用規定が適用される。ただし, その変更が次の各号に適合する程度なら, 用途規制は適用されない。

一　用途変更後の不適格動力数 ≦ 基準時の数量×1.2

　　二　用途変更後の不適格床面積 ≦ 基準時の床面積×1.2

4）独立部分がある既存不適格建築物などを用途変更する場合
　に準用される規定（法87条4項）

　　法3条2項の規定により次の①～⑥の規定が適用されない
　本節(2)の2以上の独立部分がある既存不適格建築物及び本節
　(3)の建築物の部分が既存不適格である建築物を用途変更する
　場合には，前記3）にかかわらず，これらの規定は適用しない。

　①　法28条1項，3項（居室の採光，換気設備）
　②　法29条（地階における住宅等の居室）
　③　法30条（長屋・共同住宅の各戸の界壁）
　④　法35条（特殊建築物等の避難施設等に関する技術基準）
　⑤　法35条の3（無窓の居室等の主要構造部）
　⑥　法36条（居室の採光面積に係る部分のみ）

(8)　**既存不適格建築物に対して段階的に用途変更に伴う工事を
　　行う全体計画認定**（法87条の2）

　　一の既存不適格建築物を2以上の工事に分けて用途変更に伴
　う工事を行う場合（法86条の8，1項に規定する場合（前記(5)）
　を除く）において，特定行政庁が2以上の工事の全体計画が法
　87条の2，1項各号の基準に適合すると認めたときは，全体計
　画に係る最後の工事に着手するまでは，法87条3項に掲げる規
　定（前記(6)3）①～⑪）を準用しない。

　　法86条の8（全体計画認定）の申請の手続き，認定を受けた
　全体計画の変更，工事状況の報告徴収，改善命令及び認定の取
　消しに関する規定は，上記①の認定について準用される。

6　既存の用途を変更して一時的に他の用途の建築物として使用する場合の制限の緩和（法87条の3，令147条）

　　既存建築物の用途を変更して一時的に他の用途の建築物とし
　て使用する場合について，仮設建築物を建築する場合（法85
　条）と同様に，制限の緩和がある（表7.5）。

表7.5　用途変更による一時的使用建築物

建築物の種類		適用しない規定	存続期間	手続き
*1 災害救助用建築物	非常災害区域等内にある建築物の用途変更をして，住宅，病院などを国，地方公共団体，日赤が災害救助用に使用するもの	全規定（ただし，防火地域内は除く）	3月以内→不　要 3月を超え2年以内の存続 　　　→要許可 2年3月を超え1年以内ごとの存続 　　　→要許可	要審査会の同意*2
公益的建築物	用途変更をして学校，集会場など公益上必要な用途として使用するもの	法1章の手続き関係 法2章の単体規定の一部（採光，換気などは適用） 法3章の全規定 法87条 （用途変更手続き）	同　　上	
興行場等	用途変更をして興行場，博覧会建築物，店舗などとして使用するもの	法1章の定期報告規定 法2章の単体規定の一部（採光，換気，避難規定などは適用） 法3章の全規定	1年以内	要許可 要確認
	建築工事期間中の代替建築物（従前の建物に替えて必要な興行場，店舗など）		特定行政庁が必要と認める期間	
特別興行場等	用途変更をして国際的な規模の会議，又は競技会用建築物，興行場などとして使用するもの	法87条2項の委任条例の規定	1年超	要許可 要確認 要審査会の同意*2

＊1　非常災害があった場合に，非常災害区域等（非常災害が発生した区域又はこれに隣接する区域で特定行政庁が指定するもの）内で，災害発生の日から1月以内に工事に着手するもの。

＊2　病院，学校などの公益上特に必要な災害救助用建築物・公益的建築物（規則10条の15の8）は除く。

〔注〕これらの一時的使用の建築物に対して適用除外される政令は，令147条に定められている。

7　**工作物への準用**（法88条，令138条〜144条の２の４）

　法６条の確認申請や法48条の用途地域制限などは，建築物の建築などを対象としているが，建築物以外の工作物でも安全や環境などの面で建築物と同様の制限をする必要がある場合がある。そこで，政令で定める一定の工作物に対して建築物の規定を適用することを定めたのが「工作物に対する準用規定」である。

(1)　**指定工作物**（令138条）

①　土地などに固定されている工作物（線路敷地内の運転保安に関するもの，他の法律の規制を受けるもので国土交通大臣が指定するものを除く・平23国交告1002）（同条１項）

　一　高さが６ｍを超える煙突

　二　高さが15ｍを超える柱（旗ざおを除く。）（構造及び周囲の状況に関し安全上支障がない鉄筋コンクリート造の柱等の基準，令４国交告1024）

　三　高さが４ｍを超える広告塔，広告板，記念塔の類

　四　高さが８ｍを超える高架水槽，サイロ（セメント，飼料用など），物見塔の類

　五　高さが２ｍを超える擁壁

②　運動を伴う工作物（同条２項）

　一　乗用エレベーター又はエスカレーターで観光用のもの（一般交通用は除く。）

　二　ウォーターシュート，コースターなど高架の遊戯施設

　三　メリーゴーラウンド，観覧車，オクトパス，飛行塔など回転運動をする遊戯施設で原動機を使用するもの

③　製造施設，貯蔵施設，遊戯施設などで地域に応じ，表7.6に該当するもの（土木事業などに一時的に使用するため臨時に設けるものは除く。）（同条３項）

(2)　**準用規定**（法88条１項，２項）

　(1)の指定工作物には，その内容に応じて次の建築物に関する規定が適用（準用）される。

①　確認申請，工事完了検査などの手続き規定（(1)の①②③の工作物。ただし，宅地造成等規制法８条，12条，都市計画法29条，35条の２，特定都市河川浸水被害対策法57条，62条又

表7.6 製造施設などの工作物

施 設 の 種 類			適 用 範 囲	適用地域
(一)	鉱物，岩石，土砂，コンクリート，アスファルト・コンクリート，硫黄，金属，ガラス，れんが，陶磁器，骨又は貝殻の粉砕		原動機を使用するもの全て	低層住専 中高住専 一，二住居 準住居
	レディーミクストコンクリートの製造，セメントの袋詰		出力合計2.5 kWを超える原動機使用	田園住居 近隣商業 商　業
	アスファルト，コールタール，木タール，石油蒸溜産物又はその残りかすを原料とする製造		全て	同上のほか準工業
(二)	自動車車庫	建築物に附属しないもの	イ. $a> 50\,\mathrm{m}^2$	低層住専 田園住居
			ロ. $a>300\,\mathrm{m}^2$	中高住専 一，二住居
		建築物に附属するもの	ハ. $a\leqq50\,\mathrm{m}^2$ のもの及びニ.を除き	低層住専 田園住居
			$B\leqq600\,\mathrm{m}^2$ の場合　$a+b>B$	
			$B>600\,\mathrm{m}^2$ の場合　$a+b>600\,\mathrm{m}^2$	
			ニ. 法86条10項の公告対象区域内の建築物に附属し，次のいずれかに該当	
			①　$a+b>2{,}000\,\mathrm{m}^2$	
			②　$a+b+c>$ （公告対象区域内の敷地ごとにハ.により算定される車庫（工作物）の築造面積の上限の値の合算）	
			ホ. $a\leqq300\,\mathrm{m}^2$ のもの及びヘ.を除き	中高住専
			$B\leqq3{,}000\,\mathrm{m}^2$ の場合　$a+b>B$	
			$B>3{,}000\,\mathrm{m}^2$ の場合　$a+b>3{,}000\,\mathrm{m}^2$	
			ヘ. 公告対象区域内の建築物に附属し，次のいずれかに該当	
			①　$a+b>10{,}000\,\mathrm{m}^2$	
			②　$a+b+c>$ （公告対象区域内の敷地ごとにホ.により算定される車庫（工作物）の築造面積の上限の値の合算）	

7

		ト．$a \leqq 300\,\text{m}^2$ のもの及びチ．を除き		一，二住居
			$a+b>B$	
		チ．公告対象区域内の建築物に附属し，次に該当		
		$a+b+c >$	公告対象区域内の敷地ごとにト．により算定される車庫（工作物）の築造面積の上限の値の合算	
(三)	飼料，肥料，セメントなどを貯蔵するもの	高さ$>8\,\text{m}$		低層住専 一中高 田園住居
(四)	観光用の乗用エレベーター・エスカレーター，ウォーターシュートなどの高架の遊戯施設，観覧車などの回転運動をする遊戯施設	全て		低層住専 一中高 田園住居
(五)	汚物処理場，ごみ焼却場などの処理施設	全て		都市計画区域，準都市計画区域*
(六)	特定用途制限地域内の工作物で法49条の2の規定に基づく条例で制限が定められた用途に供するもの			特定用途制限地域

*　準都市計画区域では，第一種低層住居専用地域，第二種低層住居専用地域，第一種中高層住居専用又は田園住居地域に限る。

〔凡例〕
a：築造面積の合計（m²）（機械式駐車装置は15 m²/台で算定）
b：自動車車庫部分（建築物）の床面積の合計（m²）
c：同一団地内の建築物に附属する他の自動車車庫（工作物）の築造面積（m²）
B：同一敷地内の建築物（自動車車庫部分を除く）の延べ面積の合計（m²）
低層住専：第一種又は第二種低層住居専用地域
一　中　高：第一種中高層住居専用地域
中高住専：第一種又は第二種中高層住居専用地域
一，二住居：第一種又は第二種住居地域
準　住　居：準住居地域
田園住居：田園住居地域
近隣商業：近隣商業地域
商　　業：商業地域
準　工　業：準工業地域

は津波防災地域づくり法73条，78条の許可を受ける擁壁を除く。）

② 石綿等への措置，構造強度，避雷設備などに関する規定（(1)の①②の工作物）

③ 用途地域等内における用途規制（(1)の③の工作物）

④ 築造計画書の閲覧（(1)の③の工作物）

(3) 指定工作物の構造基準など（令139条～144条の2の4）

(1)の指定工作物については，(2)の建築物の規定の準用のほか，それぞれに応じた基準が定められている。

① 煙突及び煙突の支線（令139条）

・高さ>16mの煙突は，RC造，SRC造又はS造で支線を要しない構造とする。

・RC造の煙突のコンクリートのかぶり厚さは5cm以上

・陶管，コンクリート管などの煙突は，管と管をセメントモルタルで接合し，煙突を支えることができる支枠及び支線（高さ>10mの煙突は鋼製の支枠）を設けて，これに緊結する。

・煙突の安全性については，国土交通大臣が定める基準（平12建告1449）による構造計算で安全を確かめる（高さ>60mの煙突は同大臣の認定を受ける）。など

② RC造の柱等（令140条）

・高さ>15mのRC造の柱等（令138条1項二号）の安全性については，建築物に関する一定の構造関係規定が準用される。

③ 広告塔，高架水槽等（令141条）

・RC等の補強のない組積造，無筋コンクリート造の禁止

・その他一定の建築物の構造関係規定を準用

④ 擁壁（令142条）

・RC造など腐食しない材料を用いる。

・石造は裏込めにコンクリートを用い，石と石を結合

・裏面の排水のため水抜穴を設け，その裏面に砂利等

・国土交通大臣が定めた基準（平12建告1449）による構造計算で安全を確かめる。

・その他一定の建築物の構造関係規定を準用

⑤　乗用エレベーター又はエスカレーター（令143条）

　　・一定の建築物の構造関係規定を準用

⑥　遊戯施設（令144条）

　イ．客席部分を支え又は吊る主要な支持部分のうち，摩損又は疲労破壊が生ずるおそれのある部分以外の構造は，高さ＞60ｍの遊戯施設では，国土交通大臣が定めた基準（平12建告1419）による構造計算で安全を確かめたとする同大臣の認定を受け，高さ≦60ｍの遊戯施設は，同基準で定めた構造とし又は同大臣の認定を受ける。

　ロ．イの主要な支持部分のうち，摩損又は疲労破壊が生ずるおそれのある部分は，令129条の4（エレベーターの構造上主要な部分の構造）及び令129条の5，1項（各部の固定荷重）の規定（本書5-1章16(1),(2)参照）を用語を一部読み替えて準用。

　ハ．軌条・索条などは脱落するおそれのない構造とする。

　ニ．客席部分は，走行・回転時の衝撃や非常止め装置の作動時の衝撃が加えられた場合，人の落下を防止する構造（平12建告1426）又は同大臣の認定，堅固で客席の人が触れても危害を受けない構造，定員を明示した標識を見やすい場所に掲示する。また，事故時などに自動的に作動する非常止め装置を設け，周囲の人の安全を確保する構造（平12建告1419）とする。

⑦　型式適合認定の対象となる工作物の部分及び一連の規定（令144条の2）

⑧　製造施設，貯蔵施設，遊戯施設等（令144条の2の2）

⑨　処理施設（令144条の2の3）

⑩　特定用途制限地域内の工作物（令144条の2の4）

　　・準用規定中，床面積の合計は築造面積と読み替える。

8　工事現場の危害防止（法90条，令136条の2の20〜136条の8）

　工事の施工に際しては，一般通行人や隣接家屋などに対して十分な危害防止のための措置をとらなければならないが，「建築工事等」（＝建築，修繕，模様替又は除却のための工事）を

行う場合に最低守らなければならない措置として，次のことが
定められている。

(1) **仮囲い**（令136条の2の20）

　木造で高さ13m若しくは軒高9mを超える建築物，又は木
造以外で階数2以上の建築物の建築工事等を行う場合は，工事
現場の周囲に高さ1.8m以上の板塀などの仮囲いをする。

(2) **根切り工事，山留め工事等の危害防止**（令136条の3）

　根切り工事，山留め工事，ウエル工事，ケーソン工事その他
基礎工事をするときは，あらかじめ，地下の埋設管（ガス管，
ケーブル，水道管及び下水道管）の損傷による危害防止措置を
講ずる。

　地階の根切り工事など深い根切り工事（これに伴う山留め工
事を含む）は，地盤調査による地層及び地下水の状況に応じて
作成した施工図に基づいて行う。

　他の建築物などに近接して掘削をする場合は，その建築物な
どの基礎や地盤を補強し，急激な排水を避けるなど，その傾斜
や倒壊による危害を防止する措置を講ずる。

　深さ1.5m以上の根切りには，原則として山留めを設ける。

　山留めの切ばり，矢板，腹起しなどは，土圧の計算などによ
り安全を確かめる。

　根切りや山留めは，施工中も点検し，補強や排水を適当に行
うなど安全維持の措置を講ずる。矢板等の抜取りは，周辺地盤
の沈下による危険を防止する措置を講ずる。

(3) **基礎工事用機械等の転倒による危害の防止**（令136条の4）

　次のものを使用する場合は，敷板，敷角などを使用するなど，
転倒による周辺への危害防止措置を講ずる。ただし，地盤の状
況等により危害防止上支障がない場合は緩和される。

① 基礎工事用機械（動力を用い，かつ，不特定の場所に自走
　できるものに限る。）

　　杭打機，杭抜機，アース・ドリル，リバース・サーキュ
　レーション・ドリル，せん孔機（チュービングマシンを有す
　るもの），アース・オーガー，ペーパー・ドレーン・マシン，
　その他

② 移動式クレーン（吊り上げ荷重が0.5トン以上のもの）

(4) 落下物の防護（令136条の5）

工事現場の境界線から水平距離5m以内，かつ，高さ3m以上の所からくずなどを投下する場合は，ダストシュートを用いるなど飛散防止の措置を講ずる。

工事現場の境界線から水平距離5m以内，かつ，高さ7m以上の所で工事を行うなど，落下物の危険があるときは，鉄網，帆布でおおうなどの危害防止の措置を講ずる。

(5) 建て方（令136条の6）

建て方に当たっては，仮筋かい，仮ボルトなどにより，荷重，外力（風圧・地震など）による倒壊を防止する。

鉄骨造の建て方の仮締は，荷重，外力に対し安全にする。

(6) 工事用材料の集積（令136条の7）

倒壊，崩落などのないよう集積する。

山留めや架構には予定した荷重以上の荷重を与えない。

(7) 火災の防止（令136条の8）

火気を使用する場合は，不燃材料の囲いを設けるなど防火措置を講ずる。

9 型式適合認定制度等（法68条の10〜68条の26）

国土交通大臣があらかじめ一定の技術基準に適合すると認定したエレベーター，プレハブ住宅など同一型式で量産されるもので，定型的に適法性を確認できる建築材料，構造方法等による建築物については，認定の際に認められた建築基準に適合するとみなされる。これにより，申請者は確認申請の際に，申請図書の省略を行うことができ，また，建築主事等は確認，検査の際に審査の省略をすることができる。この制度が，型式適合認定制度である。

(1) 型式適合認定（法68条の10）

国土交通大臣は，建築材料又は主要構造部，建築設備などの建築物の部分で，防火設備，エレベーターなどの政令（令136条の2の11）で定める建築物の部分[*1]の型式が，技術的基準に関する政令（令136条の2の11）で定める一連の規定[*2]に適合するものであることの認定を行うことができる。工作物の部分[*3]についても準用により同様である（令144条の2）。

* 1 　令136条の2の11に次のものが規定されている。
　・建築物の部分で，門，塀，改良便槽，屎尿浄化槽及び合併処
　　理浄化槽並びに給水タンク及び貯水タンクその他これらに
　　類するもの（屋上又は屋内にあるものを除く。）以外のもの
　・防火設備，換気設備，屎尿浄化槽，合併処理浄化槽，非常
　　用の照明装置，給水タンク・貯水タンク，冷却塔設備，エ
　　レベーターの部分で昇降路・機械室以外のもの，エスカレー
　　ター，避雷設備
* 2 　法1章〜3章の規定又はこれに基づく命令の規定（法68条
　の25，1項の構造方法等の認定の内容を含む。）のうち建築材
　料又は建築物の部分の構造上の基準などの技術的基準に関す
　る一連の規定が*1の部分ごとに定められている。
* 3 　令144条の2に次のものが規定されている。
　・観光用エレベーターの部分で，昇降路及び機械室以外のも
　　の
　・観光用エスカレーターの部分で，トラス又は梁を支える部
　　分以外のもの
　・コースター等の高架の遊戯施設又は観覧車等の回転運動を
　　する遊戯施設で原動機を使用するものの部分のうち，籠，
　　車両その他人を乗せる部分及びこれを支え，又は吊る構造
　　上主要な部分並びに非常止め装置の部分

(2) **認証型式部材等製造者**（法68条の11〜68条の19，68条の
22）

　国土交通大臣は，型式部材等（規格化された型式の建築材料，
建築物の部分又は建築物で規則10条の5の4で定めるもの）の
製造又は新築をする者について，当該型式部材等の製造者とし
ての認証を行う。この認証を受けた製造者を認証型式部材等製
造者という。認証型式部材等製造者は，認証に係る型式部材等
の製造をするときは，当該型式部材等が認証に係る型式に適合
させなければならない。また，認証に係る型式部材等の製造を
したときは，型式部材等に特別な表示（規則10条の5の15で規
定）をすることができる。

　外国において本邦に輸出される型式部材等の製造をする者に
ついても，同大臣は，当該型式部材等の外国製造者としての認
証を行う。この認証を受けた製造者を認証外国型式部材等製造
者といい，認証型式部材等製造者の場合と同様となる。

(3) **指定認定機関等**（法68条の24）

　国土交通大臣は，指定認定機関を指定し，(1)の型式適合認定，
(2)の認証などの全部又は一部を行わせることができる。同大臣

は，この指定をした場合，指定認定機関が行う認定などは行わ
ないことになる。また，同大臣は，承認認定機関を承認し，外
国で事業を行う者の申請に基づき行う認定等の全部又は一部を
行わせることができる。

(4) 確認・検査の特例（法68条の20）

　認証型式部材等（認証型式部材等製造者が製造をする認証に
係る型式部材等）は，確認申請における建築主事又は指定確認
検査機関の審査において，認証に係る型式に適合するものとみ
なされる。また，建築物以外の認証型式部材等で(2)の表示をし
たもの及び建築物である認証型式部材等でその新築の工事が規
則10条の5の16で定める方法に従い建築士である工事監理者に
よって設計図書のとおり実施されたことが確認されたものは，
中間検査・完了検査における建築主事又は指定確認検査機関の
検査において，認証に係る型式に適合するものとみなされる。

(5) 構造方法等の認定（法68条の25）

　構造方法等の認定*の申請をしようとする者は，国土交通大
臣に対して申請を行う。同大臣は，認定のための審査を，審査
に係る構造方法，建築材料又はプログラムの性能に関する評価
に基づき行う。同大臣は，この評価の全部又は一部を指定性能
評価機関を指定し，行わせることができ，指定をした場合，指
定性能評価機関が行う評価を行わない。また，同大臣は，承認
性能評価機関を承認し，この機関に，外国で事業を行う者の申
請に基づき行う評価の全部又は一部を行わせることができる。
構造方法等の認定の申請をしようとする者は，認定申請に当た
り，これらの機関が作成した性能評価書を添付する。この場合，
同大臣は当該性能評価書に基づき認定の審査を行う。

　　＊　法1章〜3章の規定又はこれに基づく命令の規定で，建築物
　　　の構造上の基準その他の技術的基準に関するものに基づき国土
　　　交通大臣がする構造方法，建築材料又はプログラムに係る認定
　　　をいう。

(6) 特殊構造方法等認定（法68条の26）

　特殊構造方法等認定（法38条認定）の申請をしようとする者
は，国土交通大臣に対して申請を行う。

10 建築協定（法69条〜77条）

建築基準法は，一律に建築物の最低基準を定めたもの（法1条）なので，これだけで十分な環境の保全や改善を図ることは難しい。そこで，地域住民自らが，環境の保全改善のために法律以上の基準を定め，これを特定行政庁が認可することで，公的な拘束力を与えようとしたのが建築協定である。

(1) 建築協定の目的，協定者，協定区域，協定事項

① 目的（法69条）

建築物の利用を増進し，かつ，土地の環境を改善することを目的とする。

〔例〕住宅地としての環境や商店街としての利便を高度に維持・増進することなど

② 協定者（＝土地の所有者等）（法69条，70条等）

建築協定を締結するのは，原則として，土地の所有者及び建築物の所有を目的とする地上権又は賃借権*1（以下「借地権*2」という。）を有する者*3（以下「土地の所有者等」という。）である（法69条）。

* 1 臨時設備その他一時使用のため設定されたことが明らかなものを除く。
* 2 法57条の2，1項で規定されている。
* 3 土地区画整理法98条1項（大都市地域における住宅及び住宅地の供給の促進に関する特別措置法83条において準用する場合を含む。以下同じ。）の規定により仮換地として指定された土地にあっては，その土地に対応する従前の土地の所有者及び借地権を有する者。

建築協定の締結には，土地の所有者等の全員の合意が必要であるが，建築協定区域内に借地権の目的となっている土地がある場合は，その土地の所有者の合意はなくてもよい。この場合，借地権が消滅したときには，その土地は協定区域から除かれる（法74条の2）。

土地共有者又は共同借地権者については，協定の合意に際して合わせて1人の権利者とみなされる（法76条の2）。したがって，共有の場合は持ち分の過半数を有する者の合意があればよい（民法252条）。

協定する建築基準が建築物の借主の権限に係る場合には，その借主は，土地の所有者等とみなされ，協定に参加するこ

とができる（法77条）。

③　協定区域（法69条）

　市区町村の区域内の一部で，特に面積の制限はない。ただし，市町村（都の区部では特別区。以下同じ。）に建築協定を締結することができる旨を定めた条例（＝建築協定条例）がある場合に限られる。地方自治（議会）尊重の趣旨からといわれる。

④　協定事項（法70条）

　建築協定書には，最低次の4項目を定める。

一　建築協定区域（地名地番と地図で一定の区域を示す）

二　建築に関する基準（建築物の敷地，位置，構造，用途，形態，意匠又は建築設備に関する基準で必要なもの）

三　協定の有効期間（5年，10年程度が多い）

四　協定違反に対する措置

⑤　建築協定に定められる事項（建築協定区域隣接地）

　建築協定書には，建築協定区域の隣接地で，建築協定区域の一部とすることにより建築物の利用の増進及び土地の環境の改善に資するものとして建築協定区域の土地となることをその協定区域内の土地の所有者等が希望するもの（以下「建築協定区域隣接地」という。）を定めることができる（法70条2項）。その他，協定の運営に関する事項なども任意に定められる。

(2)　建築協定の認可手続（法70条〜73条）

　土地の所有者等は，その全員の合意により建築協定書（前項の④）を作成し，その代表者から特定行政庁に申請して，特定行政庁の認可を受ける。建築協定区域が建築主事を置いていない市町村の場合は，その市町村の長を経由する。

　建築協定を締結する者は，土地所有者，借地人などで，土地や建物を区分所有している場合や間借り人がいる場合などの扱いがある（前項の②協定者を参照）。

　建築協定書が提出された場合，市町村長は，その旨を公告して20日以上関係人の縦覧に供し（法71条），縦覧後，関係人の出頭を求めて公開による意見の聴取を行う。特定行政庁でない市町村長は，意見の聴取の記録を添えて都道府県知事（特定行

370

政庁）に送付する（法72条）。

特定行政庁は，その建築協定が次の①～③に該当するときは，認可しなければならない（法73条）。

【建築協定認可の条件】（法73条1項）

① 建築協定の目的となっている土地又は建築物の利用を不当に制限するものでないこと

② 法69条の目的（前項の①）に合致すること

③ 建築協定区域隣接地を定める場合は，その区域の境界が明確に定められており，建築協定区域と一体性を有すること（規則10条の6）

認可後は，公告され，建築協定書の写しは市町村長に送付される。建築協定書は一般の縦覧に供される（法73条）。

建築協定締結の手順は，おおむね図7.1のとおりである。

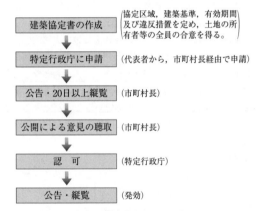

図7.1 建築協定の認可の流れ

(3) 建築協定の変更，廃止（法74条，76条）

認可を受けた建築協定（前記(1)④の協定事項又は⑤の建築協定区域隣接地）を変更しようとする場合は，土地の所有者等（その建築協定の効力が及ばない者を除く。）の全員の合意により，特定行政庁に申請し，認可を受ける。公告，縦覧，意見の聴取及び認可の公告は，協定締結の場合と同様である（法74条）。

　建築協定を廃止する場合は，土地の所有者等の過半数の合意により，特定行政庁に申請し，認可を受ける。縦覧，意見の聴取などは必要ないが，認可の公告は行う（法76条）。

　借地権者のみの合意で（土地所有者の合意がなくて）締結した建築協定区域内の土地（仮換地の場合はその土地に対応する従前の土地）で，借地権が消滅した場合は，その借地権の対象であった土地（仮換地の土地に対応する従前の土地の場合は，その土地についての仮換地として指定された土地）は，建築協定区域から除かれる。また，仮換地の指定後に行われた換地処分において換地とされなかった土地も，建築協定区域から除かれる。これらの場合，旧借地権者は，その旨を特定行政庁に届け出る。特定行政庁はそれを公告する（法74条の2）。

(4)　認可等の公告後に建築協定に加わる手続き等（法75条の2）

　建築協定区域内の土地所有者（仮換地の場合は従前の土地所有者）で当該建築協定の効力が及ばない者（借地権者のみの合意で締結した土地所有者）は，当該認可等の公告後いつでも，特定行政庁に書面でその意思を表示すれば，当該建築協定に加入できる。

　建築協定区域隣接地の土地の所有者等の場合も同様の手続きで，建築協定に加入できる。これにより，同隣接地は，建築協定区域の一部となる。

(5)　建築協定の効力（法75条）

　認可の公告のあった建築協定は，認可の公告後にその協定区域内の土地の所有者等となった者に対しても，その効力が及ぶ。協定の変更の場合も同様である。ただし，借地権のある土地所有者で協定締結又は変更の際合意をしなかった者の所有権を承継した者には効力は及ばない。

(6)　建築協定の特則（一人建築協定）（法76条の3）

　協定は複数の所有者間で締結するのが当然だが，特例として，一の所有者以外に土地の所有者等がいない場合でも，その所有者は，一人でその土地を協定区域として建築協定を定めて認可を得ることができる。協定内容及び認可の手続きなどは(2)と同じ。宅地分譲地などで活用されている。

　ただし，一人建築協定は，認可後3年以内にその協定区域内

の土地の所有者等が2以上になった時から効力が発生する。

(7) 建築協定の例

　事例としては，分譲地内で，用途を規制し，又は高さ，階数などを制限して，住宅地としての環境を守ろうとするものが多い。その他，既成市街地の住宅地，商業地，工業地などの例もある。表宅地と裏宅地との敷地共同利用に係る法86条1項の一団地認定や同条2項の連担建築物設計制度による認定の際にも，権利調整と認定条件の維持を図るために建築協定が利用されることがある（昭60住街発5，平11住指発201・平11住街発48等）。

(8) 建築協定と建築確認等との関係

　建築協定は，基本的には建築に関する私的な契約なので，協定の中に違反があったときの措置を定めることとされているように，協定の内容は，法6条等の建築確認の対象とはならず，法9条の違反措置の対象にもならないと解されている。

第8章

建築士法

　建築士法は，建築物の設計又は工事監理を行う建築士の資格，業務，業として設計や工事監理を行う建築士事務所の登録，業務などに関して定めている（昭和25年法律第202号）。

8

1　総　則

(1)　建築士法の目的（法1条）

　建築物の設計，工事監理等を行う技術者の資格を定めて，業務の適正を図り，建築物の質の向上に寄与する。

(2)　用語の定義（法2条）

① 建築士：一級建築士，二級建築士，木造建築士をいう。

② 建築設備士：建築設備に関する知識及び技能につき国土交通大臣が定める資格を有する者

③ 設計図書：建築工事実施のために必要な図面及び仕様書をいう（現寸図の類を除く）。

④ 設計：その者の責任で設計図書を作成すること。

⑤ 構造設計：基礎伏図，構造計算書などの建築物の構造に関する設計図書で国土交通省令（規則1条1項）で定めるもの（構造設計図書）の設計をいう。

⑥ 設備設計：建築設備の各階平面図及び構造詳細図などの建築設備に関する設計図書で国土交通省令（規則1条2項）で定めるもの（設備設計図書）の設計をいう。

⑦ 工事監理：その者の責任で，工事を設計図書と照合して，設計図書のとおりに実施されているかいないかを確認すること。

(3)　建築士の職責（法2条の2）

　常に品位を保持し，業務に関する法令及び実務に精通して，建築物の質の向上に寄与するため，公正・誠実に業務を行わなければならない。

2 建築士でなければできない設計・工事監理

(1) 一級建築士でなければ設計又は工事監理ができない建築物 (法3条)

次のいずれか1つ以上の条件に該当するもの（面積は，延べ面積を示す）。

① 全ての構造 ━━┳━ 特定用途*1 ⇨ 500 m² を超えるもの
　　　　　　　　┗━ その他の用途 ⇨ 階数2以上で，かつ，
　　　　　　　　　　　　　　　　　　　1,000 m² を超えるもの

② 木　造 ━━┳━ 軒の高さ ⇨ 9 m を超えるもの
　　　　　　┗━ 高　　さ ⇨ 13 m を超えるもの

③ 木造以外*2 ━┳━ 延べ面積 ⇨ 300 m² を超えるもの
　　　　　　　┣━ 軒の高さ ⇨ 9 m を超えるもの
　　　　　　　┗━ 高　　さ ⇨ 13 m を超えるもの

*1 学校，病院，劇場，映画館，観覧場，公会堂，集会場（オーディトリアムのあるもの），百貨店
*2 RC造，S造，SRC造，石造，れんが造，CB造，C造

(2) 一級建築士又は二級建築士でなければ設計又は工事監理ができない建築物 (法3条の2)

(1)以外の建築物で，次のいずれかに該当するもの。

① 木　造 ━┳━ 延べ面積 ⇨ 300 m² を超えるもの
　　　　　┗━ 階　　数 ⇨ 3 以上のもの

② 木造以外 ━┳━ 延べ面積 ⇨ 30 m² を超えるもの*
　　　　　　┗━ 階　　数 ⇨ 3 以上のもの

* 都道府県は土地の状況により必要な場合は，条例で区域又は建築物の用途を限って，木造以外の延べ面積を別に定めることができる。

(3) 一級建築士，二級建築士又は木造建築士でなければ設計又は工事監理ができない建築物 (法3条の3)

木造で，延べ面積が100 m² を超え，300 m² 以下のもの*（軒高9 m 以下，高さ13 m 以下，かつ，階数2以下のものに限る）。

* (2)の*と同様，条例で延べ面積を別に定める場合がある。

(4) 無資格者でも設計又は工事監理ができるもの

① 木　造 ⇨ 軒高9 m 以下，高さ13 m 以下，階数2以下，
　　　　　　かつ，延べ面積が100 m² 以下のもの

② 木造以外 ⇨ 軒高9m以下，高さ13m以下，階数2以下，
　かつ，延べ面積が30㎡以下のもの

(5) 建築士の設計資格のまとめ

　一級建築士，二級建築士，木造建築士又は無資格者が設計又
は工事監理をすることができる建築物の範囲をまとめると表
8.1のとおり（法3条〜3条の3）。

表8.1 設計・工事監理のできる建築物の範囲

資　格	設計・工事監理のできる建築物	
	木　造	非　木　造
一級建築士	全て	全て
二級建築士	軒高9m以下，高さ13m以下，2階建以上は1,000㎡以下，かつ，特定用途*は500㎡以下	軒高9m以下，高さ13m以下，かつ，300㎡以下
木造建築士	軒高9m以下，高さ13m以下，2階建以下，かつ，300㎡以下	軒高9m以下，高さ13m以下，
無資格者	軒高9m以下，高さ13m以下，2階建以下，かつ，100㎡以下	2階建以下，かつ，30㎡以下

＊ 学校，病院，百貨店，劇場，映画館，観覧場，公会堂，集会場（オー
　ディトリアムを有するものに限る。）
〔注〕1）面積は，延べ面積による。
　　　2）建築物の増築，改築，大規模の修繕又は大規模の模様替をする場
　　　　合は，その増築などをする部分を新築するものとみなして，表が適
　　　　用される。
　　　3）建築基準法85条1項又は2項による災害時の応急仮設建築物には
　　　　適用されない。
　　　4）建築物以外の工作物には適用されない。

3　試験と免許

(1) 試験の施行（法13条，15条の2，15条の6，17条）

　一級建築士試験は国土交通大臣が，二級建築士試験及び木造
建築士試験は都道府県知事が，それぞれ毎年少なくとも1回は
行う。

　国土交通大臣は中央指定試験機関に，都道府県知事は都道府
県指定試験機関に，その試験事務を行わせることができる。試
験機関としては，公益財団法人建築技術教育普及センターが指
定されている。

(2) **受験資格**（法14条，15条）

　従来まで建築士試験の受験要件となっていた実務経験について，免許登録の際の要件に改められたことで，実務経験のみの二級・木造建築士受験の者を除き，学校での建築に関する修得科目等により，それぞれ受験資格が与えられる（表8.2，表8.3）。

表8.2　一級建築士の受験資格，免許登録要件

| | 受　験　資　格 | | 免許登録要件 | |
	履　修　科　目	総単位数	実務経験年数	総単位数
大学（新制・旧制）の卒業生（士法14条一号）	・建築設計製図（7単位以上）・建築計画（7単位以上）	40	2年以上（士法4条2項一号）	60 *1
短期大学（修業3年以上，夜間は除く）の卒業生（士法14条一号）	・建築環境工学（2単位以上）・建築設備（2単位以上）・構造力学（4単位以上）・建築一般構造（3単位以上）		3年以上（士法4条2項二号）	50 *2
短期大学（修業2年以上），高等専門学校の卒業生（士法14条一号）	・建築材料（2単位以上）・建築生産（2単位以上）・建築法規（1単位以上）（令元国交告751）		4年以上（士法4条2項三号）	40
二級建築士（士法14条二号）	―	―	4年以上 *3（士法4条2項四号）	―
国土交通大臣が認める者（士法4条2項五号，14条三号，令元国交告752）				

* 1　履修科目の総単位数が50以上の場合は，実務経験3年以上。総単位数が40以上の場合は，実務経験4年以上。
* 2　履修科目の総単位数が40以上の場合は，実務経験4年以上。
* 3　二級建築士としての実務経験には，二級建築士としての登録以前の経験は含まれない。
〔注〕1）実務経験には，単なる写図工，労働者としての経験や庶務，会計などの事務の経験は含まない（規則1条の2，2項）。
　　　2）修得すべき科目と単位は，平成21年度入学生から適用され，それ以前の者は，建築・土木科卒などとする従前の規定による。
　　　3）一級建築士受験資格として，建築設備士（法20条5項，規則17条の18）は二級建築士と同等とみなされる（令元国交告752）。

表8.3　二級建築士・木造建築士の受験資格，免許登録要件

	受　験　資　格			免許登録要件	
	履　修　科　目	総単位数	実務経験年数	総単位数
大学（新制・旧制），短期大学，高等専門学校の卒業生 （士法15条一号）	・建築設計製図 　（3単位以上） ・建築計画，建築環境工学又は建築設備 　（2単位以上） ・構造力学，建築一般構造又は建築材料 　（3単位以上） ・建築生産（1単位以上） ・建築法規（1単位以上） （令元国交告753）	20	0 年 （士法4条 4項一号）	40
高等学校，中等教育学校の卒業生 （士法15条一号）			2 年以上 （士法4条 4項二号）	20
都道府県知事が認める者 （士法15条二号）	都道府県告示		都道府県告示 （士法4条 4項三号）	—
学歴問わず （士法15条三号）	実務経験 7 年以上	—	7 年以上 （士法4条 4項四号）	—

(3) 免許（法4条），登録（法5条）及び名簿（法6条）

　建築士試験に合格した者であって，建築実務の経験を所定の年数有する者等は，免許を受けて初めて一級建築士，二級建築士又は木造建築士になる（試験に合格しただけでは建築士と称することができないし，また，建築士としての業務もできない）。免許は名簿に登録することにより行う。一級建築士名簿は国土交通省，二級建築士名簿と木造建築士名簿は都道府県に備えられ，一般の閲覧に供される。国土交通大臣が中央指定登録機関，都道府県知事が都道府県指定登録機関を指定したときは，これらの登録及び閲覧に関する事務は，それぞれの機関が行い，大臣及び知事は，その事務を行わない（法10条の4～10条の21）。

　一級建築士の免許は国土交通大臣，二級建築士と木造建築士の免許は都道府県知事が，それぞれ与える。

(4) **住所等の届出**（法5条の2）

　建築士は，免許証の交付の日から30日以内に住所などを届け出る。住所などに変更があった場合も同様とする。

　届出先は次のとおりである。

・一級建築士 ⇨ 国土交通大臣
・二級建築士 ⇨ 免許を受けた知事及び住所地の知事
・木造建築士 ⇨ 同上

　（異なる都道府県に転居する場合は，変更前の住所地の都道府県知事に提出する。）

(5) **免許を受けられない者**——欠格事由——（法7条，8条）

① 　次の者には免許が与えられない—絶対的欠格事由—

　　イ．未成年者

　　ロ．禁錮以上の刑の執行を終わり，又は執行を受けることがなくなった日から5年たっていない者

　　ハ．士法違反や建築関係の罪で罰金刑の執行を終わり，又は執行を受けることがなくなった日から5年たっていない者

　　ニ．虚偽や不正で免許を受けたことが判明し，士法や建築関係の法令等に違反し，又は業務に関して不誠実な行為があり免許取消しを受けてから5年たっていない者

　　ホ．業務に関して不誠実な行為などにより業務停止処分を受け，停止期間中に本人から免許取消し申請があり免許が取り消され，まだその期間が経過しない者

② 　次の者には免許が与えられないことがある—相対的欠格事由—

　　イ．禁錮以上の刑に処せられた者

　　ロ．士法違反や建築関係の罪で罰金刑を受けた者

　　ハ．心身の故障により建築士業務を適正に行うことができない者

(6) **免許の取消しと懲戒**（法9条，10条）

① 　次の場合に免許は取り消される—免許の取消し—

　　イ．本人からの免許取消しの申請があったとき

　　ロ．死亡等の届出があったとき

　　ハ．死亡等の届出がなくて死亡等の事実が判明したとき

　　ニ．虚偽又は不正の事実に基づいて免許を受けたことが判明

したとき

ホ．不正手段により建築士試験を受け，又は受けようとした
　　ことにより試験の合格の決定を取り消されたとき

② 懲　戒

　　次の場合に国土交通大臣又は都道府県知事は，戒告，1 年
以内の業務停止又は免許の取消し処分をすることができる。
ただし，業務停止又は免許の取消しをするときは，行政手続
法13条 1 項にかかわらずあらかじめ聴聞を行い，必要に応じ
て参考人の意見を聴く。また，中央建築士審査会又は都道府
県建築士審査会の同意を得る。処分後，公告される。

イ．士法や建築関係法令の規定に違反したとき

ロ．業務に関して不誠実な行為があったとき

(7) 合格の取消しと受験の禁止 （法13条の 2 ）

　国土交通大臣，都道府県知事又は指定試験機関は，不正手段
により建築士試験を受け，又は受けようとした者に対して，合
格の決定を取り消し，又は受けようとした試験を受けることを
禁止できる。国土交通大臣又は都道府県知事は，この処分者に
対して，3 年以内の期間を定めて受験できないようにすること
ができる。

(8) 報告，検査等 （法10条の 2 ）

　国土交通大臣は一級建築士に対し，都道府県知事は二級建築
士・木造建築士に対し，業務に関する必要な報告を求め，その
職員に建築士事務所等に立ち入り，図書などを検査させ，関係
者に質問させることができる。

(9) 構造設計一級建築士証，設備設計一級建築士証の交付
（法10条の 3 ）

　次のいずれかの一級建築士は，国土交通大臣に対し，構造設
計一級建築士証又は設備設計一級建築士証の交付申請を行い，
その交付を受けることができる。

① 一級建築士として 5 年以上構造設計又は設備設計の業務を
　行い，登録講習機関が行う講習（修了考査を含む。）を申請
　前 1 年以内に修了した一級建築士

② 国土交通大臣が，構造設計又は設備設計に関し①と同等以
　上の知識及び技能を有すると認める一級建築士

4 建築士の業務

(1) 業務の執行 （法18条）

① 建築物が法令，条例に適合するように設計する。

② 設計を行う場合，設計の委託者に対し設計の内容を適切に説明する。

③ 工事監理の場合，工事が設計図書どおりにできていないときは，直ちに工事施工者に指摘し，設計図書のとおりの実施を求める。施工者がこれに従わないときは，建築主にこれを報告する。

④ 延べ面積が2,000 m²を超える建築物の建築設備の設計・工事監理を行う場合は，建築設備士の意見を聴くよう努める（設備設計一級建築士が設計する場合を除く）。

(2) 設計の変更 （法19条）

建築士が，他の建築士の設計した設計図書の一部を変更しようとするときは，

・原則 ⇨ 設計した建築士の承諾を求める。

・承諾を求められない事由のあるとき　　⎫
　（死亡，長期旅行などの場合）　　　　⎬ ⇨ 自己の責任で
・承諾を得られなかったとき　　　　　　⎭　　変更できる。

（ただし，著作権法による知的所有権の問題は別である。）

(3) 免許証等の提示 （法19条の2）

建築士は，設計等の委託者（予定者を含む）の請求に応じて免許証又は免許証明書を提示しなければならない。

(4) 表示行為 （法20条）

① 記名——自己の設計した設計図書には，一級建築士，二級建築士などの表示をし，記名する（設計変更した場合も同様）。押印は令和3年の改正で不要となった。

② 構造計算によって建築物の安全性を確かめた旨の証明書——建築士は，構造計算によって建築物の安全性を確かめた場合は，原則として，その旨の証明書を設計の委託者に交付する。この証明書の書式は規則17条の14の2による。

③ 監理終了報告——工事監理が終了したときは，直ちに文書で，その結果を建築主に報告しなければならない。工事監理報告書の書式は，規則17条の15による。なお，建築士は，こ

の報告に代えて，建築主の承諾を得て，電子情報処理組織を使用する方法等によることができる。

④　建築設備士の意見——建築士は，大規模建築物などの建築設備に関する設計や工事監理を行う際，建築設備士の意見を聴いたときは，設計図書又は工事監理報告書に，その旨を明示しなければならない。

(5)　**構造設計，設備設計に関する特例**——設計又は法適合確認——（法20条の 2，20条の 3）

①　構造設計図書又は設備設計図書への構造設計一級建築士又は設備設計一級建築士である旨の表示義務

・構造設計一級建築士：一級建築士でなければ設計できない建築物のうち，建築基準法20条 1 項一号又は二号の建築物の構造設計を行った場合

・設備設計一級建築士：階数が 3 以上で床面積の合計が5,000 m² を超える建築物の設備設計を行った場合

・構造設計図書又は設備設計図書の一部を変更した場合

②　構造設計一級建築士又は設備設計一級建築士以外の一級建築士が，①の建築物の構造設計又は設備設計を行った場合は，構造設計一級建築士又は設備設計一級建築士に，その建築物が構造関係規定*¹ 又は設備関係規定*² に適合するかどうかの確認を求めなければならない。構造設計図書又は設備設計図書の一部を変更した場合も同様である。

　　構造設計一級建築士又は設備設計一級建築士は，確認を求められた場合に，その建築物の構造関係規定若しくは設備関係規定への適合を確認したとき又は適合を確認できないときは，構造設計図書にその旨を記載し，構造設計一級建築士又は設備設計一級建築士の表示をして記名する。

＊ 1　構造関係規定：建築基準法20条（ 1 項一号又は二号に係る部分に限る。）の規定及びこれに基づく命令の規定（本書5 − 2 章，表5.2.1参照）。

＊ 2　設備関係規定：建築基準法28条 3 項，28条の 2，三号（換気設備に係る部分），32条から34条まで，35条（消火栓，スプリンクラー，貯水槽などの消火設備，排煙設備及び非常用の照明装置に係る部分）及び36条（消火設備，避雷設備及び給水，排水などの配管設備の設置・構造及び煙突・昇

降機の構造に係る部分）の規定並びにこれらに基づく命令の規定。

(6)　その他の業務（法21条）

建築士は，設計，工事監理のほかに，次の業務を行うことができる（一級・二級の区別はないが木造建築士は木造建築物の業務に限る）。ただし，他の法律で制限されている事項は除く。

① 建築工事契約に関する事務
② 建築工事の指導監督
③ 建築物に関する調査，鑑定
④ 建築物の建築に関する法令，条例に基づく手続きの代理

(7)　名義貸しの禁止（法21条の2）

建築士は，建築士でなければできない設計又は工事監理の規定に違反する者，当該建築士でない者の建築士名称の使用禁止規定に違反する者などに自己の名義を利用させてはならない。

(8)　違反行為の指示等の禁止（法21条の3）

建築士は，士法，建築物の建築に関する法令・条例の規定に違反する行為について指示をしたり相談に応じるなどをしてはならない。

(9)　信用失墜行為の禁止（法21条の4）

建築士は，建築士の信用又は品位を害するような行為をしてはならない。

(10)　知識及び技能の維持向上（法22条）

① 建築士は，設計及び工事監理に必要な知識及び技能の維持向上に努めなければならない。
② 国土交通大臣及び都道府県知事は，必要に応じ，講習の実施，資料の提供などを行う。

(11)　定期講習（法22条の2）

建築士事務所に属する建築士，構造設計一級建築士及び設備設計一級建築士は，3年以上5年以内の省令で定める期間ごとに，登録講習機関が行う講習を受けなければならない。

(12)　設計受託契約・工事監理受託契約（法22条の3の2，22条の3の3）

設計又は工事監理の委託を受ける契約（「設計受託契約」又は「工事監理受託契約」）の当事者は，対等な立場で公正な契

約を締結し，信義に従って誠実に履行しなければならない。延べ面積が300 m²超える新築等の設計又は工事監理受託契約の当事者は，契約の締結に際して報酬の額及び支払の時期，契約の解除に関する事項等を書面に記載し，署名又は記名押印をして相互に交付しなければならない。

⒀　名称の使用禁止（法34条）

建築士でない者が，これとまぎらわしい名称を用いたり，二級建築士や木造建築士が一級建築士や二級建築士とまぎらわしい名称を用いたりしてはならない。

⒁　建築士会・建築士会連合会（法22条の４）

建築士会又は建築士会連合会という名称を用いる一般社団法人は，建築士の品位の保持及び業務の進歩改善のため，建築士に対する建築技術の研修，社員の指導及び連絡を行う。

5　建築士事務所

⑴　建築士事務所の登録（法23条，23条の２）

建築物の設計，工事監理又は前記４⑹のその他の業務を，報酬を得て業として行おうとする場合は，一級建築士事務所，二級建築士事務所又は木造建築士事務所を開設し，都道府県知事の登録を受けなければならない。

〔例〕建設業者が，設計を請け負う場合も，設計図書の作成を伴うので建築士事務所の登録を要する。建築士が，設計・工事監理を行わずに建築物に関する調査鑑定や確認申請手続きの代理などを行う場合も必要である。

　　　ただし，一般の会社が営繕課などを設け，自社の社屋などの設計・工事監理のみを行う場合は，営業ではないので，登録は不要である。

【登録を受ける者＝開設者】

事務所を開設する建築士自身，又は建築士を使用して事務所を開設しようとする者。

【登録先】

事務所の所在地を管轄する都道府県知事

【登録の有効期間】

建築士事務所の登録の有効期間は，登録の日から５年間。業

を継続する場合は登録の更新をする。

【登録に関する手続き】

① 登録の申請（法23条の2）

　　開設者は，事務所を管轄する都道府県知事に，事務所の名称，所在地，一級・二級・木造建築士の別，氏名，法人の名称・役員，管理建築士の氏名・資格等を申請する。

② 登録の実施（法23条の3，23条の4）

　　都道府県知事は，申請者が登録を取り消されてから5年以内の者や破産者など法23条の4に定める登録の拒否事由に該当しない限り，登録年月日，番号その他を「登録簿」に登録し，申請者に通知する。

③ 変更の届出（法23条の5）

　　登録事項の変更は，開設者が2週間（建築士の氏名，一級・二級・木造建築士の別の場合は3月）以内に，都道府県知事に届け出る。

④ 設計等の業務に関する報告書（法23条の6）

　　事務所の開設者は，事業年度ごとに，次の事項を記載した設計等の業務に関する報告書を作成し，事業年度経過後3月以内に，都道府県知事に提出する。

　　イ．事業年度の事務所の業務の実績の概要

　　ロ．事務所に属する建築士の氏名・事業年度の業務の実績

　　ハ．事務所に属する建築士の種別・登録番号，定期講習の受講年月日，管理建築士の場合はその旨（規則20条の3，1項一号）

　　ニ．事務所に属する構造設計一級建築士・設備設計一級建築士の当該建築士証の交付番号，定期講習の受講年月日（規則20条の3，1項二号）

　　ホ．管理建築士が事務所の開設者に対し，技術的観点から業務が円滑・適正に行われるよう必要な意見を述べたときは，その概要（規則20条の3，1項三号）

⑤ 廃業等の届出（法23条の7）

　　業務を廃止したときや開設者が死亡したときなどは，開設者・相続人・破産管財人などが30日以内に，それぞれ都道府県知事に届け出る。

⑥　登録簿等の閲覧（法23条の9）

　都道府県知事は，登録簿，設計等の業務に関する報告書などを一般の閲覧に供する。

⑦　指定事務所登録機関による登録等（法26条の3）

　都道府県知事は，指定事務所登録機関を指定し，建築士事務所の登録に関する事務，登録簿を一般の閲覧に供する事務を行わせることができる。

(2)　建築士事務所の管理（法24条）

- ・一級建築士事務所は，専任の一級建築士
- ・二級建築士事務所は，専任の二級建築士 ｝が管理する
- ・木造建築士事務所は，専任の木造建築士

　建築士事務所は，開設者は建築士でなくてもよいが，その場合も専任の管理建築士は必要である。管理建築士は，建築士として3年以上の設計などの業務経験後，登録講習機関の講習を終了した者でなければならない。

　管理建築士は，建築士事務所の業務について，受託可能な業務の量・難易，業務に必要な期間の設定，業務を担当させる建築士の選定・配置などの技術的事項を総括する。開設者が異なる場合は，開設者に対し，技術的事項に関して業務が円滑・適切に行われるよう必要な意見を述べる。

(3)　名義貸しの禁止（法24条の2）

　建築士事務所の開設者は，自己の名義で，他人に事務所の業務を営ませてはならない。

(4)　再委託の制限（法24条の3）

　建築士事務所の開設者は，委託者の許諾を得た場合でも，次の委託は制限される。

- ・委託を受けた設計又は工事監理業務について，建築士事務所の開設者以外の者への委託
- ・委託を受けた設計又は工事監理業務（いずれも延べ面積が300 m^{2}を超える建築物の新築工事に限る）について，それぞれ一括して他の建築士事務所の開設者への委託

(5)　帳簿の備付け，図書の保存（法24条の4，規則21条）

①　帳簿の備付け・保存

　開設者は，その事務所の業務に関する事項（契約年月日，

相手方，業務の種類と終了年月日，報酬額，従事した建築士と建築設備士の氏名，委託業務の概要と委託先など）を記載した帳簿を作成し，事業年度の末日（帳簿の閉鎖日）から15年間は保存する。

② 設計図書等の保存

開設者は，建築士でなければ設計又は工事監理できない建築物について，その事務所の建築士が業務として作成した一定の設計図書・工事監理報告書等を，作成した日から15年間は保存する。

保存すべき図書は，以下のものである。

イ．全ての建築物
  ・配置図　　　　　　　　・各階平面図
  ・2面以上の立面図　　　・2面以上の断面図
  ・基礎伏図　　　　　　　・各階床伏図
  ・小屋伏図　　　　　　　・構造詳細図

ロ．構造計算を必要とする建築物
  ・構造計算に係る図書

ハ．所定の構造関係規定の適用を受ける建築物
  ・建築基準法施行令46条4項又は同令47条1項の規定の適用を受ける建築物の設計である場合
    ⇨ 各項の規定に適合することを確認できる図書
  ・同令80条の2又は建築基準法施行規則8条の3の規定の適用を受ける建築物の設計である場合
    ⇨ 各条の技術的基準のうち国土交通大臣が定めるものに適合することを確認できる図書

ニ．建築物省エネ法の所定の書面
  ・小規模建築物の建築物エネルギー消費性能基準への適合性についての評価書面
  ・評価及び説明を要しない意志表明の書面

(6) **標識の掲示**（法24条の5，規則22条）

開設者は，事務所内の公衆の見やすい場所に，名称などを記した標識を掲げる。

(7) **書類の閲覧**（法24条の6）

開設者は，業務の実績等を記載した書類を備え，設計等を委

託しようとする者の求めに応じて閲覧させる。

(8)　重要事項の説明等（法24条の7）

　開設者は，設計受託契約又は工事監理受託契約を締結する場合，あらかじめ，建築主に対し，事務所に属する管理建築士等により，契約の内容及び履行に関する事項について，書面を交付して説明をさせなければならない。説明の際は，建築士免許証又は建築士免許証明書を提示する。

(9)　書面の交付（法24条の8）

　開設者は，設計又は工事監理の委託者に，所定の書面を交付する。建築士はこの書面の交付に代えて，建築主の承諾を得て，電子情報処理組織を使用する方法等によることができる。

(10)　保険契約の締結等（法24条の9）

　開設者は，設計等の業務で生じた損害を賠償するため，必要な金額を担保するための保険契約の締結等の措置を講ずるよう努めなければならない。

(11)　業務の報酬（法25条）

　国土交通大臣は，建築士事務所の開設者がその業務に関して請求することのできる報酬の基準を定めることができる。この場合に，国土交通大臣は中央建築士審査会の同意を得なければならない。

(12)　事務所の閉鎖又は登録の取り消し（法26条）

　虚偽又は不正の事実により登録を受けたとき，開設者が破産したとき，専任の管理建築士がいなくなったときなどには，知事は事務所の登録を取り消さなければならない。また，開設者が免許取り消しの懲戒処分を受けたとき，禁錮以上の刑に処せられたとき，士法に違反して建築に関して罰金以上の刑に処せられたときなどの場合には，知事は開設者に戒告を与え，1年以内の事務所の閉鎖を命じ，又は事務所の登録を取り消すことがある。事務所の閉鎖命令に当たっては，行政手続法13条1項の区分にかかわらず聴聞を行う。

6　建築士事務所協会・建築士事務所協会連合会（法27条の2～27条の5）

　建築士事務所協会又は建築士事務所協会連合会という名称を

用いる一般社団法人は，建築士事務所の業務の適正な運営及び建築主の利益の保護を図ることを目的とし，かつ，建築士事務所の開設者を社員又は建築士事務所協会を社員とする旨の定款の定めがあるものでなければならない。これらの一般社団法人は，契約内容の適正化，開設者に対する指導，建築主等からの苦情の解決などを行う。

7 建築士審査会 （法28条～33条）

　建築士試験に関する事務やその他の事務（免許取消しの際の同意など）を行うため，国土交通省に中央建築士審査会が，都道府県に都道府県建築士審査会が置かれる。それぞれ委員は10人以内で，任期は 2 年 *（再任は可）。

　ほかに，建築士試験を行うために，中央指定試験機関（国土交通大臣が指定），都道府県指定試験機関（知事が指定）又は試験委員が置かれる。

　　*　都道府県建築士審査会の委員の任期は，その任期を 2 年超 3 年以下の期間で都道府県条例で定めるときは，条例で定める期間。

8 罰 則 （法37条～43条）

　免許を受けないで建築士の名称を用いたとき，不正な事実によって免許を受けたとき，その他本法に違反した者は，違反内容に応じて，1 年以下の懲役又は100万円以下の罰金，30万円以下の罰金，10万円以下の過料などに処せられる。

第9章

都市計画法

1 都市計画法の目的

都市計画法（昭和43年法律第100号）は，都市計画の内容及びその決定手続き，都市計画制限，都市計画事業などを定めて，都市の健全な発展と秩序ある整備を図り，国土の均衡ある発展と公共の福祉の増進に寄与することを目的としている（法1条）。

2 都市計画区域，準都市計画区域

(1) 都市計画区域（法5条）

都市計画区域は，一体の都市として総合的に整備し，開発し，及び保全する必要がある区域として，都道府県（2以上の都府県にわたる場合は国土交通大臣）が指定する（法5条）。

都道府県が指定するときは，関係市町村及び都道府県都市計画審議会の意見を聴き，国土交通大臣に協議し，その同意を得る。国土交通大臣が指定するときは，関係都府県の意見を聴く（その際，知事は関係市町村及び都道府県都市計画審議会の意見を聴く）。

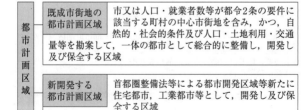

都市計画区域	既成市街地の都市計画区域	市又は人口・就業者数等が都令2条の要件に該当する町村の中心市街地を含み，かつ，自然的・社会的条件及び人口・土地利用・交通量等を勘案して，一体の都市として総合的に整備し，開発し及び保全する区域
	新開発する都市計画区域	首都圏整備法等による都市開発区域等新たに住宅都市，工業都市等として，開発し及び保全する区域

図9.1　都市計画区域

(2) 準都市計画区域（法5条の2）

都道府県は，都市計画区域外の区域のうち，相当数の建築物の建築又はその敷地造成等が行われ，又は行われると見込まれ，

そのまま放置すれば，将来における一体の都市としての整備，開発，保全に支障が生じるおそれがある一定の区域を，準都市計画区域として指定することができる。

都道府県が，準都市計画区域を指定しようとするときは，あらかじめ，関係市町村及び都道府県都市計画審議会の意見を聴かなければならない。

都市計画区域・準都市計画区域などと次節の都市計画との関係は，おおむね次の図のようになる（図9.2）。

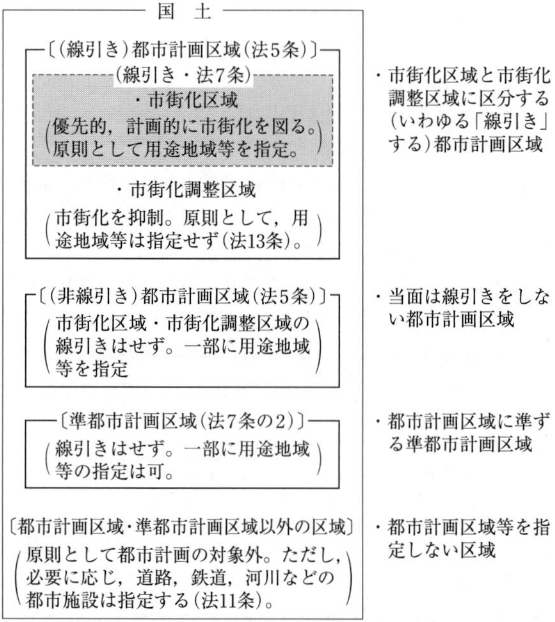

図9.2　都市計画区域・準都市計画区域の関係

3　都市計画の内容

都市計画の具体的内容は法7条～12条の13に，指定基準は法13条等による。原則として都市計画区域又は準都市計画区域内に定められるが，道路などの都市施設は，その性質上，都市計

画区域外にも定められる（図9.3）。

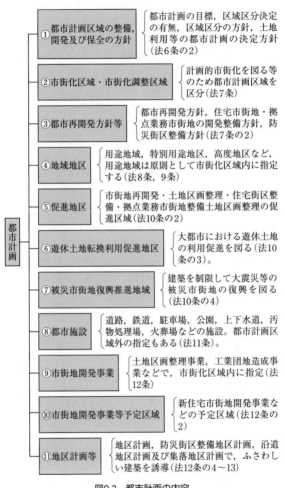

都市計画

① 都市計画区域の整備，開発及び保全の方針 { 都市計画の目標，区域区分決定の有無，区域区分の方針，土地利用等の都市計画の決定方針（法6条の2）

② 市街化区域・市街化調整区域 { 計画的市街化を図る等のため都市計画区域を区分（法7条）

③ 都市再開発方針等 { 都市再開発方針，住宅市街地・拠点業務市街地の開発整備方針，防災街区整備方針（法7条の2）

④ 地域地区 { 用途地域，特別用途地区，高度地区など，用途地域は原則として市街化区域内に指定する（法8条，9条）

⑤ 促進地区 { 市街地再開発・土地区画整理・住宅街区整備・拠点業務市街地整備土地区画整理の促進区域（法10条の2）

⑥ 遊休土地転換利用促進地区 { 大都市における遊休土地の利用促進を図る（法10条の3）。

⑦ 被災市街地復興推進地域 { 建築を制限して大震災等の被災市街地の復興を図る（法10条の4）

⑧ 都市施設 { 道路，鉄道，駐車場，公園，上下水道，汚物処理場，火葬場などの施設。都市計画区域外の指定もある（法11条）。

⑨ 市街地開発事業 { 土地区画整理事業，工業団地造成事業などで，市街化区域内に指定（法12条）

⑩ 市街地開発事業等予定区域 { 新住宅市街地開発事業などの予定区域（法12条の2）

⑪ 地区計画等 { 地区計画，防災街区整備地区計画，沿道地区計画及び集落地区計画で，ふさわしい建築を誘導（法12条の4〜13）

図9.3　都市計画の内容

(1) 区域区分（法7条）

　都市計画区域について，無秩序な市街化を防止し，計画的な市街化を図るため必要があるときは，都市計画に，市街化区域

と市街化調整区域との区分（区域区分又は線引きという。）を定めることができる（図9.4）。首都圏整備法による既成市街地又は近郊整備地帯，近畿圏整備法による既成都市区域又は近郊整備区域，中部圏開発整備法による都市整備区域，地方自治法による指定都市を含む都市計画区域（令3条）については，区域区分を定めるものとされている。

図9.4　区域区分

(2)　**地域・地区等**（法8条，9条）

　必要に応じて都市計画に次の地域地区等を定める（表9.1）。地域地区等の区域内における建築物等の制限は，都市計画法のほか建築基準法や駐車場法，港湾法など各種の法律による（法10条）。

表9.1　都市計画の地域・地区等

名　　称	趣　旨　・　内　容　等
用　途　地　域*	住環境の保護，商業・工業の利便増進等を図るため定められる基本的な用途規制の地域である（13の種別については本書6-2章1参照）。原則として市街化区域内に定め，市街化調整区域内には定めない（法13条）。建築制限は建築基準法48条など。
特別用途地区*	用途地域内の一定の地区において，当該地区の特性にふさわしい土地利用の増進・環境の保護などの特別の目的の実現を図るため定められる用途規制を行う地区である。建築制限は，建築基準法49条に基づく地方公共団体の条例による（本書6-2章5参照）。

特 定 用 途 制 限 地 域*	用途地域が定められていない土地の区域（市街化調整区域を除く。）内で，その良好な環境の形成保持のため，その地域の特性に応じて合理的な土地利用が行われるよう，建築物の用途を制限する地域。建築制限は，建築基準法49条の2に基づく条例による（本書6-2章6参照）。
特例容積率適 用 地 区	第一種・第二種中高層住居専用，第一種・第二種住居，準住居，近隣商業，商業，準工業，工業地域の適正な配置及び規模の公共施設を備えた区域で，容積率の限度からみて，未利用となっている建築物の容積の活用を促進して土地の高度利用を図る地区。必要な場合，高さの最高限度を定める。建築基準法57条の2〜57条の4。
高層住居誘 導 地 区	住居と非住居の適正配分，利便性の高い高層住宅の建設誘導を図るため，第一種・第二種住居，準住居，近隣商業，準工場地域で容積率40/10又は50/10の区域に指定。容積率と建蔽率の最高限度，敷地面積の最低限度を定める。建築基準法57条の5。
高 度 地 区*	環境維持又は土地利用の増進を図るため，用途地域内において高さの最高限度又は最低限度を定める。建築制限は，都市計画の計画書及び建築基準法58条による。
高度利用地区	土地の高度利用と都市機能の更新を図るため容積率の最高・最低限度，建蔽率の最高限度，建築面積の最低限度及び壁面の位置を都市計画に定める。用途地域内に指定する。建築基準法59条。
特 定 街 区	市街地の整備改善を図るため，街区の整備又は造成が行われる地区について，容積率の最高限度，高さの最高限度及び壁面の位置の制限を定める。建築基準法60条。
都 市 再 生特 別 地 区	都市の再生（社会経済情勢の変化に対応した都市機能の高度化及び都市の居住環境の向上）を図るために定める地区。制限は，建築基準法60条の2などによる。
居住調整地域	都市の居住者の居住を誘導すべき区域。都市再生特別措置法89条。
居住環境向上用途誘導地区	居住誘導区域に居住環境向上施設を有する建築物の建築を誘導する必要があると認められる区域。制限は，建築基準法60条の2の2などによる。

特 定 用 途 誘 導 地 区	都市機能誘導区域（都市機能増進施設の立地を誘導すべき区域）に誘導施設のある建築物を誘導するために定められる区域。制限は，建築基準法60条の３などによる。
防 火 地 域・ 準 防 火 地 域	市街地での火災の危険を防除するため定める地域。制限は建築基準法61条など。
景 観 地 区*	市街地の良好な景観の形成を図るため定める地区。制限は，建築基準法68条による。
風 致 地 区*	都市の風致を維持するため定める地区。制限は，都道府県の条例による。法58条。
駐 車 場 整 備 地 区	商業地域若しくは近隣商業地域内又は，政令で定める特別用途地区内の第一種住居地域，第二種住居地域，準住居地域若しくは準工業地域内で，自動車交通が著しくふくそうする地区等に定められる。駐車場法３条１項。
臨 港 地 区	港湾を管理運営するための地区。港湾法による。港湾法38条。
そ の 他	・特定防災街区整備地区（密集法による） ・歴史的風土特別保存地区（古都における歴史的風土の保存に関する特別措置法による） ・第一種・第二種歴史的風土保存地区（明日香村における歴史的風土の保存及び生活環境の整備等に関する特別措置法による） ・緑地保全地域*，特別緑地保全地区又は緑化地域（都市緑地法による） ・流通業務地区（流通業務市街地の整備に関する法律による） ・生産緑地地区（生産緑地法による） ・重要伝統的建造物群保存地区*（文化財保護法による） ・航空機騒音障害防止地区・航空機騒音障害防止特別地区（特定空港周辺航空機騒音対策特別措置法による）

* 準都市計画区域内には，＊印のある地域地区のみを指定できる。

(3) **促進区域**（法10条の２）

　都市計画区域について，表9.2のうち必要なものを定める。

　地域・地区などが土地利用を消極的に規制するのに対し，促進区域は，土地利用者などに一定期間内に一定の土地利用を実現することを義務づけるものである。

(4) **遊休土地転換利用促進地区**（法10条の３）

　市街化区域内でおおむね5,000 m²以上の区域にある工場跡地

表9.2　促進区域

①都市再開発法による市街地再開発促進区域
②大都市地域における住宅及び住宅地の供給の促進に関する特別措置法による土地区画整理促進区域
③同法による住宅街区整備促進区域
④地方拠点都市地域の整備及び産業業務施設の再配置の促進に関する法律による拠点業務市街地整備土地区画整理促進区域

等の低・未利用の状態にある一団の土地を遊休土地転換利用促進地区に指定し，計画の届出・勧告等により，土地の有効利用を図ろうとするものである。

(5)　**被災市街地復興推進地域**（法10条の4）

　大規模な火災や震災などで相当数の建築物が滅失した市街地の復興を推進するために定める。被災市街地復興特別措置法（平成7年法律第14号）による。

(6)　**都市施設**（法11条，令6条）

　都市計画には，表9.3の施設のうち必要なものを定める。これらは，必要があれば都市計画区域外にも定められる。

表9.3　都市施設

①交通施設（道路，都市高速鉄道，駐車場など）
②公共空地（公園，緑地，広場，墓地など）
③供給施設又は処理施設（上下水道，電気供給施設，ガス供給施設，汚物処理場，ごみ焼却場など）
④水路（河川，運河など）
⑤教育文化施設（学校，図書館，研究施設など）
⑥医療施設又は社会福祉施設（病院，保育所など）
⑦市場，と畜場又は火葬場
⑧一団地の住宅施設（一団地における50戸以上の集団住宅及びこれらに附帯する通路など）
⑨一団地の官公庁施設（一団地の国家機関又は地方公共団体の建築物及びこれらに附帯する通路など）
⑩一団地の都市安全確保拠点施設
⑪流通業務団地
⑫一団地の津波防災拠点市街地形成施設
⑬一団地の復興再生拠点市街地形成施設
⑭一団地の復興拠点市街地形成施設
⑮その他政令で定める施設（電気通信事業の施設，防風，防火，防水，防雪，防砂又は防潮の施設，令5条）

　都市施設に関する都市計画には，都市施設の種類，名称，位置，区域などを定める（令6条）。

(7)　**市街地開発事業**（法12条）

　都市計画区域のうち，市街化区域内には，表9.4の事業で必要なものを定める。

表9.4　市街地開発事業

①土地区画整理法による土地区画整理事業
②新住宅市街地開発法による新住宅市街地開発事業
③首都圏の近郊整備地帯及び都市開発区域の整備に関する法律による工業団地造成事業又は近畿圏の近郊整備区域及び都市開発区域の整備及び開発に関する法律による工業団地造成事業
④都市再開発法による市街地再開発事業
⑤新都市基盤整備法による新都市基盤整備事業
⑥大都市地域における住宅及び住宅地の供給の促進に関する特別措置法による住宅街区整備事業
⑦密集法による防災街区整備事業

(8)　**市街地開発事業等予定区域**（法12条の2）

　都市計画には，都市計画区域における表9.5の予定区域で必要なものを定める。なお，これらの予定区域は，告示から3年以内に，前記(6)と(7)による本来の都市計画を定めないと無効になる。

表9.5　市街地開発事業等予定区域

①新住宅市街地開発事業の予定区域
②工業団地造成事業の予定区域
③新都市基盤整備事業の予定区域
④区域面積20 ha 以上の一団地の住宅施設の予定区域
⑤一団地の官公庁施設の予定区域
⑥流通業務団地の予定区域

(9)　**地区計画等**（法12条の4～12条の13）

　都市計画区域内では，地区レベルの都市計画として，次の計画のうち，必要なものを定める。計画の種類をまとめると次のようになるが，これらを総称して「地区計画等」という。

①　地区計画（法12条の5）

　都市計画区域内の一定の地区について，道路や公園の規模・形態など，土地利用に関する事項を都市計画として定め，

これに沿って，開発行為や建築行為を誘導し，規制して，その地区の特性にふさわしい良好な環境の市街地を形成しようとする計画である。

| 地区計画等 | ─地区計画（良好な市街地を形成するため，地区レベルの計画として定める。）
─防災街区整備地区計画（密集市街地の計画的な再開発による防災街区の整備を促進するために定める。密集市街地整備促進法による。）
─歴史的風致維持向上地区計画（歴史的風致の維持及び向上と合理的で健全な土地利用を図るため定める。地域における歴史的風致の維持及び向上に関する法律による。）
─沿道地区計画（幹線道路の沿道の環境整備のために定める。内容等は幹線道路の沿道の整備に関する法律による。）
─集落地区計画（市街化区域以外の都市計画区域内で，営農条件と居住環境の整備のため定める。集落地域整備法による。） |

図9.5　地区計画等

【地区計画を定める区域】（法12条の5，1項）

　イ．用途地域が定められている区域

　ロ．用途地域が定められていない区域──(a)住宅市街地の開発事業などが行われる区域，(b)良好な居住環境が形成されている区域などに定められる。

【地区計画に定める内容】（同条2項）

　地区計画には，名称，位置，区域，面積のほか，その目標など整備，開発，保全に関する方針と地区整備計画などが都市計画に定められる。

【地区整備計画に定められる内容】（同条7項）

　地区整備計画には，地区施設の配置と規模，用途制限，容積率の最高限度又は最低限度，建蔽率の最高限度，敷地面積又は建築面積の最低限度，敷地の地盤面の高さの最低限度，壁面の位置の制限，壁面後退区域における工作物の設置の制限，高さの最高限度又は最低限度，居室の床面の高さの最低限度，建築物等の形態又は色彩などの意匠の制限，建築物の緑化率の最低限度，現に存する樹林地，草地等で良好な居住環境を確保するため必要なものの保全に関する事項，現に存する農地で農業の利便の増進と調和した良好な居住環境を確保するため必要な土地の形質の変更などの制限に関する事項，

その他政令で定める事項が定められる（令7条の6）。

【再開発等促進区】（同条3項，5項，6項）

　土地の利用状況が著しく変化しつつあり，又は著しく変化することが確実であると見込まれるなどの一定の条件に該当する区域の地区計画には，一体的かつ総合的な市街地の再開発又は開発整備を実施すべき区域として再開発等促進区が都市計画に定められる場合がある。この地区計画における都市計画には，一般の地区計画で定められるもののほか，土地利用に関する基本方針及び道路・公園などの配置・規模が定められる（本書6-5章10参照）。

【開発整備促進区】（同条4項～6項）

　第二種住居地域，準住居地域，工業地域又は用途地域無指定の土地の区域（市街化調整区域以外）における地区計画であって，劇場，店舗，飲食店などの「特定大規模建築物」の整備による商業等の業務の利便増進を図るため，適正な配置・規模の公共施設を整備する必要があるなどの条件に該当する土地の区域にある地区計画には，その特定大規模建築物による業務の利便増進を図るため，一体的かつ総合的な市街地の開発整備を実施すべき区域として「開発整備促進区」を定めることができる。この都市計画には，再開発等促進区の場合と同様，土地利用に関する基本方針及び道路・公園などの配置・規模が定められる。なお，第二種住居地域と準住居地域内に定める場合は，周辺の住環境の保護に支障がないよう定めることとされている（法13条1項十五号ハ）。

② 誘導容積型地区計画における地区整備計画（法12条の6）

　適正な配置・規模の公共施設がない区域における地区整備計画に，区域の特性に応じた目標容積率と，公共施設の整備状況に応じた低い暫定容積率を定め，当面は暫定容積率を適用し，公共施設の整備に伴い目標容積率を適用しようとするもの（＝ダウンゾーニング　本書6-5章10参照）。

③ 容積適正配分型地区計画における地区整備計画（法12条の7）

　用途地域内の適正な配置・規模の公共施設を備えた区域における地区整備計画に，地区整備計画の区域を区分して，地

区全体の総面積の範囲内で区分した地区のそれぞれに容積率
の最高限度を定め，容積の適正な配分をしようとするもの
（本書6-5章10参照）。

④　高度利用・都市機能更新型地区計画における地区整備計画
（法12条の8）

用途地域（第一種・第二種低層住居専用及び田園住居地域
を除く。）内の適正な配置・規模の公共施設を備えた区域に
おける地区整備計画に，容積率の最高限度・最低限度，建蔽
率の最高限度，建築面積の最低限度，壁面の位置の制限を定
め，高度利用と都市機能の更新を図ろうとするもの（本書
6-5章10参照）。

⑤　用途別容積型地区計画における地区整備計画（法12条の9）

住居と住居以外の用途を適正に配分することが地区整備計
画の区域特性に応じた合理的な土地利用の促進を図るために
必要であるときは，地区整備計画（開発整備促進区のものを
除く。）に，全部又は一部を住宅の用途に供する建築物の容
積率限度をその他の建築物の容積率限度より大きく定め，人
口定住化を促進しようとするもの（本書6-5章10参照）。

⑥　街並み誘導型地区計画における地区整備計画（法12条の10）

地区整備計画区域の特性に応じた高さ・配列・形態を備え
た建築物を整備することが合理的な土地利用の促進を図るた
めに必要であるときは，地区整備計画に，壁面の位置の制限，
壁面後退区域における工作物の設置の制限，建築物の高さの
最高限度を定め，良好な街並みを誘導しようとするもの（本
書6-5章10参照）。

⑦　道路の上空又は路面下において建築物等の整備を一体的に
行う地区整備計画（法12条の11）

道路（都市計画道路を含む）の上空又は路面下において建
築物等の整備を一体的に行うことが適切であるときは，地区
整備計画に，当該道路区域のうち，建築物等の敷地として併
せて利用すべき区域を定め，適正かつ合理的な土地利用の促
進と都市機能の増進を図ろうとするもの。

⑧　特定大規模建築物のための地区整備計画（法12条の12）

開発整備促進区の地区整備計画には，その区域に誘導すべ

き劇場，店舗，飲食店などの用途及びその特定大規模建築物の敷地として利用すべき土地の区域を定めることができる。

⑨　防災街区整備地区計画（法12条の13）

　　密集市街地において特定防災機能の確保と合理的で健全な土地利用を図るため，各街区を防災街区として整備することが適切な区域を都市計画に防災街区整備地区計画として定め，道路，公園などの施設，建築物の用途，容積率，建蔽率，高さ，敷地面積，壁面の位置などを定めるほか特定建築物地区整備計画には耐火建築物等，特定地区防災施設から一定範囲の防火上の措置，防災街区整備地区整備計画には屋根不燃化，木造建築物の外壁の防火措置などを定める。これらの建築基準は，地方公共団体の条例で定めると，確認対象法令ともなる（本書6－5章10，11－7章(4)参照）。

⑩　歴史的風致維持向上地区計画（法12条の13）

　　歴史的風致の維持及び向上と合理的で健全な土地利用を図るため，歴史的風致にふさわしい用途の建築物等の整備及び市街地の保全を総合的に行うことが必要である区域を都市計画に歴史的風致維持向上地区計画として定め，道路，公園などの施設を定めるほか，歴史的風致維持向上地区整備計画には，用途の制限，容積率の最高限度又は最低限度，建蔽率の最高限度，敷地面積又は建築面積の最低限度，壁面の位置の制限，壁面後退区域における工作物の設置の制限，高さの最高限度又は最低限度，形態又は色彩などの意匠の制限，緑化率の最低限度などを定める。これらの建築基準は，地方公共団体の条例で定めると，確認対象法令ともなる（本書6－5章10，11－7章(5)参照）。

⑪　沿道地区計画（法12条の13）

　　道路交通騒音の著しい幹線道路などの沿道について定める，道路交通騒音の障害防止と沿道の合理的な土地利用実現のための計画である。その内容は，幹線道路の沿道の整備に関する法律及び建築基準法による（本書6－5章10，11－7章(6)参照）。

⑫　集落地区計画（法12条の13）

　　市街化区域以外の都市計画区域内に定める集落地域内にお

いて，営農条件と居住環境の確保のための整備と保全を行う
ため，道路等の集落地区施設と建築物等の整備に関する計画
等を定める。その内容は，集落地域整備法及び建築基準法に
よる（本書6-5章10，11-7章(8)参照）。

(10) **都市計画の図書**（法14条）

都市計画は，総括図，計画図及び計画書*で表示される。

  * 高度地区や地区計画内の高さ制限の内容等（高さの限度や例
外許可など）は，計画書や条例に条文形式で表示され，告示さ
れる。

4　都市計画の決定

(1) **都市計画を定める者**（法15条）

① 都市計画区域の整備・開発・保全の方針に関する都市計画，
区域区分，都市再開発方針に関する都市計画，広域的な地域
地区（都市再生特別地区，2以上の市町村の区域にわたる緑
地保全地域など），広域的・根幹的な都市施設，市街地開発
事業，市街地開発事業等予定区域などの広域の見地から決定
すべき都市計画は，都道府県が定める。

② その他の都市計画は，市町村が定める。

〔注〕市町村が定めた都市計画が，都道府県が定めた都市計画に
抵触するときは，都道府県が定めた都市計画が優先する。

(2) **都市計画の決定手続き**（法16条～20条）

① 都市計画の案の作成（法16条）

イ．都道府県又は市町村が，都市計画の案を作成しようとす
る場合で必要があると認めるときは，公聴会の開催など住
民の意見を都市計画に反映させるための措置を講ずる。

ロ．地区計画等の案は，区域内の土地の所有者など利害関係
者（令10条の3）の意見を求めて作成する。

② 都市計画の決定（法17条～20条）

イ．都市計画を決定しようとするときは，その旨を公告し，
都市計画の案を2週間公衆の縦覧に供する。住民や利害関
係者は，縦覧期間中に意見書を提出できる。

ロ．特定街区の案は，利害関係者（令11条）の同意を得る。

ハ．遊休土地転換利用促進地区の案は，土地の所有者・地上

　　権者等の意見を聴く。

　ニ．都市計画事業の施行予定者を定める都市計画の案は，施行予定者の同意を得る。

　ホ．都道府県は，関係市町村の意見を聴き，都道府県都市計画審議会の議を経て都市計画を決定する。都市計画区域や国の利害に関係がある都市計画の決定は，国土交通大臣と協議し，その同意を得る。

　ヘ．市町村は，市町村都市計画審議会が置かれているときは，その議を経て都市計画を決定する。都市計画の決定には，あらかじめ，都道府県知事に協議しなければならない。

　ト．都市計画は，その決定の告示の日から，効力を生ずる。

(3) 市町村の都市計画に関する基本方針（法18条の2）

　市町村は，都市計画に関する基本方針（マスタープラン）を定めるものとする。基本方針は，議会の議決を経た基本構想及び市街化区域等の方針に即し，公聴会などを行って定められる。

(4) 都市計画の決定等の提案

① 土地所有者等の提案（法21条の2，1項）

　　一定規模以上の一団の土地の区域について，土地の所有権者等は，都道府県又は市町村に対し，都市計画の決定又は変更をすることを提案（計画提案）することができる。

② 特定非営利活動法人等の提案（法21条の2，2項）

　　特定非営利活動促進法（NPO法）（平成10年法律第7号）＊による特定非営利活動法人（NPO法人）・一般社団法人・一般財団法人などの営利を目的としない法人，独立行政法人都市再生機構，地方住宅供給公社，まちづくりの推進に関し経験と知識を有するものとして国土交通省令で定める団体又はこれらに準ずるものとして地方公共団体の条例で定める団体は，①と同様な提案をすることができる。

　＊　NPO法：特定非営利活動を行う団体に法人格を付与すること等により，ボランティア活動をはじめとする市民が行う自由な社会貢献活動としての特定非営利活動の健全な発展を促進し，公益の増進に寄与することを目的とした法律。

③ 計画提案に対する都道府県又は市町村の判断その他（法21条の3〜21条の5）

　都道府県又は市町村は，計画提案が行われたときは，遅滞なく，その提案を踏まえた都市計画の決定又は変更の必要性を判断し，必要があると認めたときは，その案を作成しなければならない。都道府県又は市町村は，計画提案を踏まえた都市計画案を都道府県都市計画審議会又は市町村都市計画審議会に付議しようとするときは，計画提案の内容の全部を実現する場合を除き，都市計画の案と計画提案による素案の両方を提出しなければならない。都道府県又は市町村は，計画提案を踏まえた都市計画案の決定又は変更をする必要がないと判断したときは，遅滞なく，その旨及び理由を提案者に通知しなければならない。

5　開発行為等の規制（開発許可制）

　都市近郊における無秩序な市街化（スプロール現象）を防止するため，都市計画区域内等で行う開発行為などについて，都市の水準を確保するための一定の基準を設けて，許可制にしたもの。

(1)　都市計画区域又は準都市計画区域内の開発行為（法29条1項）

　都市計画区域又は準都市計画区域内で，開発行為*1を行おうとする者は，都道府県知事（地方自治法による指定都市*3，中核市*4，（以下「指定都市等」という。）では市長。以下，本5節及び6節において同じ。）の許可を受けなければならない。
　ただし，次の①〜⑨の開発行為は，無秩序な市街化に結びつかないなどの理由があるので，許可を受けないでよい。

*1　開発行為：主として建築物の建築又は特定工作物*2の建設の用に供する目的で行う土地の区画形質の変更（法4条12項）。
〔例〕道路の新設・廃止，切土・盛土
*2　特定工作物：コンクリートプラントやアスファルトプラントなど，周辺地域の環境の悪化をもたらすおそれがある工作物（＝第一種特定工作物）又は，ゴルフコースや1ha以上の野球場，遊園地などの運動・レジャー施設（＝第二種特定工作物）。（法4条11項）
*3　指定都市：地方自治法252条の19，1項の指定都市。人口50万人以上の市で政令で指定。令和5年1月現在，次の20市。
札幌市，仙台市，さいたま市，千葉市，横浜市，川崎市，相模原市，新潟市，静岡市，浜松市，名古屋市，京都市，大阪市，

堺市，神戸市，岡山市，広島市，北九州市，福岡市，熊本市。

＊4　中核市：同法252条の22，1項の中核市。人口20万人以上（平成27年3月以前は30万人以上）の市で政令で指定。令和5年1月現在，次の62市。函館市，旭川市，青森市，八戸市，盛岡市，秋田市，山形市，福島市，郡山市，いわき市，水戸市，宇都宮市，前橋市，高崎市，川越市，川口市，越谷市，船橋市，柏市，八王子市，横須賀市，富山市，金沢市，福井市，甲府市，長野市，松本市，岐阜市，豊橋市，岡崎市，一宮市，豊田市，大津市，豊中市，吹田市，高槻市，枚方市，八尾市，寝屋川市，東大阪市，姫路市，尼崎市，明石市，西宮市，奈良市，和歌山市，鳥取市，松江市，倉敷市，呉市，福山市，下関市，高松市，松山市，高知市，久留米市，長崎市，佐世保市，大分市，宮崎市，鹿児島市，那覇市。

なお，改正地方自治法の施行日（平27年4月1日）以前に人口20万人以上の「特例市」として開発許可等の事務を行っていた市は，引き続きその事務を行う。

① 市街化区域内の開発行為で，下記の規模のもの

・原則：規模が1,000 m² 未満のもの

・都道府県知事が定める区域内：300 m² 以上1,000 m² 未満の範囲で，都道府県の規則で定める規模未満のもの

・都の特別区の区域内：原則として規模が500 m² 未満のもの（さらに，特別区の規則で300 m² まで規模を下げることができる。）

・首都圏整備法2条3項の既成市街地又は同条4項の近郊整備地帯内：特別区の場合と同じ

・近畿圏整備法2条3項の既成都市区域又は同条4項の近郊整備区域内：（同上）

・中部圏開発整備法2条3項の都市整備区域内：（同上）

② 市街化区域・市街化調整区域の区域区分未指定の区域，準都市計画区域内の3,000 m² 未満（知事が特別の規則で定めた場合は，300 m² 以上3,000 m² 未満）の開発行為

③ 市街化調整区域及び②の区域内（市街化区域を除く。）で，農林漁業用の建築目的（これらの業務を営む者の居住用を含む。）で行う開発行為

以下，④〜⑨は，市街化区域，市街化調整区域の内外を問わない。

④ 次のような公益上必要な施設の建築目的で行う開発行為

駅舎等の鉄道施設，図書館，公民館，変電所その他これら

に類する公益上必要な建築物のうち政令（令21条）で定める
建築物の建築目的で行う開発行為

⑤　都市計画事業の施行として行う開発行為

⑥　土地区画整理事業，市街地再開発事業，住宅街区整備事業
又は防災街区整備事業の施行として行う開発行為

⑦　公有水面埋立法による開発行為

⑧　非営災害のため必要な応急措置として行う開発行為

⑨　通常の管理行為，軽易な行為等で，政令で定めるもの（仮
設建築物，車庫・物置などの附属建築物を建築するため，10
m²以内の増築を行うためなど。令22条）

(2)　**都市計画区域及び準都市計画区域外の区域における開発行
為**（法29条2項，令22条の2）

　都市計画区域及び準都市計画区域外の区域内で，1 ha以上
の開発行為を行おうとする者は，都道府県知事の許可を受けな
ければならない。ただし，農林漁業用の建築目的（これらの業
務を営む者の居住用を含む。），前記(1)の④，⑤，⑦～⑨の開発
行為は，許可を受けないでよい。

(3)　**開発許可申請書**（法30条，規則15条～17条）

①　開発許可申請書に記載する事項

　イ．開発区域（工区に分けたときは，工区も）の位置，区域
及び規模

　ロ．予定建築物等の用途

　ハ．開発行為に関する設計（現況図，土地利用計画図，造成
計画平面図・断面図，排水・給水施設平面図，崖の断面図，
擁壁の断面図等）

　ニ．工事施行者

　ホ．その他（着工・完了予定年月日，資金計画など）

②　添付図書

　法32条により同意を得たことを証する書面など

(4)　**設計者の資格**（法31条，規則18条，19条）

　開発許可を要する開発行為のうち，規模が1 ha以上のもの
を実施するための図面は，一定の資格を有する者が作成しなけ
ればならない。資格は，学歴と経験年数による。

⑸ **公共施設の管理者の同意等**（法32条，令23条）

開発許可を申請しようとする者は，開発行為に関係ある既存の公共施設（道路，排水など）の管理者の同意を得，また，開発行為に関する工事で設置される公共施設を管理する者と協議しなければならない。

⑹ **開発許可の基準**（法33条，34条，令23条の2～30条）

① **一般的な許可基準**（法33条）

開発行為に伴う道路，公園，排水施設などに関して市街地の水準を示す詳細な技術基準が，政令及び省令（規則20条～27条）に定められており，これらの基準に適合している行為は許可される。主な許可基準の項目は，表9.6のとおり。

表9.6　主な開発許可基準の項目

イ．用途地域等内の用途制限に適合
ロ．道路，公園などの公共用空地*
ハ．排水施設の構造・能力
ニ．給水施設の構造・能力*
ホ．地区計画等の内容との整合
ヘ．学校等の公共・公益的施設
ト．地盤の改良，擁壁・排水施設の設置等（宅地造成工事規制区域内では，宅地造成等規制法9条に適合）
チ．災害危険区域，地すべり防止区域，土砂災害特別警戒区域，浸水被害防止区域，急傾斜地崩壊危険区域の区域外*
リ．樹木の保存，表土の保全等の措置
ヌ．騒音防止などのための緑地帯等の緩衝帯
ル．道路，鉄道などの輸送の便
ヲ．申請者の資力と信用*
ワ．施行者の工事完成能力*

＊　主に自己の居住用住宅の建築目的のものを除く。

② **市街化調整区域内の許可要件**（法34条）

市街化調整区域は，市街化を抑制すべき区域なので，周辺の居住者の日常生活に必要な物品販売店，調整区域内の資源の利用のための建築目的などに限って許可される。すなわち，表9.7の許可要件のいずれかに該当する場合でなければ許可されない。

⑺ **都道府県等が行う開発行為の特例**（法34条の2）

次のものが行う開発行為については，その国の機関又は都道

表9.7　市街化調整区域内の許可要件

イ．周辺居住者用の公益上必要な建築物又は日用品販売店などの建築のためのもの
ロ．鉱物資源などを有効に利用するもの
ハ．温泉など特別な条件があるもの
ニ．農林漁業用
ホ．農林業等の活性化基盤整備施設
ヘ．中小企業の共同建築化など
ト．既存工場の関連
チ．危険物の貯蔵又は処理用
リ．災害危険区域等の区域内に存するためのもの
ヌ．市街化区域内では不適当なもの
ル．地区計画・集落地区計画に適合するもの
ヲ．市街化区域と一体的な日常生活圏を構成している地域で都道府県の条例で指定する土地の区域内の条例で定める用途に該当しないもの
ワ．市街化を促進されず都道府県の条例で指定する区域等の開発行為
カ．市街化調整区域の指定時に計画中だったもの（経過措置としての救済規定）
ヨ．都道府県知事が，開発審査会の議を経て，周辺の市街化促進のおそれなく，市街化区域内では困難又は不適当と認める開発行為

府県等と都道府県知事（指定都市等では市長）との協議が成立することをもって，開発許可があったものとみなされる。

- 国，都道府県，指定都市等（本書本章5(1)参照），事務処理市町村*
- 都道府県，指定都市等又は事務処理市町村がその組織に加わっている一部事務組合，広域連合，全部事務組合，役場事務組合又は港務局
- 都道府県，指定都市等又は事務処理市町村が設置団体である地方開発事業団

　＊　事務処理市町村：地方自治法252条の17の2，1項により，都道府県の権限に属する事務を処理することとされている市町村。

(8)　許可事項変更の許可（法35条の2）

　法30条1項各号の事項（前記(3)①参照）を変更する場合には，知事の許可を受けなければならない。

(9)　工事完了の検査（法36条，規則29条〜31条）

開発許可を受けた者は，開発工事が完了したときは，知事に届け出る。知事は検査を行い検査済証を交付する。その場合，知事は，工事完了の公告をする。

(10)　完了公告前の建築制限（法37条）

開発許可を受けた区域内では，工事完了の公告までは，原則として，建築物の建築，又は特定工作物の建設をしてはならない。ただし，工事用の仮設建築物や一定の行為で都道府県知事が支障ないと認めたとき（建築制限解除）などは建築できる。

(11)　許可建築物に対する建蔽率等の指定（法41条）

用途地域無指定の区域で開発許可をする場合，知事は，建築物の建蔽率，高さ，壁面の位置などの制限を定めることができる。

(12)　完了公告後の建築制限（法42条）

工事完了の公告の後は，原則として開発許可に係る予定建築物等以外の建築等をしてはならない。ただし，知事が許可したとき，又は用途地域内の建築物・製造施設などについては建築できる（建築基準法による建築制限があるため）。

(13)　市街化調整区域内の建築制限（法43条，令34条，35条）

市街化調整区域内で，開発区域外（開発行為を行わない土地など）に建築物又は第一種特定工作物を建築する場合は，知事の許可を受けなければならない。ただし，都市計画事業として行う建築物，仮設建築物などは許可を要しない。また，国又は都道府県等の建築物などは，当該国の機関などと都道府県知事との協議が成立すれば，許可とみなす。

(14)　開発許可に関する不服申立て（審査請求）（法50条）

開発許可に関する処分＊，不作為（申請に対して処分がないこと。行政不服審査法3条）又は違反者に対する監督処分についての審査請求は，開発審査会に対して行う。不作為についての審査請求は，開発審査会に代えて，不作為に係る都道府県知事に対してすることができる。開発審査会は，公開による口頭審理を行ったうえ，原則として2ヶ月以内に裁決する。審査請求の手続き等は本書4章33を参照。

＊　審査請求の対象となる処分：法29条1項，2項，35条の2，1項，41条2項ただし書，42条1項ただし書，43条1項の処分。

不作為も同様。

6　都市計画施設等の区域内における建築等の制限

一定の都市計画施設や都市計画事業の区域内では，建築物の建築等について，表9.8のような許可や届出による制限がある。都市計画道路内など，同表中③（法53条）の場合は，建築物の建築だけが制限される。

7　都市計画事業

都市計画事業の認可・承認及び事業地内の建築制限などについて定めている。

(1)　都市計画事業の施行者

① 市町村施行——都市計画事業は，原則として，市町村が，都道府県知事の認可を受けて施行する（法59条1項）。

② 都道府県施行——市町村が施行することが困難又は不適当な場合その他特別の事情がある場合には，都道府県が，国土交通大臣の認可を受けて，都市計画事業を施行する（同条2項）。

③ 国の機関の施行——国の利害に重大な関係がある都市計画事業は，国の機関が，国土交通大臣の承認を受けて，都市計画事業を施行する（同条3項）。

④ 公団その他の施行——①〜③以外の者は，事業の施行に関して行政機関の免許・許可・認可等を受けているなど特別な事情がある場合は，都道府県知事の認可を受けて，都市計画事業を施行する（同条4項）。この場合，都道府県知事は，関係地方公共団体の長の意見を聴く（同条5項）。

⑤ 都市計画事業の認可又は承認は，告示される（法62条）。

(2)　都市計画事業地内の建築等の制限（法65条）

都市計画事業の認可又は承認の告示後は，土地の形質の変更や建築物の建築などは，原則として，都道府県知事（市の区域は市長）の許可を受けなければできない（表9.8⑨参照）。

表9.8　都市計画施設等の区域内の制限

都市計画等	制限行為	適用除外	手続き・根拠等
①田園住居地域（法52条）	土地の形質の変更，建築物の建築，工作物の建設，土石等の堆積	通常の管理行為，軽易な行為，非常災害時の応急措置等（令36条の4，36条の5）	市町村長の許可〔許可基準〕300 m² 未満の土地の形質の変更，変更の許可を受けた区域内の建築，300 m² 未満の敷地での建築等については，市町村長は許可しなければならない*。（法52条2項）
②市街地開発事業等予定区域（法52条の2）	土地の形質の変更，建築物の建築，工作物の建設	通常の管理行為，軽易な行為，非常災害時の応急措置等（令36条の8，36条の9）	知事等の許可（施行予定者への土地売買の届出義務と土地の先買い，買取請求，損失補償，法52条の3〜52条の5）国が行う行為は，知事等との協議の成立により許可とみなす。
③都市計画施設（計画道路等）の区域又は市街地開発事業の施行区域（法53条）	建築物の建築（施行予定者の指定がある場合は，②と同様，土地の形質の変更等も対象となる法57条の3）	軽易な行為（木造1〜2階建の改築・移転），非常災害時の応急措置，都市計画事業の施行等（令37条〜37条の3）	知事等の許可〔許可基準〕地階がなく地上2階建以下の木造・鉄骨造等で，移転・除却容易なもの，都市計画施設としての建築物等については，知事は許可しなければならない*。（法54条）例外は，④による。
④事業予定地（＝都市計画施設で知事が指定した区域又は市街地開発事業の施行区域）（法55条）	同　　上	同　　上	法54条の許可基準に適合しても，知事等は不許可にできる。ただし，不許可の場合は，買取請求ができ，そのときは買い取るか，又は許可する。（法56条〜57条の6）

⑤風致地区 （法58条）	建築物の建築宅地の造成，木竹の伐採等（都道府県の条例）	——	都道府県条例による（風致地区内における建築等の規制の基準を定める政令）
⑥再開発等促進区，開発整備促進区又は地区整備計画が定められた地区計画の区域（法58条の2）	土地の区画形質の変更，建築物の建築等（令38条の4）	通常の管理行為，軽易な行為，非常災害時の応急措置，国・地方公共団体の行為，都市計画事業，開発許可を要する行為等（令38条の5〜38条の7）	市町村長への届出（市町村長は，必要な措置の勧告などを行う。）（建築基準法68条の2〜68条の8，沿道整備法10条等）
⑦地区計画農地保全条例における農地の区域（法58条の3）	土地の形質の変更，建築物の建築，工作物の建設，土石等の堆積	地区計画農地保全条例による	市町村長の許可
⑧遊休土地転換利用促進地区（法58条の7）	土地の有効かつ適切な利用を図らず，低・未利用の状態にしておくこと	1,000 m² 未満の土地	市町村長から遊休土地として通知された者は，市町村長にその土地の利用又は処分計画を届け出る。（法58条の8）有効利用等の勧告，買取りの協議など（法58条の9〜58条の11）
⑨都市計画施設及び市街地開発事業の事業地＝都市計画事業の認可又は承認のあった土地（法65条）	土地の形質の変更，建築物の建築，工作物の建設，移転容易でない物件（5t超）の設置・堆積	——	知事等の許可（許可に際して，施行者の意見を聴く），国が行う場合は，国の機関と都道府県知事の協議でよい。計画の場合（法54条）と異なり，許可基準はない。原則不許可。
	土地・建物の有償譲渡	——	施行者に届け出る。

*　原則的に禁止されている事項を，法の趣旨を害さないものとして例外的に認める許可は裁量行為的色彩が濃いが，ここでは「許可しなければなら

ない。」としている。③の場合，3階建等でも許可される場合もあり得る。
〔注〕表において「知事等」とは，法26条1項により，市の区域内は市長，その他は都道府県知事をいう。

8　都市施設等整備協定

　都道府県又は市町村は，都市施設等の整備に係る都市計画の案を作成する場合に，都市施設等の整備を行うと見込まれる者（＝施設整備予定者）と都市施設等整備協定を締結することができる。この協定には，協定の目的となる都市施設等，位置・規模・構造，実施時期などが定められる（法75条の2）。

9　社会資本整備審議会・都市計画審議会及び開発審査会

(1)　社会資本整備審議会・都市計画審議会（法76条，77条，77条の2）

　都市計画に関する重要事項の調査審議や関係行政機関への建議などをする機関として，国土交通省に「社会資本整備審議会」を，都道府県に「都道府県都市計画審議会」を置く。また，市町村には市町村都市計画審議会を置くことができる。

(2)　開発審査会（法78条）

　開発許可に関する審査請求に対する裁決などを行う機関として，都道府県及び指定都市等に「開発審査会」を置く。委員5人以上。

10　監督処分等

(1)　違反を是正するための措置（法81条1項）

　国土交通大臣，都道府県知事又は指定都市等の長は，この法令に違反した者に対して，許可，認可，承認（都市計画の決定，変更に係るものを除く）の取消し，変更，効力の停止又は変更，新たな条件の付加，工事等の停止など，違反是正に必要な措置を命ずることができる。

(2)　違反是正措置についての標識の設置等（法81条3項）

　国土交通大臣，都道府県知事又は指定都市等の長は，前記(1)の措置による命令をした場合には，標識の設置等により，その旨を公示する。

第10章

高齢者，障害者等の移動等の円滑化の促進に関する法律 〈バリアフリー法〉

高齢者，身体障害者等の自立と社会参加を促進するための建築物に関する基本法として制定された「高齢者，身体障害者等が円滑に利用できる特定建築物の建築の促進に関する法律（平成6年法律第44号，通称：ハートビル法）」と「高齢者，身体障害者等の公共交通機関を利用した移動の円滑化の促進に関する法律（平成12年法律第68号，通称：交通バリアフリー法）」を統合して整備する形で，平成18年（2006年）（施行は同年12月20日）新たに，「高齢者，障害者等の移動等の円滑化の促進に関する法律（平成18年法律第91号，略称：高齢者移動等円滑化法，略称：バリアフリー法）」が制定された。

1 目的，基本理念 (法1条，1条の2)

建築物の構造及び設備を改善するための措置，一定の地区の旅客施設，建築物等及びこれらの間の経路の一体的な整備を推進するための措置などを講ずることにより，高齢者，障害者等の移動上及び施設の利用上の利便性及び安全性の向上の促進を図り，もって公共の福祉の増進に資することを目的とする。

また，バリアフリー取組の実施に当たり，共生社会の実現，社会的障壁の除去に留意すべきことを基本理念とする。

2 用語の定義 (法2条)

この法律の対象者，対象建築物などに関する用語の意義が，表10.1のとおり定められている。

表10.1　特定建築物等の用語の定義（法2条）

名　称　等	内　　　容
高齢者, 障害者等（一号）	高齢者又は障害者で日常生活又は社会生活に身体の機能上の制限を受けるものその他日常生活又は社会生活に身体の機能上の制限を受ける者
移動等円滑化（二号）	高齢者, 障害者等の移動又は施設の利用に係る身体の負担を軽減することにより, その移動上又は施設の利用上の利便性及び安全性を向上すること
施設設置管理者（三号）	公共交通事業者等, 道路管理者, 路外駐車場管理者等, 公園管理者等及び建築主等
高齢者障害者等用施設等（四号）	高齢者, 障害者等の円滑な利用が確保されるために適正な配慮が必要となる所定の施設又は設備
建築主等（十六号）	建築物の建築をしようとする者又は建築物の所有者, 管理者若しくは占有者
建築物（十七号）	建築基準法2条一号に規定する建築物
特別特定建築物（十九号, 令5条） 床面積2,000 m²（公衆便所は50 m²）以上の建築, 用途変更の場合, 建築物移動等円滑化基準の適合義務 ・面積は, 条例により上記の規模未満にできる（法14条, 令9条）	特定建築物のうち, 不特定多数人が利用し, 又は主に高齢者, 障害者等が利用するもので, 移動等円滑化が特に必要な次の建築物 ①小学校・中学校・義務教育学校・中等教育学校（前期課程）で公立のもの又は特別支援学校 ②病院又は診療所 ③劇場, 観覧場, 映画館又は演芸場 ④集会場又は公会堂 ⑤展示場 ⑥百貨店, マーケットその他の物品販売店 ⑦ホテル又は旅館 ⑧保健所, 税務署その他不特定多数人が利用する官公署 ⑨老人ホーム, 福祉ホームその他これらに類するもの（主に高齢者, 障害者等が利用するものに限る） ⑩老人福祉センター, 児童厚生施設, 身体障害者福祉センターその他これらに類するもの ⑪体育館・水泳場（一般公共用のものに限る）, ボーリング場又は遊技場 ⑫博物館, 美術館又は図書館 ⑬公衆浴場 ⑭飲食店 ⑮理髪店, クリーニング取次店, 質屋, 貸衣装屋,

	銀行その他これらに類するサービス業を営む店舗
	⑯車両の停車場又は船舶若しくは航空機の発着場を構成する建築物で旅客の乗降又は待合いの用に供するもの（交通ターミナル）
	⑰自動車の停留又は駐車の施設（一般公共用）
	⑱公衆便所
	⑲公共用歩廊
特定建築物 （十八号，令4条） 建築物移動等円滑化基準への適合努力義務（法16条） ・条例により，上記の義務対象にできる （法14条3項）	多数人が利用する次の建築物又はその部分（附属する建築物特定施設を含む） ・上記の特別特定建築物＋次の建築物 ①学校（上記①の拡大） ②卸売市場 ③事務所（上記⑧の拡大） ④共同住宅，寄宿舎又は下宿 ⑤保育所等（上記⑨の拡大） ⑥体育館，水泳場その他これらに類する運動施設（上記⑪の拡大） ⑦キャバレー，料理店，ナイトクラブ，ダンスホールその他これらに類するもの ⑧自動車教習所又は学習塾，華道教室，囲碁教室その他これらに類するもの ⑨工場 ⑩自動車の停留又は駐車の施設（上記⑰の拡大）
建築物特定施設 （二十号，令6条，規則3条）	建築物移動等円滑化基準等によりバリアフリー化する箇所 ①出入口　　　　　　　　⑥便所 ②廊下その他これに類　　⑦ホテル・旅館の客室 　するもの（＝廊下等）　⑧敷地内の通路 ③階段（踊場を含む）　　⑨駐車場 ④傾斜路（踊場を含む）　⑩劇場等の客席 ⑤昇降機　　　　　　　　⑪浴室又はシャワー室
建築 （二十一号）	建築物を新築し，増築し，又は改築すること（用途変更により特別特定建築物，特定建築物にすることを含む）（法14条，16条）
所管行政庁 （二十二号）	建築主事を置く市町村と特別区の区域では市区町村長，その他の区域では都道府県知事（ただし，限定特定行政庁では建基法の確認範囲による）
移動等円滑化促進地区 （二十三号）	次の要件に該当する地区 ①生活関連施設*¹の所在地を含み，かつ，当該施設相互間の移動が通常徒歩で行われる地区

10

	②生活関連施設及び生活関連経路*²を構成する一般交通用施設*³について移動等円滑化の促進が特に必要な地区 ③移動等円滑化の促進が，総合的な都市機能の増進を図るうえで有効かつ適切な地区
重点整備地区 （二十四号）	次の要件に該当する地区 ①生活関連施設*¹の所在地を含み，かつ，当該施設相互間の移動が通常徒歩で行われる地区 ②生活関連施設及び生活関連経路*²を構成する一般交通用施設*³について移動等円滑化のための事業の実施が特に必要な地区 ③移動等円滑化のための事業を重点的かつ一体的に実施することが，有効かつ適切な地区
特定事業 （二十五号）	公共交通特定事業，道路特定事業，路外駐車場特定事業，都市公園特定事業，建築物特定事業及び交通安全特定事業
建築物特定事業 （三十号）	次の①又は②の移動等円滑化のために必要な建築物特定施設の整備に関する事業 ①特別特定建築物（法14条3項の条例で定める特定建築物を含む。②において同じ） ②特定建築物（特別特定建築物を除き，その全部又は一部が生活関連経路であるものに限る）における生活関連経路

* 1　高齢者，障害者等が日常生活又は社会生活において利用する旅客施設，官公庁施設，福祉施設その他の施設をいう。
* 2　生活関連施設相互間の経路をいう。
* 3　道路，駅前広場，通路その他の一般交通の用に供する施設をいう。

3　基本方針等

(1)　基本方針（法3条）

　主務大臣は，移動等円滑化を総合的かつ計画的に推進するため，移動等円滑化の意義及び目標に関する事項，移動等円滑化のために施設設置管理者が講ずべき措置に関する基本的な事項等を定めた移動等円滑化の促進に関する基本方針（＝基本方針）を定め，公表する。

(2)　国の責務等（法4条〜7条）

　移動等円滑化を促進するため，国，地方公共団体，施設設置管理者等及び国民の努力義務が定められている。

4　建築物移動等円滑化基準及び建築物移動等円滑化誘導基準

　高齢者・障害者等が建築物を円滑に利用できるようにするための建築物特定施設の構造・配置に関する基準が，次のように定められている（図10.1，表10.2）。

　建築物移動等円滑化基準等は，政令・省令などにより，各室などの「一般基準」，各居室・便所・駐車場に至る「移動等円滑化経路」などを規定している。

基準	**建築物移動等円滑化基準**（令10条～24条） 高齢者等の利用を阻む建築物の障壁を除去する最低限の基準で，床面積2,000m²（公衆便所は50m²）以上の特別特定建築物は適合義務。一般の特定建築物は努力義務。適合命令の対象となる。
	建築物移動等円滑化誘導基準（高齢者，障害者等が円滑に利用できるようにするために誘導すべき建築物特定施設の構造及び配置に関する基準を定める省令（平成18年国土交通省令第114号）） 高齢者等が特段の不自由なく建築物を利用できるようにするための望ましい基準で，建築物移動等円滑化基準を超え，特定建築物の計画認定の対象となる。

図10.1　建築物移動等円滑化基準等の構成

表10.2　建築物移動等円滑化基準等の概要

	建築物移動等円滑化基準 （令10条～24条）*¹	建築物移動等円滑化誘導基準 （平18・国交省令114号）*²
① 出 入 口	・一般の出入口 　幅≧90cm，車椅子使用者が容易に開閉でき，前後に高低差を設けない。 ・直接地上へ通ずる出入口のうち1か所以上の構造 　幅≧120cm以上，自動開閉戸とし，前後に高低差を設けない。	

② 廊 下 等	・表面は，粗面又は滑りにくい材料とする。 ・階段又は傾斜路の上端に近接する部分に，原則として点状ブロック等を敷設する。		
	・幅≧180 cm（区間50 m 以内ごとに車椅子とすれ違うことができれば140 cm）。 ・出入口は，車椅子使用者が容易に開閉でき，前後に高低差を設けない。 ・廊下等側への開き戸前に通行の安全措置（アルコーブ等） ・視覚障害者等利用の廊下等に，原則として突出物を設けない。		
③ 階 段	・踊場以外は，手すりを設ける。 ・表面は，粗面又は滑りにくい材料とする。 ・踏面端部と周囲の明度・色相・彩度差を大にし，段を容易に識別できるようにする。 ・段鼻の突き出しなど，つまずき原因を設けない。 ・段の上端に近接する踊場に，原則として点状ブロック等を敷設する。		
	・主階段は，原則として回り階段としない。	・主階段は回り階段としない。 ・手すりは階段の両側に設ける。	
	・幅≧140 cm（手すりは，壁から10 cm までは幅に不算入。建基令23条３項参考） ・蹴上げ≦16 cm，踏面≧30 cm		
		多数者利用の階段には，原則として，傾斜路又は昇降機を併設する。	
④ 傾 斜 路 *3	・表面は，粗面とし，又は滑りにくい仕上げとする。 ・前後の廊下等との色の明度・色相・彩度差を大にし，傾斜路の存在を容易に識別できるようにする。 ・傾斜路の上端に近接する踊場に，原則として点状ブロック等を敷設する。		
	・手すりは少なくとも片側に設ける。（勾配≦ 1/12 で，高さ≦16 cm の傾斜部分は免除）	・手すりは，両側に設ける（高さ≦16 cm の傾斜部分では免除） ・勾配≦ 1/12 ・幅（階段の代替）≧150 cm 　　（階段に併設）≧120 cm	
	・高さ≦75 cm ごとに踏幅≧150 cm の踊場を設ける。 （高さ≦75cm の傾斜路では不要）		

⑤ エレベーター	○多数者が利用する居室，車椅子使用者用の便房・駐車施設・浴室等又は客室がある階，及び直接地上に通ずる出入口のある階に停止するエレベーターを，1基以上設ける。 ○エレベーターとその乗降ロビーの構造 　＊（　）内の数値は不特定多数が利用する場合 ・籠と昇降路の出入口の幅≧80 cm（90 cm） ・籠の内法奥行≧135 cm，内法幅≧140 cm（160 cm） ・乗降ロビーは150 cm（180 cm）角以上，高低差のないもの ・籠内に，停止予定階と現在位置を表示する装置 ・乗降ロビーに，籠の昇降方向を表示する装置 ・籠は，車椅子の回転に支障がない構造 ・籠内と乗降ロビーに，車椅子使用者が利用しやすい位置に制御装置を設ける。 ○視覚障害者等が利用するものの構造 ・籠内に，到着階と出入口戸の閉鎖を音声で知らせる装置 ・籠内と乗降ロビーの制御装置は，点字などで表示し，到着する籠の昇降方向を音声で知らせる装置を設ける。

10

⑥ 便所	○便所内（男女別は各々）に車椅子使用者用便房1以上 ○高齢者等利用の水洗器具設置の便房1以上 ○男子用小便器がある場合は床置式又は腰掛式小便器等（受口高さ35 cm以下）1以上 ・その他大臣指定	○各階便所内（男女別は各々）車椅子使用者用便房1以上（原則，各階便房の2％以上） ○出入口の幅≧80 cm　戸は自動開閉式等，高低差なし ○男子用床置式小便器等（各階1以上） ・その他大臣指定
⑦ ホテル・旅館の客室	○客室総数50以上の場合，客室数の1％以上の車椅子使用者用客室を設ける。	○客室総数200以下の場合，客室数の2％以上，客室総数200超の場合は1％＋2室以上の車椅子使用者用客室を設ける。
	○車椅子使用者用客室の出入口 　幅≧80 cm，戸は自動開閉式・前後に高低差なし	
	○車椅子使用者用客室の構造 ・便所内に車椅子使用者用便房（その客室のある階に車椅子使用者用便房のある便所が1以上ある場合を除く）を設け，その出入口幅≧80 cm，戸は自動開閉式・前後に高低差なし ・浴室又はシャワー室（以下「浴室等」）は車椅子使用者が円滑に利用できるもの（同一建物に同様の浴室がある場合除く）	

	○表面は粗面又は滑りにくい材料で仕上げる。 ○段がある部分には手すりを設け，踏面の端部と周囲との色の明度・色相・彩度差を大にするなど段を容易に識別できるようにする。段鼻の突き出しなどつまずく原因を設けない。
⑧ 敷地内の通路	勾配＞1/12，又は高さ＞16 cm で勾配＞1/20の傾斜路には手すりを設け，その前後は明度差などで識別できるようにする。 / 段と傾斜路以外は，幅≧180 cm 戸を設ける場合は自動開閉式・前後に高低差なし ○段がある場合は，幅≧140 cm，蹴上げ≦16 cm，踏面≧30 cm，両側に手すり，色の明度差等で段差を識別，つまずきを防止。傾斜路かエレベーターを併設
	○傾斜路 　幅（段の代替）≧150 cm，（段と併設）≧120 cm，勾配≦1/15 ・高さ＞75 cm，かつ，勾配＞1/20の傾斜路では，高さ75 cm 以内ごとに踏幅≧150 cm の踊場を設ける。 ・高さ＞16 cm，かつ，勾配＞1/20の傾斜部分の両側に手すりを設け，その前後は色の明度差などで識別しやすく。
⑨ 駐車場	・車椅子使用者用駐車施設を１台以上設ける。 / ・全駐車台数が200台以下の場合は車椅子使用者用駐車施設を全駐車台数の２％以上200台超の場合は１％＋２台以上設ける。
	○車椅子使用者用の駐車施設 　幅≧350 cm で，利用居室等までの経路の短い位置に設ける。
⑩ 劇場等の客席	○客席の総数が200以下の場合は車椅子使用者用客席を客席総数の２％以上，200超2,000以下の場合は客席総数の１％＋２以上，2,000超の場合は客席総数に0.75％＋７以上を設ける。 ○車椅子使用者用客席 ・幅90 cm 以上×奥行120 cm 以上で区画された平らな床 ・同伴者用の客席又はスペースを隣接して設置 ・舞台等を容易に視認できる構造 ・客席総数200超の場合は，２箇所以上に分散配置
⑪ 浴室等	○車椅子使用者用浴室等１以上（男女別は各々） ○出入口の幅≧80 cm，戸は自動開閉式等，高低差なし

⑫ その 他	○移動等円滑化経路（道等から各居室までの経路のうち1以上は，高齢者等が円滑に利用できる経路とする等。令18条） ○標識（移動等円滑化をした昇降機，便所，駐車施設の付近には，標識を設ける。令19条） ○案内設備と案内設備までの経路（建築物とその敷地には，移動等円滑化をした施設の配置を示す案内板などを設け，道等から案内設備までの経路のうち1以上は，視覚障害者が円滑に利用できるものとする等。令20条，21条） ○増築等の適用範囲（増築等をする場合，上記の規定は増築等の部分に適用する。令22条，省令17条） ○公立小学校等の扱い（令23条） ○条例で定める特定建築物の扱い（令24条）

＊1　建築物移動等円滑化基準は，不特定多数の者が利用し，又は主に高齢者・障害者等が利用する建築物の各部分についての基準。

＊2　建築物移動等円滑化誘導基準は，多数の者が利用する建築物の各部分についての基準。

＊3　傾斜路は，階段に代わり，又は階段に併設する傾斜路に限る。

10

5　特別特定建築物に対する基準適合義務等（法14条，15条）

建築主等は，床面積2,000 m²（公衆便所は50 m²）以上の特別特定建築物を建築しようとするときは，建築物移動等円滑化基準（令10条〜24条）に適合させなければならない。既存建築物の用途変更をする場合も同様である（以下，建築には用途変更も含む。法14条1項，令9条）。建築後については，建築主等は，所有，管理又は占有する特別特定建築物を建築物移動等円滑化基準に適合するように維持しなければならない（法14条2項）。

地方公共団体は，条例により，基準適合義務の対象として特別特定建築物に特定建築物の一部を追加し，対象とする特別特定建築物の規模を2,000 m²（公衆便所は50 m²）未満に定め，又は建築物移動等円滑化基準に必要な事項を付加することができる（法14条3項）。

これらの基準適合義務を確実なものとするため，前記の法14条1項〜3項の規定は，建築基準法6条1項の「建築基準関係規定」とみなされ（法14条4項），建築主事や指定確認検査機関による建築確認の際に審査されることとなる。

上記以外の建築主等は，建築しようとし，又は所有，管理若

しくは占有する特別特定建築物を建築物移動等円滑化基準に適合させるよう努めなければならない。

　また，所管行政庁は，法14条１項～３項の「基準適合義務」違反の事実を認めるときは，建築主等に対し，違反を是正するために必要な措置を命ずることができる。ただし，国，都道府県又は建築主事を置く市町村と特別区の特別特定建築物の場合は，命令ではなく，建築物を管理する機関の長に対して必要な措置をとることを要請することとなる（法15条）。

6　特定建築物に対する基準適合努力義務（法16条）

　建築主等は，特定建築物の建築をし，又は特定建築物に用途変更しようとするときは，建築物移動等円滑化基準に適合させるよう努めなければならない。特定建築物の建築物特定施設の修繕・模様替をする場合も同様である。

　所管行政庁は，必要に応じて，特定建築物の建築主等に対して，建築物移動等円滑化基準を勘案して必要な指導や助言をすることができる。

7　特定建築物の計画の認定（法17条）

⑴　認定申請（１項）

　建築主等は，特定建築物の建築や建築物特定施設の修繕・模様替をしようとするときは，特定建築物の建築等及び維持保全の計画を作成して所管行政庁の認定を申請することができる。

⑵　計画の認定（３項）

　所管行政庁は，建築物特定施設の構造，配置，維持保全に関する事項が「建築物移動等円滑化基準」を超えて「建築物移動等円滑化誘導基準」に適合し，資金計画が事業遂行に適切であると認めるときは，認定できる。

⑶　建築基準法の確認の特例（４項～８項）

①　認定の申請者は，建築基準法６条１項（同法87条１項で準用する用途変更の場合も同様）の確認申請書を認定申請書に併せて提出して，建築主事の適合通知を受けることを申し出ることができる（認定申請書に確認申請書を添付し，その旨を記載する）（４項）。

② 申し出を受けた所管行政庁は，その建築計画を建築主事に通知する（5項）。

③ 通知を受けた建築主事は，建築基準法18条の計画通知を受けたときと同様の審査をする。この場合，法14条1項の建築物移動等円滑化基準は建築基準関係規定とみなされてはいるが（同条4項），所管行政庁が審査していることでもあり，建築主事としては審査を要しないとされている。したがって，建築主事は，建築物移動等円滑化基準以外の建築基準関係規定に適合すると認めたときは，消防庁等の同意を得た後，その旨を所管行政庁に通知する（建築基準法18条3項，14項及び同法93条を準用）（6項，8項）。

④ 所管行政庁が建築主事の適合通知を受けて計画の認定をしたときは，その特定建築物の建築等の計画は，建築基準法6条の確認を受けたものとみなされる（認定通知書には，確認年月日と番号及び建築主事氏名が記載される。規則10条）（7項）（以上①〜④，図10.2参照）。

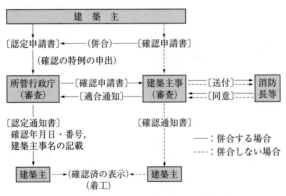

図10.2 確認申請を認定申請に併合する場合の流れ

(4) その他の建築基準法上の手続き

① 認定申請書に確認申請書を併合した場合には，建築基準法93条の2（建築計画概要書の閲覧）の規定も準用される（8項）。

② 確認申請に関する前記(3)の特例は，認定申請と確認申請を

併せてすることができるという手続きの簡素化であって，確認申請の適用除外ではない。したがって，その他の建築基準法上の手続き（同法15条の建築工事届・建築物除却届，同法7条の完了検査，同法7条の3の中間検査，同法7条の6の仮使用認定，同法89条の確認の表示など）は通常どおり必要になる。

8 改善命令，認定の取消し（法21条，22条）

所管行政庁は，認定建築主等（＝法17条3項の認定を受けた者）が認定を受けた計画に従って認定特定建築物（＝法17条3項の認定を受けた特定建築物）の建築等又は維持保全を行っていないと認めるときは，改善に必要な措置をとることを命ずることができる。この命令に違反したときは，認定を取り消すことがある。

9 容積率制限の特例

高齢者等に対応した建築物は，従来の建築物より面積が増えることも多い。そこで，高齢者等対応の促進を図るために，次のような容積率制限の緩和を規定している。

(1) 認定特定建築物の容積率の特例（法19条）

認定特定建築物の建築物特定施設の床面積のうち，通常の建築物の建築物特定施設の床面積を超えることとなるもので，令26条及び平18国交告1490で定める床面積を超える部分の床面積（廊下等の長さや階段の高さに一定の割合を乗じた面積，エレベーターは$1.1 \, m^2$，車椅子対応便所は$1 \, m^2$，車椅子対応駐車場は$15 \, m^2$をそれぞれ超える部分の床面積）は，建築基準法52条等の容積率算定の基礎となる延べ面積に算入しなくてよい（本書6-3章1(2)参照）。

(2) 許可による容積率制限の緩和（法24条）

建築物特定施設（建築基準法52条6項の昇降機並びに共同住宅の共用の廊下・階段を除く。）の床面積が高齢者等の利用を確保するため通常の床面積より著しく大きい建築物で，国土交通大臣の定める基準（平18国交告1481）に適合するものは，建築基準法52条14項一号の建築物とみなして同項の規定を適用す

る。すなわち，特定行政庁が建築審査会の同意を得て許可することにより容積率制限を緩和するというものである（本書４章，表4.6参照）。

10　協定建築物の建築等及び維持保全の計画の認定等（法22条の２）

　建築主等は，協定建築物特定施設*と一体的に利用しなければ公共交通移動等円滑化基準に適合させることが構造上等の理由により著しく困難であると認められる旅客施設（公共交通事業者等の事業用）の敷地に隣接し，又は近接する土地において協定建築物特定施設を有する建築物（＝協定建築物）の建築等をしようとするときは，協定建築物の建築等及び維持保全の計画を作成し，所管行政庁の認定を申請することができる。

　認定を受けた協定建築物の協定建築物特定施設の床面積のうち，通常の建築物の建築物特定施設の床面積を超えるものは，前項９(1)と同様に建築基準法の容積率の特例対象となる。

> ＊　協定建築物特定施設：建築主等が公共交通事業者等と締結する法41条の移動等円滑化経路協定の目的となる経路を構成する建築物特定施設及び法51条の２の移動等円滑化施設協定の目的となる建築物特定施設。

11　既存建築物に設ける車椅子対応エレベーターの特例──建築基準法の耐火規定の緩和──（法23条）

　この法律の施行の際，現に存する特定建築物に専ら車椅子使用者の利用に供するエレベーターを設置する場合で，そのエレベーターが次の①及び②の基準に適合し，所管行政庁が防火上・避難上支障がないと認めたときは，建築基準法27条２項（耐火建築物又は準耐火建築物等としなければならない特殊建築物）の適用において，そのエレベーターの構造は耐火構造とみなす。

　すなわち，増築等を行うことにより建築基準法３条３項三号又は四号の適用を受けて，同条２項の既存不適格建築物としての適用除外（一種の既得権）が解除されるような場合でも，同法86条の７のように，一定の範囲内で同法27条等の耐火建築物等に関する「既得権」を継続しようとするものである。

① エレベーターとそのエレベーターの設置に係る特定建築物の主要構造部の構造が、次の安全上・防火上の基準（規則13条）に適合していること。

イ．壁、柱、床及び梁が構造耐力上安全な構造

ロ．出入口の戸が自動閉鎖で、壁、柱及び梁が不燃材料

② エレベーターの制御方法とその作動状態の監視方法が、次の安全上の基準（規則14条）に適合していること。

イ．籠内と乗降ロビーの車椅子使用者が利用しやすい位置に制御装置を設置（ロビーに設けるものは施錠装置付覆いなどの利用を停止できる構造）

ロ．籠と昇降路の出入口の戸に網入ガラス等を設けて中を覚知でき、籠内と管理事務所等とが連絡できる装置を設置

また、この防火上・避難上支障がないと認める場合には、建築基準法93条の消防同意及び保健所長等への通知の規定が準用される。

12 移動等円滑化促進地区における移動等円滑化促進方針（法24条の2）

市町村は、基本方針に基づき、単独で又は共同で、移動等円滑化促進地区について、移動等円滑化の促進に関する方針（＝移動等円滑化促進方針）を作成するよう努める（1項）。

移動等円滑化促進方針には、移動等円滑化促進地区の位置と区域、生活関連施設と生活関連経路及びその移動等円滑化の促進に関する事項などを定める（2項）。

13 重点整備地区の移動等円滑化に係る事業の重点的かつ一体的な実施

(1) 移動等円滑化基本構想（法25条）

市町村は、基本方針（移動等円滑化促進方針が作成されているときは当該方針を含む）に基づき、単独又は共同で、重点整備地区について、移動等円滑化に係る事業の重点的かつ一体的な推進に関する基本的な構想（＝基本構想）を作成するよう努める（1項）。

基本構想には、重点整備地区の位置と区域、生活関連施設と

生活関連経路及びその移動等円滑化に関する事項などを定める
（2項）。

(2) 建築物特定事業の実施（法35条）

　基本構想が作成されたときは、関係する建築主等は、単独又
は共同で、建築物特定事業を実施するための計画（＝建築物特
定事業計画）を作成し、同事業を実施する（1項）。

　建築物特定事業計画には、事業を行う特定建築物、事業内容、
実施予定期間、必要な資金の額と調達方法などを定める（2項）。

(3) 生活関連施設の整備等（法37条）

　国及び地方公共団体は、基本構想に定められた生活関連施設
の整備、土地区画整理事業・市街地再開発事業の施行などの措
置を講ずるよう努める。

14 移動等円滑化経路協定

(1) 移動等円滑化経路協定の締結等（法41条）

　移動等円滑化促進地区又は重点整備地区内の一団の土地の所
有者及び建築物などの所有を目的とする借地権等*1 を有する
者*2（以下「土地所有者等」）は、その全員の合意により、移動
等円滑化のための経路の整備又は管理に関する協定（以下「移
動等円滑化経路協定」）を締結することができる（1項）。この
移動等円滑化経路協定は、市町村長の認可を受けなければなら
ない（3項）。

　　＊1　臨時設備その他一時使用目的が明らかなものを除く。
　　＊2　土地区画整理法98条1項（大都市地域における住宅及び住
　　　　宅地の供給の促進に関する特別措置法83条において準用する
　　　　場合を含む。）により仮換地として指定された土地にあっては、
　　　　その土地に対応する従前の土地所有者等。

　移動等円滑化経路協定には、協定区域及び経路の位置、有効
期間、違反した場合の措置などを定める（2項）。

(2) 認可の申請の際の縦覧等（法42条）

　市町村長は、移動等円滑化経路協定の認可の申請があったと
きは、その旨を公告し、2週間関係人の縦覧に供する。関係人は、
縦覧期間満了日までに、その協定について、市町村長に意見書
を提出することができる。

⑶ 移動等円滑化経路協定の認可・効力 （法43条，46条）

市町村長は，移動等円滑化経路協定の認可の申請が，土地又は建築物などの工作物の利用を不当に制限するものでないことなどの要件に該当するときは，認可をしなければならない（法43条1項）。

市町村長は，協定の認可をしたときは，その旨を公告し，かつ，その協定を事務所に備えて公衆の縦覧に供し，協定区域である旨を協定区域内に明示する（法43条2項）。

認可の公告のあった同協定は，その公告後にその協定区域内の土地所有者等となった者にも効力が及ぶ（法46条）。

⑷ 移動等円滑化経路協定の廃止 （法48条）

移動等円滑化経路協定を廃止する場合は，土地所有者等の過半数の合意により，市町村長の認可を受ける。市町村長は，認可をしたときは，その旨を公告する。

15 報告及び立入検査 （法53条）

所管行政庁は，建築主等に対し，特定建築物の建築物移動等円滑化基準への適合に関する事項に関し報告をさせ，又はその職員に，特定建築物若しくはその工事現場に立ち入り，特定建築物，建築設備，書類などを検査させ，若しくは関係者に質問させることができる。また，所管行政庁は，認定建築主等に対し，認定特定建築物の建築等又は維持保全の状況について報告をさせることができる。

第11章

その他の建築関係法規

　建築関係法規は，4章4節の建築基準関係規定のように，建築基準法施行令で規定され，あるいは他の法律で建築基準関係規定とみなすとされて建築基準法と密接に関係のあるもの，また，建築関係資格などとして建築基準法にかかわる8章の建築士法，建築規制に関連の深い9章の都市計画法，設計計画をするに当たり関連のある10章のバリアフリー法など多くの法律がある。

　この章では，その他の建築に関係する法規として，次のものをとりあげている。

表11.1　本章に収録したその他の建築関係法規（一部略称）

1. 建設業法　2. 耐震改修促進法　3. 宅地造成等規制法　4. 消防法　5. 民　法
6. 特定用途関係法規
　(1)学校教育法 (2)医療法 (3)旅館業法 (4)住宅宿泊事業法 (5)風営法 (6)興行場法 (7)駐車場法 (8)自転車の安全利用の促進及び自転車等の駐車対策の総合的推進に関する法律 (9)薬事法 (10)労働基準法 (11)労働安全衛生法 (12)児童福祉法 (13)老人福祉法 (14)介護保険法 (15)公衆浴場法 (16)官公庁施設の建設等に関する法律 (17)文化財保護法 (18)畜舎等の建築等及び利用の特例に関する法律
7. 都市開発・整備等関係法規
　(1)土地区画整理法 (2)都市再開発法 (3)道路法 (4)密集法 (5)歴史まちづくり法 (6)沿道整備法 (7)急傾斜地の崩壊による災害の防止に関する法律 (8)集落地域整備法 (9)流通業務市街地の整備に関する法律 (10)港湾法 (11)景観法 (12)都市緑地法 (13)古都における歴史的風土の保存に関する特別措置法 (14)自然公園法 (15)都市公園法 (16)屋外広告物法 (17)電波法 (18)都市再生特別措置法 (19)国家戦略特別区域法
8. 住宅関係法規
　(1)住生活基本法 (2)公営住宅法 (3)独立行政法人都市再生機構法 (4)独立行政法人住宅金融支援機構法 (5)地方住宅供給公社法 (6)住宅地区改良法 (7)品確法 (8)住宅瑕疵担保履行法 (9)長期優良住宅法 (10)区分所有法 (11)マンション管理適正化法 (12)マンション建替円滑化法 (13)空家特措法
9. その他の関係法規
　(1)国土利用計画法 (2)ビル管理法 (3)浄化槽法 (4)廃棄物処理法 (5)省エネ法 (6)建築物省エネ法 (7)低炭素化法 (8)高圧ガス保安法 (9)ガス事業法 (10)液化石油ガスの保安の確保及び取引の適正化に関する法律 (11)電気事業法 (12)水道法 (13)下水道法 (14)水質汚濁防止法 (15)特定都市河川浸水被害対策法 (16)土砂災害警戒区域等における土砂災害防止対策の推進に関する法律 (17)騒音規制法 (18)特定空港周辺航空機騒音対策特別措置法 (19)宅地建物取引業法 (20)被災市街地復興特別措置法 (21)津波防災地域づくりに関する法律 (22)特定非常災害の被害者の権利利益の保全等を図るための特別措置に関する法律 (23)建設リサイクル法

11-1

建設業法

(昭和24年法律第100号)

1 総 則 (法1章)

(1) 法の目的 (法1条)

建設業を営む者の資質の向上，建設工事の請負契約の適正化等を図ることによって，建設工事の適正な施工を確保し，発注者を保護するとともに，建設業の健全な発達を促し，もって公共の福祉の増進に寄与することを目的とする。

(2) 建設工事 (法2条1項)

土木建築に関する工事で，表11.1.1に掲げるものをいう。

表11.1.1 建設工事の種類

1	土木一式工事	15	板金工事
2	建築一式工事	16	ガラス工事
3	大工工事	17	塗装工事
4	左官工事	18	防水工事
5	とび・土工・コンクリート工事	19	内装仕上工事
		20	機械器具設置工事
6	石工事	21	熱絶縁工事
7	屋根工事	22	電気通信工事
8	電気工事	23	造園工事
9	管工事	24	さく井工事
10	タイル・れんが・ブロック工事	25	建具工事
		26	水道施設工事
11	鋼構造物工事	27	消防施設工事
12	鉄筋工事	28	清掃施設工事
13	舗装工事	29	解体工事
14	しゅんせつ工事		

(3) 建設業 (法2条2項)

元請，下請その他いかなる名義であっても，(2)に掲げる建設工事の完成を請け負う営業を「建設業」という。

(4) 建設業者 (法2条3項)

法3条1項の規定により許可を受けて建設業を営む者。

2　建設業の許可（法2章）

建設業を営もうとする者は，次の区分等により，原則として，国土交通大臣又は都道府県知事の許可を受けなければならない（法3条1項）。許可には条件が付くことがある（法3条の2）。

【建設業の許可を要しないもの】（法3条1項ただし書）

次にあげる軽微な工事のみを請負うことを業とする者は，建設業の許可を受けなくてよい（令1条の2）。

- ・建築一式工事 ─┬─ 請負金額が1,500万円未満の工事，又は
　　　　　　　　　└─ 延べ面積が150 m²未満の木造住宅工事
- ・その他の工事 ── 請負金額が500万円未満の工事

(1)　許可の区分

① 営業所による許可区分（法3条1項）

```
┌ 1つの都道府県だけに営業所*をもつ場合
│　　　　　　　　　──都道府県知事の許可
└ 2つ以上の都道府県に営業所をもつ場合
　　　　　　　　　　──国土交通大臣の許可
```

　＊　営業所：本店・支店又は常時建設工事の請負契約を締結する事務所をいう（同条，令1条）。

② 特定建設業と一般建設業の許可区分

下請契約の金額等に応じて，特定建設業又は一般建設業の許可を受ける。この場合，一般建設業の許可を受けた者が，特定建設業の許可を受けたときは，一般建設業の許可の効力は失われる。

イ．特定建設業──発注者から直接請け負う1件の建設工事について，その工事の全部又は一部を4,500万円（建築工事業では7,000万円）以上となる下請契約（下請契約が2つ以上ある場合はその合計金額による）を結んで施工するもの

　〔指定建設業〕──特定建設業のうち，総合的な施工技術を必要とするものとして政令で指定するもの

　　土木工事業，建築工事業，電気工事業，管工事業，鋼構造物工事業，舗装工事業，造園工事業の7業種（令5条の2）

ロ．一般建設業──特定建設業以外の建設業

③ 建設業の種別による許可区分（法3条2項）

　表11.1.1の建設工事の種別に応じて，それぞれの建設業として許可される。

〔例〕土木一式工事⇨土木工事業　　大工工事⇨大工工事業

　　　建築一式工事⇨建築工事業　　左官工事⇨左官工事業

　　　とび・土工・コンクリート工事⇨とび・土工工事業

　　　（以下は，工事のあとに業をつける。）

〔注〕附帯工事の請負：許可を受けた建設工事を請け負う場合，その工事に附帯する他の建設業に係る建設工事を請け負うことができる（法4条）。

(2) 許可の有効期間（法3条3項）

　許可の有効期間は，5年間で，その後も営業を継続する場合は，許可の更新を受けなければならない。

(3) 許可基準（許可を受ける者の資格等）（法7条，8条，15条）

① 許可を受けようとする者（法人の場合は役員のうち常勤の者1人，個人の場合はその者又はその支配人のうちの1人）が，許可を受けようとする建設業に関し，5年以上経営業務の管理責任者としての経験があること

② 営業所ごとに置く責任者が，一定の有資格者であること（学歴と実務経験年数の組合せによる。）

③ 請負契約を履行するに足りる財産的基礎，金銭的信用があること

④ 特定建設業の場合は，営業所ごとに置く専任者が，国土交通大臣の定める資格を有する者であること，など

3　建設工事の請負契約（法3章）

(1) 請負契約の原則（法18条）

　請負契約の当事者は，各々の対等な立場における合意に基づいて公正な契約を締結し，信義に従って誠実にこれを履行しなければならない。

(2) 請負契約の内容（法19条）

　請負契約の当事者は，少なくとも次にあげる事項を書面に記載し，署名又は記名・押印して相互に交付する。

① 工事内容

② 請負代金の額

③ 工事着手及び完成の時期

④ 工事を施工しない日又は時間帯の定めをするときは，その内容

⑤ 請負代金の支払いの時期及び方法

⑥ 設計変更・工事着手の延期・工事の全部又は一部中止の場合の工期変更，請負金額の変更，損害の負担及びそれらの額の算定方法に関する定め

⑦ 天災などの不可抗力による工期の変更，損害の負担及びその額の算定方法

⑧ 価格等の変更による請負代金の額又は工事内容の変更

⑨ 工事施工により第三者が損害を受けた場合の賠償金の負担に関する定め

⑩ 資材支給，機械貸与する場合は，その内容及び方法

⑪ 注文者の工事検査の時期，方法及び引渡しの時期

⑫ 工事完成後の請負代金の支払いの時期及び方法

⑬ 瑕疵担保責任又はその責任の履行に関して講ずる保証保険契約の締結その他の措置を定めるときは，その内容

⑭ 履行の遅滞，債務不履行の場合の遅延利息，違約金など

⑮ 契約に関する紛争の解決方法

⑯ その他国土交通省令で定める事項

請負契約の当事者は，相手方の承諾を得て，電子情報処理組織を使用する方法等によって，契約を行うことができる（法19条3項，令5条の5）。

(3) 不当に低い請負代金の禁止（法19条の3）

注文者は，自己の取引上の地位を不当に利用して，原価に満たない金額を請負代金の額とする請負契約を締結してはならない。

(4) 不当な使用資材などの購入強制の禁止（法19条の4）

注文者は，請負契約の締結後，自己の取引上の地位を不当に利用して，資材・機械器具などの購入先を指定し，購入させることにより，請負人の利益を害してはならない。

(5) 著しく短い工期の禁止（法19条の5）

注文者は，その注文した建設工事を施工するために通常必要

と認められる期間に比して著しく短い期間を工期とする請負契
約を締結してはならない。

(6)　契約の保証（法21条）

請負契約に前金払を定めたときは、注文者は建設業者に前金
払の前に保証人を立てることを請求できる。

(7)　一括下請負の禁止（法22条）

建設業者は、多数の者が利用する施設又は工作物に関する重
要な工事以外の工事の場合で、元請負人があらかじめ発注者の
書面又は、電子情報処理組織を使用する方法による承諾を得た
場合以外は、一括下請負をさせても、してもならない。

(8)　下請負人の変更請求（法23条）

注文者は、工事の施工上著しく不適当と認められる下請負人
があったときは、請負人に対して、その変更を請求することが
できる。ただし、あらかじめ注文者の書面又は、電子情報処理
組織を使用する方法による承諾を得て選定した下請負人につい
ては変更の請求はできない。

(9)　工事監理に関する報告（法23条の2）

請負人は、請け負った工事の施工について工事監理を行う建
築士から工事を設計図書のとおりに実施するよう求められた場
合で、従わない理由があるときは、直ちに、注文者に対して、
その理由を報告しなければならない。

(10)　請負契約とみなす場合（法24条）

委託その他の名義であっても、報酬を得て建設工事の完成を
目的として締結した契約は、請負契約とみなして、建設業法を
適用する。

(11)　下請負人の意見の聴取（法24条の2）

元請負人は、その請負った建設工事を施工するために必要な
工程の細目、作業方法などを定めるときは、あらかじめ、下請
負人の意見をきかなければならない。

(12)　見積期間等（法20条、令6条）

注文者は、随意契約の場合は契約締結の前に、競争入札によ
る場合は入札の前に、請負金額を除く請負契約の内容について
具体的に示し、かつ、予定価格に応じた下記の見積期間を設け
なければならない。

① 500万円未満 ────────── 1日以上
② 500万円以上，5,000万円未満 ─ 10日以上
③ 5,000万円以上 ───────── 15日以上
　　（②及び③は，5日以内に限り短縮できる。）

4　建設工事の請負契約に関する紛争の処理（法3章の2）

(1)　建設工事紛争審査会の設置（法25条）

　建設工事の請負契約に関する紛争の解決のために，「建設工事紛争審査会」を，国と都道府県に設置する。

① 中央建設工事紛争審査会：国土交通省に置かれ，紛争の当事者の双方又は一方が，国土交通大臣の許可を受けた建設業者の場合及び，当事者の双方が建設業者で，許可をした行政庁が異なる場合の紛争処理を管轄する（法25条の9，1項）。

② 都道府県建設工事紛争審査会：都道府県に置かれ，①以外の場合（紛争の当事者が，注文者と都道府県知事の許可を受けた建設業者の場合，許可を受けないで建設業を営む者の場合など）の紛争処理を管轄する（法25条の9，2項）。

〔注〕①，②にかかわらず，当事者双方の合意があれば「中央」か「都道府県」かどちらかの審査会を選択できる（法25条の9，3項）。

(2)　請負契約に関する紛争処理（法25条～25条の26）

　建設工事紛争審査会は，請負契約に関する紛争を解決するため，あっせん，調停及び仲裁を行う。

① あっせん：紛争の両当事者の間に入って，話合いの場を作
　（斡　旋）り，双方の主張を確かめて，紛争が解決するよう努力する。

② 調　　停：当事者の間にたって話し合いの場を作るのみでなく，双方の主張を聞いてこれを基とした調停案を作成し，その受諾を勧告する。

③ 仲　　裁：仲裁人の仲裁判断によって事を解決する手続き。紛争審査会の判断が当事者を拘束するので，仲裁に付するかどうかは当事者の意思による。したがって，仲裁を行うためには，当事者間に仲裁契約が存在しなければならない。仲裁判断は，

　　　　　　裁判所の確定判決と同様の効果をもつ。

5　施工技術の確保（法4章）

(1)　主任技術者と監理技術者の設置（法26条，令27条～29条）

　建設業者は，請け負った建設工事を施工するときは，その工事現場に，施工技術を管理する「主任技術者」を置かなければならない。

　特定建設業者が，下請契約の総額が，建築工事業の場合は7,000万円以上，その他の建設業では4,500万円以上となる建設工事を行う場合は，より資格要件の厳しい「監理技術者」を置かなければならない。

　政令で定める下記の建設工事の場合は，これらの技術者は，現場ごとの「専任」でなければならない。主任技術者又は監理技術者は，建築士である必要はないが，建設業法で定める資格（一級建築施工管理技士など）が定められている。

【専任の主任技術者又は監理技術者を置かなければならない場合】（令27条）

　次のいずれかに該当する公共性のある施設又は多数の者が利用する施設に関する重要な建設工事で，工事1件の請負代金が4,000万円以上（建築一式工事の場合は8,000万円以上）のものの工事現場。ただし，監理技術者の場合は，発注者から直接建設工事を請け負った特定建設業者が，監理技術者の行う法26条の4，1項に規定する職務を補佐する者として，所定の技術者を工事現場（同一の特例監理技術者＊が所定の職務を行う工事現場の数が2以下に限る）に専任で置くときは除く。

　　＊　監理技術者の職務を補佐する者として工事現場に専任で配置した場合に兼務が認められる監理技術者。

① 　国又は地方公共団体の施設又は工作物に関する建設工事

② 　鉄道，橋，ダムなどの工作物，上・下水道，電気・ガス事業用の施設など，一定の公共性のある施設や工作物に関する建設工事

③ 　石油パイプライン事業用施設，電気通信事業用施設，放送用施設，学校，図書館・美術館・博物館・展示場，社会福祉事業用施設，病院・診療所，火葬場・と畜場・廃棄物処理施

設，熱供給施設，集会場・公会堂，市場・百貨店，事務所，ホテル・旅館，共同住宅・寄宿舎・下宿，公衆浴場，興行場・ダンスホール，神社・寺院・教会，工場・ドック・倉庫，展望塔に関する建設工事

(2)　**下請負人が主任技術者を置くことを要しない場合**（法26条の3，令30条）

特定専門工事*の元請負人及び下請負人は，その合意により，元請負人の特定専門工事の主任技術者が，下請負人が置かなければならない主任技術者の行うべき所定の職務を行うことができる。この場合，下請負人は，下請負に係る建設工事につき主任技術者を置くことを要しない。

>　*　土木一式工事又は建築一式工事以外の建設工事のうち，その施工技術が画一的であり，かつ，その施工の技術上の管理の効率化を図る必要があるものとして所定のもので，建設工事の元請負人がこれを施工するために締結した下請契約の請負代金の総額が4,000万円未満となるもの。ただし，元請負人が発注者から直接請け負った建設工事では，元請負人の下請契約の請負代金の額が4,500万円（建設業が建築工事業である場合は，7,000万円）以上となるものを除く。

11-2

建築物の耐震改修の促進に関する法律

（平成 7 年法律第123号，略称「耐震改修促進法」）

　平成 7 年（1995年） 1 月の阪神・淡路大震災を契機に，現行の耐震基準に適合しない既存建築物の耐震改修を促進するために制定された法律である。平成17年には，頻発・切迫する大規模地震に対処するため，特定建築物の範囲の拡大や道路閉塞建築物（25年「通行障害建築物」に改正）などの改正があり，平成25年（施行は11月25日）には，東日本大震災などを教訓に耐震診断と耐震改修を促進する規定や緊急に安全確認を要する大規模建築物の耐震診断の義務づけなど，大幅に改正された。

1　総　則（法 1 章）

(1)　**目的**（法 1 条）

　建築物の耐震改修の促進のための措置を講ずることにより建築物の地震に対する安全性の向上を図り，もって公共の福祉の確保に資することを目的とする。

(2)　**用語の定義**（法 2 条）

① 　**耐震診断**（法 2 条 1 項）　地震に対する安全性を評価すること。

② 　**耐震改修**（法 2 条 2 項）　地震に対する安全性の向上を目的として，増築，改築，修繕，模様替若しくは一部の除却又は敷地の整備をすること。

③ 　**所管行政庁**（法 2 条 3 項）　建築主事を置く市町村又は特別区の区域については当該市町村又は特別区の長をいい，その他の市町村又は特別区の区域については都道府県知事をいう。ただし，建築基準法の特定行政庁と同様に，特別区や限定特定行政庁である市町村の場合には，その建築主事が所管する建築物以外（たとえば，東京都の特別区の場合は，延べ面積＞ 1 万 m²）の建築物については，知事が所管行政庁となる。

2　基本方針，都道府県耐震改修促進計画等（法2章）

(1)　基本方針（法4条）

国土交通大臣は，耐震診断及び耐震改修の促進を図るための基本的な方針（基本方針）を定め，これを公表する。

(2)　都道府県耐震改修促進計画等（法5条，6条）

都道府県は，基本方針に基づき，当該都道府県の区域内の建築物の耐震診断及び耐震改修の促進を図るための計画「都道府県耐震改修促進計画」（以下「都道府県計画」という。）を定め，これを公表する。

市町村は，都道府県計画に基づき「市町村耐震改修促進計画」（以下「市町村計画」という。）を定めるよう務める。

これらの計画では，耐震診断・耐震改修の目標や施策などを定めるほか，大規模地震発生時に必要となる病院・官公署その他令2条で定める「公益上必要な建築物」や地震によって倒壊すると通行障害となる道路沿いの建築物（「通行障害建築物」令4条）で建築基準法3条2項の適用を受ける「既存耐震不適格建築物」のうち「耐震不明建築物」について，耐震診断結果の報告の期限に関する事項なども定めることができる（平成25年改正）。

3　建築物の所有者が講ずべき措置（法3章）

(1)　要安全確認計画記載建築物の所有者の耐震診断の義務（法7条）

次の建築物（以下「要安全確認計画記載建築物」という。）の所有者は，同建築物の耐震診断を行い，それぞれの期限までに所管行政庁に報告し，行政庁はその旨を公表する。

① 都道府県計画に記載された建築物……同計画記載の期限
② 同計画に記載された通行障害既存不適格建築物………〃
③ 市町村計画に記載された通行障害既存不適格建築物…〃

(2)　要安全確認計画記載建築物に係る報告・命令・公表等（法8条，9条）

(1)の建築物の所有者が報告をせず又は虚偽の報告をしたときは，所管行政庁は所有者に報告又は是正を命じ，その旨を公表する。

⑶　**通行障害既存耐震不適格建築物の耐震診断費用**（法10条）

　前記⑴②又は③の通行障害既存不適格建築物の所有者から申請があったときは，当該都道府県又は市町村は，その耐震診断の実施に要する費用を負担する。

⑷　**要安全確認計画記載建築物の耐震改修**（法11条〜13条）

　要安全確認計画記載建築物の所有者は，耐震診断の結果，必要があるときは耐震改修を行う努力をする。

　所管行政庁は，所有者に対して，法4条の基本方針のうち技術上の指針となるべき事項（「技術指針事項」）を勘案して，必要な指導，助言をし，指示をすることができる。指示に従わないときは公表し，また，必要な限度で所有者に報告を求め，現場その他を検査することができる。

⑸　**特定既存耐震不適格建築物の意義**（法14条）

　次の1）〜3）の建築物で，建築基準法令の耐震関係規定（昭和56年（1981年）6月1日施行）に適合せず，建築基準法3条2項の適用を受けるものを「特定既存耐震不適格建築物」という（昭和56年6月1日以後に着工して検査済証を受けた建築物—新耐震基準に適合する建築物—を除く。令3条）。

　＊　⑴〜⑸は，平成25年改正により新設。

1）多数者利用の特定既存耐震不適格建築物（法14条一号，令6条，表11.2.1）

2）危険物の貯蔵・処理場の特定既存耐震不適格建築物（法14条二号，令7条，表11.2.2）

3）都道府県（又は市町村）耐震改修促進計画に記載された道路に接する「通行障害建築物」（法14条三号，5条3項二号，令4条）。なお，建築物の高さ（H）には，建築基準法の道路高さ制限等において高さに算入されない階段室，昇降機塔などの部分も算入される。

①　前面道路の幅員が12ｍ以下で，$H > 6 + a$となる部分（図11.2.1中，▨）を有する建築物

②　前面道路の幅員が12ｍを超え，$H > W/2 + a$となる部分（図11.2.2中，▨）を有する建築物

③　前面道路に面する部分の長さが25ｍ[*1]を超え，$H > \ell$[*2]$/2.5$となる部分（図11.2.3中，▨）を有する建築物に附

表11.2.1　多数者利用の特定既存耐震不適格建築物

用　　途	規　　模
①幼稚園 ②幼保連携型認定こども園 ③保育所	階数≧2, 及び, 床面積合計 ≧500 m²
①小学校等（小学校, 中学校, 義務教育学校, 中等教育学校の前期課程, 特別支援学校） ②老人ホーム ③老人短期入所施設, 福祉ホームその他これらに類するもの ④老人福祉センター, 児童厚生施設, 身体障害者福祉センターその他これらに類するもの	階数≧2, 及び, 床面積合計 ≧1,000 m²
①学校（幼稚園, 小学校等及び幼保連携型認定こども園を除く） ②病院, 劇場, 観覧場, 集会場, 展示場, 百貨店, 事務所 ③ボーリング場, スケート場, 水泳場その他これらに類する運動施設 ④診療所 ⑤映画館, 演芸場 ⑥公会堂 ⑦卸売市場, マーケットその他の物品販売業を営む店舗 ⑧ホテル, 旅館 ⑨賃貸住宅（共同住宅に限る）, 寄宿舎, 下宿 ⑩博物館, 美術館, 図書館 ⑪遊技場 ⑫公衆浴場 ⑬飲食店, キャバレー, 料理店, ナイトクラブ, ダンスホールその他これらに類するもの ⑭理髪店, 質屋, 貸衣装屋, 銀行その他これらに類するサービス業を営む店舗 ⑮工場 ⑯車両の停車場又は船舶・航空機の発着場（旅客の乗降又は待合い用のもの） ⑰自動車車庫その他の自動車又は自転車の停留又は駐車のための施設 ⑱保健所, 税務署その他これらに類する公益上必要な建築物	階数≧3, 及び, 床面積合計 ≧1,000 m²
①　体育館	階数1, 及び 床面積合計 ≧1,000 m²

〔注〕下線の用途は, 法15条2項による所管行政庁の指示の対象となる特定既存耐震不適格建築物の用途を示す（表11.2.3参照）。

表11.2.2　危険物の貯蔵場・処理場の特定既存耐震不適格建築物

危険物の種類		危険物の数量	
①火薬類	火薬，火薬を使用した火工品	10 t	
	爆薬，爆薬を使用した火工品	5 t	
	工業雷管若しくは電気雷管又は信号雷管	50万個	
	銃用雷管	500万個	
	実包若しくは空包，信管若しくは火管又は電気導火線	5万個	
	導爆線又は導火線	500 km	
	信号炎管若しくは信号火箭又は煙火	2 t	
②消防法2条7項に規定する危険物		危険物の制限に関する政令別表第3の指定数量の欄に定める数量の10倍の数量	
③危険物の規制に関する政令別表第4備考六号に規定する可燃性固体類・液体類		固体類	30 t
		液体類	20 m³
④マッチ		300マッチトン	
⑤可燃性のガス（⑥，⑦を除く）		2万 m³	
⑥圧縮ガス		20万 m³	
⑦液化ガス		2,000 t	
⑧毒物及び劇物取締法2条1項，2項に規定する毒物・劇物（液体又は気体のものに限る）		毒　物	20 t
		劇　物	200 t

属する組積造の塀

＊1　この長さが不適当な場合，8 m 以上 25 m 未満の国土交通省令で定める長さ。

＊2　この距離が不適当な場合，2 m 以上の国土交通省令で定める距離。

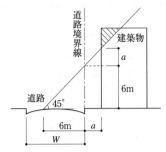

図11.2.1　通行障害建築物（W≦12 m）

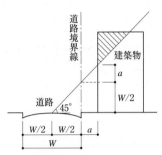

図11.2.2　通行障害建築物（$W>12$ m）

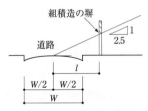

図11.2.3　通行障害建築物（塀）

(6)　特定既存耐震不適格建築物の所有者の努力義務（法14条）

　前記(1)の建築物で既存耐震不適格建築物であるもの（特定既存耐震不適格建築物）の所有者は，その建築物について耐震診断を行い，その結果，耐震性の向上を図る必要があると認められるときは，耐震改修を行うよう努めなければならない。

(7) **特定既存耐震不適格建築物の所有者に対する指導，助言，指示**（法15条）

① 指導・助言（法15条１項）　所管行政庁は，特定既存耐震不適格建築物の耐震診断及び耐震改修の適確な実施を確保するため必要と認めるときは，所有者に対し，基本方針の技術指針事項（法４条２項三号）を勘案して，必要な指導及び助言をすることができる。

② 指示（法15条２項，令８条）　所管行政庁は，地震に対する安全性の向上を図ることが特に必要な表11.2.3の用途，規模の特定既存耐震不適格建築物の所有者に対して，必要な耐震診断又は耐震改修を行うことにつき，技術指針事項を勘案して，必要な指示をすることができる。

表11.2.3　指示の対象となる特定既存耐震不適格建築物

用　途　等	規　模
表11.2.1の特定既存耐震不適格建築物で，下線を引いたもの（体育館及び自動車車庫・自転車駐車施設については，一般公共用でないものは除く）	床面積合計≧2,000 m² 階数は，表11.2.1による。
幼稚園，幼保連携型認定こども園，保育所	階数≧２，かつ， 床面積合計≧750 m²
小学校等	階数≧２，かつ， 床面積合計≧1,500 m²
表11.2.2の危険物の貯蔵・処理場の特定既存耐震不適格建築物	床面積合計≧500 m²
通行傷害建築物である特定既存耐震不適格建築物	全て

(8) **一般の既存耐震不適格建築物の耐震診断等**（法16条）

一般の既存耐震不適格建築物（要安全確認計画記載建築物及び特定既存耐震不適格建築物を除く）の所有者は，当該建築物について耐震診断を行い，必要に応じ，耐震改修を行うよう努めなければならない。

これに対し，所管行政庁は，必要に応じて所有者に対し，技術指針事項を勘案して，その既存耐震不適格建築物の耐震診断や耐震改修について必要な指導及び助言をすることができる。

4 建築物全般に対する措置（法4章）

(1) 耐震改修計画の認定（法17条1項〜3項）

建築物の耐震改修をしようとする者は，建築物の耐震改修の計画について所管行政庁に認定を申請することができる（同条1項）。

【認定の基準】

所管行政庁は，その計画が次の基準に適合すると認めるときは，その旨の認定をすることができる（3項）。

① 耐震改修の内容が耐震関係規定又はこれに準ずるものとして国土交通大臣が定める基準（平18国交告185）に適合していること（一号）。

② 耐震改修の資金計画が改修を確実に遂行するために適切であること（二号）。

③ 建築物の耐震関係規定及び耐震関係規定以外の建築基準法令の規定に適合せず，建築基準法上の既存不適格建築物（同法3条2項）となっている場合で，当該建築物の増築，改築，大規模の修繕，大規模の模様替をしようとするものであり，かつ，工事後も引き続き耐震関係規定以外の建築基準法令の規定に適合しない場合は，次の基準に適合していること（三号）。

　イ．当該工事が地震に対する安全性向上のため必要と認められるもので，工事後も引き続き耐震関係規定以外の建築基準法令の規定に適合しないことがやむを得ないと認められること。

　ロ．建築物と敷地が，交通上の支障の度，安全上，防火上及び避難上の危険の度，衛生上，市街地環境の保全上の有害の度が高くならないものであること。

④ 既存耐震不適格建築物の耐火建築物である場合，当該建築物に柱若しくは壁を設け，又は柱若しくは梁の模様替をすることにより，建築基準法27条2項の規定に適合しなくなるときは，次の基準に適合していること（四号）。

　イ．当該工事が地震に対する安全性向上のため必要と認められるもので，かつ，当該工事により建築基準法27条に適合しなくなることがやむを得ないと認められること。

ロ．柱，壁又は梁の構造及び火災時の通報の方法が規則6条
の基準*に適合し，防火上，避難上支障がないと認められ
ること。

> ＊　①柱，壁又は梁が準不燃材料で造られ又は覆われている
>   こと。
>   ②荷重・外力により長期応力度計算を行い耐力上安全で
>   あることを確かめること。
>   ③工事計画による壁，柱，梁に係る火災の発生を有効に
>   感知し，建築物を常時管理する者が居る場所に報知す
>   ることができる装置があること。

⑤　既存耐震不適格建築物である場合，増築によって容積率関
係規定又は建蔽率関係規定に適合しないときは，当該工事が
①及び②の基準に適合し，かつ，地震に対する安全性向上を
図るためであって容積率関係規定又は建蔽率関係規定に適合
しないことがやむを得ないと認められる場合で，交通上，安
全上，防火上及び衛生上支障がないと認められるものである
こと（五号，六号）。

　　所管行政庁がこれらの認定をしたときは，それぞれの容積
率関係規定又は建蔽率関係規定は適用しない（同条8項，9
項）。

(2)　認定建築物に対する建築基準法の特例

①　建築主事の同意（法17条4項）

　　認定申請に係る建築物の耐震改修の計画が，建築基準法6
条の確認申請又は同法18条の計画通知を要するものである場
合は，所管行政庁は，認定に当たりあらかじめ建築主事の同
意を得なければならない。

②　消防長等の同意と図書の閲覧（同条5項）

　　建築基準法で確認申請又は計画通知を要する建築物の計画
の認定に当たっては，同法93条（消防長等の同意等）と同法
93条の2（図書の閲覧）の規定が準用される。

③　既存不適格建築物に対する制限の緩和（同条6項）

　　所管行政庁が耐震関係規定等に適合しているとして計画の
認定をした建築物については，建築基準法3条3項三号及び
四号にかかわらず同条2項の既存不適格建築物の規定が引き
続き適用される。したがって，耐震性向上のための認定を受

けた建築物は，耐震関係規定以外の不適格事項（建蔽率制限など）があっても，その不適格事項はそのままでもよい。

④　耐火建築物に関する制限の緩和（同条7項）

　　所管行政庁が認定した建築物で3項四号（前記(1)④）に該当するものについては，建築基準法27条2項の規定は適用しない。たとえば，耐震性向上のため耐火建築物の柱に鉄板を巻き付けるような場合，一般的にはその上をモルタルなどで耐火被覆する必要があるが，火災の早期発見のための措置（熱感知器の設置など）をすれば，耐火被覆をしなくてもよいことになる。

⑤　建築確認手続きの省略（同条10項）

　　耐震改修の計画が，ピロティに壁を設けることなどにより建築確認や計画通知を要することとなった場合でも，所管行政庁の計画の認定を受ければ，建築確認等（建築基準法6条又は18条）があったものとみなされる。この場合，所管行政庁は，その旨を建築主事に通知する。

(3)　認定後の手続き等

①　計画の変更（法18条，規則32条）

　　認定を受けた者（認定事業者）は，計画を変更するときは，軽微なもの（事業の着手又は完了の予定年月日の3月以内の変更）を除き，変更の認定を受ける。

②　計画認定建築物に係る報告の徴収（法19条）

　　所管行政庁は，認定事業者に対して耐震改修の状況の報告を求めることができる。

③　改善命令と認定の取消し（法20条，21条）

　　所管行政庁は，認定事業者が認定の計画に沿って耐震改修をしていないと認めるときは，相当の期限を定めて，改善に必要な措置をとることを命ずることができ，事業者がその命令に違反したときは，認定を取り消すことができる。

5　建築物の地震に対する安全性に係る認定等（法5章）

(1)　耐震関係規定等の基準適合認定と表示（法22条）

　建築物の所有者は，所管行政庁に，その建築物の地震に対する安全性に係る基準に適合している旨の認定（基準適合認定）

を申請し，所管行政庁は，その建築物が耐震関係規定又は国土交通大臣が定める基準（平25国交告1062）に適合することを認定することができる。

認定を受けた者は，広告等に，認定を受けた建築物（「基準適合認定建築物」）である旨を表示できる。

6 区分所有建築物の耐震改修の必要性に係る認定等（法6章）

(1) 区分所有建築物の耐震改修の必要性の認定等（法25条）

耐震診断が行われた区分所有建築物の管理者等（区分所有法25条，34条）は，所管行政庁に，その建築物について耐震改修を行う必要がある旨の認定を申請することができる。

所管行政庁は，地震に対する安全上耐震関係規定に準ずるものとして国土交通大臣が定める基準（平25国交告1062）に適合していないと認めるときは，その旨の認定ができる。

認定を受けた建築物（「要耐震改修認定建築物」）の共用部分（階段・廊下など）の変更については，区分所有法17条1項の，共用部分の変更は「区分所有者及び議決権の各3/4以上の多数による集会の決議で決する。」とあるのは，単に「集会の決議で決する。」とされるが，同項ただし書の「定数は，規約でその過半数まで減ずることができる。」は適用されない。

(2) 要耐震改修認定建築物の耐震改修（法26条，27条）

要耐震改修認定建築物の区分所有者は，耐震改修を行うよう努める（法26条）。

所管行政庁は，技術指針事項を勘案して，必要な指導，助言をし，耐震改修が行われていないときは，技術指針事項を勘案して必要な指示をし，正当な理由なく指示に従わなかったときは，その旨を公表することもできる。

また，必要な限度で，区分所有者に対し，地震に対する安全性の事項を報告させ，また，職員に当該現場に立ち入り，当該建築物などを検査させることができる（法27条）。

7 建築物の耐震改修に係る特例（法7章）

特定優良賃貸住宅の入居者の資格に係る認定基準の特例（法28条），独立行政法人都市再生機構による耐震診断及び耐震改

修の業務の特例（法29条），地方住宅供給公社による耐震診断
及び耐震改修の業務の特例（法30条），独立行政法人住宅金融
支援機構の資金の貸付けについての配慮（法31条）などが定め
られている。

8　耐震改修支援センター（法8章）

　国土交通大臣は，建築物の耐震診断及び耐震改修の実施を支
援することを目的として，一般社団法人，一般財団法人等を耐
震改修支援センターとして指定することができる（法32条）。
耐震改修支援センターは，計画認定建築物である要安全確認計
画記載建築物及び特定既存耐震不適格建築物の耐震改修に必要
な資金の貸付けを行った金融機関の要請に基づく貸付けの債務
保証，建築物の耐震診断及び耐震改修に関する情報及び資料の
収集・整理・提供，耐震診断及び耐震改修に関する調査・研究
などを行う（法34条）。

9　要緊急安全確認大規模建築物の所有者の義務等（平成25年
　改正法附則3条，同改正令附則2条）

　不特定多数人が利用する建築物や地震時の避難確保に特に配
慮を要する一定の大規模建築物などの耐震性を緊急に確かめる
必要から，次の建築物の所有者は，緊急に耐震診断を行い，そ
の結果を平成27年12月31日までに，所管行政庁に報告しなけれ
ばならないとするもので，平成25年改正法の附則で定められた。
詳細は前記附則参照。

① 　病院，劇場，観覧場，集会場，展示場，百貨店その他不特
　　定かつ多数の者が利用する既存耐震不適格建築物
② 　小学校，老人ホームその他地震の際の避難確保上特に配慮
　　を要する者が主に利用する既存耐震不適格建築物
③ 　火薬類，石油類その他政令で定める危険物の貯蔵場又は処
　　理場の用途に供する既存耐震不適格建築物

11 - 3

宅地造成等規制法

(昭和36年法律第191号)

1 総 則

(1) 目 的 (法1条)

宅地造成に伴う崖崩れ又は土砂の流出による災害防止のために必要な規制を行い，国民の生命・財産の保護を図ろうとするもの。

(2) 宅地造成の定義 (法2条二号，令3条)

この法律で「宅地造成」とは，宅地以外の土地を宅地にするため又は宅地で行う土地の形質の変更で，次のいずれかに該当するものをいう（宅地を宅地以外の土地にするものを除く。）。

① 切土の場合：高さ2mを超える崖を生ずるもの（図11.3.1①）

② 盛土の場合：高さ1mを超える崖を生ずるもの（図11.3.1②）

③ 切土と盛土を同時にする場合：盛土した土地の部分に高さ1m以下の崖を生じ，かつ，切土と盛土をした部分に高さ2mを超える崖を生ずるもの（図11.3.1③）

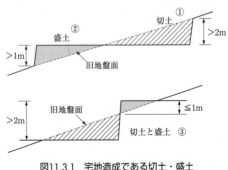

図11.3.1 宅地造成である切土・盛土

④ ①〜③以外の切土又は盛土の場合：土地の面積が500 m²を超えるもの

〔注〕崖：地表面が水平面に対して30度を超える角度になる土地で，硬岩盤（風化の著しいものを除く。）以外のものをいう

（令1条2項）。

(3) 宅地造成工事規制区域（法3条）

宅地造成に伴い災害が生ずる区域で，宅地造成工事を規制する必要のある市街地又は市街地となろうとする土地の区域として，都道府県知事（指定都市又は中核市の区域では市長をいう。以下本法で同じ。）が関係市町村長（又は特別区の長）の意見を聴いて指定した区域をいう。都市計画区域の内外を問わない。

2　宅地造成工事の規制

(1) 宅地造成工事の許可（法8条，12条）

宅地造成工事規制区域内で宅地造成に関する工事とその工事計画の変更（省令で定める軽微な変更を除く）をする者（造成主）は，工事着手前に，都道府県知事の許可を受けなければならない。(2)の技術的基準に適合しないものは許可されない。法8条1項（宅地造成工事の許可）と12条1項（変更の許可等）の規定は，建築確認の対象となる（本書4章4⑨参照）。

なお，都市計画法29条の開発許可（同法35条の2の変更の許可と届出を含む。）を受ける宅地造成は，法8条の許可は不要。また，許可不要の軽微な変更は知事への届出が必要。

〔注〕この規定により許可を受ける擁壁は，建築基準法による確認申請又は計画通知をしなくてよい（建築基準法88条4項）。

(2) 宅地造成工事の技術的基準（法9条，令4条〜15条，令別表第1〜第4）

宅地造成に伴う災害防止のため，必要な擁壁，排水施設などの技術的基準が定められている（表11.3.1）。この基準が，法8条等の許可基準となる。

(3) 設計資格（法9条2項，令16条，17条）

次のいずれかに該当する工事の設計は，一定の資格者（学歴と実務経験の組合せによる。）が行う（令16条）。

① 高さが5mを超える擁壁の設置
② 切土又は盛土をする土地の面積が，1,500 m²を超える土地の排水施設の設置

(4) 工事等の届出（法15条）

次のいずれかに該当する場合は，都道府県知事に届け出なけ

表11.3.1　宅地造成工事の技術的基準

地　　盤	崖の上端に続く地盤面は，崖と反対方向に雨水などの地表水が流れるように勾配をとる。切土後の地盤には滑りが生じないよう地滑り防止杭・グラウンドアンカー等の土留の設置，土の置換えなどをする。盛土後の地盤には雨水又は地下水等の浸透による緩み，沈下，崩壊又は滑りが生じないよう，おおむね30 cm以下の厚さの層に分けて土を盛り，かつ，層の土を盛るごとに，ローラーなどの建設機械を用いて締め固め，必要に応じて地滑り抑止ぐい等の設置をする。著しい傾斜地の盛土は，盛土前の地盤と盛土が接する面が滑り面とならぬよう段切りなどをする（令5条）。
擁　　壁	切土部分又は盛土部分には，原則として鉄筋コンクリート造，間知石練積み造などの擁壁を設ける。構造基準は建築基準法施行令の基準も準用する（令6条〜9条）。
水　抜　穴	擁壁には，裏面の排水のため水抜穴（壁面の面積3 m²以内ごとに，内径7.5 cm以上の陶管などのもの1個以上）を設け，擁壁裏面の水抜穴周辺に砂利などの透水層を設ける（令10条）。
崖面保護	擁壁を設けない崖面は，石張り，芝張り，モルタル吹付けなどで保護する（令12条）。
排水施設	切土・盛土をする場合，雨水又は地下水等により崖崩れ又は土砂の流出のおそれがあるときは，雨水等を排除することができるように，排水施設を設ける（令13条）。

ればならない。

① 宅地造成工事規制区域の指定の際，同区域内で行われている宅地造成工事

② 同区域内の宅地で，一定の擁壁又は排水施設の工事を行う場合（法8条の許可を要する場合を除く）

③ 同区域内の宅地以外の土地を宅地に転用した場合

(5) **災害防止のための勧告・命令**（法16条，17条）

都道府県知事は，宅地造成工事規制区域内の宅地について宅地造成に伴う災害の防止上必要な場合には，擁壁や排水施設の設置などの措置を勧告し，又は命ずることができる。

⑹ **造成宅地防災区域**（法20条～23条，令19条）

　都道府県知事は，宅地造成工事規制区域外の土地で，大地震時に地滑り崩壊などの危険のある大規模な造成宅地（宅地造成に関する工事が施行された宅地・法2条七号）の区域を，市町村長の意見を聴いて造成宅地防災区域に指定し，同区域内の造成宅地に災害防止のため必要な擁壁の設置などを勧告し，命令することができる。

11 - 4

消防法
（昭和23年法律第186号）

　火災を予防，警戒，鎮圧し，国民の生命，身体，財産を火災から保護するとともに，火災や地震などの災害による被害を軽減し，傷病者の搬送を適切に行うことで，安寧秩序の保持と公共の福祉増進を図ることを目的とする（法1条）。

　建築に関しては，防火対象物の用途・規模に応じて「消防用設備等」の設置を義務づけた規定が重要である。

1　火災の予防及び地震等の災害による被害の軽減
(1)　建築確認等に対する消防長・消防署長の同意（法7条）

　特定行政庁，建築主事又は指定確認検査機関は，建築物の建築，大規模の修繕・模様替，用途変更などについて，許可，認可又は確認をする前に，防火に関する法令の規定に違反しないことについて，原則として所轄の消防長（＝消防本部の長。消防本部を置かない市町村では市町村長。）又は消防署長の同意を得なければならない（消防法3条，7条，建築基準法93条）。

(2)　防火管理者（法8条）

　学校，病院，工場，事業場，興行場，百貨店，大規模小売店舗（≧1,000 m²）など多数人が出入りする防火対象物の管理者等（＝管理について権原を有する者）は，一定の資格を有する「防火管理者」を定めて，所轄の消防長又は消防署長に届け出なければならない。防火管理者の業務は次のとおりである。

【防火管理者の業務】
① 　消防計画の作成
② 　消防計画に基づく消火，通報及び避難の訓練の実施
③ 　消防用設備などの点検及び整備
④ 　火気の使用，取扱いに関する監督
⑤ 　避難又は防火上必要な構造，設備の維持管理，収容人員の管理など

(3) **高層建築物等の消防計画の作成等**（法8条の2，令3条の3〜4条の2）

　高層建築物（高さ>31 m），地下街などで，その管理について権限が分かれている防火対象物については，「統括防火管理者（防火対象物全体について防火管理上必要な業務を統括する防火管理者）」を協議して定め，その旨を所轄の消防長又は消防署長に届け出て，前記(2)①②の業務，廊下，階段など避難上必要な施設の管理，防火対象物全体の防火管理上必要な業務を行わせなければならない。

(4) **防火対象物の点検**（法8条の2の2，令4条の2の2）

　表11.4.1の，(1)〜(4)，(5)のイ，(6)，(9)のイ，⑯のイ，及び（16の2）の防火対象物で一定規模以上のものの管理に権限のある者は，定期に，<u>防火対象物点検資格者</u>に，<u>点検対象事項</u>について点検基準に適合しているかどうかを点検させ，その結果を消防長又は消防署長に報告しなければならない。なお，特定の優良建築物については，この点検義務は適用されない（法8条の2の3）。

　〔注〕下線の事項は，総務省令に定められている。

(5) **防災管理者の設置等**（法36条）

　火災以外の災害（地震・毒性物質の発散など，令45条）による被害を軽減するため，一定の大規模防火対象物（令46条，自衛消防組織を設置する防火対象物と同じ）には，防災管理者の設置が義務づけられるほか，防災管理点検資格者による点検など防火管理に関する規定（法8条〜8条の2の3）が準用される（平成21年6月1日施行）。

(6) **避難安全管理義務**（法8条の2の4，令4条の2の3）

　表11.4.1の防火対象物（⑱〜⑳を除く。）の管理に権限のある者は，廊下，階段，避難口等について，避難の支障になる物が放置されたり，又はみだりに存置されないように管理し，また，防火戸の閉鎖に支障がないように管理しなければならない。

(7) **自衛消防組織**（法8条の2の5）

　不特定多数の者や自力避難が困難な者が利用する一定の大規模防火対象物（百貨店，旅館，病院などで，4階建以下では5万 m² 以上，5階建以上で2万 m² 以上，11階建以上で1万 m²

表11.4.1　防火対象物

項	防　火　対　象　物
(1)	イ．劇場，映画館，演芸場，観覧場　　ロ．公会堂，集会場
(2)	イ．キャバレー，カフェー，ナイトクラブの類 ロ．遊技場，ダンスホール　　ハ．性風俗関連営業店 ニ．カラオケボックスその他個室遊興営業店舗
(3)	イ．待合，料理店の類　　ロ．飲食店
(4)	百貨店，マーケット，物品販売業を営む店舗，展示場
(5)	イ．旅館，ホテル，宿泊所の類　　ロ．寄宿舎，下宿，共同住宅
(6)	イ．病院，診療所，助産所 ロ．老人短期入所施設，養護老人ホーム，特別養護老人ホーム，軽費老人ホーム（主に避難が困難な要介護者が入居するもの），有料老人ホーム（同），介護老人保健施設，老人短期入所事業を行う施設（老人福祉法5条の2，4項），小規模多機能型居宅介護事業を行う施設（同条5項，避難が困難な要介護者が主に宿泊するもの），認知症対応型老人共同生活援助事業を行う施設（同条6項）その他これらに類する施設，救護施設，乳児院，障害児入所施設，障害者支援施設（避難が困難な障害者等が主に入所するもの），短期入所等施設（同） ハ．老人デイサービスセンター，軽費老人ホーム（ロを除く），老人福祉センター，老人介護支援センター，有料老人ホーム（ロを除く），老人デイサービス事業施設，小規模多機能型居宅介護事業施設（ロを除く），更生施設，助産施設，保育所，幼保連携型認定こども園，児童養護施設，児童自立支援施設，児童家庭支援センター，児童の一時預かり事業又は家庭的保育事業を行う施設，児童発達支援センター，児童心理治療施設，児童発達支援又は放課後等デイサービスを行う施設，身体障害者福祉センター，障害者支援施設（ロを除く），地域活動支援センター，福祉ホーム，生活介護・短期入所・自立訓練・就労移行支援・就労継続支援・共同生活援助を行う施設など ニ．幼稚園，特別支援学校
(7)	小・中・義務教育・高等・中等教育学校，高等専門学校，大学，専修学校，各種学校の類
(8)	図書館，博物館，美術館その他類似施設
(9)	イ．公衆浴場のうち，蒸気浴場，熱気浴場の類 ロ．その他の公衆浴場

(10)	停車場，船舶・航空機の発着場（旅客の乗降待合用建築物）	
(11)	神社，寺院，教会の類	
(12)	イ．工場，作業場	ロ．映画スタジオ，テレビスタジオ
(13)	イ．自動車車庫，駐車場	ロ．飛行機・回転翼航空機格納庫
(14)	倉庫	
(15)	(1)～(14)以外の事業場	
(16)	イ．複合用途防火対象物のうち，一部が(1)～(4)，(5)イ，(6)又は(9)イの防火対象物の用途に供されているもの	
	ロ．イ以外の複合用途防火対象物	
(16の2)	地下街	
(16の3)	建築物の地階（地下街を除く）で，連続して地下道に面して設けられたものと当該地下道とを合わせたもの（(1)～(4)，(5)イ，(6)又は(9)イの防火対象物の用途があるものに限る）	
(17)	文化財保護法で重要文化財，重要有形民俗文化財等に指定された建造物	
(18)	延長50 m 以上のアーケード	
(19)	市町村の指定する山林	
(20)	総務省令で定める舟車	

以上，1,000 m² 以上の地下街など，令4条の2の4）には，自衛消防組織の設置が義務づけられる。自衛消防組織は事業所の従業員などで構成し，消防用設備の監視等，災害時の避難誘導，救出救護，消防への通報，初期消火などの応急活動を行う（平成21年6月1日施行）。

(8) 火の使用に関する市町村条例への委任（法9条）

市町村は，火を使う設備の位置，構造などに関する火災予防のための条例を令5条の基準に従い定めることができる。

(9) 住宅用防災機器の設置（法9条の2）

住宅の用途に供する防火対象物（住宅用途以外の部分は除く。）の関係者は，令5条の6～5条の8の基準に基づく市町村条例の基準に従い，住宅用防災機器（住宅用防災警報器又は住宅用防災報知設備）を設置し，維持しなければならない。

　＊　(8)と(9)は，建築確認の対象となる（本書4章4①参照）。

2　危険物

(1)　危険物の貯蔵及び取扱いの制限（法10条）

指定数量以上の危険物は，貯蔵所，製造所，取扱所以外の場所で貯蔵し，又は取り扱ってはならない。危険物貯蔵所などの位置，構造及び設備の技術的基準などは「危険物の規制に関する政令・規則」で定める。

(2)　危険物施設の設置等（法11条，13条，危険物令6条）

危険物の製造所，貯蔵所又は取扱所を設置する場合は，消防本部又は消防署のある市町村では市町村長の，その他の市町村では都道府県知事の許可（移送取扱所で，2以上の市町村にわたるものは都道府県知事の，2以上の都道府県にわたるものは総務大臣の許可）を受ける。危険物の製造所などには，危険物取扱者を置かなければならない。

(3)　映写室の構造設備（法15条）

常時映画を上映する建築物等の映写室で緩燃性でない映画を映写するものの技術的基準は危険物令39条による。

＊　(3)の規定は，建築確認の対象となる（本書4章4①参照）。

3　消防用設備等

(1)　消防用設備等の設置・維持（法17条）

防火対象物の関係者は，政令で定める技術上の基準により，消防用設備等を設置し，維持しなければならない。

市町村は，条例により，政令と異なる技術上の基準を定めることができる。

また，総務大臣の認定による緩和がある。

(2)　消防用設備等の届出・検査等（法17条の3の2，17条の3の3）

防火対象物の関係者は，規定に基づき消防用設備等を設置したときは，消防長又は消防署長に届け出て検査を受け，その後も定期的に点検して，報告しなければならない。

(3)　防火対象物の指定（法17条1項，令6条・別表）

消防用設備等の設置の対象となる建築物などを，類似用途ごとに分類して指定している。建築基準法上の特殊建築物の分類とも類似しているが，同じではない（表11.4.1）。

⑷ **消火用設備等の設置と技術基準**（法17条，令7条～29条の3）

消火設備，警報設備，避難設備，消火用水及び消火活動上必要な施設を「消防用設備等」といい，防火対象物の用途と規模に応じて，設置義務と技術上の基準が定められている。これらの「通常用いられる消防用設備等」の設置と技術基準の規定をまとめると，表11.4.2のとおりである。

表11.4.2 消防用設備等の種類と関係規定

種 別	種 類	設置義務	技術基準
消火設備	①消火器・簡易消火用具	令10-1	令10-2, 3
	②屋内消火栓設備	令11-1, 2, 4	令11-3
	③スプリンクラー設備	令12-1, 3, 4	令12-2
	④水噴霧消火設備	令13-1, 2	令14
	⑤泡消火設備	令13-1, 2	令15
	⑥不活性ガス消火設備	令13-1, 2	令16
	⑦ハロゲン化物消火設備	令13-1, 2	令17
	⑧粉末消火設備	令13-1, 2	令18
	⑨屋外消火栓設備	令19-1, 2, 4	令19-3
	⑩動力消防ポンプ設備	令20-1, 2, 5	令20-3, 4
警報設備	①自動火災報知設備	令21-1, 3	令21-2
	②ガス漏れ火災警報設備	令21の2-1	令21の2-2
	③漏電火災警報器	令22-1	令22-2
	④消防通報用の火災報知設備	令23-1, 3	令23-2
	⑤非常警報器具（警鐘等）	令24-1	令24-4
	⑥非常警報設備（放送設備等）	令24-2, 3, 5	令24-4
避難設備	①避難器具（滑り台，避難はしご，救助袋，緩降機，避難橋等）	令25-1	令25-21
	②誘導灯，誘導標識	令26-1, 3	令26-2
消防用水	①防火水槽，貯水池など	令27-1, 2	令27-3
消火活動上必要な施設	①排煙設備	令28-1, 3	令28-2
	②連結散水設備	令28の2-1	令28の2-2
	③連結送水管	令29-1	令29-2
	④非常コンセント設備	令29の2-1	令29の2-2
	⑤無線通信補助設備	令29の3-1	令29の3-2

〔凡例〕令13-1，2：消防法施行令13条1項及び2項
令21の2-1：消防法施行令21条の2，1項

⑸ **必要とされる防火安全性能を有する消防用の設備等**（令29
条の4）

　消防長又は消防署長が，総務省令*により，その「防火安全
性能（＝火災拡大を初期に抑制する性能，火災時の安全避難を
支援する性能又は消防隊の活動を支援する性能）」が，前記⑷
（令10条〜29条の3）の設置基準による消防用設備等の防火安
全性能と同等以上と認めるものについては，⑷の基準による消
防用設備等に代えて使用することができる。

> *・特定共同住宅等における必要とされる防火安全性能を有する
> 　消防の用に供する設備等に関する省令（平成17年総務省令40号，
> 　平成19年4月1日施行）。
> ・特定小規模施設における必要とされる防火安全性能を有する
> 　消防の用に供する設備等に関する省令（平成20年総務省令156
> 　号）。
> ・排煙設備に代えて用いることができる必要とされる防火安全
> 　性能を有する消防の用に供する設備等に関する省令（平成21
> 　年総務省令88号）。
> ・複合型居住施設における必要とされる防火安全性能を有する
> 　消防の用に供する設備等に関する省令（平成22年総務省令7
> 　号）。

⑹ **既存防火対象物への遡及適用**

　消防用設備等の基準が改正された場合，改正前の基準による
既存の防火対象物で改正後の基準に適合しないものは，原則と
して既存不遡及の原則から適用除外となる（法17条の2の5，
1項）が，政令（令34条）で定めるもの*に限り，既存遡及し
て改正後の基準が適用される。

> *・遡及適用される消防用設備等（令34条）
> 　①簡易消火用具，②自動火災報知設備（表11.4.1の⑴〜⑷，⑸
> 　イ，⑹，⑼イ，⑯イ，⑯の2）〜⑰の防火対象物に設けるも
> 　のに限る。），③ガス漏れ火災警報設備，④漏電火災警報器，
> 　⑤非常警報器具及び非常警報設備，⑥誘導灯及び誘導標識，
> 　⑦その他
> ・遡及適用される防火対象物（令34条の4）
> 　①表11.4.1の⑯イの複合用途防火対象物，②同表の⑴〜⑷，⑸
> 　イ，⑹，⑼イ，（16の3）の防火対象物

⑺ **消防設備士**

　危険物製造所等又は消防用設備等のうち次にあげるものの設
置工事等を行う場合には，消防設備士の資格を要する（法17条
の5，令36条の2）。消防設備士には，甲種と乙種があり，都

道府県知事が試験を行う（法17条の6～17条の13）。

【消防設備士の資格を要する工事等】（令36条の2）

① 屋内消火栓設備　　　　⑧ 屋外消火栓設備
② スプリンクラー設備　　⑨ 自動火災報知設備
③ 水噴霧消火設備　　　　⑩ ガス漏れ火災警報設備
④ 泡消火設備　　　　　　⑪ 消防通報用の火災報知設備
⑤ 不活性ガス消火設備　　⑫ 固定式金属製避難はしご
⑥ ハロゲン化物消火設備　⑬ 救助袋
⑦ 粉末消火設備　　　　　⑭ 緩降機

11-5

民　法
（明治29年法律第89号）

　私権に関する基本法である。私権は，①公共の福祉に従うこと，②権利の行使及び義務の履行は信義に従って誠実になすこと，③権利の濫用は許さないこと，が3つの柱である（民法1条）。

　民法の規定で，建築に関連する主なものには，次にあげるものがあるが，適合しない場合や争いのある場合は，当事者間の話合い又は裁判により解決し，行政庁は介入しない。

　建築に関する規定を含む第2編・物権は，第1編・総則，第3編・債権とともに，平成16年（2004年）に明治29年（1896年）の制定以来の大改正があり，従来の片仮名・文語体から平仮名・口語体になり，用語も新しくなった（平成17年4月施行）。

(1)　**土地所有権の範囲**（民法207条）

　土地の所有権は，法令の制限内で，その土地の上下に及ぶ。

(2)　**地上権の内容**（民法265条，269条の2）

　地上権者は，他人の土地において工作物などを所有するため，その土地を使用する権利を有する。

　地下又は空間は，工作物を所有するため，上下の範囲を定めて地上権の目的とすることができる。

(3)　**隣地の使用請求** ——隣地使用権—— （民法209条）

　隣地との境界付近に，塀や建物を作ったり，修繕したりする場合には，隣地の使用を請求できる。しかし，承諾がなければ住家に立ち入ることはできない。

(4)　**公道に至るための他の土地の通行権**（民法210条～213条）

　他の土地に囲まれて公道に通じない土地（＝袋地）の所有者は，公道に至るため，その土地を囲んでいる他の土地（改正前は「囲繞地（いにょうち）」といった。）を通行することができる。ただし，「公道」（改正前は「公路」）とは，必ずしも道路法による道路とは限らず，通行する経路は，囲む他の土地（囲繞地）の損害が最も少ない方法とする。

11

(5) **自然水流に対する妨害の禁止** ——排水権と承水義務——
（民法214条，218条等）

　隣地から自然に流れてくる水は妨げることはできない。ただ
し，直接雨水が隣地に落ちる屋根などは設けない。

(6) **囲障の設置** ——囲障設置権——（民法225条～228条）

　隣地境界線には，双方の所有者が共同の費用で囲障（塀）を
設けられるが，協議が調わないときは，高さ2mの板塀又は
竹垣とする。異なる慣習があれば，それに従う。

(7) **境界線付近の建築の制限** ——距離保存権——（民法234条，
236条，237条）

　隣地境界線の近くに建物を建てる場合は，50cm以上の距離
をとって建てる。この規定に反して建築工事をしようとする者
があったときは，建築をやめさせ，又は変更させることができ
る。ただし，着工から1年以上たったとき，又は建物の完成後
は，損害賠償の請求だけできる。なお，地域などによって，異
なる慣習（50cm以上又は50cm以下の距離とする場合など）
がある場合には，その慣習に従えばよい。

　〔注〕この規定と建築基準法との関係については，本書1章4(2)参
　　　照。

(8) **境界線に近い窓等の目隠し設置**（民法235条，236条）

　境界線から1m未満のところに，他人の宅地（家の建って
いる土地）を眺めることのできるような窓や縁側を作ろうとす
る者は，目隠しを付けなければならない。この1mの距離は，
窓などの隣地に最も近い部分において，建物に直角に測って算
定する。また，これと異なる慣習があればその慣習に従う。

(9) **境界線付近の掘削の制限**（民法237条，238条）

　境界線近くで掘削する場合，井戸，用水溜などは境界線から
2m以上，池や穴などは1m以上，水を通す管や溝は掘る深
さの半分以上離し，土砂崩れなどを防ぐ注意をする。

5

11-6

特定用途関係法規

(1) **学校教育法**（昭和22年法律第26号）

同法による「学校」とは，幼稚園，小学校，中学校，義務教育学校（平成28年4月1日施行），高等学校，中等教育学校，特別支援学校，大学及び高等専門学校をいい，これらに専修学校と各種学校を加えた広義の「学校（教育施設)」について，設置基準などを定めている。

(2) **医療法**（昭和23年法律第205号）

病院（患者の入院施設20人以上のもの），診療所（患者の入院施設19人以下のもの）及び助産所について，構造設備の基準などが定められている（規則16条，17条）。

病院の病室と診療所の療養病床の病室の床面積（内法で測定）は，患者1人に付き6.4 m² 以上，その他の病室は1人部屋で6.3 m² 以上，2人以上入院の室は1人に付き4.3 m² 以上（療養病床の病室は4床以下）とする。小児のみ入院の病室は，これらの床面積の 2/3 以上，1室6.3 m² 以上。

病院の患者が使用する廊下の幅は，1.8 m 以上，精神病床か療養病床のある病室に接する両側居室の場合は2.7 m 以上（その他の病床では2.1 m 以上），診療所の廊下の幅は，1.2 m 以上，診療所の両側居室の廊下では1.6 m 以上とする。

その他，直通階段と避難階段の設置と構造は建築基準法施行令とほぼ同じ（以上，規則16条）。

(3) **旅館業法**（昭和23年法律第138号）

旅館業とは，旅館・ホテル営業，簡易宿所営業及び下宿営業をいい，旅館，ホテル，簡易宿所及び下宿についての基準を定めている。旅館業の営業は，都道府県知事（保健所設置市では市長，都の特別区では区長）の許可を要する。

旅館・ホテル営業の施設は1室7 m² 以上（寝台を置く客室は9 m² 以上），簡易宿所営業の施設は客室が延べ 33 m²（宿泊者が9人以下の場合は 3.3 m² × 人数）以上で，階層式寝台の上

下段の間隔は 1 m 以上などの基準を定めている。カプセルホテルは, 簡易宿所に該当するが, 建築基準法では旅館の扱いとなる。

(4) 住宅宿泊事業法（平成29年法律第65号, 平成30年 6 月15日施行, 略称「民泊法」）

観光旅客の多様化した宿泊ニーズなどに対応するため制定された法律で, 住宅に宿泊させる際の事業者, 管理業者, 宿泊仲介業者の業務などを規定している。

住宅宿泊事業は, 都道府県知事（保健所設置市では市長, 都の特別区では区長）への届出を要し, 宿泊日数の限度を180日/年としている。この届出による住宅を「届出住宅」とし, 建築基準法の住宅, 長屋, 共同住宅又は寄宿舎は, 届出住宅であるものを含むとされている。

(5) 風俗営業等の規制及び業務の適正化等に関する法律（昭和23年法律第122号の風俗営業等取締法を, 昭和59年法律第76号で題名等変更, 略称「風営法」）

風俗営業（キャバレー, 待合, 料理店, カフェー, 低照度飲食店, 特定遊興飲食店（深夜に酒類提供）, 特殊喫茶（10ルクス以下, 又は 5 m² 以下の区画）, まあじゃん屋, ぱちんこ屋, スロットマシン・テレビゲームなどの施設をもつ営業など）を営む者は, 営業所の所在地を管轄する都道府県公安委員会の許可を要する。

また, 店舗型性風俗特殊営業（個室付浴場業, 性的好奇心をそそる興行, ラブホテル, アダルトショップなど）, 無店舗型性風俗特殊営業, 映像送信型性風俗特殊営業, 店舗型電話異性紹介営業, 無店舗型電話異性紹介営業については, 公安委員会に届出が必要である。風俗営業等の設置場所の制限などは, 都道府県の条例で定められる。

(6) 興行場法（昭和23年法律第137号）

映画, 演劇, 音楽, スポーツ, 演芸などを公衆に見せたり聞かせたりする施設（＝興行場）を経営する者は, 都道府県知事（保健所設置市では市長, 都の特別区では区長）の許可を受ける。興行場の換気, 照明などの基準は, 都道府県の条例で定める。

⑺ **駐車場法**（昭和32年法律第106号）

　路外駐車場（$\geq 500\,\mathrm{m}^2$）について，技術的基準を政令で定め，都市計画区域内で駐車料金を徴収する場合には，都道府県知事（指定都市及び中核市では市長）に届出が義務づけられる。

　また，駐車場整備地区内又は商業系地域内の一定規模以上の建築物やその他の地域（周辺地区や自動車ふくそう地区など）内の一定規模以上の特定用途の建築物などについて，地方公共団体の条例により，駐車場の附置義務を定め，建築確認の対象とすることができる（法20条，本書4章4⑥参照）。

⑻ **自転車の安全利用の促進及び自転車等の駐車対策の総合的推進に関する法律**（昭和55年法律第87号）

　百貨店，スーパーマーケット，銀行，遊技場など大量の自転車駐車需要のある施設について，自転車駐車場（いわゆる「駐輪場」）の設置を地方公共団体の条例で定めることができる（法5条4項）。この附置義務は建築確認の対象となる（本書4章4⑭参照）。また，公共用自転車駐車場の設置や放置自転車の撤去に努めることなども定めている。

⑼ **薬事法**（昭和35年法律第145号）

　薬局の開設は都道府県知事の許可，医薬品等の製造業は厚生労働大臣の許可を要する。許可基準の一部として薬局及び製造所の構造設備に関する省令が定められている（＝薬局等構造設備規則，昭和36年厚生省令第2号）。

⑽ **労働基準法**（昭和22年法律第49号）

　労働条件の最低基準を定めた法律で，本法による「事業附属寄宿舎規程」（昭和22年労働省令第7号），及び「建設業附属寄宿舎規程」（昭和42年労働省令第27号）では，寄宿舎の階段，廊下の構造，寝室の基準などを定めている。

⑾ **労働安全衛生法**（昭和47年法律第57号）

　労働災害防止のための危害防止基準，責任体制などを定めた法律で，事業者が，一定の業種・規模の事業場の建設物等を設置するときには，労働基準監督署長へ届け出ることなどを規定している。また，この法律に基づく「労働安全衛生規則」（昭和47年労働省令第32号）には，建築工事現場の作業方法などが，「事務所衛生基準規則」（昭和47年労働省令第43号）には，事務

所の労働者 1 人当たりの気積（10 m³），便器数などの基準が，「石綿障害予防規則」（平成17年厚生労働省令第21号）には，石綿（アスベスト）による労働者の肺がん，中皮腫などの健康障害を予防するため，建築物の解体作業などにおけるばく露防止対策，届出義務などが，定められている。

⑿　児童福祉法（昭和22年法律第164号）

「児童福祉施設」とは，助産施設，乳児院，母子生活支援施設，保育所，幼保連携型認定こども園，児童厚生施設（児童遊園，児童館など），児童養護施設，障害児入所施設，児童発達支援センター，児童心理治療施設，児童自立支援施設及び児童家庭支援センターをいい，都道府県が条例で定める設備と運営の最低基準に関し「児童福祉施設の設備及び運営に関する基準」（昭和23年厚生省令第63号）が定められている。

⒀　老人福祉法（昭和38年法律第133号）

「老人福祉施設」（＝老人デイサービスセンター，老人短期入所施設，養護老人ホーム，特別養護老人ホーム，軽費老人ホーム，老人福祉センター，老人介護支援センター）の設置に関する規定及び「養護老人ホームの設備及び運営に関する基準（昭和41年厚生省令第19号）」，「特別養護老人ホームの設備及び運営に関する基準（平成11年厚生省令第46号）」などを定めている。

⒁　介護保険法（平成 9 年法律第123号）

「介護保険施設」（＝指定介護老人福祉施設，介護老人保健施設）などの指定，設置許可などについて定めている。

⒂　公衆浴場法（昭和23年法律第139号）

公衆浴場を経営する者は，都道府県知事（保健所設置市では市長，都の特別区では区長）の許可を受けることを定めている。公衆浴場の設置の場所，構造設備の基準，普通公衆浴場と特殊公衆浴場の種別などは，都道府県の条例で定める。

⒃　官公庁施設の建設等に関する法律（昭和26年法律第181号）

準防火地域内で延べ面積が300 m²を超える庁舎又は地域に関わらず延べ面積が1,000 m²を超える庁舎は，原則として，耐火建築物とするなど，国の建築物の位置や構造，営繕，保全，一団地の官公庁施設などについて規定している。

⑰ **文化財保護法**（昭和25年法律第214号）

重要文化財（国宝を含む）は，文部科学大臣が指定する。

市町村は，「伝統的建造物群保存地区」を，都市計画区域又は準都市計画区域内では都市計画として，都市計画区域又は準都市計画区域外では条例で指定し，地区の保存のため，条例で現状変更の規制などを定める。

文部科学大臣は，伝統的建造物群保存地区の区域のうち特に価値が高いものを「重要伝統的建造物群保存地区」として選定し告示する。令和3年8月2日現在の「重伝建地区」は，43都道府県104市町村126地区。

地方公共団体は，重要文化財等以外の文化財で重要なものを条例で指定して，その保存・活用の措置を講ずる。

重要文化財等に指定された建築物等は，建築基準法の制限が大幅に緩和される（建築基準法3条1項，85条の3，本書1章7(1)，(10)参照）。

⑱ **畜舎等の建築等及び利用の特例に関する法律**（令和3年法律第34号，通称「畜舎建築特例法」）

畜舎（家畜の飼養施設・関連施設）及び堆肥舎（家畜排せつ物の処理・保管用施設等）を「畜舎等」といい，その敷地，構造及び建築設備が技術基準に適合するように建築等をし，及び利用基準に従って利用しようとする者は，畜舎建築利用計画を作成し，都道府県知事の認定を受けることができる。認定畜舎等については，建築基準法令の規定は，適用しない。

11-7

都市開発・整備等関係法規

(1) __土地区画整理法__（昭和29年法律第119号）

公共施設の整備改善，宅地の利用の増進などを図るため，通常，換地処分と精算金によって，土地の区画形質の変更と公共施設の新設・変更をする。土地区画整理事業は，都道府県，市町村，独立行政法人都市再生機構，土地区画整理組合などが施行する。土地区画整理事業の施行区域内で土地の形質の変更，建築物の建築，工作物の建設などを行う場合には，都道府県知事などの許可を要する（法76条）。

(2) __都市再開発法__（昭和44年法律第38号）

市街地の計画的な再開発に関する事項を定めて，土地の合理的で高度な利用と都市機能の更新を図るための法律である。市街地再開発事業は，本法及び都市計画法に基づいて行われ，第一種及び第二種市街地再開発事業に区分される。

第一種市街地再開発事業は，主に，権利変換方式によって行われるもので，①土地の所有者等（1人又は数人の共同），②市街地再開発組合，③一定の条件に該当する株式会社，④地方公共団体・独立行政法人都市再生機構・地方住宅供給公社などが，㈠高度利用地区，㈡都市再生特別地区，㈢特定条件にあった地区計画等の区域内の土地において行うことができる。

第二種市街地再開発事業は，主に全面買収方式により，前記③，④の団体が行う。

(3) __道路法__（昭和27年法律第180号）

道路網を整備するため，高速自動車国道，一般国道，都道府県道及び市町村道に関し，路線の指定・認定，管理（占用許可等），構造，保全，費用の負担区分などを定めている。

道路の幅員，建築限界，線形，勾配，路面，排水施設など，法30条による道路の構造に関する技術的基準は，道路構造令（昭45政令320号）に定められている。

(4) **密集市街地における防災街区の整備の促進に関する法律**
　（平成9年法律第49号，略称「密集法」）

　老朽木造建築物が密集した市街地（密集市街地）について計画的な再開発による防災街区の整備を促進するために，市街化区域の方針に防災再開発促進地区の整備又は開発の計画を定める。同促進地区の区域内では建替計画の認定，延焼等危険建築物に対する除却の勧告，代替建築物の提供などが行われる。所管行政庁が建築主事の同意を得て「建替計画」の認定をした建築物は，建築基準法による建築確認又は適合通知を受けたものとみなされる（法5条）。

　さらに，密集市街地の防災機能を向上させるため，都市計画の地域地区として特定防災街区整備地区を定め，建築物の敷地面積の最低限度や壁面の位置の制限，高さの最低限度などを都市計画に定めることができる（建築基準法67条，本書6-5章8参照）。

　また，特定防災機能（火事や地震が発生した場合に延焼防止上・避難上確保されるべき機能）の確保などを図るため，都市計画に防災街区整備地区計画が定められる。同計画には特定建築物地区整備計画や防災街区整備地区整備計画が定められる。整備計画には道の配置・規模，建築物の用途，容積率，建蔽率，敷地の最低限度，壁面の位置，高さ，防火などの制限が定められるが，これらは市町村（都では特別区）の条例で定めて，建築確認の対象とすることができる（本書6-5章10参照）。

(5) **地域における歴史的風致の維持及び向上に関する法律**（平成20年法律第40号，略称「歴史まちづくり法」）

　地域における歴史的風致の維持及び向上を図るため，歴史的風致維持向上基本方針の策定，歴史的風致維持向上計画の認定，認定を受けた歴史的風致維持向上計画に基づく特別の措置，歴史的風致維持向上地区計画に関する都市計画の決定などにより，個性豊かな地域社会の実現を図り，都市の健全な発展及び文化の向上のための法律である。

　歴史的風致維持向上地区計画は，歴史的風致の維持及び向上と土地の合理的かつ健全な利用を図るため，都市計画に定められる。同計画には，歴史的風致維持向上地区整備計画が定めら

れる。同整備計画には，道の配置・規模，建築物の用途，容積率，建蔽率，敷地の最低限度，壁面の位置，高さ，意匠などの制限が定められるが，これらは市町村（都では特別区）の条例で定めて，建築確認の対象とすることができる（本書6-5章10参照）。

(6)　**幹線道路の沿道の整備に関する法律**（昭和55年法律第34号，略称「沿道整備法」）

　道路交通騒音の著しい幹線道路の沿道について，沿道整備を促進するために，道路交通騒音障害を防止し，適正で合理的な土地利用を図り，円滑な道路交通の確保と良好な市街地の形成に資するための法律である。沿道地区計画における沿道整備計画の区域内では，土地の区画形質の変更，建築物の建築等を行う者は，市町村長に届け出る。建築基準法68条の2に基づく条例によって制限されることもある。さらに，遮音上有効な緩衝建築物の建築費用の一部負担を道路管理者に求めることもできる。

(7)　**急傾斜地の崩壊による災害の防止に関する法律**（昭和44年法律第57号）

　急傾斜地（傾斜度30度以上）の崩壊防止などを図るために，都道府県知事は，関係市町村長（特別区の区長を含む）の意見をきいて急傾斜地崩壊危険区域を定め，水の放流，工作物の設置などを制限することができる。同区域内で崩壊による危険の著しい区域は，建築基準法39条により災害危険区域に指定し，条例で建築制限等を行う。

(8)　**集落地域整備法**（昭和62年法律第63号）

　市街化区域以外の都市計画区域内で，かつ，農業振興地域内の集落地域において，営農条件と居住環境の整備・保全を行う必要がある区域を，都市計画に集落地区計画（道路などの集落地区施設や建築物等の用途・建蔽率・高さなどを定めた集落地区整備計画などを含む）として定め，その区域内の建築等については，届出・勧告などによる制限を行う。また，集落地区整備計画に定める建築基準などは，建築基準法68条の2に基づく条例により制限することができる。

⑼ **流通業務市街地の整備に関する法律**（昭和41年法律第110号）

　流通業務市街地として整備するため，大都市の幹線道路などに接して「流通業務地区」を都市計画として定め，その地区内では，トラックターミナル，貨物駅，卸売市場，倉庫，道路貨物運送業，金属の切断や木材の製材工場，附属駐車場，自動車修理工場などに限って建築を認め（法5条1項），さらに同地区内に「流通業務団地」に関する都市計画を定め，建蔽率や容積率，高さ制限などを別途定める（法7条）。なお，流通業務地区内には建築基準法48条・49条の用途地域・特別用途地区の制限は適用しない（法5条3項）。

⑽ **港湾法**（昭和25年法律第218号）

　臨港地区（都市計画として定めるものと都市計画区域外で港湾管理者が国土交通大臣の認可を受けて定めるものがある）内において，港湾管理者が定めた分区（商港区，工業港区，漁港区など10分区）内では，建築基準法48条・49条の用途地域・特別用途地区の制限は適用せず（法58条），用途制限等は，港湾管理者としての地方公共団体の条例で別途定める（法40条）。

⑾ **景観法**（平成16年法律第110号）

　景観に関する総合的な法律で，景観行政団体（市町村又は都道府県）が定める景観計画区域内では，届出，勧告，変更命令などにより建築行為などが規制され，景観重要建造物（令和4年3月31日現在730件，2県105市区町）については現状変更なども規制される。

　景観地区（旧美観地区を改正したもので，都市計画区域又は準都市計画区域内に市町村が指定する。）内では建築物の形態意匠の制限と，必要に応じて高さの限度，壁面の位置，敷地面積の最低限度の制限が定められる。同地区内で建築等を行う場合は，建築物の形態意匠（色彩など）については市町村長の景観認定（法63条）を受け，高さや壁面の位置，敷地面積の最低限度については建築確認の対象となる（建築基準法68条）。また，これらの制限に適合しないものは違反是正の対象ともなる。

　準景観地区（市町村が都市計画区域・準都市計画区域外の景観計画区域内に指定する。）内では，市町村の条例で，建築物

や開発行為などの規制をすることができる。

(12) **都市緑地法**（昭和48年法律第72号）

旧都市緑地保全法を平成16年に改正，緑地保全地域と緑化地域が創設された。建築物の建築等を行う場合，緑地保全地域内では届出，特別緑地保全地区内では許可が必要となる。

緑化地域（用途地域内で，緑地が不足し建築敷地内での緑化を進める必要がある区域として都市計画で定める地域。）内では，都市計画に緑化率（緑化施設の面積／敷地面積）の最低限度が定められ，地区計画等の区域内では市町村の条例で緑化率が定められることがある。これらの規定はそれぞれ建築確認の対象となる（法35条，36条及び39条1項，本書4章4⑱参照）。

(13) **古都における歴史的風土の保存に関する特別措置法**（昭和41年法律第1号）

国土交通大臣が指定する歴史的風土保存区域内に都市計画として指定する「歴史的風土特別保存地区」内では，建築物や工作物の建築，土地の形質の変更などは府県知事（指定都市では市長）の許可を要する。

(14) **自然公園法**（昭和32年法律第161号）

国立公園，国定公園内などの建築物・工作物の設置などは許可を必要とする。国立公園又は国定公園内に指定された特別地域内では，建築物や工作物の建築などは，国立公園内では環境大臣の，国定公園では都道府県知事の許可を受けなければならない。同様に，特別地域内に指定された特別保護地区内でも許可を要する。

(15) **都市公園法**（昭和31年法律第79号）

地方公共団体又は国が設置する都市計画施設の公園又は緑地について，設置及び管理の基準などを定めている。都市公園（緑地を含む）内で建築物の建築等を行う者は，公園管理者の許可を受けなければならない。

(16) **屋外広告物法**（昭和24年法律第189号）

良好な景観・風致を維持するために，都道府県条例で，屋外広告物等の設置の禁止又は形状等の基準や景観計画に即した制限を定めることができる（法3条〜6条）。この条例のうち広告物の表示及び広告物を掲出する物件の設置の禁止又は制限に

関する部分は，建築確認の対象となる（本書4章4②参照）。

(17)　**電波法**（昭和25年法律第131号）

　電波の伝搬障害防止区域内の高さ31mを超える建築物について，総務大臣への届出の義務などが定められている。

(18)　**都市再生特別措置法**（平成14年法律第22号）

　近年における，急速な情報化，国際化，少子高齢化等の情勢の変化に対応するには，わが国の都市の現状が不十分であることから，都市の再生（社会経済情勢の変化に対応した都市機能の高度化及び都市の居住環境の向上）を図るために，都市部に都市の再生の推進に関する基本方針等を定め，都市再生緊急整備地域における市街地の整備を促進するための民間都市再生事業計画の認定，都市計画の特例等の特別の措置を講じ，社会経済構造の転換を円滑化し，国民経済の健全な発展及び国民生活の向上に寄与することを目的とした法律である。

　都市再生本部は，内閣総理大臣を本部長として，全ての国務大臣で組織され，都市再生の基本方針を作成し，同方針の実施を推進し，都市再生緊急整備地域を指定する。

　都市再生緊急整備地域のうち，都市の再生に貢献し，土地の合理的かつ健全な高度利用を図る特別の用途，容積，高さ，配列等の建築物の建築を誘導する必要があると認められる区域については，都市計画に，都市再生特別地区を指定することができる（本書6-5章5参照）。

　市町村は，住宅及び都市機能増進施設（医療施設，福祉施設，商業施設等，都市機能の増進に著しく寄与するもの）の立地の適正化を図るため，立地適正化計画を作成することができる。この計画には，都市機能誘導区域（都市機能増進施設の立地を誘導すべき区域），居住誘導区域等が定められる。都市機能誘導区域内には，誘導すべき施設の容積率，建築面積及び用途の制限を緩和する特定用途誘導地区を都市計画に定めることができる。

(19)　**国家戦略特別区域法**（平成25年法律第107号）

　わが国を取り巻く国際経済環境の変化などの経済社会情勢の変化に対応して，経済社会の活力の向上及び持続的発展を図るためには，国が定めた国家戦略特別区域において，経済社会の

構造改革を重点的に推進することにより，産業の国際競争力を強化するとともに，国際的な経済活動の拠点を形成することが重要であることから，国家戦略特別区域において，規制改革などの施策を総合的かつ集中的に推進するために必要な事項を定め，もって国民経済の発展及び国民生活の向上に寄与することを目的とした法律である。

　国家戦略特別区域会議が，国家戦略特別区域内において産業の国際競争力の強化・国際的な経済活動の拠点の形成を図るために必要な住宅の整備を促進する事業として国家戦略住宅整備事業を定めた区域計画について，内閣総理大臣の認定を受けたときは，建築物の全部又は一部を住宅の用途に供する所定の要件に該当するものは，建築基準法52条1項の容積率制限が緩和される。

11-8

住宅関係法規

(1) 住生活基本法 （平成18年法律第61号）

豊かな住生活の実現を図るため，住生活の安定の確保と向上の促進に関する施策について，その基本理念，国・地方公共団体・住宅関連事業者の責務，住生活基本計画などの基本事項を定めている（表11.8.1）。

表11.8.1 住生活基本計画 （全国計画） （令和3年3月）

①住宅性能水準	・基本的機能（居住室の構成等，共同住宅の共同施設） ・居住性能（耐震性等，防火・防犯・耐久性，維持管理等，断熱性等，室内空気環境，採光等，遮音性，高齢者配慮，その他） ・外部性能（環境性能，外観等）
②居住環境水準	・居住環境水準の項目と指標（安全・安心，美しさ・豊かさ，持続性，アクセスのしやすさ等）
③居住面積水準	一般と都市の誘導水準及び最低水準 ・単身者：一般55 m²，都市居住40 m²，最低25 m² ・2人以上世帯：　　　一般25 m²×世帯人数＋25 m² 〔10歳未満，5人〕　都市居住20 m²×世帯人数＋15 m² 〔以上は低減　　〕　　　最低10 m²×世帯人数＋10 m²
④公営住宅の供給の目標量の設定の考え方	

(2) 公営住宅法 （昭和26年法律第193号）

低額所得者のために，地方公共団体が国の補助を受けて住宅を建設し，低廉な家賃で賃貸する。公営住宅の整備は，公営住宅等整備基準（平成10年建設省令第8号）によって行う。

(3) 独立行政法人都市再生機構法 （平成15年法律第100号）

都市地域における居住環境の向上及び賃貸住宅の供給・管理に関する業務，並びに都市公園の整備を行うことなどにより，国民生活の安定向上と経済の健全な発展に寄与する。

旧・日本住宅公団法(昭30) →住宅・都市整備公団法(昭56)
→都市基盤整備公団法(平11) →本法(平15)。

⑷ **独立行政法人住宅金融支援機構法**（平成17年法律第82号）

　国民の安定的な住宅取得等を図るため，旧住宅金融公庫の権利・義務を継承し，債権の証券化等により一般の金融機関による住宅資金の貸付けを支援する独立行政法人住宅金融支援機構の業務の範囲等を定めている。同機構では，旧公庫で行っていた住宅資金の直接の融資は原則として行わないが，民間金融機関では実施が比較的困難な災害関係の融資や密集市街地建替えの為の融資などは行う。また，良質住宅の建設などを促進するために必要な情報の提供なども行う（平成19年4月1日施行）。

⑸ **地方住宅供給公社法**（昭和40年法律第124号）

　都道府県又は指定都市の地方公社は，住宅不足の著しい地域で住宅を必要とする勤労者の資金を受け入れ，他の資金と併せて，良好な集団住宅及び宅地の供給を行う（積立分譲住宅など）。

⑹ **住宅地区改良法**（昭和35年法律第84号）

　不良住宅が密集して危険又は有害な状況にある改良地区の整備及び改良住宅の建設を行う事業（住宅地区改良事業）に関して規定している。

⑺ **住宅の品質確保の促進等に関する法律**（平成11年法律第81号，略称「品確法」又は「住宅品質確保促進法」）

　住宅の品質の向上を目的とし，併せて，住宅建築に伴うトラブルの未然の防止及び欠陥等が生じた場合の紛争解決が速やかにできるように定められた法律。その主要な内容は，①新築住宅の請負及び売買契約に関する瑕疵担保制度，②住宅の性能評価と紛争処理体制の2つの柱に分れる。①は，新築住宅について全ての契約に適用され，法律施行時の平成12年4月1日から施行されているが，②の内容は，性能評価機関が指定された同年10月3日以降に，実際に動き出した。

① 新築住宅の請負及び売買契約に関する瑕疵担保制度

　住宅を新築*¹する請負契約において，請負人は住宅の構造耐力上主要な部分等*²については，引渡しのときから10年間の瑕疵担保責任を負うことが義務づけられる（法94条）。新築住宅の売買契約についても同様に，売主が瑕疵担保責任を負う（法95条）。従って，契約内容に関わらず，請負人又

は売主が，10年間は瑕疵担保の責任を負うことを定めたものであり，注文者又は買主がこの内容より不利となるような契約をしても無効となる（法94条2項，95条2項）。新築住宅に関して，この10年間の期間は，請負契約又は売買契約で，特約として10年以上20年以内とすることができる（法97条）。

＊1　工事完了から1年以内のもので，かつ，人の居住の用に供したことのないもの（法2条2項）。

＊2　構造耐力上主要な部分等（法94条1項，令5条）
　　　住宅のうち，瑕疵担保期間10年の対象となる部分で，a.と b.をいう。

　　a．構造耐力上主要な部分：本書2章6参照，建築基準法の定義と同じ。

　　b．雨水の浸入を防ぐ部分で，次の一又は二にあげるもの
　　　　一．屋根，外壁，これらの開口部に設ける戸・枠・その他の建具
　　　　二．雨水用排水管のうち，屋根若しくは外壁の内部又は屋内にある部分

② 性能評価と紛争処理体制

a．性能表示と評価

　　住宅に関するいろいろな性能について，その表示基準を設定し，その性能を評価できる機関を設置することによって，住宅の品質を確保しようというものである。国土交通大臣及び内閣総理大臣は，住宅の性能に関し表示すべき事項及びその表示方法の基準（日本住宅性能表示基準，平13国交告1346）（表11.8.2）を定め（法3条），国土交通大臣は，その基準に従って表示すべき住宅の性能に関する評価の方法の基準（評価方法基準，平13国交告1347）を定める（法3条の2）。

　　告示1346で示された，新築住宅に係る表示すべき事項の概要は次のとおりである（これらの事項ごとに，それぞれの等級，表示方法，説明事項，説明に用いる文字が定められている）。ほかに，既存住宅及び部位ごとの劣化事象等（平14年8月施行）もある。

表11.8.2 【日本住宅性能表示基準】（平13国交告1346）

表中，「戸住」は１戸建住宅，「共住」は共同住宅等の略で，未記入は両者に適用。等級は，数の多い方が性能が高い。

1	構造の安定関係	
1-1	耐震等級（地震に対する構造躯体の倒壊等防止）	等級３〜１
1-2	耐震等級（地震に対する同損傷防止）	等級３〜１
1-3	耐震（地震に対する同倒壊等防止及び損傷防止）	免震建築物か否か
1-4	耐風等級（暴風に対する同倒壊等防止及び損傷防止）	等級２〜１
1-5	耐積雪等級（屋根の積雪に対する同倒壊等防止及び損傷防止）多雪区域内の戸住・共住に適用	等級２〜１
1-6	地盤又は杭の許容支持力等及びその設定方法	
1-7	基礎の構造方法及び形式等	

2	火災時の安全関係	
2-1	感知警報装置設置等級（自住戸火災時）	等級４〜１
2-2	同上（他住戸等火災時），共住（避難階の住戸を除く。）に適用	等級４〜１
2-3	避難安全対策（他住戸等火災時・共用廊下の排煙と平面形状），同上に適用　経路の隔壁開口部耐火等級	等級３〜１
2-4	脱出対策（火災時），地上３階以上の住戸及び同上に適用	
2-5	耐火等級（延焼のおそれのある部分（開口部））	等級３〜１
2-6	同上（延焼のおそれのある部分（開口部以外））	等級４〜１
2-7	同上（界壁及び界床），共住に適用	等級４〜１

3	劣化の軽減関係	
3-1	劣化対策等級（構造躯体等）	等級３〜１

4	維持管理への配慮関係	
4-1	維持管理対策等級（専用配管）	等級３〜１
4-2	同上（共用配管），共住に適用	等級３〜１
4-3	更新対策等級（共用排水管），共住に適用	等級３〜１
4-4	更新対策（住戸専用部），躯体天井高，壁・柱の有無	

5	温熱環境・エネルギー消費量関係	
5-1	断熱等性能等級	等級７〜１
5-2	一次エネルギー消費量等級（平27.4施行）	等級6, 5, 4, 1

6　空気環境関係		
6-1	ホルムアルデヒド対策（内装）・発散等級	等級3～1
6-2	換気対策（居室，便所・浴室・台所）	
6-3	室内空気中の化学物質の濃度等	

7　光・視環境関係		
7-1	単純開口率	
7-2	方位別開口比	

8　音環境関係		
8-1	重量床衝撃音対策等級，共住に適用	等級5～1
8-2	軽量床衝撃音対策等級，共住に適用	等級5～1
8-3	透過損失等級（界壁），共住に適用	等級4～1
8-4	同（外壁開口部）	等級3～1

9　高齢者等への配慮関係		
9-1	高齢者等配慮対策等級（専用部分）	等級5～1
9-2	同（共用部分），共住に適用	等級5～1

10　防犯関係	
10-1	開口部の侵入防止対策（平18.4.1.改正施行）

〔注〕日本住宅性能評価表示基準に基づく住宅性能評価は，評価員の資格や人数，住宅関連事業者に支配されていない。専任の管理者を有するなどとする登録基準（法9条）に適合するものとして国土交通大臣の登録を受けた**登録住宅性能評価機関**（平成18年3月に指定から登録制に改正）が申請を受けて行い，住宅性能評価書を交付する（法5条1項）。住宅の建設工事の請負人が，この評価書又はその写しを契約書に添付した場合，又は注文者に交付した場合には，これらに表示された性能の住宅の工事を行うことを契約したとみなされる（法6条1項）。新築住宅の売主についても同様である（法6条2項，3項）。

　　認定手続の合理化に伴い，民間機関が住宅性能評価と長期優良住宅基準の確認を併せて実施できる（法6条の2）。

b．住宅型式性能認定等

　　国土交通大臣の登録を受けた登録住宅型式性能認定等機関は，申請により，住宅型式認定（住宅又はその部分の型式（平12建告1655）について，性能表示基準の性能を有することについて認定をすること）をすることができる（法31条）。型式とは，住宅の構造や外形などが，一定の特徴をもっていることと解されている。また，同機関は，申請により，規格化された型式の住宅又はその部分（平12建告1656）の製造又は新築をする者について認証を行うことが

できる（法33条）。規格化とは，工場生産等により標準化
された品質が確保されることと解されている。これらの認
定又は認証を受けた型式に適合する住宅又はその部分は，
住宅性能評価において，その認定された性能があるものと
みなされる（法32条，40条）。

c．紛争処理

　国土交通大臣は，弁護士会又は一般社団法人若しくは一
般財団法人を，その申請により，紛争処理を行うものとし
て指定できる（指定住宅紛争処理機関）（法66条）。この紛
争処理機関は，住宅性能評価書の交付を受けた住宅に係る
紛争の処理について，あっせん，調停及び仲裁（本書11-
1章4(2)参照）を行う（法67条）。令和5年1月1日現在
全国の単位弁護士会の52の機関（北海道5，東京3，その
他の府県各1）が指定されている。国土交通大臣は，この
紛争処理機関による紛争の迅速な解決のために，紛争処理
の技術的基準を定めている（法74条，平12建告1653）。

(8)　**特定住宅瑕疵担保責任の履行の確保等に関する法律**（平成
19年法律第66号，略称「住宅瑕疵担保履行法」）

　前記(7)の住宅品質確保促進法により，新築住宅の建設業者及
び宅地建物取引業者（新築住宅の売主等）は，住宅の構造耐力
上主要な部分と雨水の浸入を防ぐ部分について10年間の瑕疵担
保責任を負うことになったが，新築住宅の売主等に十分な資力
がなく瑕疵担保責任が履行されない場合には，住宅購入者など
が極めて不安定な状態に置かれることとなるため，このような
事態に対処するため，次のような規定を定めたものである。

①　新築住宅の売主等に対して，住宅の供給戸数に応じた保証
金の供託を義務づける。

②　住宅瑕疵担保責任保険契約を結んだ住宅の戸数は①の供給
戸数から除くことができる。

③　②の保険の引受け先として，国土交通大臣は住宅瑕疵担保
責任保険法人（一般社団法人，一般財団法人又は株式会社）
を指定する。

④　上記保険契約に関する住宅の売主等と住宅購入者等との紛
争を処理する体制を整備する。

⑼ **長期優良住宅の普及の促進に関する法律**（平成20年法律第87号，略称「長期優良住宅法」）

　長期間にわたり良好な状態で使用できるような構造と設備を備えた優良な住宅（長期優良住宅）の普及を図るための施策を定めた法律で，平成21年6月4日から施行された。

　対象となる長期優良住宅とは，その構造と設備が，長期使用構造等（腐食，腐朽及び摩損の防止並びに地震に対する安全性の確保に関し国が定める誘導基準に適合させる措置等が講じられた住宅の構造と設備をいう。）である住宅をいう。

① 　長期優良住宅建築等計画の認定申請（法5条）

　　次の者は，長期優良住宅建築等計画を作成し，所管行政庁（建築基準法上の特定行政庁とほぼ同じ。）の認定を申請することができる。

　1）長期優良住宅を建築し，自らその建築後の住宅の維持保全を行おうとする者

　2）長期優良住宅を建築し，譲受人と共同してその計画を作成する譲受人に譲渡しようとする者（分譲事業者）

　3）2）に関わらず，譲受人を決定するまでに相当期間を要する場合で，譲受人の決定に先立って建築工事に着手する必要がある単独での分譲事業者

　4）区分所有住宅の長期優良住宅を建築し，管理者等において建築後の住宅の維持保全を行おうとする区分所有住宅分譲事業者

　5）区分所有住宅の増改築をして長期使用構造等とし，増改築後の長期優良住宅の維持保全を行おうとする区分所有住宅の管理者等

　6）区分所有住宅以外の既存住宅で長期使用構造等に該当し，長期優良住宅として維持保全を行おうとする所有者等

　7）既存の区分所有住宅で長期使用構造等に該当し，長期優良住宅として維持保全を行おうとする区分所有住宅の管理者等

② 　長期優良住宅建築等計画の認定・認定基準等（法6条）

　1）所管行政庁は，①の申請に係る長期優良住宅建築等計画が一定の認定基準（耐久性，耐震性，可変性，維持保全の

容易性，自然災害被害の発生防止等，維持保全に関する計画など）に適合するときは，認定することができる。

2）認定申請者が申請に併せて建築基準法による確認申請書を提出し，所管行政庁が建築主事から建築基準関係規定に適合する旨の通知を受けて認定したときは，その認定を受けた長期優良住宅建築等計画は，同法6条1項による確認済証の交付があったものとみなされる。

⑽　**建物の区分所有等に関する法律**（昭和37年法律第69号，略称「区分所有法」）

専有部分（住戸・店舗など，区分所有権の対象部分）と共用部分（廊下・階段・集会室・車庫など，専有部分の面積の割合に応じた共有持分の対象部分）とからなる分譲マンションなどの建築物について，専有部分，共用部分及び敷地に関する権利関係，並びにこれらの部分の管理の方法（管理組合法人），建物の復旧と建替え（区分所有者・議決権の各4/5以上の建替え決議）などについて規定している。この法律単独で，又は⑽～⑿を合わせた総称として「マンション法」ということがある。

⑾　**マンションの管理の適正化の推進に関する法律**（平成12年法律第149号，略称「マンション管理適正化法」）

初めて「マンション」を法律用語として使用。マンション管理士の資格，マンション管理業者の登録制度などを規定している。

⑿　**マンションの建替え等の円滑化に関する法律**（平成14年法律第78号，略称「マンション建替円滑化法」）

区分所有法による建替え決議後の建替事業（マンション建替組合の設立，参加組合員，権利変換計画の認可など），危険又は有害なマンションの建替え勧告，転出所有者への措置などを定めていたが，平成26年の改正で，除却の必要性に係る特定行政庁の認定制度（102条），要除却認定マンションを建て替える場合の容積率の特例許可制度（105条），同マンションの敷地売却決議と売却事業などの規定が定められた。

⒀　**空家等対策の推進に関する特別措置法**（平成26年法律第127号，略称「空家特措法」）

適切な管理が行われていない空家等が防災，衛生，景観等の

地域住民の生活環境に深刻な影響を及ぼしており，地域住民の生命，身体又は財産を保護するとともに，生活環境の保全を図り，空家等の活用を促進するため，空家等に関する施策を総合的かつ計画的に推進する必要があることから定められた法律である。空家等の施策に関し，国による基本指針の策定，市町村による空家等対策計画の作成，空家等の施策を推進するために必要な事項を定めている。

「空家等」とは，居住や使用がないのが常態である建築物やその附属工作物及びその敷地をいい，「特定空家等」とは，

①　倒壊等著しく保安上危険となるおそれのある状態

②　著しく衛生上有害となるおそれのある状態

③　適切な管理が行われないことにより著しく景観を損なっている状態

④　その他周辺の生活環境の保全を図るために放置することが不適切である状態

にある空家等と定義し，特定空家等に対しては，市町村長により除却，修繕，立木竹の伐採等の措置の指導・助言，勧告，命令，行政代執行による強制執行が可能である旨などを定めている。

11-9

その他の関係法規

(1) **国土利用計画法**（昭和49年法律第92号）

地価の高騰を抑制し，総合的，かつ，計画的な国土の利用を図るため，国土利用計画（全国，都道府県，市町村），土地利用基本計画（都市・農業・森林・自然公園・自然保全の各地域など），土地取引の規制（規制区域内では許可，監視区域など規制区域外では一定規模以上届出），遊休土地に関する措置（許可又は届出後2年以上未使用の土地を指定）などについて規定している。

(2) **建築物における衛生的環境の確保に関する法律**（昭和45年法律第20号，略称「ビル管理法」，通称「ビル管法」）

3,000 m² 以上の特定建築物（興行場，百貨店，集会場，図書館，博物館，美術館，遊技場，店舗，事務所，学校，研修所及び旅館。ただし，学校教育法1条による学校は8,000 m² 以上）について，室内の空気の温湿度，風速，汚染度などに関する一定の基準を定めている。特定建築物の所有者は，建築物環境衛生管理技術者を選任し，当該建築物の用途，延べ面積，構造設備の概要などとともに，都道府県知事（保健所設置市では市長，都の特別区では区長）に届け出る。また，建築主事等は，特定建築物の確認申請があったときは，その旨を保健所長に通知する（建築基準法93条）。

(3) **浄化槽法**（昭和58年法律第43号）

浄化槽の設置，保守点検，清掃及び製造について規制するとともに，浄化槽工事業者の登録制度，浄化槽清掃業の許可制度，浄化槽設備士，浄化槽管理士の資格などを定めている（法1条）。便所と連結したし尿の処理，又は終末処理下水道以外に放流する設備としては，原則として浄化槽以外のものは設けない（法3条の2，この規定は，建築確認の対象になる。本書4章4⑮参照）。環境大臣は，浄化槽から公共用水域等に放流される水の水質基準を定める。浄化槽の構造基準は，建築基準法令の定

めによる（法4条）。

　浄化槽を設置する者は，建築基準法による確認申請を要する場合を除き，都道府県知事及び知事を経由して特定行政庁に，それぞれ届け出る（法5条）。届出を受けた知事及び特定行政庁は，必要に応じて，改善などについて，知事は勧告し，特定行政庁は命令することができる。設置後の水質検査，保守点検，清掃，定期検査などについても定めている。

(4) **廃棄物の処理及び清掃に関する法律**（昭和45年法律第137号，略称「廃棄物処理法」，「廃掃法」，「ごみ処理法」）

　廃棄物の排出の抑制，適正な分別，保管，収集，運搬，再生，処分等について規定している。一般廃棄物及び産業廃棄物の処理施設を設置する者は，都道府県知事（保健所設置市では市長，都の特別区では区長）の許可を要する（法8条，15条）。

(5) **エネルギーの使用の合理化等に関する法律**（昭和54年法律第49号，略称「省エネ法」）

　燃料資源の有効な利用を確保するため，一定規模以上の工場や事業場，建築物などのエネルギー使用の合理化に関する措置などが定められている。住宅，物品販売店，事務所，ホテルなどの省エネルギー措置等について，建築主の判断基準，設計・施工の指針が告示されている。

　特定建築物の届出などを規定していたが，次の(6)項の法律に規定され削除された（平成29年4月）。

(6) **建築物のエネルギー消費性能の向上に関する法律**（平成27年法律第53号，略称「建築物省エネ法」）

　社会経済情勢の変化に伴い建築物におけるエネルギーの消費量が著しく増加していることから，建築物のエネルギー消費性能の向上を図るため，住宅以外の一定規模以上の建築物のエネルギー消費性能基準への適合義務の創設，エネルギー消費性能向上計画の認定制度の創設等の措置を講ずる必要があることから定められた法律である。

① 省エネ向上計画の認定（容積率特例）：省エネ性能の優れた建築物は，所管行政庁の認定を受けて容積率の特例（延べ面積の1/10が限度）を受けることができる。

② エネルギー消費性能の表示：エネルギー消費性能基準に適

合している建築物は，所管行政庁の認定を受けてその旨を表示することができる。

③　特定建築物[*1]の建築主の基準適合義務：建築主は，特定建築行為[*2]をしようとするときは，当該特定建築物（非住宅部分）を建築物エネルギー消費性能基準に適合させなければならず，また，工事着手前に，所管行政庁（又は登録建築物消費性能判定機関）に建築物エネルギー消費性能確保計画を提出して，建築物エネルギー消費性能基準適合性判定を受けなければならない。この基準適合義務規定は，建築基準法6条1項の「建築基準関係規定」とみなされる（本書4章4参照）。

> [*1]　特定建築物：非住宅部分の床面積が300 m^2（令和3年4月までは2000 m^2）以上の建築物。
> [*2]　特定建築行為：特定建築物の新築又は増改築（非住宅部分の床面積300 m^{2}以上）若しくは特定建築物以外の建築物の増築（非住宅部分の床面積300 m^{2}以上で増築後特定建築物になるもの）。

④　建築主の届出義務：建築主は，特定建築物以外で床面積300 m^{2}以上の建築物の新築，特定建築行為以外の床面積300 m^{2}以上の増改築をしようとするときは，建築物のエネルギー消費性能の確保のための構造・設備に関する計画を所管行政庁に届け出なければならない。

⑤　小規模建築物の評価・説明義務：300 m^{2}未満の住宅・建築物（10 m^{2}以下のものを除く）の設計に際して，建築士から建築主に対して，省エネ基準への適否，省エネ基準に適合しない場合の省エネ性能確保のための措置について，所定の書面を交付して説明しなければならない。

(7)　**都市の低炭素化の促進に関する法律**（平成24年法律第84号，通称「低炭素化法」）

地球温暖化対策の一環として，都市で発生する二酸化炭素（CO_2）の排出抑制を促進する施策を定めた法律で，国の基本方針と市町村の低炭素まちづくり計画に沿って低炭素化に役立つ建築や空調・照明・給湯・昇降機などを計画した場合，所管行政庁（建築主事を置く市町村長又は知事）の認定を受ければ，低炭素化部分の床面積を通常の延べ面積の1/20を限度として

容積率対象から除外できることなどを定めている（法60条）。

(8)　高圧ガス保安法（昭和26年法律第204号）

高圧ガスによる災害防止のため，その製造，販売，貯蔵，移動などを規制している。圧縮天然ガス（20ℓ以上120ℓ未満の容器に充填したもの）を一般消費者の生活用に供する設備の設置等に関する技術基準（法24条，規則52条）は，建築確認の対象になる（本書4章4④参照）。

(9)　ガス事業法（昭和29年法律第51号）

ガス事業者は，ガスの消費機器の危険防止に必要な事項について周知し，技術基準に適合することを調査する。

消費機器の設置・変更工事は，規則202条の技術基準に適合させる（法162条）。この基準は，建築確認の対象になる（本書4章4⑤参照）。

(10)　液化石油ガスの保安の確保及び取引の適正化に関する法律（昭和42年法律第149号）

液化石油ガス（LPG）及び器具の製造，販売などを規制し，販売事業者に対して，消費設備の技術上の基準を定め，その調査を義務づけている。液化石油ガス設備工事は，規則18条と44条の技術基準に適合させる（法38条の2）。この基準は建築確認の対象になる（本書4章4⑪参照）。

(11)　電気事業法（昭和39年法律第170号）

電気設備に関する技術基準（平成9年通産省令第52号）により，高圧架空電線と建造物等との離隔距離などを定めるなど，公共の安全確保と公害防止を図っている（本書4章4参照）。

(12)　水道法（昭和32年法律第177号）

清浄で豊富低廉な水の供給を図ることを目的とし，給水装置の構造・材質の基準などを定めている。水道事業者は，受給者の給水装置の構造・材料が令6条の基準に適合しない場合は給水しないことができる（法16条）。この給水装置の構造等の基準は建築確認の対象になる（本書4章4⑦参照）。

(13)　下水道法（昭和33年法律第79号）

公共下水道（終末処理場又は流域下水道に接続する下水道で相当部分が暗渠のもの），流域下水道（2以上の市町村の下水を排除し，終末処理場を有する）及び都市下水路（市街地の大

規模な下水道）の設置・管理等の基準を定めている。下水を公共下水道に流入させる排水設備と事業所の都市下水路に接続する特定排水施設の構造は，基準に適合させる（法10条，30条）。また，公共下水道管理者は，浸水被害対策区域において，条例で，排水及び雨水の一時的な貯留又は地下への浸透に関する技術上の基準を定めることができる。これらの基準は，建築確認の対象になる（本書4章4⑧参照）。

処理区域（終末処理場で処理できる排水区域）内では，便所は水洗便所以外にできない（建築基準法31条）。

⑭　水質汚濁防止法（昭和45年法律第138号）

工場及び事業場から公共用水域への排水の規制，地下への浸透水の規制，生活排水対策の推進などにより，公共用水域及び地下水の水質の汚濁を防止することを目的としている。

カドミウムその他の水質汚濁の原因となる排水・廃液を排出する「特定施設」を設置しようとする者は，都道府県知事に届け出なければならない。

⑮　特定都市河川浸水被害対策法（平成15年法律第77号）

公共下水道管理者は，特定都市河川（都市部を流れる河川で，著しい浸水被害が発生するおそれがある流域の区間を限って国土交通大臣又は都道府県知事が指定する。）流域において，下水道法に規定する排水設備について，政令で定める基準に従い，条例で，排水設備に適用すべき排水及び雨水の一時的な貯留又は地下への浸透に関する技術上の基準を定めることができる（法10条）。この条例の基準は，建築確認の対象になる（本書4章4⑯参照）。

⑯　土砂災害警戒区域等における土砂災害防止対策の推進に関する法律（平成12年法律第57号）

都道府県知事は，急傾斜地の崩壊等が発生した場合に住民等の生命又は身体に危害が生ずるおそれがあると認められる土地の区域で，土砂災害を防止するために警戒避難体制を特に整備すべき土地の区域を，土砂災害警戒区域として指定できる（法7条）。都道府県知事は，この区域のうち，急傾斜地の崩壊等が発生した場合に建築物に損壊が生じ住民等の生命又は身体に著しい危害が生ずるおそれがあると認められる土地の区域で，

一定の開発行為の制限及び居室を有する建築物の構造の規制を
すべき土地の区域を，土砂災害特別警戒区域として指定できる
（法 9 条）。

(17)　**騒音規制法**（昭和43年法律第98号）

　工場及び事業場の事業活動や一般の建設工事から発する騒音
の規制などを行い，生活環境の保全と健康の保護を図る。都道
府県知事は，住居の集合地域や病院・学校の周辺地域など住民
の生活環境を保全する必要がある地域を指定する（＝指定地域）。
指定地域内で特定建設作業を行う者は，市町村長に届け出なけ
ればならない。

(18)　**特定空港周辺航空機騒音対策特別措置法**（昭和53年法律第
　26号）

　航空機騒音障害防止地区内で，学校，病院，診療所，保育所，
特別養護老人ホーム，住宅などを建築しようとする場合は，防
音上有効な構造としなければならない。また，航空機騒音障害
防止特別地区内では，都道府県知事の許可を受けた場合を除き，
これらの建築物の建築は禁止される（法 5 条）。この規定は，
建築確認の対象になる（本書 4 章 4 ⑬参照）。

(19)　**宅地建物取引業法**（昭和27年法律第176号）

　宅地建物取引業者は，2 以上の都道府県に事務所を設けると
きは国土交通大臣の，その他は都道府県知事の免許を受け，各
事務所に宅地建物取引士を置く。宅地建物の取引に関して，誇
大広告の禁止，文書による重要事項の説明（登記の内容，法令
の制限，私道負担，給排水・電気・ガスの供給その他）の義務
づけ，工事完了前又は建築確認前での取引の禁止などを定めて
いる。

(20)　**被災市街地復興特別措置法**（平成 7 年法律第14号）

　大規模な災害を受けた市街地について，迅速に市街地の形成
と都市機能の更新を図るため，都市計画に被災市街地復興推進
地域を指定して建築行為等を制限し，市街地開発事業等に特例
を設けることなどを定めている。

(21)　**津波防災地域づくりに関する法律**（平成23年法律第123号）

　平成23年（2011年）3 月11日の東日本大震災を契機に制定さ
れた法律で，津波による災害から生命，身体及び財産の保護を

図るため，国の基本方針，市町村の推進計画，推進計画区域における特別の措置及び一団地の津波防災拠点市街地形成施設に関する都市計画事項を定めるとともに，津波防護施設の管理，津波災害警戒区域における警戒避難体制の整備及び津波災害特別警戒区域における一定の開発行為と建築物の建築等の制限に関する措置等が定められている。

津波災害警戒区域内の指定避難施設の基準（津波に対して安全な構造で，基準水位以上の高さに避難上有効な屋上等が設けられているなど）に適合する建築物の防災上有効な備蓄倉庫等の部分で，特定行政庁が交通上，安全上，防火上及び衛生上支障がないと認めるものの床面積は，建築基準法52条1項等の容積率算定の基礎となる延べ面積に算入しないとする特例が定められている（法13条，15条等）。

⑵ **特定非常災害の被害者の権利利益の保全等を図るための特別措置に関する法律**（平成8年法律第85号）

著しく異常で激甚な非常災害で，被害者の行政上の権利利益の保全を図ったり，応急仮設住宅の入居者の居住の安定を図ることなどが必要なものを，政令で「特定非常災害」に指定する。

⑵ **建設工事に係る資材の再資源化等に関する法律**（平成12年法律第104号，略称「建設リサイクル法」）

特定の建設資材について，分別解体等及び再資源化等を促進するための措置を講じ，解体工事業者の登録制度を実施すること等により，再生資源の有効な利用の確保及び廃棄物の適正な処理を図り，生活環境の保全及び国民経済の健全な発展に寄与することを目的とした法律である。

建設業を営む者は，建設資材の選択，建設工事の施工方法等を工夫することにより，建設資材廃棄物の発生を抑制するとともに，分別解体等及び建設資材廃棄物の再資源化等に要する費用を低減するよう努め，また，建設資材廃棄物の再資源化により得られた建設資材を使用するよう努める。

建築主も，廃棄物の再資源化等に要する費用の適正な負担等により，同様な努力をしなければならない。

特定建設資材（コンクリート，コンクリート及び鉄からなる建設資材，木材及びアスファルト・コンクリート）を用いた建

築物の解体工事（床面積80 m² 以上），特定建設資材を使用する新築工事（床面積500 m² 以上）などの発注者又は自主施工者は，工事着手 7 日前までに都道府県知事（都では特別区の長，建築主事を置く市町村では当該市町村長）に届け出なければならない。

[付録1]

建築基準法の主要な改正経過

（　）内の年次は施行年（公布年と同一は略），年月日は主なもののみ記載
＊は，主な出来事，制定された主な法令

公布年	制度等	単体規定	集団規定
昭25	＊建築基準法（昭25.11.23）		
昭26	・設計・工事監理者の定義を新設（昭27） ・工事監理者の義務化（〃）		
昭32	・仮設店舗を仮設建築物に追加		・道路内に建築できるものを政令に追加 ・商業地域内の建蔽率を7/10から8/10へ
昭33	・工事現場の危害の防止規定を政令に新設（昭34）	・昇降機規定の整備（昭34）	
昭34	・建築物の定義に建築設備を追加 ・特殊建築物の定義に用途追加 ・適用除外規定に既存不適格建築物の増築等を追加 ・定期報告制度の新設	・耐火建築物，簡易耐火建築物とすべき建築物を全面改正 ・学校の教室等の地階禁止 ・避難施設（第5章）の適用範囲拡大 ・内装制限の新設 ・補強コンクリートブロック造規定の追加など，構造強度規定の大幅改正 ・木造建築物の避難通路の新設	・接道条件の強化 ・最終幅員4ｍ未満の道路を可とする（3項道路） ・特別用途地区内の緩和条例を可能とする ・道路幅員による絶対高制限の緩和を可能とする ・準防火地域内の制限緩和
昭36	・建築協定の協定事項に用途を追加	・別表第1に，キャバレー，バー等追加 ・内装制限の強化	・特定街区の新設 ・商業地域内の自動車修理工場制限緩和

昭38			
昭39	・特別区への事務移管（昭40） ＊新潟地震（M7.5、液状化） ＊東京オリンピック	・高層建築物に関する防火・避難規定の整備（昭39）	・容積地区制度の新設と地区内の絶対高制限廃止（昭39）
昭43	＊新都市計画法（昭44） ＊十勝沖地震（M7.9）		・都市計画道路内の制限を都市計画法へ（昭44） ・用途地域関係手続廃止、都市計画法へ（〃）
昭44		・防火区画における竪穴区画、隙間の充填等 ・2以上の直通階段設置 ・階段における避難階段、特別避難階段の設置 ・地下街の基準 ・内装制限の強化	
昭45	・人口25万以上の市に建築主事の設置義務 ・建築監視員の新設（昭46） ・行政代執行法の適用を規定（〃） ・建築計画概要書の閲覧制度の新設（〃） ＊大阪万博	・長屋、共同住宅の界壁の遮音（昭46） ・木造の耐風基準の新設（〃） ・防火区画、内装制限等の強化（〃） ・排煙設備、非常用の照明装置、非常用進入口、非常用エレベーター等の新設（昭46.1.1）	・道路位置指定基準の新設（昭46） ・用途地域の種別を4から8へ（住居地域及び工業地域内の専用地区を廃止し、用途地域に格上げ） ・建蔽率—30㎡の廃止と用途地域ごとへの移行（〃） ・絶対高制限の廃止と容積制への全面移行（〃） ・一種住居専用地域内の絶対高制限及び外壁後退制限新設（〃） ・隣地斜線制限・北側斜線制限の新設（〃） ・総合設計制度の新設（〃）

付

昭49	・特別区への事務移管（EV 付5,000 m²迄，昭50）		・工業専用地域内の建蔽率強化（昭50） ・特定工作物の用途制限（ 〃 ）
昭50	・伝統的建造物群保存地区内の緩和規定新設		
昭51	・確認を要する特殊建築物の範囲拡大（昭52） ・仮使用承認制度の新設（ 〃 ） ・建築協定に1人協定制度新設（ 〃 ） ・工事中の特殊建築物等に対する措置規定新設（ 〃 ） ・安全上の措置等に関する計画の届出制度の新設（ 〃 ） ＊酒田市市街地大火		・日影規制の新設（昭52.11.1） ・二種住居専用地域の用途制限，容積率，建蔽率の強化 ・道路幅員による容積率の強化（住居系地域 0.6→0.4×）（ 〃 ） ・一種住居専用地域の絶対高制限の緩和（12 mまで可能に）（ 〃 ） ・2以上の地域等にわたる敷地の扱い（ 〃 ）
昭55		・新耐震設計法の導入による構造計算基準の全面改正（昭56.6.1） ・ガス漏れ対策の整備（昭56）	・地区計画，沿道整備計画による規定の整備（昭56）
昭57	・特別区への事務移管（許可事務，建築審査会等，昭58） ＊ホテル・ニュージャパン火災		
昭58	・建築主事の確認・検査の省略規定の新設（昭59） ・維持保全規定に準則・計画作成の追加 ・確認等の際の消防長等の同意の一部緩和（ 〃 ）		

昭62	・確認を要する木造建築物の範囲拡大	・集成材を用いた木造建築物の規定整備 ・木造建築物の構造による高さ制限の緩和	・準防火地域の木造3階可能に ・特定道路からの距離による容積率制限の緩和 ・容積緩和による自転車駐車施設追加 ・後退距離による道路斜線、隣地斜線の制限緩和
昭63			・再開発地区計画の区域内の制限緩和
平2			・住宅地高度利用地区計画制度等への適用（平5）
平4	・建築物の定義に「屋根に」類する構造」のものを追加（平5） ・文化財保護法による建築物の適用除外規定の追加（〃） ・許可に条件付加可能を明確化（〃）	・準耐火構造、準耐火建築物（平5） ・共同住宅の木造3階建緩和（〃） ・簡易耐火建築物の防火規定緩和（〃）	・法3章の都市計画区域外への適用（平5） ・幅員6m以上の道路（〃） ・用途地域種別の細分化（8から12へ）（〃） ・用途地域ごとのただし書きの許可の緩和（〃） ・特別用途地区のメニュー追加（〃） ・一種・二種低層住居専用地域における最低敷地面積制限新設（〃） ・商業地域の容積率のメニューの追加（200%、300%、〃） ・誘導容積制限新設（〃）
平5	・建築面積の算定方法 （高い開放性を有する部分）		
平6	＊行政手続法、ハートビル法		・住宅の地階部分の容積率の緩和
平7	＊阪神・淡路大震災（M7.3） ＊耐震改修促進法		・住居系地域内の容積率・道路斜線緩和 ・街並み誘導型地区計画

付

平9			・共同住宅の共用廊下・階段の容積率緩和 ・高層住居誘導地区新設 ・防災街区整備地区計画新設
平10	・工事現場等での建築主事等の身分証明書の提示義務化 ・計画変更確認申請制度の新設（平11） ・指定確認検査機関制度の新設（〃） ・建築基準適合判定資格者の新設（〃） ・中間検査制度の新設（〃） ・建築基準関係規定の新設（〃） ・連担建築物設計制度の新設（平12） ・型式適合認定制度の整備	・住宅の居室の日照受益義務の廃止（平12） ・階段の手すりの設置基準（〃） ・防火・避難規定、構造規定等の性能規定化法 38条（特殊の材料又は構造）（〃） ・採光を要する居室の範囲と採光に有利な開口部面積の算定方法の緩和（〃） ・地階の居室の禁止解除と防湿基準の設定（〃） ・昇降機規定の整備（〃） ・限界耐力計算の導入（〃） ・型式適合認定制度の整備	準 ・3階建木造等の下宿・共同住宅・寄宿舎（平11） ・防火地域で可能に（〃） ・接道規制（法43条）のただし書など一部緩和 ・規定の許可移行（〃）
平11	・閲覧対象に処分等の概要書を追加 ・地方分権法により確認機関委任事務から法定受託事務へ（平12） ・特別区の事務範囲の拡大（10,000 m² 以下等、平12） ★住宅品質確保促進法（平12）		
平12	★建設リサイクル法 ★鳥取県西部地震（M7.3）		・準都市計画区域内への集団規定適用（平13） ・用途地域無指定区域の容積率、建蔽率、日影規制等 ・特定用途制限地域の新設 ・特例容積率適用区域の新設

| ＊ハートビル法改正（大規模な特別特定建築物への利用円滑化基準の適合義務化を建築確認対象とする） | ・シックハウス対策規定新設（平15） | ・都市再生特別地区内の規定新設
一種・二種中高層住居専用地域における指定容積率の追加（400%、500%）
一種・二種住居、準住居、近隣商業、準工業地域における指定容積率の追加（100%、150%、500%）
・商業地域における指定容積率の追加（1,100%、1,200%、1,300%）
・工業専用地域における指定容積率の追加（100%、150%）
一種・二種中高層住居専用、一種・二種・準住居地域における容積率の道路幅員による低減係数について特定行政庁指定区域緩和可能措置（0.6）
・商業系用途地域、工業系用途地域、用途無指定区域における容積率の道路幅員による低減係数について特定行政庁指定区域緩和可能措置（0.8）
・住宅用途を含む一定基準に該当する建築物の容積率の緩和制度の新設
・定建蔽率の追加（50%、80%）
・近隣商業地域における指定建蔽率の追加（60%）
・全用途地域における指定建蔽率の追加（50%）
・全用途地域において敷地面積の最低限度指定可能
一種・二種中高層住居専用、一種・二種・準 |
| 平14 | | |

年次	災害・事項	内容
平15	*宮城県北部の地震 (M6.4)	・住居地域における道路等斜線勾配について特定行政庁指定区域緩和可能措置 (1.5) ・一種・二種中高層住居専用. 一種・二種・準住居地域における隣地高さ制限について特定行政庁指定区域緩和可能措置 (2.5L+31) ・商業系用途地域、工業系用途地域における隣地高さ制限について特定行政庁指定区域適用除外 ・日影規制の測定面に天空率導入 ・日影規制の測定面に6.5mを追加 ・地区計画条例により用途制限緩和可能 ・再開発等促進区内の地区計画の内容に適合する建築物について容積率、建蔽率、絶対高さ制限、高さ制限の適用除外 ・地区計画制度の見直し ・道路面の上にある通路等の地区施設の下の建築物について建蔽率の緩和 ・水平距離が指定された道路にのみ接する建築物について条例による制限の付加 ・特定防災街区整備地区内の規定新設
平16	・景観重要建造物に対する斜線規定新設 ・保安上危険な建築物等に対する勧告制度新設 (平17) ・既存不適格建築物に対する全体計画認定の新設 (〃) ・国の建築物の定期点検等	・条例による住宅地下室の容積率の算定の基礎となる地盤面の設定 (平17) ・特例容積率適用地区 (〃) ・一団地内の一建築物に対する制限の特例 (〃) ・景観地区、準景観地区 (〃)

平16	・公共事業による敷地面積減少への法 3 条 2 項準用（〃） ＊新潟県中越地震（M6.8）		
平17	・閲覧対象に定期報告の概要書，全体計画概要書を追加 ＊構造計算書偽装事件	・石綿対策規定新設	・住居系用途地域，工業・工業専用地域，都市計画・準都市計画区域内の用途地域の指定のない区域（市街化調整区域〈）内の大規模店舗（＞10,000 m²）の用途規制（平19） ・近隣商業地域内の劇場・映画館等（≧200 m²）の用途制限緩和（〃）
平18	・確認期間の延長，確認に構造計算適合性判定を導入（平19.6.20） ・中間検査対象に共同住宅を追加（〃） ・確認申請書等の書類の保存義務付け（〃） ・計画通知関係規定の整備（〃） ・指定構造計算適合性判定機関の新設（〃） ・確認審査等に関する指針の公表（〃） ・指定確認検査機関に対する指導・監督の強化等（〃） ・罰則の強化（〃） ・閲覧対象に指定道路図，指定道路調書を追加（平22.4.1） ＊高齢者，障害者等の移動等の円滑化の促進に関する法律（バリアフリー法）（平19）特別特定建築物への基準適合義務規定を建築確認の対象とする（平20.11.28） ＊建築士法改正（平20.11.28）構造設計一級建築士，設備設計一級建築士の設計等への関与（平21.5.27）		

平19	* 能登半島地震 (M6.9) * 新潟県中越沖地震 (M6.8)		
平20	* 長期優良住宅法 (平21) * 岩手・宮城内陸地震 (M7.2)		・歴史的風致維持向上地区計画新設
平21		・昇降機規定の整備	
平23	* 東日本大震災 (M9.0) 大津波・原発事故 * 長野県北部地震 (M6.7) * 静岡県東部地震 (M6.4) * 津波防災地域づくり法 (一部平24)		
平24	・都市の低炭素化促進法 ・東京スカイツリー (電波塔) 竣工		
平25	・耐震改修促進法改正 (要安全確認計画記載建築物の耐震診断の義務化、耐震改修計画認定制度における容積率・建蔽率の特例措置の創設)	天井脱落対策規定新設 (平26) エレベーター、エスカレーターの脱落防止対策 (平26)	・防災用備蓄倉庫部分、蓄電池・自家発電設備・貯水槽設置部分の容積率緩和
平26	・構造計算適合性判定制度の見直し (平27) ・仮使用認定制度の指定確認検査機関の活用 (平27) ・建築物の事故等に対する調査体制の強化 (平27) ・定期調査・検査報告制度の強化 (平28) ・空家特措法	・小学校の階段規定の見直し (平27) ・防火上主要な間仕切壁規定の整備 ・特殊の構造方法又は建築材料の大臣認定制度 (平27)	・エレベーターの昇降路部分の容積率緩和 ・老人ホーム、福祉ホーム等の地階部分の容積率緩和 (平27) ・特定用途誘導地区 ・3階建木造等の学校等、準耐火構造等で可能に (平27)
平27	* 建築物省エネ法 (平28, 29) * くい施工データ等の流用等問題		

平28	＊熊本地震（M6.5, M7.3）		
平29	＊住宅宿泊事業法（民泊法）（平30）		・田園住居地域の創設（用途制限、容積率、建蔽率、外壁の後退距離、絶対高さ、道路・北側高さ制限、日影規制）（平30） ・接道規制の一部の許可認定に移行 ・接道規制を条例付加する対象建築物の追加 ・老人ホーム、福祉ホーム等の共用廊下・階段の容積率不算入 ・日影規制の許可を受けた後の一定の増築等の再許可不要に ・宅配ボックス設置部分の容積率緩和 ・用途規制の許可の一部の手続を簡素化（平31） ・用途地域及び防火地域内の延焼防止性能が高い建築物の建蔽率緩和 ・道路から後退する壁面線指定等がある場合の建蔽率の特例許可新設 ・防火地域・準防火地域内の規制で壁、柱等の更なる木造化が可能に ・特定防災街区整備地区内で準耐火建築物と同等以上の延焼防止性能を有する建築物が建築可能に
平30	・確認が不要の特殊建築物の範囲拡大（平31） ・維持保全計画の作成等が義務付けられる対象建築物の見直し（〃） ・保安上危険な建築物等の所有者等に対する特定行政庁による指導及び助言制度の新設 ・延焼のおそれのある部分の定義の見直し（〃） ・仮設興行場等の仮設建築物が1年超の存続可能に ・仮設興行場等の仮設建築物について2以上の工事に分けて行う場合の制限の緩和（〃） ・既存建築物の用途変更を行う場合に他の用途として一時的に使用する場合の制限の緩和（〃） ・建築物の用途変更しての用途における制限の緩和（〃）	・木造等の特殊建築物の外壁等の規制の廃止 ・主要構造部を木造とする大規模建築物の範囲拡大（平31） ・大規模建築物等の区画に防火床追加（〃） ・防火区画に防火床追加（〃） ・耐火建築物としなければならない特殊建築物の対象から小規模建築物を除外（〃） ・長屋、共同住宅の界壁の遮音方法の追加（〃）	
平31 令元	・定期報告等の対象建築物に小規模建築物を追加 ＊令和元年台風19号（特定非常災害）	・大規模木造建築物の主要構造部の性能基準追加 ・延焼防止上有効な空地の技術的基準の整備（面積、奥行）規定の整備 ・防火区画（面積、竪穴）規定の整備	・防火地域、準防火地域内の建築物の性能基準の整備

付

	＊新型コロナウイルス感染拡大（第1～3波） ＊東京オリンピック・パラリンピック延期	・木造建築物等の防火床、防火床の構造基準の整備 ・主要構造部を耐火構造等とすべき無窓居室の対象から避難上支障がないものを除外（令2） ・一定規模以上の空間確保による面積区画の緩和 ・警報設備設置等による異種用途区画の緩和（〃） ・小規模建築物の2以上の直通階段の設置規定の緩和（〃） ・排煙規定の別棟みなし適用の範囲拡大（〃） ・小規模建築物の敷地内通路の幅員の緩和（〃） ・内装制限の適用除外規定の見直し（〃） ・避難検証に「区画避難安全検証法」追加（〃）	・居住環境向上用途誘導地区の創設（容積率・建蔽率・壁面の位置・高さ制限）
令2			
令3	＊畜舎建築特例法（令4） ＊新型コロナウイルス感染拡大（第3～5波） ＊東京オリンピック・パラリンピック開催 ＊熱海土石流		

| 令4 | ・応急仮設建築物の存続期間の再延長許可新設
・用途変更による災害救助用建築物、公益的建築物の再使用許可新設
・一団地、連担建築物設計制度に大規模の修繕・模様替を追加（令5）
・「防火建築物」の定義の改正（〃）
・2以上の独立部分がある既存不適格建築物の増築等の際の遡及規定追加（〃）
・既存不適格建築物の増築等の際の遡及規定追加しない部分の区分見直し（〃）
・木造建築物の増築等の際の遡及規定を要する範囲用見直し（令7）
・構造計算適合性判定を要する範囲拡大（第6〜8波）
＊新型コロナウイルス感染拡大に侵攻
＊ロシアがウクライナに侵攻 | ・居室の採光制限の合理化（令5）
・3,000㎡超の大規模建築物の全体の木造化促進（令6）
・防火規制上、別棟扱いとして低層部分の木造化促進（〃）
・1,000㎡超の大規模建築物の部分的な木造化促進（〃）
・簡易な構造計算（許容応力度）で建築可能な3階建て木造建築物等の範囲用拡大（令7）
・構造計算が必要な木造建築物の規模引き下げ（〃） | ・給排設備等の容積率不算入の認定新設（令5）
・外壁等工事による容積率の特例許可新設（〃）
・外壁等工事による建蔽率の特例許可新設（〃）
・一種・二種低層住居専用、田園住居地域内の絶対高さの特例許可新設（〃）
・高度地区内の高さの最高限度の特例許可新設（〃） |

昭和25年は西暦1950年、平成元年は西暦1989年、令和元年は西暦2019年

〔付録2〕

脱炭素社会の実現に資するための建築物のエネルギー消費性
能の向上に関する法律等の一部を改正する法律の概要（建築
基準法）

$$\left(\begin{array}{l}\text{公布：令和4年6月17日法律第69号}\\\text{施行：公布の日から1年以内，2年以内，3年以内}\end{array}\right)$$

付

【1年以内（令和5年4月1日）施行】

1　**居室の採光制限の合理化**（法28条1項）

　　政令で定める居室には，採光のための窓などの開口部を設
け，採光に有効な部分の面積は，居室の床面積に対して，1/5
から1/10までの政令で定める割合以上としなければならな
い。

2　**給湯設備等の容積率不算入に係る認定制度**（法52条6項三
号）

　　住宅，老人ホーム等に設ける機械室等（市街地の環境を害
するおそれがない給湯設備等を設置するもの）で，特定行政
庁が交通上，安全上，防火上及び衛生上支障がないと認める
床面積は，容積率の算定の基礎となる延べ面積には，算入し
ない。

3　**外壁等の工事による容積率の特例許可**（法52条14項三号）

　　建築物のエネルギー消費性能の向上のための外壁等の工事
を行う構造上やむを得ない建築物で，特定行政庁が交通上，
安全上，防火上及び衛生上支障がないと認めて許可したもの
の容積率は，許可の範囲内で容積率の限度を超えることがで
きる。

4　**外壁等の工事による建蔽率の特例許可**（法53条5項四号）

　　建築物のエネルギー消費性能の向上のための外壁等の工事
を行う構造上やむを得ない建築物で，特定行政庁が安全上，
防火上及び衛生上支障がないと認めて許可したものの建蔽率
は，許可の範囲内で建蔽率の限度を超えることができる。

5　**第一種低層住居専用地域等内の絶対高さの特例許可**（法55
条3項）

　　第一種・第二種低層住居専用地域又は田園住居地域内では，

再生可能エネルギー源を利用する設備の設置のため必要な屋根等の工事を行う構造上やむを得ない建築物で，特定行政庁が低層住宅に係る良好な住居の環境を害するおそれがないと認めて許可したものの高さは，許可の範囲内で絶対高さの限度を超えることができる。

6 高度地区内の高さの最高限度の特例許可（法58条2項）

建築物の高さの最高限度が定められた高度地区内では，再生可能エネルギー源を利用する設備の設置のため必要な屋根等の工事を行う構造上やむを得ない建築物で，特定行政庁が市街地の環境を害するおそれがないと認めて許可したものの高さは，許可の範囲内で高さの最高限度を超えることができる。

7 一団地認定，連担建築物設計制度の対象の拡大（法86条，86条の2，86条の4）

一団地認定，連担建築物設計制度において，大規模の修繕又は大規模の模様替をする建築物を追加。

8 既存不適格建築物の増築等の際の緩和規定の追加（法86条の7，1項）

法58条1項を追加。

【2年以内施行（令和6年）】

1 「耐火建築物」の定義の改正（法2条九号のニイ）

耐火建築物は，「特定主要構造部（主要構造部のうち，防火上及び避難上支障がないものとして政令で定める部分以外の部分）」が耐火構造である建築物等をいう。

2 3,000㎡超の大規模建築物の全体の木造化の促進（法21条2項）

延べ面積が3,000㎡を超える建築物は，壁，柱，床等の部分又は防火戸等の防火設備を通常の火災時における火熱が当該建築物の周囲に防火上有害な影響を及ぼすことを防止するために必要とされる性能に関する技術的基準に適合するもので，国土交通大臣が定めた構造方法を用いるもの又は同大臣の認定を受けたものとしなければならない。

3 防火規制上，別棟扱いとして低層部分の木造化の促進（法

21条3項，27条4項，61条2項）

　一の建築物であっても別の建築物とみなすことができる部分として政令で定める部分が2以上ある建築物の当該建築物の部分は，基準等の規定の適用については，それぞれ別の建築物とみなす。

4　1,000 ㎡超の大規模建築物の部分的な木造化の促進（法26条2項）

　特定部分（防火上有効な構造の防火壁等によって他の部分と有効に区画されている部分）を有する建築物で，特定部分の特定主要構造部が耐火構造等に該当し，かつ，特定部分の外壁の開口部で延焼のおそれのある部分に防火設備を有するもの等に係る1,000 ㎡以内の防火壁等による区画の設置の規定の適用については，当該建築物の特定部分及び他の部分をそれぞれ別の建築物とみなし，かつ，当該特定部分を耐火建築物又は準耐火建築物とみなす。

5　既存不適格建築物の増築等の際の緩和規定の追加（法86条の7，1項）

　法21条，22条1項，23条，25条，35条（①階段，出入口等の避難施設，②政令で定める排煙設備の技術的基準，③政令で定める敷地内の避難上及び消火上必要な通路に関する技術的基準），36条（防火壁等に関する技術的基準），43条1項，44条1項，62条を追加。

6　2以上の独立部分がある既存不適格建築物の増築等の際の緩和規定の追加（法86条の7，2項）

　法21条，23条，26条，27条，36条（防火壁等に関する技術的基準），61条を追加。

7　既存不適格建築物の増築等の際の増築等をしない部分の緩和規定の追加（法86条の7，3項）

　法35条（政令で定める廊下並びに非常用の照明装置及び進入口に関する技術的基準），35条の2，37条を追加。

【3年以内施行（令和7年）】

1　木造建築物の建築確認の区分の見直し（法6条1項）

　木造建築物の建築確認の区分について，階数3以上，延べ

面積500 m²超，高さ13 m超又は軒の高さ9 m超の区分を，非木造と同じとなる階数2以上又は延べ面積200 m²超に見直す。

2 **構造計算適合性判定を要する範囲の見直し**（法6条の3，1項，18条4項）

法20条1項四号の建築物のうち，構造設計一級建築士の構造設計に基づくもの等の建築物の計画が特定構造計算基準又は特定増改築構造計算基準に適合するかどうかの確認審査等を，特定建築基準適合判定資格者がする場合等は，建築主は，構造計算適合性判定を受けなくてもよい。

3 **簡易な構造計算（許容応力度）で建築可能な3階建木造建築物等の範囲の拡大**（法20条1項二号）

地階を除く階数3の木造建築物で，13 m＜高さ≦16 mのもの等の構造方法は，許容応力度計算で，国土交通大臣が定めた方法によるもの等によって確かめられる安全性を有するものでよい。

4 **構造計算が必要な木造建築物の規模の引き下げ**（法20条1項三号）

高さ16 m以下の木造建築物で地階を除く階数が3以上であるもの又は延べ面積が300 m²を超えるものの構造方法は，許容応力度計算で，国土交通大臣が定めた方法によるもの等によって確かめられる安全性を有するもの等でなければならない。

〔付録3〕

I 宅地造成等規制法の一部を改正する法律の概要

$$\left(\begin{array}{l}\text{公布：令和4年5月27日法律第55号}\\\text{施行：令和5年5月26日}\end{array}\right)$$

付

1 「宅地造成及び特定盛土等規制法」関係

(1) 法律題名の改正

宅地造成等規制法を「宅地造成及び特定盛土等規制法」に改正。

(2) 目的の改正（法1条）

必要な規制として，目的に「特定盛土等又は土石の堆積に伴う崖崩れ」を加える。

(3) 用語の定義に追加（法2条）

「特定盛土等」，「土石の堆積」を追加。

(4) 基本方針の制定義務（法3条）

主務大臣（国土交通大臣及び農林水産大臣）は，宅地造成，特定盛土等又は土石の堆積に伴う災害の防止に関する基本方針を定めなければならない。

(5) 宅地造成等工事規制区域

① 区域の指定（法10条1項）

都道府県知事は，宅地造成等（宅地造成，特定盛土等又は土石の堆積）に伴い災害が生ずるおそれが大きい市街地等区域で，宅地造成等に関する工事について規制を行う必要があるものを，宅地造成等工事規制区域として指定する。

② 工事の許可等（法12条1項，13条1項）

一定の場合を除き，宅地造成等工事規制区域内の宅地造成等に関する工事について，工事主は，工事の着手前に，都道府県知事の許可を受けなければならない。この工事は，政令で定める技術的基準に従い，擁壁等の設置，宅地造成等に伴う災害を防止するため必要な措置をしたものでなければならない。

③ 土地の保全等（法22条1項）

宅地造成等工事規制区域内の土地の所有者，管理者又は占有者は，宅地造成等工事規制区域の指定前に行われたものを含む宅地造成等に伴う災害が生じないよう，土地を常

時安全な状態に維持するように努めなければならない。

(6) 特定盛土等規制区域

① 区域の指定（法26条1項）

都道府県知事は，宅地造成等工事規制区域以外の土地の区域で，特定盛土等又は土石の堆積が行われた場合に，これに伴う災害により居住者等の生命又は身体に危害を生ずるおそれが特に大きいと認められる区域を，特定盛土等規制区域として指定する。

② 工事の届出（法27条1項）

一定の場合を除き，特定盛土等規制区域内の特定盛土等又は土石の堆積に関する工事について，工事主は，工事に着手する日の30日前までに，工事の計画を都道府県知事に届け出なければならない。

③ 工事の許可等（法30条1項，31条1項）

一定の場合を除き，特定盛土等規制区域内の特定盛土等又は土石の堆積（政令で定める大規模な崖崩れ又は土砂の流出を生じさせるおそれが大きい規模のもの）に関する工事については，工事主は，工事に着手する前に，都道府県知事の許可を受けなければならない。この工事は，政令で定める技術的基準に従い，擁壁等の設置，特定盛土等又は土石の堆積に伴う災害を防止するため必要な措置をしたものでなければならない。

④ 土地の保全等（法41条1項）

特定盛土等規制区域内の土地の所有者，管理者又は占有者は，特定盛土等又は土石の堆積に伴う災害が生じないよう，土地を常時安全な状態に維持するように努めなければならない。

2 「建築基準法」関係

上記1の改正に伴う法律名及び条項の改正（法88条4項）

「宅地造成等規制法8条1項及び12条1項」を「宅地造成及び特定盛土等規制法12条1項，16条1項，30条1項及び35条1項」に改める。

Ⅱ　宅地造成等規制法の一部を改正する法律の施行に伴う関係政令の整備に関する政令（公布：令和 4 年12月23日政令第393号，施行：令和 5 年 5 月26日）**における建築基準法施行令の改正の概要**

　　建築基準関係規定である建築基準法施行令 9 条九号の「宅地造成等規制法 8 条 1 項及び12条 1 項」を「宅地造成及び特定盛土等規制法12条 1 項，16条 1 項，30条 1 項及び35条 1 項」に改める。これらの規定（宅地造成等工事の許可（法12条 1 項），変更の許可等（法16条 1 項），特定盛土等又は土石の堆積工事の許可（法30条 1 項），変更の許可等（法35条 1 項）は，建築確認の対象となる。

索　引

[あ－お]

空家等 …………………………… 484
空家等対策の推進に関する特
　別措置法 ……………………… 483
空家特措法 ……………………… 483
あっせん ………………… 435, 481
あばら筋 ………………………… 157
安全上の措置等に関する計画
　届 ………………………………… 82
安全上・防火上又は衛生上重
　要である建築物の部分 ……… 37
以下 ………………………………… 5
意見の聴取 ……………………… 94
異種用途間の区画 …………… 171
囲障設置権 ……………………… 463
以上 ………………………………… 5
石綿等の物質の飛散又は発散
　に対する衛生上の措置 ……… 113
１時間準耐火構造 ………… 22, 97
位置指定道路 …………………… 217
一団地の総合的設計制度 …… 341
一団の土地 ……………………… 36
一般建設業 ……………………… 431
一般法 ……………………………… 4
移転 ……………………………… 33
移動等円滑化 …………………… 414
移動等円滑化経路協定 ……… 427
囲繞地 …………………………… 462
違反建築物 ……………………… 88
医療法 …………………………… 464
営業所 …………………………… 431
液化石油ガスの保安の確保及
　び取引の適正化に関する法
　律 ………………………… 65, 488
エキスパンションジョイント
　…………………………… 12, 131
エスカレーター ………………… 127
エスカレーター強度検証法 … 128
NPO 法 ………………………… 402
エネルギーの使用の合理化等
　に関する法律 ………………… 486
エレベーター …………………… 124
エレベーター強度検証法 …… 125

延焼のおそれのある部分 ……… 18
延焼防止建築物 ………… 168, 328
延焼防止性能 …………………… 30
沿道再開発等促進区 ………… 320
沿道整備法 ……………………… 471
沿道地区計画 …………… 313, 323
煙突 ……………………………… 123
屋外階段の構造 ………………… 186
屋外階段の幅 …………………… 100
屋外広告物法 …………… 64, 473
屋上の手すり …………………… 192
屋上広場等 ……………………… 192
踊場 ……………………………… 100
帯筋 ……………………………… 156
帯筋比 …………………………… 156
汚物処理性能 …………………… 120
及び ………………………………… 5
卸売市場等の位置 …………… 243

[か－こ]

外気に有効に開放されている
　部分 ……………………………… 45
介護保険施設 …………………… 467
介護保険法 ……………………… 467
階数 ……………………………… 53
階段 ……………………………… 99
階段及び踊場の幅の算定 …… 100
階段室 …………………… 190, 203
改築 ……………………………… 33
開発許可 ………………………… 403
開発行為 ………………………… 403
開発審査会 ……………………… 412
開発整備促進区 ………………… 398
階避難安全検証法 …………… 211
界壁（防火） …………………… 174
外壁の後退距離 ………………… 263
界壁の遮音 ……………………… 117
火気使用室 ……………… 111, 164
確認 ………………………………… 7
確認審査等に関する指針 …… 57
確認申請 ………………………… 58
確認の表示等 …………………… 82
隔壁 ……………………………… 174
崖 ………………………………… 450

火災室 ……………………………… 210
火災保有耐火時間 ……………… 29
瑕疵担保制度 …………………… 477
ガス事業法 ……………… 65, 488
仮設建築物 ……………… 12, 339
型（かた）式適合認定制度 …… 365
学校 ……………………………… 464
学校教育法 ……………………… 464
学校等 …………………………… 41
壁量計算 ………………………… 144
からぼり ………………………… 107
仮命令 …………………………… 89
臥梁 …………………… 151, 152
簡易建築物 ……………………… 12
簡易宿所 ………………………… 464
簡易な構造の建築物 ……… 12, 337
換気 ……………………………… 108
官公庁施設の建設等に関する
　法律 ………………………… 467
幹線道路の沿道の整備に関す
　る法律 ……………………… 471
監理技術者 ……………………… 436
管理建築士 ……………………… 385
完了検査 ………………………… 72
機械換気設備 …………… 109, 112
機関委任事務 …………………… 2
棄却 ……………………………… 93
危険物の貯蔵 …………………… 458
基準時 …………………………… 41
基準面 …………………………… 328
基準容積率 ……………… 244, 268
基礎 ……………………………… 141
規則 ……………………………… 1
既存耐震不適格建築物 ……… 444
既存不適格建築物 ……… 10, 348
北側高さ制限 …………… 265, 290
却下 ……………………………… 93
急傾斜地の崩壊による災害の
　防止に関する法律 ………… 471
給排水等の配管設備 ………… 121
強化天井 ………………………… 175
行政指導 ………………………… 89
行政代執行 ……………………… 89
行政手続法 ……………………… 89
行政不服審査法 ………………… 92
許可 ……………………………… 8
許可申請 ………………………… 77

居室 ……………………………… 17
居室の天井の高さ ……………… 97
居室の床の高さ ………………… 98
居住環境向上用途誘導地区
　………………………… 308, 393
居住調整地域 …………………… 393
許容応力度 ……………………… 139
許容応力度計算 ………………… 133
許容応力度等計算 ……………… 133
距離保存権 ……………………… 463
切土 ……………………………… 450
緊急命令 ………………………… 89
近隣商業地域 …………… 228, 231
空気調和設備 …………………… 40
空地率 …………………………… 267
区画避難安全検証法 ………… 211
区分所有法 ……………………… 483
クロルピリホス ………………… 114
蹴上げ …………………………… 99
計画通知 ………………………… 63
景観重要建造物 ………… 12, 472
景観地区 ………… 311, 394, 472
景観法 …………………………… 472
傾斜路 …………………… 101, 418
軽微な変更 ……………………… 61
下水道法 ………………… 65, 488
桁行方向 ………………………… 148
限界耐力計算 …………… 133, 137
検査済証 ………………………… 72
検査済証交付前の建築物の使
　用制限 ……………………… 75
建設業の許可 …………………… 431
建設業法 ………………………… 430
建設工事 ………………………… 430
建設工事に係る資材の再資源
　化等に関する法律 ………… 491
建設工事紛争審査会 ………… 435
建設リサイクル法 …………… 491
建築 ……………………………… 33
建築監視員 ……………………… 87
建築基準関係規定 ……………… 64
建築基準適合判定資格者 …… 57
建築基準法 ……………………… 9
建築基準法令の規定 ………… 64
建築協定 ………………………… 368
建築工事等 ……………………… 363
建築工事届 ……………………… 81

514

建築士 …………………………… 373
建築士事務所 ………………… 383
建築士でなければできない設
　計・工事監理 ………………… 374
建築士の業務 ………………… 380
建築士法 ………………………… 373
建築主事 …………………………… 57
建築審査会 ……………………… 86
建築施工管理技士 …………… 436
建築設備 …………………………… 16
建築設備士 ……………… 373, 381
建築設備等検査員 …………… 86
建築線 …………………………… 219
建築主 …………………………… 34
建築物 …………………………… 15
建築物移動等円滑化基準 … 417
建築物移動等円滑化誘導基準
　……………………………………… 417
建築物省エネ法 ……………… 486
建築物除却届 …………………… 82
建築物調査員 …………………… 84
建築物特定施設 ……………… 415
建築物における衛生的環境の
　確保に関する法律 ………… 485
建築物のエネルギー消費性能
　の向上に関する法律 …… 66, 486
建築物の耐震改修の促進に関
　する法律 ……………… 71, 438
建築物の高さ …………………… 50
建築面積 …………………………… 43
限定特定行政庁 ……………… 35
建蔽率 ……………………… 44, 258
兼用住宅 ………………………… 235
高圧ガス保安法 …………… 65, 488
公営住宅法 ……………………… 476
公開による意見の聴取 …… 80, 94
公共下水道 ……………………… 488
興行場法 ………………………… 465
公共の福祉 ………………………… 9
工業専用地域 …………… 228, 232
工業地域 ………………… 228, 232
工作物 …………………… 50, 359
工事監理 ………………………… 373
工事監理者 …………………… 34
工事監理受託契約 …………… 382
工事現場の危害防止 ………… 363
工事施工者 …………………… 35

公衆浴場法 …………………… 467
剛性率 …………………………… 135
構造関係規定 ………………… 381
構造強度 ………………………… 130
構造計算 ………………………… 130
構造計算適合性判定 ………… 68
構造計算を要する建築物 …… 130
高層住居誘導地区 ……… 305, 393
構造設計 ………………………… 373
構造設計一級建築士 ………… 379
構造耐力上主要な部分 ……… 17
口頭審査 …………………………… 93
公道 …………………………… 462
高度地区 …………… 265, 301, 393
高度利用・都市機能更新型地
　区計画 ………………………… 318
高度利用地区 …………… 306, 393
勾配 ……………………… 101, 269
公法 ………………………………… 3
高齢者，障害者等の移動等の
　円滑化の促進に関する法律
　………………………… 66, 71, 413
港湾法 …………………… 64, 472
超（こ）える ……………………… 5
告示 …………………………………… 1
国土利用計画法 ……………… 485
国家戦略特別区域法 ………… 474
固定荷重 ………………………… 137
古都における歴史的風土の保
　存に関する特別措置法 …… 473
小荷物専用昇降機 …………… 129
この限りでない …………………… 7
コンクリートの強度 ………… 156
コンクリートの材料 ………… 155
コンクリートの養生 ………… 156

[さ－そ]

再開発等促進区 ………… 320, 398
裁決 ………………………………… 92
採光 …………………………… 101
採光に有効な開口部面積 …… 103
採光補正係数 ………………… 103
再審査請求 ……………………… 93
材料強度 ………………………… 141
座屈長さ ………………………… 153
市街地開発事業 ……………… 396
市街地開発事業等予定区域 … 410

市街地再開発事業 …………… 469
敷地 ……………………………… 36
敷地全体の建蔽率限度 ……… 260
敷地全体の容積率限度 ……… 248
敷地の衛生と安全 ……………… 96
敷地面積 ………………………… 43
敷地面積の最低限度 ………… 262
事業予定地 …………………… 410
軸組 …………………………… 144
時刻歴応答解析等 …………… 133
地震力 ………………………… 139
自然換気設備 ………… 108, 112
自然公園法 …………………… 473
自治事務 ………………………… 2
シックハウス対策 …………… 114
実体規定 ………………………… 9
指定確認検査機関 ……………… 73
指定建設業 …………………… 431
指定構造計算適合性判定機関
　…………………………………… 70
指定住宅紛争処理機関 ……… 481
指定都市 ……………………… 403
指定容積率 …………………… 244
自転車の安全利用の促進及び
　自転車等の駐車対策の総合
　的推進に関する法律 …… 65, 466
私道 …………………………… 225
児童福祉施設 ………… 39, 467
児童福祉施設等 ……………… 39
児童福祉法 …………………… 467
尿尿浄化槽 …………………… 120
地盤面 ………………………… 54
私法 ……………………………… 3
事務処理市町村 ……………… 407
遮炎性 ………………… 20, 160
遮炎性能 ……………………… 26
社会資本整備審議会 ………… 412
遮熱性 ………………… 20, 160
住生活基本法 ………………… 476
重層長屋 ……………………… 16
住宅瑕疵担保履行法 ………… 481
住宅型式認定 ………………… 480
住宅宿泊事業法 ……………… 465
住宅地区改良法 ……………… 477
住宅の品質確保の促進等に関
　する法律 …………………… 477
住宅の用途 …………………… 247

住宅用防災機器 ……………… 457
住宅率 ………………………… 249
集団規定 ………………… 9, 215
重点整備地区 ………………… 416
周波数 ………………………… 117
十分に外気に開放 ……………… 45
重要伝統的建造物群保存地区
　…………………………………… 468
重要文化財 …………………… 468
集落地域整備法 ……………… 471
集落地区計画 ………… 313, 324
10項命令 ……………………… 89
主任技術者 …………………… 436
主要構造部 ……………………… 17
準延焼防止建築物 …… 168, 328
準景観地区 …………………… 472
準工業地域 …………… 228, 231
準住居地域 …………… 228, 231
準耐火建築物 ………………… 30
準耐火建築物等 ……… 31, 259
準耐火構造 …………… 20, 22
準耐火性能 …………………… 21
準都市計画区域 ……………… 389
準不燃材料 …………………… 25
準防火地域 …………… 326, 394
準用する ………………………… 7
省エネ法 ……………………… 486
消火設備 ……………………… 459
浄化槽 ………………………… 119
浄化槽法 ……………… 65, 485
仕様規定 ………… 95, 180, 208
商業地域 ……………… 228, 231
昇降機 ………………………… 124
消防設備士 …………………… 460
消防長 …………………………… 81
消防長・消防署長の同意 …… 454
消防法 ………………… 64, 454
消防用設備等 ………… 458, 459
省令 ……………………………… 1
条例 ……………………………… 1
処分 …………………… 89, 92
処理施設 ……………… 243, 395
書類の閲覧 ……………………… 87
審査請求 ………………………… 92
真太陽時 ……………………… 295
振動数 ………………………… 117
進入口に代わる開口部 ……… 201

診療所 …………………… 236, 464
水質汚濁防止法 ………………… 489
水道法 ………………… 65, 488
筋かい ………………………… 144
スターラップ …………………… 157
スプリンクラー ………………… 166
スロープ ………………………… 101
制動装置 ……………… 127, 128
制度規定 ………………………… 9
性能規定 ……………… 95, 208
生物化学的酸素要求量 ……… 120
政令 ……………………………… 1
積載荷重 ………………………… 137
積雪荷重 ………………………… 137
設計 ………………… 34, 373
設計者 …………………………… 34
設計受託契約 …………………… 382
設計図書 ………………… 34, 373
接道 ……………………………… 221
設備関係規定 …………………… 381
設備設計 ………………………… 373
設備設計一級建築士 …………… 379
全館避難安全検証法 …………… 212
騒音規制法 ……………………… 490
層間変形角 ……………… 41, 134
総合設計制度 …………………… 303
促進区域 ………………………… 394
組積造 …………………………… 150
その他 …………………………… 6
その他の ………………………… 6

[た－と]

第一種住居地域 ………… 228, 231
第一種中高層住居専用地域
………………………… 228, 230
第一種低層住居専用地域
………………………… 228, 230
耐火建築物 ……………………… 29
耐火建築物等 ……… 29, 161, 259
耐火構造 ………………………… 20
耐火性能 ………………………… 20
耐火性能検証法 ………………… 29
耐火設計法 ……………………… 29
大規模建築物 …………………… 96
大規模の修繕 …………………… 33
大規模の模様替 ………………… 34
耐久性等関係規定 ……………… 133

耐震改修 ………………………… 438
耐震改修計画の認定 …………… 445
耐震改修支援センター ………… 449
耐震改修促進法 ………… 71, 438
耐震診断 ………………………… 438
耐水材料 ………………………… 25
代替進入口 ……………………… 201
第二種住居地域 ………… 228, 231
第二種中高層住居専用地域
………………………… 228, 231
第二種低層住居専用地域
………………………… 228, 230
耐力壁 …………………………… 157
ダウンゾーニング ……………… 316
高い開放性を有すると認めて
　指定する構造 ………………… 44
高さの限度 ………… 264, 266, 267
宅地造成 ………………………… 450
宅地造成工事規制区域 ………… 451
宅地造成等規制法 ……… 65, 450
宅地建物取引業法 ……………… 490
ただし書 ………………………… 7
竪穴区画 ………………………… 166
建物の区分所有等に関する法
　律 …………………………… 483
単体規定 ………………… 9, 95
地域における歴史的風致の維
　持及び向上に関する法律 … 470
地階 ………………… 36, 48
地階の居室 ……………………… 107
地下街 …………………………… 207
地区計画 ………………………… 312
地区計画等 …… 38, 225, 312, 396
畜舎等の建築等及び利用の特
　例に関する法律 ……… 63, 468
地区整備計画 …………………… 397
築造面積 ………………………… 50
地方住宅供給公社法 …………… 477
中央管理室 ……………………… 40
中央管理方式の空気調和設備
………………………………… 110
中央標準時 ……………………… 295
中核市 …………………………… 404
中間検査 ………………………… 73
中間検査合格証 ………………… 73
仲裁 ………………… 435, 481
駐車場整備地区 ………………… 394

駐車場法 ……………………… 65, 466
長期優良住宅の普及の促進に
　関する法律 ………………… 71, 482
長期優良住宅法 …………… 71, 482
超高層建築物 ……………………… 132
調停 ……………………………… 435, 481
聴聞 …………………………………… 94
直通階段 …………………………… 181
通行障害既存耐震不適格建築
　物 ………………………………… 440
通常の火災時 …………………… 160
通路 ………………………………… 216
津波防災地域づくりに関する
　法律 ……………………………… 490
定期点検 …………………………… 86
定期報告 …………………………… 84
定期報告の対象建築物 ………… 85
低炭素化法 ……………………… 487
適用距離 …………………………… 268
適用の除外 ………………………… 9
手すり ……………………………… 101
手すりの設置 …………………… 101
鉄筋コンクリート造 ………… 154
鉄筋のかぶり厚さ …………… 157
鉄筋の継手・定着 …………… 155
鉄骨造 …………………………… 153
鉄骨鉄筋コンクリート造 …… 158
田園住居地域 ……… 228, 231, 410
電気事業法 …………………… 66, 488
天空率 …………………………… 282
天井裏 …………………………… 174
天井の高さ ……………………… 97
伝統的建造物群保存地区
　………………………………… 13, 468
電波法 …………………………… 474
透過損失 ………………………… 117
統括防火管理者 ………………… 455
道路 ……………………………… 216
道路位置の指定手続 ………… 218
登録住宅型式性能認定等機関
　………………………………… 480
登録住宅性能評価機関 ……… 480
道路斜線制限 ………………… 268
道路高さ制限 ………… 264, 268
道路とみなされる部分 ……… 43
道路内の建築制限 …………… 223
道路の指定基準 ……………… 218
道路法 …………………………… 217, 469
特殊建築物 …………………… 16, 161
特定空家等 …………………… 484
特定階 …………………………… 185
特定街区 ……………………… 307, 393
特定既存耐震不適格建築物 …… 440
特定行政庁 ……………………… 35
特定空港周辺航空機騒音対策
　特別措置法 ……………… 65, 490
特定建設業 …………………… 431
特定建設資材 ………………… 491
特定建築行為 ………………… 487
特定建築設備等 ……………… 85
特定建築物（建築基準法）…… 84
特定建築物（建築物省エネ
　法）…………………………… 487
特定建築物（バリアフリー
　法）…………………………… 415
特定建築物（ビル管法）…… 81, 485
特定工作物 …………………… 403
特定構造計算基準 ………… 68
特定工程 ………………………… 73
特定住宅瑕疵担保責任の履行
　の確保等に関する法律 …… 481
特定増改築構造計算基準 …… 68
特定天井 ………………………… 141
特定道路 ………………………… 250
特定都市河川 ………………… 489
特定都市河川浸水被害対策法
　………………………………… 66, 489
特定非常災害の被害者の権利
　利益の保全等を図るための
　特別措置に関する法律 …… 491
特定防火設備 ………………… 26
特定防災街区整備地区 ……… 309
特定防災機能 ………………… 470
特定用途制限地域 ………… 242, 393
特定用途誘導地区 ………… 309, 394
特別特定建築物 ……………… 414
特別避難階段 ………………… 186
特別法 …………………………… 4
特別用途地区 ………………… 242, 392
独立行政法人住宅金融支援機
　構法 …………………………… 477
独立行政法人都市再生機構法
　………………………………… 476
特例容積率適用地区 ……… 257, 393

518

都市機能増進施設 ·············· 474
都市機能誘導区域 ·············· 474
都市計画区域 ···················· 389
都市計画施設 ···················· 409
都市計画審議会 ·················· 412
都市計画法 ················· 65, 389
都市下水路 ························ 488
都市公園法 ························ 473
都市再開発法 ···················· 469
都市再生緊急整備地域 ········ 474
都市再生特別措置法 ············ 474
都市再生特別地区 ··· 308, 393, 474
都市施設 ·························· 395
都市施設等整備協定 ············ 412
都市の再生 ························ 474
都市の低炭素化の促進に関す
　る法律 ····················· 72, 487
土砂災害警戒区域等における
　土砂災害防止対策の推進に
　関する法律 ···················· 489
土砂災害特別警戒区域 ········· 159
土砂災害防止対策の推進に関
　する法律 ······················ 159
都市緑地法 ·················· 66, 473
土台 ······························ 142
土地区画整理法 ················· 469
都道府県耐震改修促進計画 ··· 439
ドライエリア ···················· 107
ドレンチャー ····················· 26
届出住宅 ·························· 465

[な－の]

内装制限 ·························· 175
長屋 ······························· 16
長屋の界壁 ······················ 117
7項命令 ··························· 89
並びに ····························· 5
難燃材料 ··························· 25
2以上の直通階段の設置 ······· 183
2項道路 ·························· 219
日本産業規格 ····················· 37
日本住宅性能表示基準 ········· 479
認可 ······························· 8
認定 ······························· 8
認容 ······························ 93
ねこ土台 ··························· 98
軒の高さ ··························· 53

延べ面積 ··························· 47

[は－ほ]

排煙口 ······················ 197, 198
排煙設備 ·························· 192
廃棄物の処理及び清掃に関す
　る法律 ·························· 486
排水権 ···························· 463
柱の小径 ····················· 142, 156
発散方式 ·························· 299
罰則 ······························· 91
バリアフリー法 ··············· 71, 413
張り間方向 ······················ 148
バルコニー ······················ 202
BOD ····························· 120
控壁 ························· 152, 153
日影規制 ····················· 265, 294
非居室 ····························· 17
被災市街地復興推進地域 ······· 395
被災市街地復興特別措置法 ··· 490
非常口 ···························· 191
非常用エレベーター ············ 203
非常用の昇降機 ·················· 203
非常用の照明装置 ··············· 199
非常用の進入口 ·················· 200
非損傷性 ····················· 20, 160
避難安全検証 ···················· 208
避難階 ····························· 38
避難階段 ·························· 186
避難規定 ·························· 180
避難通路 ·························· 205
病院 ························· 236, 464
避雷針 ···························· 123
避雷設備 ·························· 122
ビル管法 ····················· 81, 485
品確法 ···························· 477
風圧力 ···························· 138
風営法 ···························· 465
風俗営業 ·························· 465
風俗営業等の規制及び業務の
　適正化等に関する法律 ······· 465
風致地区 ····················· 394, 411
フープ ···························· 156
幅員 ······························ 216
袋地 ······························ 462
袋路状道路 ······················ 218
不作為 ····························· 92

附帯工事の請負 ················ 432
不燃材料 ····························· 25
不燃性能 ····························· 25
不服申立て ························· 92
踏面 ································· 99
プログラム ························· 34
文化財建築物 ······················· 9
文化財保護法 ··············· 9, 468
塀（補強コンクリートブロッ
　ク造） ····························· 152
平均地盤面 ············· 55, 295
閉鎖方式 ··························· 299
壁面線 ····························· 226
ベランダ ····························· 46
便所 ································· 119
偏心率 ····························· 135
防煙壁 ····················· 41, 193
防火安全性能 ··················· 460
防火壁 ····························· 164
防火壁等 ··························· 164
防火管理者 ······················· 454
防火規定 ··························· 160
防火境界線 ························· 18
防火区画 ··························· 166
防火区画検証法 ··················· 29
防火構造 ····························· 21
防火設備 ····························· 26
防火対象物 ······················· 455
防火ダンパー ··················· 173
防火地域 ··············· 326, 394
防火戸 ····························· 26
防火床 ····························· 164
防災街区整備地区計画 ···· 312, 320
法22条の指定区域内における
　制限 ····························· 160
法42条２項道路 ··············· 219
法律 ································· 1
法律不遡及の原則 ··············· 11
補強コンクリートブロック造
　······························· 151
歩行距離 ··························· 181
歩行経路の重複区間 ··········· 185
保護角 ····························· 123
保有遮炎時間 ······················· 29
保有水平力計算 ········· 133, 136
ホルムアルデヒド ··············· 114

[ま－も]

又は ································· 6
街並み誘導型地区計画 ········· 319
回り階段 ··························· 99
マンションの管理の適正化の
　推進に関する法律 ··········· 482
マンションの建替え等の円滑
　化に関する法律 ··············· 482
道 ································· 216
見付面積 ··············· 40, 148
密集市街地 ······················· 470
密集市街地における防災街区
　の整備の促進に関する法律
　······················· 71, 470
密集法 ····················· 71, 470
密閉式燃焼器具等 ··············· 40
みなし道路 ······················· 219
未満 ································· 5
民泊法 ····························· 465
民法 ································· 462
無窓居室 ··························· 179
メゾネット型共同住宅 ···· 182, 190
メゾネット型住戸 ··············· 183
面積区画 ··························· 166
木造 ································· 142
若しくは ····························· 6
盛土 ································· 450

[や・ゆ・よ]

薬事法 ····························· 466
屋根の性能 ······················· 161
屋根ふき材等の計算 ······· 133, 136
遊休土地転換利用促進地区
　······················· 394, 411
有効細長比 ············· 40, 153
誘導容積型地区計画 ··········· 316
床下換気孔 ························· 98
床面積 ····························· 44
要安全確認計画記載建築物 ···· 439
容積適正配分型地区計画 ······· 317
容積率 ····························· 244
容積率の緩和 ··················· 249
要耐震改修認定建築物 ········· 448
用途上不可分 ····················· 36
用途地域 ··············· 228, 392
用途別容積型地区計画 ········· 318

用途変更による一時的使用の
　建築物 …………………………… 12, 79
容認 ……………………………………… 93
予定道路 ……………………………… 225
45分準耐火構造 ……………………… 22

[ら-ろ]

流域下水道 …………………………… 488
流通業務市街地の整備に関す
　る法律 ………………………… 65, 472
旅館業法 ……………………………… 464
緑化地域 ……………………………… 473
緑化率 ………………………………… 473
臨港地区 ……………………………… 394
隣地境界線等 ………………………… 328
隣地使用権 …………………………… 462
隣地高さ制限 …………………… 265, 285
類似用途 ………… 60, 354, 355, 356
冷却塔設備 …………………………… 121
歴史的風致維持向上地区計画
　………………………………… 313, 322
歴史的風土特別保存地区 ……… 473
歴史まちづくり法 …………… 470
連接地 ………………………………… 300
連担建築物設計制度 ………… 344
廊下の幅 ……………………………… 180
老人福祉施設 ………………………… 467
老人福祉法 …………………………… 467
労働安全衛生法 ………………… 466
労働基準法 …………………………… 466

[わ]

渡り廊下 ……………………………… 206

編著者略歴

矢吹　茂郎
- 1950年　東京大学第一工学部建築学科卒
- 1975年　職業訓練大学校教授
- 1992年　茨城職業能力開発短期大学校校長
- 1993年　職業能力開発大学校名誉教授
- 1995年　㈶日本建築技術者指導センター理事
- 2006年　没

田中　元雄
- 1963年　法政大学工学部建設工学科（建築専攻）卒
- 1963年　東京都首都整備局建築指導部
- 1973年　東京都新宿区建築部
- 1997年　㈶建築技術教育普及センター関東支部参事
- 2000年　法政大学工学部建築学科講師
- 2004年　東京電機大学工学部建築学科講師
- 2014年　日本建築学会終身正会員

加藤　健三
- 1989年　職業訓練大学校長期課程建築科卒
- 1989年　東京都渋谷区建築公害部
- 2008年　渋谷区建築主事・都市整備部建築課長
- 現　在　渋谷区都市整備部長

2023年版
新しい建築法規の手びき

昭和46年 2 月28日　初　版　発　行
昭和53年 2 月 1 日　第 1 次改訂版発行
令和 5 年 3 月30日　第23次改訂版発行

編　著　　矢 吹 茂 郎
　　　　　田 中 元 雄
　　　　　加 藤 健 三

発行者　　石 川 泰 章

発行所　　**株式会社井上書院**
　　　　　〒113-0034
　　　　　東京都文京区湯島 2 -17-15　斎藤ビル 4 階
　　　　　電話 03(5689)5481　FAX 03(5689)5483
　　　　　https://www.inoueshoin.co.jp/
　　　　　振替　00110-2-100535

印刷所　　美研プリンティング株式会社

製本所　　誠製本株式会社

装　幀　　川 畑 博 昭

ISBN978-4-7530-2184-0　C3052　Printed in Japan